ALEXANDRA GÜRTLER
CHRISTOPH WAGNER

Das Neue Sacher Kochbuch

DIE ZEITGEMÄSSE ÖSTERREICHISCHE KÜCHE

MIT REZEPTEN VON HANS PETER FINK

UNTER MITARBEIT VON
JAROSLAV MÜLLER UND MANFRED STÜFLER

FOTOS VON
CHRISTINA MARIA ANZENBERGER-FINK
LUZIA ELLERT UND JOHANNES KITTEL

PICHLER VERLAG

IMPRESSUM

Für großzügige Unterstützung danken wir:
der Firma „Gastro Rudolf Holzmann", Wien,
Daniela Birkmayer von der Firma
„Rasper & Söhne Nfg GmbH & Co KG", Wien,
sowie Hanni Vanicek und Hildegard Michenthaler,
„Zur Schwäbischen Jungfrau" in Wien.

*Besonderer Dank gilt folgenden Mitwirkenden
bei der Erstellung der Food-Fotografie:*
Sous Chef Thomas Törpel und Chef Saucière Bernd Winkler
sowie dem gesamten Sacher-Küchenteam.

ISBN 3-85431-350-0
© 2005 by Pichler Verlag in der
Styria Pichler Verlag GmbH & Co KG, Wien
Alle Rechte vorbehalten
Internet: www.styriapichler.at

Foodstyling: Hans Peter Fink
Redaktion und Fachlektorat: Renate Wagner-Wittula
Lektorat: Olivia Volpini de Maestri

Ambiance-Fotos: Christina Maria Anzenberger-Fink
Umschlagfoto und Kapitelaufmacher: Luzia Ellert
Food-Fotografie: Johannes Kittel

Bildarchiv Österreichische Nationalbibliothek: 11, 21, 87, 156, 176, 250
Haus-, Hof- und Staatsarchiv, Österreichisches Staatsarchiv: 9 (2. v. r.)
Wien Museum: 9 (3. v. r.), 10 (3. v. l.)
Archiv Hotel Sacher: 8, 9, 10, 11, 35, 70, 82, 89, 99, 100, 111, 120,
153, 164, 262, 268, 302, 308, 341, 400
Foto Hofer, Bad Ischl: 221

Umschlag- und Buchgestaltung: Bruno Wegscheider

Reproduktion: Pixelstorm, Wien
Druck und Bindung:
Druckerei Theiss GmbH, St. Stefan im Lavanttal
Gedruckt auf Hello High Silk von **sappi**

INHALT

DAS SACHER – EIN STÜCK WIEN
Geschichte und Gegenwart eines Grand Hotels 6

ALLES WAS SCHWIMMT
Vom Alpenlachs bis zur Steingarnele 184

FRÜHSTÜCK IM SACHER
Vom gebackenen Ei bis zum Sacherburger 18

ALLES WAS FLIEGT
Vom Backhenderl bis zur Wildentenbrust 212

WIE DAS MENÜ BEGINNT
Klassische Vorspeisen und zeitgemäße Appetizer 36

AUS WEIDE UND WALD
Vom Tafelspitz bis zum Hirschkalbsrücken 236

SACHERS FEINSTE SUPPEN
Von der Alt-Wiener Suppeneinlag' bis zum Uhudlerschaum 62

SACHER, TORTE UND NOCH VIEL MEHR
Die besten kalten Desserts der Sacher-Pâtisserie 280

GENUSS IST DIE BESTE BEILAG'
Vom Erdäpfelsalat bis zum Quitten-Rotkraut 92

WILLKOMMEN IM MEHLSPEISHIMMEL!
Warme Desserts von Kaiserschmarren bis Topfenknödel 332

ZWISCHENGERICHTE AUS ALTER UND NEUER ZEIT
Vom Salonbeuschel bis zum Krebserlgratin 128

SACHER FÜR DEN HAUSGEBRAUCH
Gäste bewirten mit Stil und Flair 366

SACHER À LA VÉGÉTARIENNE
Gemüsegenüsse der feinen und leichten Art 158

GLOSSAR 392

REGISTER 394

WENN NICHT ANDERS ANGEGEBEN, GELTEN DIE REZEPTE FÜR 4 PORTIONEN

Sacher

DAS SACHER –

EIN STÜCK WIEN

GESCHICHTE UND GEGENWART EINES GRAND HOTELS

GESCHICHTE EINES GRAND HOTELS

   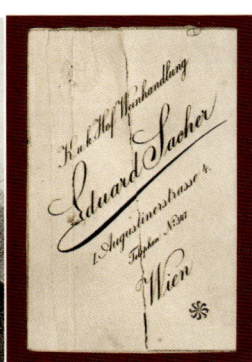 

WIE AUS EINER TORTE EIN HOTEL WURDE

Torten-Erfinder Franz Sacher (1. v. l.). Hotelgründer Eduard Sacher (3. v. l.). Sachers „Delicatessen-Handlung" im Palais Todesco (5. v. l.). Hotel Sacher in den Gründerjahren (6. v. l.). Sacher-Rechnung von Kaiserin „Sisi" Elisabeth (8. v. l.).

Grand Hotels sind Flaggschiffe, die auf den Weltmeeren der Gastronomie segeln und den Kurs vorgeben. Das war schon zu Auguste Escoffiers Zeiten so, der von Hotels wie Savoy, Ritz und Carlton aus die europäische Küche seiner Zeit revolutionierte. Und es ist heute nicht anders, wenn etwa Alain Ducasse seinen vielsternig schillernden Konzern vom Pariser Plaza Athénée aus lenkt.

Doch während bei den meisten Grand Hotels der Welt am Anfang das Hotel stand und erst dann die Gerichte kamen, die dort kreiert wurden, verhielt es sich beim Hotel Sacher in Wien genau umgekehrt. Da stand am Anfang ein Gericht – nämlich eine Torte – und alles andere ergab sich dann gewissermaßen von selbst.

Als die bewusste Torte im Jahr 1832 erfunden wurde, gab es noch kein dazugehöriges Hotel, sondern lediglich einen hoffnungsvollen jungen Mann. Franz Sacher, Kocheleve am Hofe des damals fast allmächtigen Fürsten Metternich, hatte nicht nur Talent, sondern auch Fortüne. Der aus Frankreich, dem Mutterland der *Grande Cuisine,* stammende Küchenchef des Fürsten, war erkrankt und eine große Soirée stand ins Haus, für die sich der Staatskanzler eine neue süße Kreation wünschte.

Hier beginnt sie bereits, die Legendenbildung? Hat Franz Sacher einfach eine neuartige Schokoladentorte erfunden? Hat er seine Schwester um Rat gefragt? Hat er in den Kochbüchern der Biedermeierzeit geblättert und sich von anderen Tortenrezepten inspirieren lassen?

Vieles ist möglich, manches darf gemutmaßt werden. Fest steht jedenfalls: Der Fürst bekam seine Torte, und sie war ein voller Erfolg, vor allem für ihren Schöpfer, der – nach heutigen Maßstäben betrachtet – ein PR-Genie von hohen Graden gewesen sein muss. Während die meisten weltberühmten Gerichte, vom Esterházyrostbraten über das Filet Wellington bis hin zum Pfirsich Melba, keineswegs nach ihren Schöpfern, sondern nach ihren Auftraggebern oder Adressaten benannt wurden, schaffte es Franz Sacher, dass die Torte bis heute seinen Namen trägt. Die Original Sacher-Torte und mit ihr Franz Sacher wurden zu einem Teil der österreichischen Identität, die sich, wie die Geschichte der Wiener Küche lehrt, besonders gerne in Näschereien und Zuckerwerk materialisierte.

AN DEN WURZELN DER WIENER KÜCHE

Franz Sacher machte trotz seiner Erfindung keineswegs als Zuckerbäcker Karriere. Er war vielmehr einer der großen Köche seiner Zeit. Nach Stagiones in den großen Adelsküchen der Donaumonarchie – Sacher diente nach Fürst Metternich auch dem Grafen Esterházy und sammelte als Küchenchef des „Adeligen Kasinos zu Pressburg" und des Budapester Offizierskasinos einschlägige Erfahrungen – eröffnete Sacher zunächst einen Delikatessenladen Ecke Weihburg-/Rauhensteingasse. Dahinter verbarg sich jedoch eines der größten Catering-Unternehmen Wiens, für das Franz Sacher ständig neue Gerichte kreierte. Unter anderem entzückten seine Kreationen die 1200 Gäste des großen Soupers anlässlich der Eröffnung der Kaiserin-Elisabeth-Westbahn im Jahre 1858.

Die Original Sacher-Torte war zu diesem Zeitpunkt bereits bekannt, aber eben nur eines von vielen erfolgreichen Rezepten aus der Hand des Meisters, der damit wesentlich zur damals im Entstehen begriffenen Identität der „Wiener Küche" beitrug.

An der weltweiten Popularisierung der ebenfalls identitätsstiftenden Torte war freilich auch Eduard Sacher, der Sohn des Erfinders, nicht unmaßgeblich beteiligt. Als dieser in der amtlichen „Wiener Zeitung" einen Artikel über die bedeutendsten Gerichte der Wiener Küche, nämlich Wiener Schnitzel, Gulasch und Apfelstrudel, las, schrieb er empört einen Leserbrief und reklamierte die Torte kurzerhand in diesen Reigen von kulinarischen „Austrian Standards" hinein. Und er schaffte damit, was kaum einem anderen „personifizierten Gericht" gelungen ist: die Aufnahme des Namen Sacher in den Mythenreigen der Wiener Küche.

Eduard Sacher konnte einen solchen Mythos gut gebrauchen. Denn als k. u. k. Hoflieferant hatte er sich unter Wiener Gourmets zwar den Ehrentitel des „vornehmsten Gaumenschmeichlers Wiens" eingehandelt, doch er plante noch Größeres als „nur Delikatessenhändler" zu sein. Nach erfolgreichen gastronomischen Erfahrungen in einer Döblinger Vorstadtwirtschaft eröffnete er 1866 ein elegantes, nach Pariser Vorbild mit zahlreichen *chambres séparées* ausgestattetes Restaurant im von Theophil Hansen erbauten Palais Todesco in der Kärntner Straße, gleich gegenüber der 1869 neu eröffneten Hofoper.

Damals begann sich jener schicksalhafte Bogen zu spannen, der die Oper und das Sacher bis heute verbindet. Nach der Eröffnung der neuen Hofoper hatte das alte Kärntnertortheater nämlich seine Funktion als erstes Musiktheater der Stadt verloren und wurde abgerissen. Den frei gewordenen Bauplatz erwarb eine Investorengruppe um den Industriellen Phillipp Mauthner

 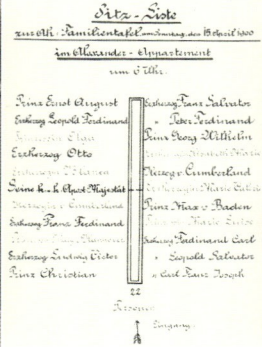  

V. l. n. r.: Hotel-Ikone Anna Sacher, 1908 (fotografiert von der Kult-Fotografin Madame d'Ora).
Sitzplanskizze für die Mitglieder des österreichischen Kaiserhauses.
Das Hotel Sacher in den 20er Jahren.
Das berühmte „Prominenten-Tischtuch" Anna Sachers (mit der Unterschrift von Kaiser Franz Joseph in der Mitte).

und ließ dort jenes *maison meublée* errichten, das von Beginn an Eduard Sachers gastronomische Begehrlichkeiten erweckte. Sacher, dessen Restaurant im Todesco sich längst als veritable „Goldgrube" erwiesen hatte, erwarb also das gesamte Anwesen und eröffnete 1876 „Eduard Sachers Hôtel de l'Opéra". Das „Illustrierte Wiener Extrablatt" merkte damals verzückt an, dass das neue Haus in Sachen verfeinertem Lebensgenuss und Komfort „sogar ähnlichen Etablissements in Paris oder London überlegen war".
Ganz nebenbei fanden damit auch zwei Küchenphilosophien zueinander, die spätestens seit Metternichs Wiener Kongress in edlen Wettstreit getreten waren: die „Wiener Küche" und die *Cuisine française*. Diese Melange sollte eine höchst erfolgsträchtige werden. Denn das Sacher wurde dank der Familientradition des Hauses zu einem Hort genuin wienerischer Spezialitäten einerseits – und andererseits wurde die Speisekarte noch bis in die 80er Jahre des 20. Jahrhunderts *en français* geschrieben.

DAS HOTEL SACHER UND SEINE IKONE

Die Küchenbrigade zur Zeit Anna Sillers.
Die alte „Sacherstube" in der Philharmonikerstraße.
Sacher-Chef Peter Gürtler, der das Hotel von 1971–1990 führte.

Niemand hat mehr und nachhaltiger dazu beigetragen, dass das Hotel Sacher zum Kristallisationspunkt der Wiener Küche werden konnte als Anna Sacher, die Tochter eines Fleischhauers aus der Leopoldstadt, die 1880 von Eduard Sacher an den Traualtar geführt wurde.
Eduard Sacher sollten jedoch nur zwei Ehejahre beschieden sein, und als er 1882 verstarb, begründete seine Witwe mit ihrem Charisma und ihrer legendären Persönlichkeit den bis heute anhaltenden Weltruf des Hotels. Anna Sacher pflegte zwar, im Gedenken an ihren Gemahl, die Speisekarten nach wie vor mit dessen Namenszug zu zeichnen, war jedoch auch für ihre Antwort auf die Frage, ob man denn den Herrn Direktor sprechen könne, berühmt. Da kam es dann wie aus der Pistole geschossen: „Der Herr im Haus bin ich!"
Ihr „Herrenimage" unterstrich Anna Sacher auch durch ihren Auftritt mit Zigarre und ihren geliebten „Bullis", von denen sie im Laufe ihres langen Lebens ganze Hundertschaften besessen haben soll.
Die gesellschaftliche Bedeutung, die das Hotel Sacher unter ihrer Führung hatte, dokumentierte Anna Sacher jedoch auf durchaus weibliche Art und Weise durch ein Tischtuch, auf dem sich die gesamte politische, wirtschaftliche und kulturelle Prominenz ihrer Zeit verewigte. Als schließlich nur noch der Kaiser selbst fehlte, der

im Gegensatz zum Kronprinzen das Sacher niemals aufsuchte, ließ sie ihm ein „Mundtüchl" (gemeint war eine Serviette) mit der Bitte um Unterschrift in die Hofburg schicken. Anschließend nähte sie das „Dokument" als Flicken einfach in ihr berühmtes Tischtuch ein, das heute noch im Sacher besichtigt werden kann. Mittlerweile sind dank des ungebrochenen Prominentenandrangs allerdings drei weitere eng mit Autogrammen beschriebene Tischtücher hinzugekommen.

Als die Ära Anna Sacher nach fast vier Jahrzehnten ruhm- und anekdotenreich zu Ende ging, war von der Gesellschaft des Fin de Siècle, der das Sacher seine Popularität und auch seine Einnahmen verdankte, allerdings jeglicher Glanz abgefallen. Der Erste Weltkrieg war verloren, die Donaumonarchie zerfallen und die große Wirtschaftskrise hatte auch vor dem Sacher nicht Halt machte. Als Anna Sacher am 25. Februar 1930 starb, war mit ihr auch eine gastronomische Ära zu Ende gegangen.

VOM GRAND HOTEL ZUM LEADING HOTEL

Der Sprung von der „versunkenen Epoche" vergangener Grand-Hotel-Seligkeit in jene des modernen Luxushotel-Business ist untrennbar mit dem Namen der Familie Gürtler verbunden. Als das Sacher nur vier Jahre nach dem Tod Anna Sachers den Konkurs anmelden musste, war es der Wiener Anwalt Hans Gürtler, der gemeinsam mit seiner Frau Poldi und dem Wiener Cafetier-Ehepaar Josef und Anna Siller die Geschicke des Hotels übernahm.

Mit den neuen Eigentümern zog nicht nur der elektrische Strom in die altehrwürdigen Mauern ein, sondern auch die moderne Unternehmensführung: Einnahmen wurden nicht mehr entnommen, sondern reinvestiert, die Original Sacher-Torte wurde erstmals auch „über die Gasse" verkauft, die Zimmer wurden mit Bädern ausgestattet, die alten Separées wichen einem Speisesaal, die Bauketträumlichkeiten wurden ausgebaut und der Grundstein für die weltberühmte Kunstsammlung des Hauses gelegt.

1962, nach dem Tode Anna Sillers, ging das Hotel Sacher schließlich endgültig in den Besitz der Familie Gürtler über. Peter Gürtler führte das Hotel behutsam in die gastronomische Neuzeit und erwarb 1988 auch den „Österreichischen Hof" in Salzburg als neues Schwesterhotel des Sacher unmittelbar am Salzachufer. Beide Betriebe, die auch nach Peter Gürtlers Tod als klassisches *Familiy business* betrieben werden, zählen heute zur elitären Gruppe der *Leading Hotels of the World*.

Elisabeth Gürtler, eine gebürtige Mauthner, die das Sacher gemeinsam mit ihrem Ehemann Peter Gürtler schon von 1973–1983 geleitet hatte und nach dessen Tod in Stellvertretung ihrer beiden

GEGENWART EINES GRAND HOTELS

Für die umfassende Renovierung in den Jahren 2004 und 2005 konnte der französische Star-Designer Pierre-Yves Rochon gewonnen werden, der das Fin-de-Siècle-Hotel noch großzügiger, weltläufiger und lichtdurchlässiger ausstattete und Hotelsuiten sowie Hotelzimmer auf den neuesten Stand der Luxushotellerie brachte. Ein liebenswertes Traditionshotel ist das Sacher dennoch geblieben.

Kinder seit 1990 die Geschäftsführung innehat, setzte bereits die ersten Schritte zu einer „geordneten Hofübergabe" an die nächste Generation: Schon seit 2004 ist Tochter Alexandra Gürtler als Geschäftsführerin eingetragen; ihr Bruder Georg bereitet sich noch auf zukünftige Aufgaben im Unternehmen vor.

In Elisabeth Gürtlers Ära fällt vor allem die Einführung zeitgemäßer Unternehmensführung mit Kostenrechnung und Marketing. In erster Linie aber kämpfte Elisabeth Gürtler gegen die liebgewonnene, typisch österreichische Gewohnheit, dass „alles praktisch sein muss, wobei leider nicht alles, was praktisch ist, auch den Anforderungen eines internationalen Luxushotels standhält."

Das Motto der „neuen Frau Sacher", wie Opernball-Gastgeberin Elisabeth Gürtler oft liebevoll genannt wird: „Was ein Haute-Couture-Kleid von einem auf den

12

NEUES SACHER-FEELING, NEUE SACHER-KÜCHE

Die „heil'gen Hallen" des Hotel Sacher sind so wie einst ein idealer Ort, um Zeitung lesend und Kaffee trinkend eine komfortable Brücke zwischen zwei City-Terminen zu schlagen. Die Original Sacher-Torte ist dabei ein ebenso willkommenes wie süßes „Must."

ersten Blick vielleicht ebenso schönen Kleid von der Stange unterscheidet, ist seine Individualität. Und das Hotel Sacher ist, in ebendiesem Sinne, Individualität pur."

Im Jahre 2004 ging der wohl staubigste Sommer in der langen Geschichte des Hotel Sacher zuletzt doch noch vorüber, und das „Hotel Sacher neu" konnte endlich seine Pforten öffnen. Der Eingangsbereich ist dank des renommierten französischen Designers Pierre-Yves Rochon großzügiger, weitläufiger und lichtdurchlässiger geworden. Doch auch notorische Nostalgiker durften aufatmen: Wer gefürchtet hat, mit dem Refurbishing würde auch der unverwechselbare kakanische Charme eines alten Hotels der Donaumonarchie aus den „heil'gen Hallen" geblasen werden, kann sich entspannt in den Fauteuil zurücklehnen: Die Blaue Bar ist immer noch blau wie die blaue Stunde, und die Rote Bar ist immer noch rot wie eine Opernloge. Schließlich ist auch die große Halle, die man zwischen den beiden Bars durchqueren muss, nach ihrer Neukonzeption immer noch einer der besten Plätze Wiens geblieben, um Zeitung lesend und Kaffee trinkend eine komfortable Brücke zwischen zwei City-Terminen zu schlagen. Funkelnagelneu, für den Unbeteiligten kaum einzusehen, aber für den Gast jederzeit zu erschmecken, ist jedoch die Küche im Souterrain. Der „Bauch des Sacher", früher zum Teil nur durch Wendeltreppen erreichbar, und eine zwar kulinarische, aber insgesamt

doch recht schattenreiche Unterwelt, hat sich über den Sommer in eine kulinarische High-Tech-Kommandozentrale verwandelt, wie man sie eher im Raumschiff Enterprise als in einem Nobelhotel aus der Wiener Gründerzeit vermuten würde.

Was Ausstattung, Hygienestandards und die technischen Möglichkeiten betrifft, darf Hans Peter Fink, der junge Küchenchef des Hauses, mehr als zufrieden sein. Das Küchen-Equipment reicht von 20 Kochstellen auf vier hochmodernen Induktionsherden über einen Pacojet und schonende Niedertemperaturgarung bis zu hundert chromblitzenden Töpfen und Pfannen, mit denen die rund 35 Mitarbeiterinnen und Mitarbeiter in Küche und Pâtisserie bis zu 600 Gedecke pro Tag zu meistern vermögen. Fink hat bei der Küchenkonzeption trotz aller Freude an Hightech und systematisierten Abläufen jedoch auch darauf geachtet, dass die „Grundstruktur einer echten Haushaltsküche" erhalten bleibt und dank eines hochmodernen Lichtdesigns an jedem Küchen-Arbeitsplatz Tageslichtbedingungen herrschen.

„Die Wiener Küche mit all ihren Spezialitäten vom Tafelspitz bis zum Kaiserschmarren", so hat Hans Peter Fink sich vorgenommen, „wird im Sacher in einer neuen, jugendlichen und vor allem auch leichten Form zubereitet. Wir erweitern die Sacher-Speisekarte daher auch um ungarisch-pannonische und böhmische Gerichte: Hálászle, Fogas in seiner nobelsten Form, ein Alt-Wiener Reisfleisch in völlig neuer Fasson, süße Liwanzen und vieles mehr …"

Wie das alles mundet, davon kann sich jeder in der von Pierre-Yves Rochon mit sicherem Geschmacksinstinkt und einem leichten pariserischen Touch umgestalteten Roten Bar überzeugen, deren neue Zweier-Tische Assoziationen an die großen Belle-Epoque-Brasserien an den Boulevards der Seine-Metropole anklingen lassen.

Trotz mancher frankophiler Anklänge arbeitet Fink zurzeit jedoch an einem Projekt, das der

Weltberühmte Gastronomie: in der „Roten Bar" (l. oben) ebenso wie im luxuriösen Restaurant „Anna Sacher" (l. unten). Was Ausstattung, Hygienestandards und die technischen Möglichkeiten betrifft, darf Hans Peter Fink, der junge Küchenchef des Hauses (r. oben), mehr als zufrieden sein.
Die Küchenausstattung reicht von hochmodernen Induktionsherden bis zu hundert chromblitzenden Töpfen und Pfannen, mit denen Küche und Pâtisserie bis zu 600 Gedecke pro Tag meistern.
Das Wiener Küchenteam mit Hans Peter Fink (vorne Mitte), dem Salzburger-Küchenchef Manfred Stüfler (links) und dem langjährigen Sacher-Küchenchef Jaroslav Müller (rechts).

großen Koch- und vor allem auch Kochbuchtradition des Hauses Sacher mehr als würdig ist: einer, wie Fink es nennt, „rundumerneuerten österreichisch-böhmisch-ungarischen Gourmetküche leichter und kreativer Provenienz".

„Es ist sehr wohl möglich", ist Fink überzeugt, „auf Basis der Küche aus den alten Kronländern, vor allem Ungarns und Böhmens, neue Gerichte zu schaffen, die sowohl leicht als auch zeitgemäß sind und dennoch wesentlich besser zu unserer kulinarischen Tradition passen als Zitronengras und Koriandergrün."

Das vorliegende Kochbuch ist ein erstes Resümee dieser kulinarischen Basisarbeit an einer Neudefinition des Begriffs der „Österreichischen Küche". So wie der Renovierung des Hotels bei aller Weltoffenheit und Innovationslust auch eine aufrichtige Liebe zur Sacher-Tradition zugrunde liegt, so geht auch dieses Kochbuch sorgsam mit dem „kulinarischen Erbe" der Wiener und altösterreichischen Küche um. Nichts soll zerstört, vieles bewahrt, aber alles an die Bedürfnisse und Lebensweise unserer Zeit angepasst werden.

Sie finden in diesem Sacher-Kochbuch daher zahlreiche „Dialoge" zwischen traditionellen und neuen Zubereitungsarten sowie viele, manchmal behutsame und manchmal durchaus auch mit dem Mut zum Experiment und dem Willen zur Innovation adaptierte Gerichte.

Dem zeitgemäß-glamourösen architektonischen Face-Lifting, das sich das Hotel Sacher in den Jahren 2004 und 2005 verordnet hat, steht also auch eine ebenso junge wie visionäre, letztlich aber doch in jeder Hinsicht österreichische Küche gegenüber: die „Neue Sacherküche".

IM SACHER
VOM GEBACKENEN EI BIS ZUM SACHERBURGER

FRÜHSTÜCK

Das Frühstück ist die wichtigste Mahlzeit des Tages. Das trifft auch auf die Gäste des Hotel Sacher zu. Speziell bei diesen stellt sich, wie Portiere, Kellner und Pagen sich gerne erinnern, jedoch häufig die Frage, ob es sich dabei um die erste oder um die letzte Mahlzeit des Tages handelt. Ganz gleich jedoch, ob das Frühstück mit dem Aufstehen oder mit dem Nachhausekommen zusammenfällt – das Sacher-Frühstück ist mit Recht weltberühmt und lässt, wie der folgende Streifzug durch die morgendliche Welt von Frühstück und Gabelfrühstück beweist, kaum einen Wunsch offen.

POCHIERTE EIER

ZUTATEN
8 Eier, topfrisch und gut gekühlt · 1 l Wasser · 250 ml Essig

ZUBEREITUNG
Acht Suppentassen mit einem größeren Stück Klarsichtfolie auslegen. Mit je einem Spritzer Essig beträufeln und in jede Tasse vorsichtig ein aufgeschlagenes Ei hineingleiten lassen, ohne das Dotter zu beschädigen. Folie zu einem Säckchen drehen und gut verschließen. In einem großen Topf Wasser mit dem restlichen Essig zum Kochen bringen. Säckchen hineinhängen und Eier knapp unter dem Siedepunkt (bei 90 °C) 5 Minuten ziehen lassen. Pochierte Eier behutsam aus der Folie gleiten lassen und sofort servieren.

GARUNGSDAUER: 5 Minuten

TIPP: Lassen Sie die Eier nicht zu lange im Wasser, sie sollen innen noch cremig und wachsweich sein.

SPIEGELEI MIT TRÜFFELN AUF ERDÄPFELPUFFER

ZUTATEN
400 g vorwiegend fest kochende Erdäpfel · 1 Ei für die Puffer · 4 Eier für die Spiegeleier · 30–40 g frische schwarze Trüffeln · Salz · Pfeffer aus der Mühle · Öl oder Butterschmalz zum Braten · 1 EL Butter für die Spiegeleier

ZUBEREITUNG
Erdäpfel schälen, grob reiben, einsalzen und etwas ausdrücken. Dann mit dem Ei verrühren und mit Salz und Pfeffer würzen. Öl oder Butterschmalz in einer großen Pfanne erhitzen, mit einem Löffel 4 Puffer hineinsetzen und diese etwas flach drücken. Auf beiden Seiten goldgelb anbraten, auf Küchenkrepp setzen und im heißen Backrohr bei 70 °C warm halten.
Butter in einer Pfanne erhitzen, die 4 Eier vorsichtig hineinschlagen und zu Spiegeleiern braten. Trüffeln gründlich bürsten und in feine Scheiben schneiden oder hobeln. Je einen Puffer auf einen vorgewärmten Teller anrichten, ein Spiegelei darauf setzen und mit Trüffelscheiben garniert servieren.

TIPPS: Wenn Sie die Erdäpfelmenge etwas erhöhen und klein gehackten Speck und Knoblauch untermengen, so können die Puffer auch als kräftiges Zwischengericht serviert werden, wozu beispielsweise Vogerlsalat ausgezeichnet passt.
Gourmets werden hingegen jene Variante vorziehen, in der die Puffer mit Crème fraîche, Saiblingskaviar und ein wenig brauner Butter sowie etwas gehacktem Schnittlauch gereicht werden.

FRÜHSTÜCK IN DER PORTIERSLOGE

Das waren noch Zeiten. Als Peter Wanninger, der spätere Sacher-Chefportier, seine Lehre als Page unter seinem Vorgänger Franz Schmid begann, hatte ein Portier noch Rechte, von denen er heute kaum zu träumen wagen würde. „Wenn ich meinen Dienst morgens antrat", erinnert sich Wanninger, „hat der große Schmid mich zu sich gerufen und mir als Vertrauensbeweis gestattet, ihn für kurze Zeit in der Portiersloge zu vertreten. Dann setzte er sich an den nächsten Tisch, beobachtete jede meiner Bewegungen und nahm dabei in aller Ruhe sein Frühstück ein."

EGGS BENEDICT NACH DEM PERSÖNLICHEN REZEPT DES LANGJÄHRIGEN SACHER-STAMMGASTES HORST BUCHHOLZ

ZUTATEN

4 Eier, topfrisch · 2 cl Tafelessig · 200 g braune Butter (s. Erdäpfelschnee S. 151)
2 Eidotter für die Buttersauce · 4 Scheiben Toastbrot oder Vollkorntoast
6 Scheiben Prager Schinken, feinnudelig geschnitten
Pfeffer aus der Mühle · Kerbel und Estragon für die Garnitur · Salz
etwas Tabascosauce

FÜR DIE REDUKTION

100 ml Weißwein · 50 ml Rindsuppe · 1 cl Apfelessig · 1 kl. Zweig Estragon
1 Schalotte, fein gehackt · 4 weiße Pfefferkörner

Sacher

Eggs Benedict

ZUBEREITUNG

Zunächst für die Reduktion alle Zutaten vermengen und auf etwa 120 ml einkochen lassen. Kurz überkühlen lassen. Dann die Dotter mit der abgeseihten Reduktion in eine Metallschüssel geben, diese in ein heißes Wasserbad (nicht über 90 °C, da die Eiermasse sonst ausflockt) stellen und mit dem Schneebesen schaumig schlagen. Die etwa 50 °C warme braune Butter einfließen lassen und stark schlagen, bis die Konsistenz etwas dickflüssig scheint. Mit Salz und Tabascosauce abschmecken. Mit einem Tuch abdecken und warm stellen.

In einem flachen Topf ca. 10 cm hoch Wasser und Essig aufkochen. Jedes Ei vorsichtig in eine mit Wasser ausgespülte Tasse schlagen, ohne dabei das Dotter zu verletzen. Sobald das Wasser wallend kocht, einen Schöpfer mit maximal 8 cm Durchmesser eintauchen, das Ei langsam in den Schöpfer gleiten lassen und ca. 6 Minuten ziehen lassen. Herausheben und abtropfen lassen. Diesen Vorgang noch dreimal wiederholen. Toastbrot entrinden und toasten. Die gut abgetropften pochierten Eier auf je einen Toast setzen, mit der warm gestellten Buttersauce überziehen und Schinkenstreifen darüber verteilen. Mit Kräutern garnieren und nach Belieben noch mit frisch gemahlenem Pfeffer bestreuen.

GARUNGSDAUER: Eier ca. 6 Minuten pochieren

FIGL-BANKETT UND MOCK-FRÜHSTÜCK

Wie sehr Spitzenpolitiker die „Unternehmenskultur" ihrer Parteien zu prägen vermögen, lässt sich am Beispiel der Österreichischen Volkspartei sehr schön verdeutlichen. Unter alteingesessenen Sacher-Mitarbeitern heute noch berüchtigt sind etwa die so genannten „Figl-Bankette". Stand ein solches am Dienstplan, so wussten alle Mitarbeiter, dass sie vor vier oder fünf Uhr früh wohl kaum das Hotel verlassen würden.

Ganz anders hielt es der spätere Parteichef und Außenminister Alois Mock bei Abendveranstaltungen. „Tummelt's euch, tummelt's euch", pflegte er das Personal stets anzuweisen, „um elfe will i geh'n." Dafür lud Mock seinen Stab umso lieber zum Frühstück ins Sacher. Und das begann stets pünktlich um 7.30 Uhr.

GEBACKENES EI MIT KAVIAR IM ERBSENNEST

ZUTATEN
4 Eier · Malossol-Kaviar (z. B. Sevruga) nach Belieben · 100 g junge Erbsen, gekocht · 2 Erdäpfel · 2 EL Schlagobers · 1 EL Butter · Salz · weißer Pfeffer Muskatnuss, gemahlen · Mehl, Eier und Semmelbrösel zum Panieren Öl zum Herausbacken

ZUBEREITUNG
Geschälte Erdäpfel weich kochen, abseihen, kurz ausdämpfen lassen und durch eine Erdäpfelpresse drücken. Gekochte Erbsen aufmixen und durch ein feines Sieb passieren. Mit Erdäpfeln, Schlagobers sowie Butter vermischen und mit Salz, Pfeffer und Muskatnuss würzen. Warm stellen. Wasser aufkochen lassen und Eier ca. 4 1/2 Minuten wachsweich kochen. Mit Eiswasser abschrecken und vorsichtig schälen, ohne das Ei dabei zu beschädigen. Behutsam in Mehl wenden, durch das verschlagene Ei ziehen und in den Semmelbröseln wälzen. Öl in einem hohen Topf erhitzen und die Eier darin schwimmend goldgelb herausbacken. Herausheben und gut abtropfen lassen. Eierspitze abheben und mit Kaviar füllen. Dabei darauf achten, dass man das Dotter nicht anschneidet. Erbsenpüree in der Mitte der Teller anrichten und je ein gebackenes Ei darauf setzen. Nach Belieben mit Kaviar garnieren.

TIPP: Steht kein echter Malossol-Kaviar zur Verfügung, so kann man diesen durch preisgünstigeren Saiblings-, Forellen- oder Lachskaviar ersetzen.

SPINATPALATSCHINKEN MIT RÄUCHERLACHS

ZUTATEN
200 g Räucherlachs · 250 g Sauerrahm · 1 TL Staubzucker · 1 EL frisch geriebener Kren Prise Salz · marinierter Blattsalat als Garnitur nach Belieben

FÜR DIE PALATSCHINKEN
200 g Mehl, glatt · 2 Eier · 1 Eidotter · 125 ml Schlagobers · 250 ml Milch 2 EL passierter Spinat · Salz · Muskatnuss, gemahlen · weißer Pfeffer aus der Mühle Butter zum Backen

ZUBEREITUNG
Für die Palatschinken alle Zutaten zu einem nicht zu dickflüssigen Teig vermengen. Palatschinken nacheinander in heißer Butter backen und warm stellen. Sauerrahm mit Kren, Staubzucker und einer Prise Salz verrühren. Räucherlachs in Streifen schneiden. Jede Palatschinke mit etwas Rahm bestreichen, Räucherlachs auflegen und zusammenrollen. Nach Belieben mit mariniertem Blattsalat garnieren.

TIPPS: Krönen Sie diese leckeren Palatschinken mit etwas Lachs- oder Forellenkaviar, den Sie auf einem Tupfen Rahm als Garnitur dazu servieren.
Steht kein passierter Spinat zur Verfügung, so kann man diesen auch einfach weglassen und dafür ein wenig mehr Mehl verwenden.

BUTTERBRIOCHE

ZUTATEN FÜR CA. 10–15 STK. KLEINES BRIOCHEGEBÄCK

FÜR DAS DAMPFL
100 g glattes Weizenmehl, Typ 405 · 75 ml lauwarme Milch
40 g Kristallzucker · 42 g Germ
Mehl zum Bestauben

FÜR DEN HAUPTTEIG
90 ml Milch · 1 Ei · 4 Eidotter
400 g glattes Weizenmehl, Typ 405 · 160 g weiche Butter
10 g Salz · Mehl für die Arbeitsfläche

ZUM BESTREICHEN
1 Eidotter
1–2 EL Milch

ZUBEREITUNG

Für das Dampfl zuerst Mehl in eine Schüssel sieben. Zucker sowie Germ in der lauwarmen Milch auflösen und mit dem Mehl verrühren. Teig mit etwas Mehl bestreuen, mit Klarsichtfolie abdecken und an einem warmen Ort (etwa bei 25 °C) so lange gehen lassen, bis sich das Volumen verdoppelt hat. Für den Hauptteig Ei mit Eidottern und Milch verrühren. Dampfl in eine Schüssel geben, das Mehl darüber sieben, Eiermilch dazugießen und alles verkneten. Nach und nach Butter, zuletzt eine Prise Salz einarbeiten. Den Teig (auf kleinster Stufe mit der Küchenmaschine oder mit den Händen) 15–20 Minuten durchkneten, bis ein glatter, homogener Teig entstanden ist. Mit etwas Mehl bestauben, mit Klarsichtfolie abdecken und 20–25 Minuten gehen lassen.

Backrohr auf 220 °C vorheizen. Den Teig kräftig zusammenschlagen und erneut, mit Folie bedeckt, 20–25 Minuten gehen lassen.

Dann den Teig in eine Kastenform setzen, mit wenig Mehl bestäuben und abermals zugedeckt gehen lassen, bis sich sein Volumen um drei Viertel vergrößert hat. Nun aus dem Teig kleine Laibchen oder Zöpfe zu je 40 Gramm formen. Eidotter mit Milch verquirlen und die geformten Teigstücke damit bestreichen. Ein Blech mit Wasser in die unterste Schiene des Backrohrs schieben. Temperatur auf 180 °C reduzieren, die Briochestücke auf ein mit Backpapier ausgelegtes Backblech legen und etwa 12 Minuten goldgelb backen. Brioche auf einem Kuchengitter abkühlen lassen.

BACKZEIT: ca. 12 Minuten
BACKROHRTEMPERATUR: 220 °C vorheizen, dann 180 °C
TIPP: Für ein „süßes" Frühstück oder zur Kaffeejause mischt man unter den Germteig Rosinen oder bestreut das Gebäck vor dem Backen mit grobem Hagelzucker.

FRÜHSTÜCK

SACHERSTANGERL MIT KAROTTEN-BERGKÄSE-AUFSTRICH

ZUTATEN FÜR 20 STANGERL

20 Stk. länglich geformtes Gebäck nach Belieben · 1 Karotte · 1 EL gehackte Kräuter (z. B. Kerbel, Pimpernell, Estragon und Petersilie) · 250 g Topfen (20 % Fettgehalt) · 2 EL geriebener Bergkäse · 2 EL geriebener Parmesan · 1 KL scharfer Senf · Spritzer Tabascosauce · Pfeffer aus der Mühle · etwas frischer Zitronensaft · Prise Kümmel, gemahlen · Meersalz · Garnitur nach Belieben

ZUBEREITUNG

Die rohe, geputzte Karotte mit einer Krenreibe grob reiben und in einer Metallschüssel (oder Rührmaschine) mit sämtlichen anderen Zutaten gut verrühren. Stangerl der Länge nach leicht einschneiden und etwas auseinander drücken, sodass eine Öffnung für die Creme entsteht. Masse in einen Dressiersack mit glatter Tülle füllen und in die Öffnung hineinspritzen. Nach Belieben garnieren.

SACHERSTANGERL MIT PILZ-TAFELSPITZ-AUFSTRICH

ZUTATEN FÜR 20 STANGERL

20 Stk. länglich geformtes Gebäck nach Belieben · 250 g geräucherter Tafelspitz, Bresaola, Bündner Fleisch oder Rohschinken · 100 g Champignons · 40 ml Olivenöl · 125 g Topfen (20 % Fettgehalt) · 125 g Gervais · 1 EL Schnittlauch, geschnitten · Prise Kümmel, gemahlen · Salz · Pfeffer aus der Mühle · je 1 Zweig Thymian und Rosmarin

ZUBEREITUNG

Champignons feinblättrig schneiden und mit Thymian, Rosmarin, Salz und Pfeffer in heißem Olivenöl dünsten, bis alle Flüssigkeit verdunstet ist. Kräuter entfernen und Champignons abkühlen lassen. Räucherfleisch in feine Würferl schneiden. Nun alle Zutaten im Blitzcutter pürieren und abschließend pikant abschmecken. Stangerl der Länge nach leicht einschneiden und etwas auseinander drücken, sodass eine Öffnung für die Creme entsteht. Masse in einen Dressiersack mit glatter Tülle füllen und in die Öffnung hineinspritzen. Nach Belieben garnieren.

SACHERSTANGERL CONTRA FAST-FOOD-WELLE

Noch nicht ganz so bekannt wie die Sachertorte und die Sacherwürstel, aber von den Stammgästen nicht minder geliebt sind die Sacherstangerl. Sie wurden von Küchenchef Hans Peter Fink 2002 anlässlich der Eröffnung des Sacher-Ecks kreiert, um endlich eine hausgemacht wienerische Antwort auf die Herausforderung der anglo-amerikanischen Fast-Food-Welle zu geben. Die Idee basiert darauf, hochwertiges Gebäck – im Sacher bevorzugt man Weiß-, Mais-, Dinkel-, Vollkorn-, Kürbiskern- und Sesambrot – mit saisonal abwechselnden Füllungen anzubieten. Die Rezepte lassen sich auch fürs Frühstück daheim leicht adaptieren: Die Füllcremen werden jeweils mit einem Dressiersack und glatter Tülle (runde Öffnung) in die vorgeschnittene Öffnung gespritzt – und daraufhin wird das Stangerl, je nach Lust und Laune, bunt garniert.

FRÜHSTÜCK

WIE MAN JEMANDEM EINEN KLEINEN NACHT-DIENST ERWEIST

Es klingt fast wie eine Episode aus der Feder von Fritz Eckhardt, doch Sacher-Chefportier Wolfgang Buchmann schwört, dass es sich wirklich genau so zugetragen hat: Eines Tages, so erinnert er sich, checkte ein besonders nettes und besonders verliebtes junges Ehepaar bei ihm ein. Mitten in der Nacht kam der junge Mann dann völlig aufgelöst zur Portiersloge hinunter und verlangte ein eigenes Zimmer.
„Da schien mir Handlungsbedarf angebracht", erzählt Buchmann und ließ am nächsten Morgen einen Strauß Rosen ins Zimmer der Dame und eine Flasche Sekt aufs Zimmer des Herrn schicken. „Am nächsten Tag haben sie dann wieder nur ein Doppel gemeinsam gebraucht", erinnert sich der „ungebetene" Postillon d'Amour und fügt hinzu: „Die Rosen und den Schampus habe ich den beiden schon auf die Rechnung gesetzt, aber gesagt hab' ich nichts!"

SACHERSTANGERL MIT RÄUCHERTOFU-THUNFISCH-AUFSTRICH

ZUTATEN FÜR 20 STANGERL

20 Stk. länglich geformtes Gebäck nach Belieben · 100 g geräucherter Tofu · 100 g Thunfisch aus der Dose · 1 kleine rote Zwiebel · 250 g Topfen (20 % Fettgehalt) · 3 EL Joghurt · 1 KL scharfer Senf · Meersalz · 5 Tropfen Tabascosauce · 1 EL Sambal Oelek oder kräftige Sojasauce · 1 EL Petersilie, gehackt · 2 EL Stangensellerie, gehackt Garnitur nach Belieben

ZUBEREITUNG

Den Räuchertofu in kleine Würferl schneiden. Thunfisch gut abtropfen lassen und klein hacken. Zwiebel, Sellerie und Petersilie ebenfalls klein hacken. In einer Metallschüssel (oder Rührmaschine) sämtliche Zutaten miteinander gut verrühren. Stangerl der Länge nach leicht einschneiden und etwas auseinander drücken, sodass eine Öffnung für die Creme entsteht. Masse in einen Dressiersack mit glatter Tülle füllen und in die Öffnung hineinspritzen. Nach Belieben garnieren.

SACHERCROSTINI MIT OLIVEN-MOZZARELLA-BELAG

ZUTATEN FÜR 20 CROSTINI

20 Scheiben Weißbrot oder Baguette · 10 Stk. Mozzarella-Kugerln (oder ca. 3 Mozzarella-Laibchen) · 1 Hand voll Oliven · Olivenöl nach Belieben Basilikum, frisch geschnitten · Meersalz · Pfeffer aus der Mühle

ZUBEREITUNG

Mozzarella-Kugerln vierteln, größere Mozzarella-Laibchen in kleine Würfel schneiden. Oliven entkernen und in feine Spalten schneiden. Mozzarella und Oliven mit den restlichen Zutaten vermengen und pikant-würzig abschmecken. Brotscheiben ohne Fett toasten und jeweils etwas Mozzarella-Masse auftragen. Ins vorgeheizte Backrohr schieben und kurz unter der Grillschlange (oder bei höchster Oberhitze) überbacken. Nach Belieben nochmals mit etwas Olivenöl beträufeln.

SACHERCROSTINI MIT TOMATEN-PARMESAN-BELAG

ZUTATEN FÜR 20 CROSTINI
20 Scheiben Weißbrot oder Baguette · 2 vollreife Tomaten · kräftiger Schuss Olivenöl
Oregano · 1 EL geriebener Parmesan · Pfeffer aus der Mühle · Meersalz · Tabascosauce

ZUBEREITUNG
Stiele und Kerne von den Tomaten entfernen, Fruchtfleisch kleinwürfelig schneiden. Mit den restlichen Zutaten abmischen und pikant-würzig abschmecken. Brotscheiben ohne Fett toasten und jeweils etwas Tomatenmasse auftragen. Ins vorgeheizte Backrohr schieben und kurz unter der Grillschlange (oder bei höchster Oberhitze) überbacken. Nach Belieben nochmals mit etwas Olivenöl beträufeln.

KÜRBISKERNSCHMALZ

ZUTATEN FÜR 2 EINMACHGLÄSER À 300 ML
300 g Schweineschmalz · 100 g Grammeln, fein gehackt · etwas fein gehackter
Knoblauch oder 2 EL fein geriebener Kren · 50–80 ml Kürbiskernöl
100 g Kürbiskerne, gehackt und geröstet · Meersalz · Pfeffer aus der Mühle

ZUBEREITUNG
Das gut gekühlte Schmalz schaumig rühren, bis es fast schneeweiß ist. Gehackte Grammeln, Knoblauch oder Kren, Kürbiskernöl und gehackte Kürbiskerne einrühren. Mit Salz und Pfeffer würzig abschmecken. In gut verschließbare Gläser füllen und kühl (bis zu 14 Tagen) lagern.

TIPPS: Leichter und kalorienärmer wird dieser würzige Aufstrich, wenn Sie einen Teil des Schmalzes durch Topfen und/oder Crème fraîche ersetzen. Dieser Aufstrich eignet sich nicht nur ideal als Füllung für Sacherstangerl, sondern auch als feiner Aufstrich.

BISMARCKHERINGSSALAT

ZUTATEN
4 Bismarckheringsfilets · 100 g weiße Bohnen, gekocht · 100 g schwarze Bohnen, gekocht · 100 g Fisolen · 3 kleine rote Zwiebeln · 4 cl Sojasauce · 6 cl Olivenöl
Salz · Prise Natron · schwarzer Pfeffer aus der Mühle · Spritzer Weißweinessig
etwas Tabascosauce · etwas Zucker

FÜR DIE GARNITUR
150 g Sauerrahm · Saft von 1 Limette · Salz

ZUBEREITUNG
Die Fisolen kurz in kochendem, mit etwas Natron vermengtem Salzwasser bissfest blanchieren (überbrühen). Abgießen, kalt abschrecken und halbieren. Zwiebeln in Ringe oder Spalten schneiden. Nun gekochte Bohnen, Fisolen und Zwiebeln in einer Schüssel miteinander vermengen. Mit Sojasauce, Öl, einem Spritzer Essig, Tabascosauce, Pfeffer, Salz und einer Prise Zucker würzen und alles gut durchmischen. In Glasschalen portionsweise anrichten. Heringe in etwa 2 cm breite Streifen schneiden und über den Salat legen.
Für die Garnitur Rahm mit Limettensaft und Salz aromatisieren und separat dazu servieren.

TIPP: Bestreuen Sie diesen pikanten Salat auch einmal mit geriebenem Pumpernickel oder belegen Sie ihn mit kross gebratenen Schinken- oder Speckchips.

FRÜHSTÜCK

BEEF TATAR NACH ART VON HANS PETER FINK

ZUTATEN
600 g Rindslungenbraten oder Rinderrücken sauber zugeputzt
4 Essig- oder Senfgurkerln · 4 Schalotten · 6 Kapern · 4 Sardellenfilets
Dijonsenf nach Belieben

FÜR DIE MARINADE
100 ml Bierschaum · 4 EL Olivenöl · Spritzer Tabasco- und Worcestershiresauce
etwas Zitronensaft · 2 EL fein geschnittener Schnittlauch · etwas Muskatnuss, gemahlen · Salz · Pfeffer aus der Mühle

ZUBEREITUNG
Gurkerln, Sardellenfilets und Kapern fein hacken. Schalotten kurz in kochendem Wasser blanchieren, abkühlen lassen und ebenfalls fein hacken. Das sauber zugeputzte, gut gekühlte Fleisch zuerst in Streifen, dann in feine Würferl schneiden und mit einem Wiegemesser fein hacken. Für die Marinade alle Zutaten gut miteinander verrühren und unter das Tatar mischen. Würzig abschmecken. Nach Belieben Gurkerln, Schalotten, Kapern, Sardellenfilets und Senf unter das Tatar mischen und servieren, oder aber Beef Tatar in der Mitte eines Tellers anrichten und die gehackten Zutaten in kleinen Häufchen rundum legen.

BEILAGENEMPFEHLUNG: knuspriges Baguette oder Toastbrot, Erdäpfelpuffer
TIPP: Zum luxuriösen Frühstücksgericht wird das Beef Tatar, wenn Sie dazu heiße Ofenerdäpfel mit Rahm sowie Kaviar reichen und dazu ein Gläschen Sekt oder Champagner genießen.

SAIBLINGSTATAR MIT AVOCADO

ZUTATEN
2 Saiblingsfilets, topfrisch und entgrätet · 2 Avocados · 2 EL Sauerrahm
1 EL Schnittlauch, gehackt · Salz · weißer Pfeffer aus der Mühle · Prise Zucker
Zitronensaft · einige Tropfen Tabascosauce · Zitronenmelisse zum Garnieren

ZUBEREITUNG
Avocados halbieren, Kerne entfernen und Fruchtfleisch mit einem Kaffeelöffel herauslösen. Mit einer Gabel zerdrücken und sofort mit Zitronensaft vermischen. Mit Sauerrahm, Schnittlauch und einer Prise Zucker verrühren. Mit Salz, Pfeffer und etwas Tabascosauce pikant abschmecken. Saiblingsfilets fein hacken und unter die Avocadocreme mischen. Mit einem Löffel aus der Creme Nockerln stechen und auf Tellern anrichten. Mit Zitronenmelisse garnieren.

GARNITUREMPFEHLUNG: Buttertoasts und Forellenkaviar
TIPP: Wird das Saiblingstatar nicht als Gabelfrühstück, sondern als kleine Vorspeise gereicht, so kann man noch gebratene Streifen vom Saiblingsfilet als schmackhafte Garnitur dazu servieren.

WEISSER SPARGEL IM SCHINKEN-MORGENMANTEL

ZUTATEN

12 Stangen weißer Spargel · 12 Scheiben Schinken · 1 Tomate · 1 EL Zucchiniwürfel
1 Ei, gekocht · gehackter Kerbel · Walnussöl · Salz · Kristallzucker · etwas Butter
marinierter Vogerlsalat als Garnitur

ZUBEREITUNG

In einem großen Topf Wasser mit Salz, einer Prise Zucker und etwas Butter aufstellen. Spargel währenddessen schälen, unteres holziges Drittel wegschneiden und im kochenden Wasser je nach Stärke 15–20 Minuten bissfest garen. Herausheben und kalt abschrecken.

Marinierten Vogerlsalat auf Tellern anrichten. Jede Spargelstange so in Schinken einwickeln, dass die Spitze noch herausschaut. Auf Salat platzieren. Tomate und gekochtes Ei kleinwürfelig schneiden und mit den Zucchiniwürfeln darüber streuen. Mit Kerbel garnieren und mit Walnussöl beträufeln.

GARUNGSDAUER: Spargel je nach Stärke 15–20 Minuten

SERBISCHE BOHNENSUPPE

ZUTATEN

150 g weiße Bohnen, getrocknet · 200 g Schweinsschulter, mager · 80 g Selchspeck
2 Erdäpfel · 1 l Rindsuppe zum Aufgießen · 100 g Zwiebeln · 3 Knoblauchzehen, gehackt · 1 EL Paprikapulver, edelsüß · 1 EL Tomatenmark · 1 Lorbeerblatt
20 g Mehl, glatt · 1 Pfefferoni, gehackt · 1 TL Majoran · 5 EL Schmalz · Salz
Pfeffer aus der Mühle

ZUBEREITUNG

Getrocknete Bohnen über Nacht einweichen. Wasser abseihen, Bohnen mit reichlich frischem Wasser aufstellen, Lorbeerblatt zugeben und ca. 1 Stunde weich kochen. Speck und Zwiebeln fein hacken, geschälte Erdäpfel in kleine Würfel schneiden. Schweinefleisch in mundgerechte Stücke schneiden. Speckwürfel in heißem Schmalz anbraten, Zwiebeln zugeben, hell anrösten und Fleischwürfel hinzufügen. Durchrühren, Tomatenmark und Paprikapulver untermengen und mit Suppe aufgießen. Mit Majoran, gehacktem Pfefferoni, Knoblauch sowie Pfeffer würzen und ca. 45 Minuten weich kochen. Erdäpfel und gekochte Bohnen zugeben und weitere 30 Minuten bei mäßiger Hitze kochen lassen. Mehl mit wenig Wasser glatt rühren, beigeben und die Suppe sämig einkochen lassen. Abschließend mit Salz und Pfeffer abschmecken.

GARUNGSDAUER: Bohnen ca. 1 Stunde, Suppe ca. 75 Minuten

TIPP: Pikant gewürzte Dauerwürste oder Debreziner verleihen der Bohnensuppe eine noch nahrhaftere Note.

FRÜHSTÜCK

GULASCHSUPPE

ZUTATEN
200 g Rindfleisch von der Schulter · 100 g Selchspeck · 200 g Erdäpfel
150 g Zwiebeln · 1 l Rindsuppe zum Aufgießen · 3 Knoblauchzehen, gehackt
1 EL Paprikapulver, edelsüß · 1 EL Tomatenmark · 1 Pfefferoni, gehackt
1/2 TL Kümmel, gemahlen · 1 TL Majoran · 1 Lorbeerblatt · 4 EL Schmalz
20 g Mehl, glatt · Salz · Pfeffer aus der Mühle

ZUBEREITUNG
Rindfleisch in 1 cm große Würferl, Selchspeck kleinwürfelig schneiden. Zwiebeln fein hacken. In einer Kasserolle Schmalz erhitzen und Selchspeck anbraten. Zwiebeln zugeben und goldbraun anrösten. Rindfleischwürfel hinzufügen, kräftig durchrühren. Tomatenmark einmengen, Paprikapulver einstreuen, durchrühren und rasch mit Suppe aufgießen. Mit Kümmel, Majoran, Lorbeerblatt, Pfefferoni und Knoblauch aromatisieren und etwa 1 Stunde kochen. In der Zwischenzeit Erdäpfel schälen und ebenfalls in ca. 1 cm große Würfel schneiden. Zugeben und noch weitere 10–15 Minuten kochen. Mehl mit wenig Wasser glatt rühren, zugeben und noch 5 Minuten einkochen lassen. Abschließend mit Salz und Pfeffer abschmecken.

GARUNGSDAUER: ca. 1 1/4 Stunden

TIPP: Die Pfefferonizugabe kann je nach gewünschtem Schärfegrad beliebig gesteigert oder vermindert werden.

LINSENSUPPE MIT SACHERWÜRSTELN

ZUTATEN
250 g Linsen · 100 g Speck · 750 ml Rindsuppe · 1 Paar Sacherwürstel
(oder Frankfurter) · 150 g Zwiebeln · 2 Lorbeerblätter · 1 EL Senf · 1 EL Essig
20 g Mehl · 125 ml Schlagobers · Prise Thymian · Pfeffer aus der Mühle · Salz
frischer Thymian zum Garnieren

ZUBEREITUNG
Linsen über Nacht in kaltem Wasser einweichen. Am nächsten Tag Speck und Zwiebeln kleinwürfelig hacken. Speck in einem Topf anrösten, Zwiebeln zugeben und hell anschwitzen. Linsen abseihen, einrühren und mit Suppe aufgießen. Mit Lorbeerblättern, Thymian und Pfeffer würzen und Linsen weich kochen. Mehl in wenig Wasser anrühren, einmengen und die Suppe damit sämig binden. Mit Essig und Senf abschmecken, Lorbeerblätter wieder entfernen. Mit dem Stabmixer aufmixen und durch ein Sieb passieren. Schlagobers zugießen und mit Salz sowie Pfeffer abschmecken. Von den Sacherwürsteln die Haut abziehen, in Scheiben schneiden und in der Suppe erhitzen. In vorgewärmte Suppentassen füllen und mit frisch gehacktem Thymian garnieren.

GARUNGSDAUER: 15–20 Minuten

SACHERBURGER DER KLASSIKER AUS DEM SACHER SALZBURG

ZUTATEN

ca. 450 g Rindfleisch zum Faschieren (vom Rinderhals) · 4 Hamburgerlaibchen
4 Scheiben Hamburger Speck · 80 g Paprikaschote, Farbe nach Belieben
60 g Zwiebeln · 4 EL Cocktailsauce · Salz · Pfeffer aus der Mühle · Koriander
Kümmel, gemahlen · Öl zum Braten

ZUBEREITUNG

Das Rindfleisch nicht ganz fein faschieren. Mit Salz, Pfeffer, Koriander und Kümmel würzen. Aus der Masse 4 Laibchen formen und diese in einer Pfanne oder am Grill in wenig Öl 5–8 Minuten beidseitig grillen. Hamburgerlaibchen halbieren und auf der Innenseite toasten. Währenddessen Paprikaschote und Zwiebeln in feine Streifen schneiden. Speckscheiben kurz anbraten und auf die Unterseite der Laibchen legen. Mit Paprika- und Zwiebelstreifen bestreuen und etwas Cocktailsauce auftragen. Gegrilltes Fleischlaibchen darauf legen und mit der anderen Burgerbrothälfte bedecken.

GARUNGSDAUER: 5–8 Minuten

WIENER SAFTGULASCH

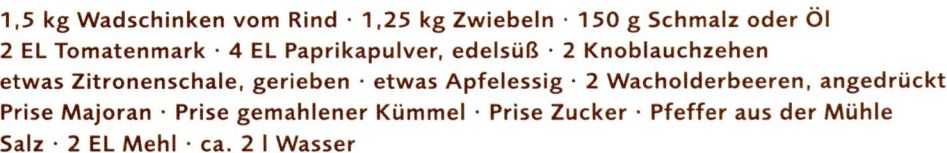

ZUTATEN FÜR 6–8 PORTIONEN

1,5 kg Wadschinken vom Rind · 1,25 kg Zwiebeln · 150 g Schmalz oder Öl
2 EL Tomatenmark · 4 EL Paprikapulver, edelsüß · 2 Knoblauchzehen
etwas Zitronenschale, gerieben · etwas Apfelessig · 2 Wacholderbeeren, angedrückt
Prise Majoran · Prise gemahlener Kümmel · Prise Zucker · Pfeffer aus der Mühle
Salz · 2 EL Mehl · ca. 2 l Wasser

ZUBEREITUNG

Zwiebeln in Streifen, das zugeputzte Fleisch in ca. 50 g schwere Würfel schneiden. In einem großen Topf Schmalz erhitzen und die Zwiebeln darin unter wiederholtem Rühren langsam goldgelb rösten. Wacholderbeeren, Majoran, Kümmel, Zucker, Pfeffer und Salz kurz mitrösten. Paprikapulver einrühren, Tomatenmark, Knoblauch und Zitronenschale beigeben und rasch mit Essig und etwa 1 Liter Wasser ablöschen. Aufkochen lassen, dann Fleischwürfel zugeben und ca. 2 1/2 Stunden weich dünsten. Währenddessen wiederholt umrühren und – wenn nötig – Wasser nachgießen. Ist das Fleisch fast gar, fest durchrühren und mit restlichem Wasser auffüllen. Nochmals durchkochen und mit Salz abschmecken. Mehl mit wenig Wasser anrühren, zugeben und den Saft damit etwas binden.

GARUNGSDAUER: je nach Qualität 2 1/2–3 Stunden
BEILAGENEMPFEHLUNG: frische Kaisersemmeln oder Salzerdäpfel
TIPP: Je mehr Gulasch gekocht wird, desto besser! Denn so richtig gut schmeckt Gulasch immer erst am zweiten Tag, und kühl gelagert hält es sich problemlos einige Tage.

FRÜHSTÜCK

WÜRSTEL FÜR WALDBRUNN

Sacherwürstel können nicht nur ein zweites Frühstück sein, sondern auch ein wahres Labsal für Spätheimkehrer. Niemand wusste das besser als jene Nachtportiere, die den Volksschauspieler und Kabarettisten Ernst Waldbrunn Abend für Abend unter ihre Fittiche nahmen, wenn er als einer der wenigen „Dauergäste" des Sacher so gegen zwei, halb drei „nach Hause" kam.

„Dann hat er sich direkt gegenüber der Portiersloge an ein kleines Tischerl gesetzt", erinnert sich einer seiner zahlreichen nächtlichen Wegbegleiter, „ließ sich ein Paar Sacherwürstel kommen, hat ein bisserl sinniert und vor sich hin monologisiert, und dann ist er schließlich eingeschlafen."

Zu lachen hatte die Sacher-Belegschaft mit dem stets etwas mürrischen Dauergast übrigens recht wenig. „Das war ähnlich wie mit dem Louis de Funès, der auch gerne bei uns abgestiegen ist", erinnert sich Sacher-Oberkellner Wolfgang Ebner. „Die wirklich guten Komiker, die san im Leben net lustig."

FIAKERGULASCH MIT SACHERWÜRSTELN

ZUTATEN FÜR 4–6 PORTIONEN

1 kg Wadschinken vom Rind · 4–6 Eier · 4–6 Essiggurkerln · 2–3 Paar Sacherwürstel
750 g Zwiebeln · 150 g Schmalz oder Öl · 2 EL Paprikapulver, edelsüß
1 TL Rosenpaprikapulver oder scharfes Paprikapulver · 3 Knoblauchzehen
1 EL Tomatenpüree (ersatzweise 1–2 KL Tomatenmark) · 1 EL Majoran
2 Lorbeerblätter · 1 TL Kümmel, gehackt · etwas Essig · Salz · Pfeffer aus der Mühle
Butter für die Spiegeleier

ZUBEREITUNG

Zwiebeln in Streifen, Fleisch in grobe Würfel schneiden und Knoblauch pressen. Schmalz in einem Topf erhitzen und die Zwiebeln darin bei mäßiger Hitze und kräftigem Rühren goldgelb rösten. Paprikapulver sowie Tomatenpüree einmengen, kurz durchrühren und sofort mit etwas Essig und wenig Wasser ablöschen. Fleischwürfel mit Salz und Pfeffer abmischen und zugeben. Gepressten Knoblauch, Majoran, Lorbeerblätter sowie Kümmel einrühren und so viel Wasser zugießen, dass das Fleisch gerade bedeckt ist. Durchrühren und (nicht völlig zugedeckt) ca. 2 1/2 Stunden bei mittlerer Hitze weich dünsten. Währenddessen wiederholt umrühren und immer wieder etwas Wasser zugießen. Sobald das Fleisch gar ist, aber noch etwas Biss hat, Topf vom Feuer nehmen und an einem warmen Ort (mäßig erhitztes Backrohr) noch ca. 1 Stunde ziehen lassen.

Währenddessen die Sacherwürstel in heißem Wasser erhitzen und ca. 10 Minuten knapp unter dem Siedepunkt ziehen lassen. In einer Spiegeleierpfanne Butter schmelzen lassen, Eier vorsichtig einschlagen und zu Spiegeleiern braten. Die Gurkerln fächerartig einschneiden. Gulasch nochmals kräftig erhitzen, eventuell nochmals etwas Wasser zugießen, abschmecken und kräftig durchrühren. Auf vorgewärmten Tellern anrichten, jeweils ein Spiegelei darauf platzieren und je ein Würstel daneben legen. Mit einem Gurkerlfächer garnieren.

GARUNGSDAUER: je nach Qualität 2 1/2–3 Stunden
BEILAGENEMPFEHLUNG: Semmelknödel, Salzerdäpfel, Salat aus roten Paprikaschoten
TIPPS: Wenn Sie das Gulasch im Backrohr bei 160 °C garen, so kann sich nichts anlegen und das Fleisch kann bei gleichmäßiger Hitze schön langsam dünsten.

Gießen Sie nie zu viel Wasser nach. Sonst „schwimmt" das Fleisch, wodurch der typische sämige Gulaschsaft nicht entstehen kann.
Statt Sacherwürstel kann man selbstverständlich auch „normale" Frankfurter Würstel verwenden, und die Spiegeleier können zur Abwechslung auch einmal durch wachsweich gekochte Eier ersetzt werden.

VERWANDTSCHAFT „SWEET & SOUR"

Ihr Bekanntheitsgrad reicht an jenen der Sachertorte zwar noch nicht ganz, aber doch beinahe heran: Die Original Sacherwürstel haben pro Paar ein Gewicht von ca. 18 dag, eine Länge von ca. 25 cm je Stück sowie ein Kaliber (Durchmesser) von ca. 2 cm. Sie werden nach einer speziellen Rezeptur mit wenig Fett aus ausschließlich österreichischem Fleisch hergestellt. Die Original Sacherwürstel werden, im Gegensatz zur Original Sacher-Torte, jedoch nicht in der Sacher-Gruppe selbst hergestellt, sondern wurden stets, exklusiv für das Hotel Sacher, von vertrauenswürdigen Edelfleischhauereien in Wien und Umgebung produziert.
Die ersten Sacherwürstel der Geschichte stammten übrigens aus einer Familie, in der man derlei „fleischliches" Know-how wahrlich nicht vermuten würde, nämlich aus dem für seine „Neapolitanerschnitten" bekannten Hause Manner. Hotelgründer und Torten-Erfinder Eduard Sacher bezog die „Ur-Sacherwürstel" für sein 1880 eröffnetes Kärntnerstraßen-Etablissement nämlich von Matthias Manner, dem Stammvater der gleichnamigen Waffel-Dynastie, der damals in der Himmelpfortgasse 10 eine Fleischhauerei mit angeschlossener Gastwirtschaft betrieb und für seine Würste weithin berühmt war.

Sacher

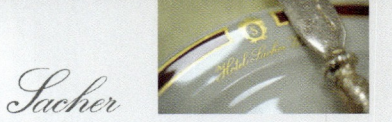

WIE DAS MENÜ

KLASSISCHE VORSPEISEN UND ZEITGEMÄSSE APPETIZER

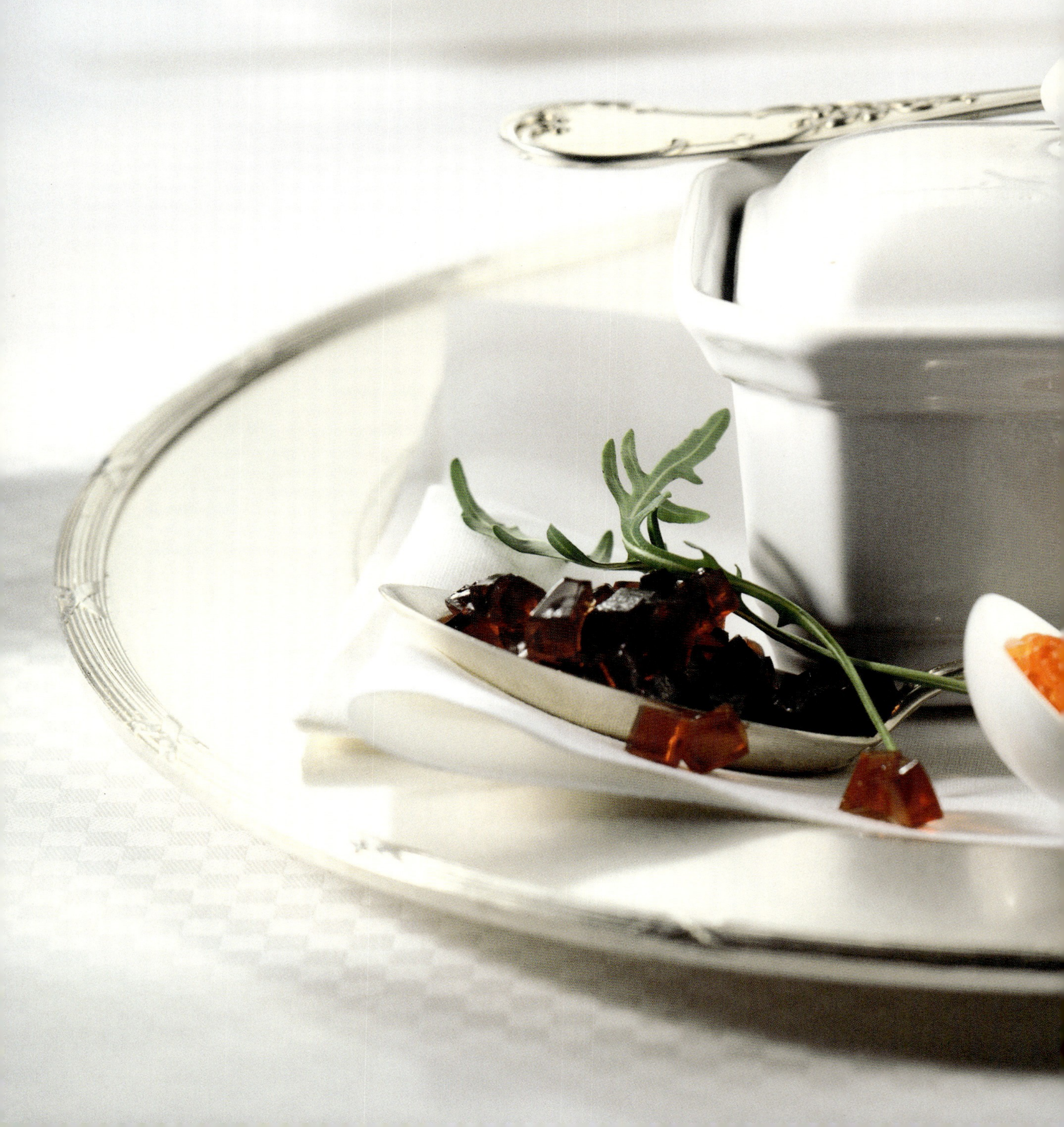

BEGINNT

KALTE VORSPEISEN

Die Wiener Küche, so lautet ein altes Vorurteil, kennt keine Vorspeisen, sie hat ja ihre Suppen. Tatsächlich gilt die Hors d'œuvres-Kultur bis heute als Errungenschaft der romanischen Küchen. Gerade in den letzten Jahrzehnten ist die Kultur der Antipasti und Tapas aber auch in Österreich populär geworden, und so entsinnt man sich in der Vorspeisenküche des Hotel Sacher nicht nur gerne der großen Klassiker der Grand-Hotel-Küche, sondern versucht mit großem Erfolg auch neue, zeitgemäße Vorspeisengerichte zu kreieren – wobei selbstverständlich speziell österreichische Produkte und Zutaten eine besonders inspirierende Rolle spielen.

SACHER-TAFELSPITZSULZ MIT VOGERLSALAT

ZUTATEN FÜR 1 DREIECKIGE TERRINENFORM MIT 1,3 L VOLUMEN
600 g Tafelspitz, gekocht (s. S. 250) · 6 cl Sherry Dry · 2 Karotten · 2 gelbe Rüben
1/4 Sellerieknolle · 4 EL Schnittlauch, gehackt · 600 ml Rindsuppe · 10 Blatt Gelatine
Pflanzenöl für die Form · Pfeffer aus der Mühle · Salz · 200 g Vogerlsalat
Kürbiskern-Pesto (s. S. 122) · Schnittlauch zum Bestreuen

FÜR DIE MARINADE
4 EL Maiskeimöl · 3 EL Apfelessig · 2 EL Rindsuppe · Prise Salz

ZUBEREITUNG

Die Suppe mit 200 ml Wasser aufkochen. Karotten, gelbe Rüben und Sellerie zugeben und weich kochen. Aus der Suppe heben, auskühlen lassen und in 3 mm dicke Streifen schneiden. Gelatine in kaltem Wasser einweichen, ausdrücken und in die Suppe geben. Mit Sherry, Salz sowie Pfeffer gut abschmecken und vom Feuer nehmen. Die Terrinenform mit Öl ausstreichen, Klarsichtfolie der Länge nach einlegen und mit Küchenkrepp glatt streichen.

Tafelspitz (am besten mit der Brotschneidemaschine) in 2 mm starke Scheiben schneiden, jede Scheibe einzeln in die noch warme Suppe eintauchen und die Form damit auskleiden. Dabei etwa 6 cm über den Rand überlappend einordnen. Etwas Suppe eingießen, Schnittlauch einstreuen, Gemüsestreifen der Länge nach einlegen und wieder mit in Suppe getauchtem Tafelspitz belegen. Diesen Vorgang dreimal wiederholen, restliche Suppe eingießen und mit den überlappenden Tafelspitzscheiben abdecken. Folie andrücken und für 3 Stunden kalt stellen.

Für die Marinade alle angeführten Zutaten mit einem Schneebesen verrühren und den Vogerlsalat damit marinieren. Terrine stürzen, Folie abziehen und in Scheiben schneiden. Auf gekühlten Tellern anrichten und mit dem marinierten Vogerlsalat garnieren. Mit Kürbiskern-Pesto beträufeln und mit Schnittlauch bestreuen.

TIPP: Die Gemüseeinlage der Sulz lässt sich je nach Saison etwa durch Radieschen, Spargel oder eingelegte Eierschwammerl abändern. Mit Apfelessig beträufelt und mit Fleur de sel sowie Pfeffer bestreut, schmeckt die Sulz noch pikanter.

DEUTSCHE HÄRTE

Der deutsche Bundeskanzler Konrad Adenauer schätzte während seiner zahlreichen Wien-Besuche an der Sacher-Küche vor allem den Tafelspitz. „Warum schafft man es bei uns in Bonn einfach nicht", sagte er einmal, fast ärgerlich, „mir einen derart weichen Ochsen zu servieren?"

Der damalige Oberkellner, nicht maulfaul, erwiderte: „Das liegt vielleicht daran, Herr Bundeskanzler, dass wir Österreicher halt immer schon die Weicheren waren. Darum haben wir auch schon unseren Staatsvertrag, und die harten Deutschen haben noch keinen."

SCHWEINSHAXLSULZ MIT KÜRBIS-GERSTL

ZUTATEN FÜR 6 PORTIONEN

1 vordere Schweinsstelze im Ganzen · 1 Schweinsrüssel · 2 EL Pökelsalz
1 KL brauner Zucker · 1 gelbe Rübe · 200 g Sellerieknolle · 1 Knolle Knoblauch
2 Schalotten · Apfelessig · evtl. 4 Blätter Gelatine · 1 Lorbeerblatt
2 Wacholderbeeren, zerdrückt · 10 Korianderkörner · 5 Pfefferkörner
1 Zweiglein Liebstöckel · 1 Zweiglein Petersilie · etwas Zimt und Piment, gemahlen
1 EL grober Dijonsenf · Kürbiskernöl zum Beträufeln

FÜR DAS KÜRBIS-GERSTL

60 g feine Rollgerste · 1 Scheibe Räucher- oder Bauchspeck
120 g Kürbisfleisch (Muskat- oder Moschuskürbis) · 2 EL Kürbiskerne, geröstet und fein gehackt · 2 EL Traubenkernöl · 4 cl Apfelessig · Prise Zucker
2 EL geriebener Kren · Pfeffer aus der Mühle · Salz

KALTE VORSPEISEN

ZUBEREITUNG

Knoblauchknolle in der Schale der Quere nach halbieren, geschälte Schalotten halbieren und gelbe Rübe schälen. Fleisch gut wässern. In einem hohen schmalen Topf mit ca. 4 Liter Wasser Pökelsalz, Zucker sowie Gemüse einmal aufkochen und wieder abkühlen lassen. Fleisch darin 2 Tage zugedeckt marinieren. Dann Wasser abgießen und mit frischem Wasser ca. 2 Stunden weich köcheln. Währenddessen immer wieder Schaum abschöpfen und nach halber Garzeit die Gewürze (ohne Kräuter) zugeben.

Sobald das Fleisch weich ist, herausheben und noch warm von den Knochen lösen. In etwa 1 cm große Würferl schneiden, dabei darauf achten, dass keine Adern oder Gerinnsel mitverarbeitet werden. Sud abseihen und auf ca. 300 ml einkochen lassen. Dann mit einigen Tropfen Sud die Gelierprobe machen: Wenn der auf den Teller getropfte Sud nach dem Abkühlen nicht fest genug wird, etwas eingeweichte und ausgedrückte Gelatine zugeben. Fleisch mit dem Sud vermengen und mit Essig, Zimt, Piment sowie Senf abschmecken. Fein gehackte Kräuter zugeben und alles in eine Terrinenform füllen. Im vorgeheizten Backrohr bei 160 °C etwas ziehen lassen. Kalt stellen, bis die Sulz fest genug ist (ca. 3 Stunden).

Für das Kürbis-Gerstl zunächst Rollgerste mit Speck in etwa 500 ml Wasser bissfest kochen, abseihen und Kochwasser aufbewahren. Kürbisfleisch kleinwürfelig schneiden und im aufbewahrten Kochwasser kurz blanchieren (überbrühen). Kalt abschrecken, abseihen und mit den restlichen Zutaten vermischen. Würzig abschmecken.

Terrinenform vor dem Stürzen kurz in heißes Wasser stellen. Sulz stürzen und mit einem in heißes Wasser getauchten scharfen Messer in Scheiben schneiden. Sulz auf Tellern anrichten, mit Kürbis-Gerstl umlegen und mit Kürbiskernöl beträufeln. Mit frisch geschrotetem Pfeffer bestreuen.

GARUNGSDAUER: ca. 2 Stunden
BEILAGENEMPFEHLUNG: Vogerl- oder Löwenzahnsalat
TIPP: Lässt man die Sulz vor dem Abkühlen noch etwas warm ziehen, so kann das fette Fleisch die Marinade besser aufnehmen und bewirkt somit eine bessere Bindung.

TELLERSULZ VON DER BACHFORELLE MIT SPARGEL

ZUTATEN
2 größere geräucherte Bachforellenfilets mit Haut · 500 g Tomaten, vollreif
6 Stangen Solospargel · 2 Schalotten · 200 ml Mineralwasser · Sherry-Essig
1 EL Traubenkernöl · 1/2 Sternanis · 6 Pfefferkörner · 1 frisches Lorbeerblatt
Salz · 4 Blätter Gelatine · 2 EL Forellenkaviar · 3 EL Joghurt (nicht zu mager),
mit etwas Tabascosauce und Salz verrührt · 1 Hand voll frischer Kräuter
(Basilikum, Estragon, Kerbel, Kresse etc.)

ZUBEREITUNG

Die Tomaten salzen, mixen, Masse in ein Küchentuch einschlagen und so aufhängen, dass der Saft über einer Schüssel abtropfen kann. Etwa 1 Stunde abtropfen lassen. Spargel schälen, holzigen Teil wegschneiden und in Salz-Essig-Wasser bissfest kochen. Herausnehmen und abkühlen lassen. Forellenfilets enthäuten und Haut mit dem klaren Tomatensaft, Mineralwasser, Sternanis, Pfefferkörnern, Schalotten, Lorbeerblatt und etwas Sherry-Essig einmal aufkochen. Etwa 10 Minuten ziehen lassen. Inzwischen Gelatine in kaltem Wasser einweichen und ausdrücken.

Tomatenfond abseihen (es sollten jetzt etwa 400 ml sein) und Gelatine darin auflösen. Fond in einem Eiswürfelbad bis kurz vor dem Gelieren abkühlen, dabei gelegentlich umrühren. Vorgekühlte tiefe

Teller mit ca. 2 Esslöffeln gelierendem Tomatenfond benetzen. Forellenfilets in kleinere Stücke zerteilen, einlegen und wieder mit Fond überziehen. Solospargel in kleine Scheiben schneiden, auflegen und wieder mit Fond begießen. Etwa 20 Minuten kalt stellen. Währenddessen die gezupften Kräuter mit etwas Traubenkernöl und Sherry-Essig marinieren. Auf der gekühlten Sulz anrichten, mit einem Tupfen Joghurt und Kaviar garnieren.

TIPP: Die Sulz, die sich übrigens sehr gut im Voraus zubereiten lässt, kann zur Abwechslung auch mit anderen Räucherfischen, Garnelen oder ausgelösten Muscheln belegt werden.

GESULZTER KARPFEN AUF JIDDISCHE ART MIT BIER-SENF-DRESSING

ZUTATEN
500 g Karpfenfilet (nur weißes Fleisch!) mit Haut
3 kl. Schalotten, in feine Ringe geschnitten · 6 Blätter Gelatine · 8 cl Apfelessig
10 Pfefferkörner · 5 Korianderkörner, geröstet · 1 Gewürznelke · 1 Scheibe Ingwer
2 Knoblauchzehen · 2 Wacholderbeeren, zerdrückt · 1 Lorbeerblatt
1 Zweig Liebstöckel · Salz · weißer Pfeffer aus der Mühle · 2 Eier, hart gekocht
200 g Wurzelgemüse (Karotte, gelbe Rübe, Lauch, Sellerie)
Kapernbeeren, Schnittlauchspitzen und fein geschnittene, blanchierte Zitronenschalen für die Garnitur

FÜR DAS BIER-SENF-DRESSING
2 EL grober Dijonsenf · 2 Sardellen, fein gehackt · etwas Worcestershiresauce
3 cl Bockbier · Spritzer Zitronensaft · 4 EL Traubenkernöl · Salz · Prise Zucker

KALTE VORSPEISEN

ZUBEREITUNG

Etwa 2 Liter Wasser mit den Gewürzen, Ingwer, Knoblauch, Liebstöckel, Schalotten und Apfelessig zum Kochen bringen. Karpfenfilet einlegen und ca. 15 Minuten ziehen lassen. Für die Wurzeljulienne (Streifen) geschältes Wurzelgemüse am besten mit einer Brotschneidemaschine feinblättrig aufschneiden, dann in feine Streifen schneiden. Kurz in Salzwasser überkochen, in Eiswasser abschrecken und abtropfen lassen. Karpfenfilet herausnehmen, in kleine Stücke zupfen und dabei sorgfältigst entgräten. Auf vier Suppenteller oder Gläser verteilen.

Den Sud abseihen und in einem Topf auf 400 ml einkochen lassen. Gelatine in kaltem Wasser einweichen, ausdrücken und im heißen Sud auflösen. Mit Salz und Pfeffer gut abschmecken. Den Topf in ein Eiswürfel-Wasserbad setzen und Flüssigkeit fast bis zur Gelierung abkühlen. Die leicht gelierte Sulz über die Karpfenfilets gießen. Hart gekochte Eier schälen, fein hacken und gemeinsam mit der Wurzeljulienne über den Karpfen streuen.

Für das Dressing alle Zutaten gut miteinander verrühren. Gesulzten Karpfen mit Kapern, Schnittlauchspitzen und blanchierten Zitronenschalen garnieren und mit dem vorbereiteten Dressing überziehen.

GARUNGSDAUER: ca. 15 Minuten

TIPP: Die Sulz kann ganz nach aktuellem Angebot auch mit beliebig anderen Fischen, wie Saibling, Forelle oder Zander, zubereitet werden. An heißen Sommertagen empfiehlt sich statt des Bierdressings eine erfrischende Tomaten-Gurken-Vinaigrette.

Original Sacher-Gänseleber-Torte

ORIGINAL SACHER-GÄNSELEBER-TORTE

ZUTATEN FÜR 1 TORTE MIT 22 CM Ø

FÜR DIE GÄNSELEBERMOUSSE
350 g Gänseleberterrine (s. S. 45) · 200 ml Schlagobers · 4 Blätter Gelatine
2 cl Portwein · Prise Salz

FÜR DAS MARILLEN-CHUTNEY
250 g getrocknete Marillen, ohne Kerne · 2 cl weißer Balsamessig · 1 kleine Schalotte
1 KL Kristallzucker · etwas geriebener Ingwer · etwas Zitronengras, fein geschnitten
etwas frischer Chili, fein geschnitten · Prise Salz

FÜR DIE MARILLENFÜLLE
100 g getrocknete Marillen, ohne Kerne · 1 EL Kristallzucker
1 EL weißer Balsam-Apfelessig · 1 EL Périgord-Trüffelwürfel

FÜR DAS EISWEINGELEE
50 ml Consommé oder kräftige Rindsuppe · 2 Blätter Gelatine · 50 ml Eiswein

FÜR DIE ENDFERTIGUNG
200 g Gänseleberterrine · 100 g geschmolzene Bitterkuvertüre
(mind. 70 % Kakaoanteil) · 2 cl alter Apfelbrand oder Calvados
1 Original Sachertortenboden, 5 mm dick und 22 cm Ø (s. S. 284 f.)

ZUBEREITUNG

Für die Mousse Gelatine in kaltem Wasser einweichen, ausdrücken und in erhitztem Portwein bei ca. 60 °C schmelzen lassen. Nicht zu kaltes Schlagobers halbsteif schlagen. Die zimmerwarme Terrine mit der in Portwein aufgelösten Gelatine mixen und durch ein feines Sieb streichen. Salzen und Obers unterziehen.

Für das Chutney alle Zutaten mit ca. 400 ml Wasser 10 Minuten gut verkochen. Fein mixen, passieren und in heiß ausgespülte Einmachgläser füllen. Kalt stellen. (Das Chutney lässt sich problemlos bis zu 1 Monat lagern und eignet sich auch hervorragend als Garnitur für Fleisch- und Wildgerichte.)

Für die Marillenfülle die getrockneten Marillen in feine Würfel schneiden und mit 250 ml Wasser, Zucker sowie Essig 10 Minuten köcheln lassen. Trüffelwürfel zufügen und alles abkühlen lassen.

Für das Eisweingelee die Gelatine in kaltem Wasser einweichen, ausdrücken und in etwas heißer Suppe auflösen. Mit restlicher Suppe und Eiswein vermischen.

Für die Endfertigung ein flaches Backblech mit Klarsichtfolie auslegen. Geschmolzene Kuvertüre ungefähr in der Größe der Torte hauchdünn auftragen, Tortenboden darauf legen und Tortenreifen aufsetzen. Boden mit Apfelbrand beträufeln und Mousse ca. 1 cm hoch einstreichen. Die in 5–6 mm starke Scheiben geschnittene Gänseleberterrine auflegen, wieder etwa 5 mm hoch mit Mousse bestreichen und darüber – eher mittig – die Marillenfülle dünn auftragen. Mit Mousse abschließen. Schön flach streichen und 1 Stunde lang kalt stellen. Mit dem Gelee überziehen und nochmals 1 Stunde kühl stellen. Dann Tortenring vorsichtig abziehen, in 12 gleiche Tortenstücke schneiden und mit Marillen-Chutney und Butterbrioche (s. S. 24 f.) oder Hippen servieren.

TIPP: Um die Ähnlichkeit mit einer süßen Torte noch verblüffender zu gestalten, kann die Gänseleber-Torte auch mit eingelegten Vogelbeeren garniert werden.

KALTE VORSPEISEN

DAS „EINSTANDSGESCHENK"

Als nach der langen Ära von Küchenchef Jaroslav Müller sein Nachfolger, der damals erst 28-jährige Hans Peter Fink, in die Dienste des Hauses Sacher trat, machte er seine Reverenz vor dem traditionsreichen Hotel, indem er kurzerhand ein neues Gericht erfand. Finks Anspruch war kein geringerer, als dem kulinarischen Fundament des Hauses, der Sachertorte, ein pikantes Gegenstück zur Seite zu stellen. „Ich reduzierte also das Sachertorten-Rezept", erzählt Fink, „auf sein Grundgerüst und kam auf die Troika Marille, Schokolade und Tortenboden." Aus diesen drei Eckpfeilern reifte innerhalb von drei Monaten ständigen Experimentierens, Kostens und Nachkochens das Rezept für die „Original Sacher-Gänseleber-Torte". Das Rezept dafür liest sich auf den ersten Blick übrigens wesentlich komplizierter, als es tatsächlich ist. Man braucht nur etwas Zeit, die einzelnen Handgriffe sind auch für Laien nicht schwer nachzuvollziehen.
Und das Endprodukt ist nicht umsonst mittlerweile ein absoluter Renner …

GETRÜFFELTE REHPASTETE IN DER TEIGKRUSTE

ZUTATEN FÜR 1 TERRINENFORM MIT CA. 1 LITER VOLUMEN
4 Rehfilets (ca. 300 g), zugeputzt · 150 g Rehfleisch, ohne Sehnen und Häute
150 g Schweinsschulter, zugeputzt · 150 g ungeräucherter Speck · 100 ml Schlagobers, eiskalt · 2 Eiklar, gekühlt · 2 TL Pastetengewürz · 6 Wacholderbeeren, zerdrückt
Schale von je 1/2 Orange und Zitrone, abgerieben · 1 kl. Schalotte, fein geschnitten
2 cl Gin · 100 ml kräftiger Rehfond · 40 g Pistazien · 50 g Schinkenwürfel
50 g gepökelte Zunge, fein gewürfelt · 20 g schwarze Trüffeln aus dem Glas, fein gewürfelt · Öl und Butter zum Anbraten · Salz · Pfeffer aus der Mühle · Butter für die Form · Ei zum Bestreichen

FÜR DEN PASTETENTEIG
500 g Mehl · 1 Ei · 200 g Schmalz oder Butter · 1 TL Salz · 150 ml Wasser

FÜR DAS PORTWEINGELEE
1 l kräftige Rindsuppe · 500 ml Portwein · 10 Pfefferkörner · 10 Wacholderbeeren
2 Lorbeerblätter · 15 Blätter Gelatine

ZUBEREITUNG
Rehfilets salzen, pfeffern und in heißem Öl rundum ganz kurz anbraten. Filets aus der Pfanne nehmen und nebeneinander auf einen Teller legen. Öl abgießen und frische Butter schmelzen lassen. Gehackte Schalotten hell anschwitzen, mit Gin ablöschen und mit Rehfond aufgießen. Wacholderbeeren, Orangen- sowie Zitronenschale zugeben und alles sämig einkochen lassen. Über die Rehfilets passieren und erkalten lassen. Gut gekühltes Reh- und Schweinefleisch sowie Speck würfelig schneiden und separat mit Pastetengewürz bestreuen. Durchmischen. Speck einmal, Fleisch zweimal durch die feinste Scheibe des Fleischwolfs drehen (oder in der Küchenmaschine pürieren). Beides in eine Schüssel über Eis geben und mit kaltem Schlagobers und Eiklar zu einer feinen Farce verrühren. Durch ein Sieb streichen und 15 Minuten kühl stellen. Dann Pistazien, Schinken, Pökelzunge und Trüffel kleinwürfelig schneiden und untermischen. Nochmals kühl stellen.
Pastetenform mit Butter ausstreichen und vorbereiteten Pastetenteig so ausrollen, dass die Terrinenform überhängend ausgekleidet werden kann und noch Teig für den Deckel übrig bleibt. Farce etwa 3 cm hoch einfüllen und in der Mitte Platz für die Rehfilets lassen. Filets hintereinander

einlegen und mit dem Jus beträufeln. Mit restlicher Farce bedecken. Überhängenden Teig darüber klappen, Deckel auflegen und je nach Können mehr oder weniger kunstvoll mit Teigornamenten verzieren. Zwei Öffnungen ausschneiden und je einen „Kamin" aus Alufolie einsetzen (damit der Dampf entweichen kann). Mit Ei bestreichen und im vorgeheizten Backrohr bei 220 °C 15 Minuten anbacken. Hitze auf 180 °C reduzieren und weitere ca. 25 Minuten backen. Pastete bei Zimmertemperatur erkalten lassen. Durch die „Kamine" das Portweingelee eingießen, Alu-Kamine entfernen und Gelee stocken lassen.

Für den Pastetenteig das Mehl mit zimmerwarmem Schmalz, Ei, Salz und Wasser rasch zu einem geschmeidigen Teig verkneten. Sollte der Teig rissig geraten, noch etwas Wasser einarbeiten.

Für das Gelee alle Zutaten gemeinsam aufkochen und 15 Minuten ziehen lassen. Abseihen und eingeweichte, ausgedrückte Gelatine einrühren. Abkühlen lassen und kurz vor dem Stocken einfüllen.

GARUNGSDAUER: ca. 40 Minuten
BACKROHRTEMPERATUR: 220 °C auf 180 °C fallend

REHPASTETE Á LA WALT DISNEY

Wie erklärt man einem Amerikaner, was eine Rehpastete ist? Als Walt Disney in Wien zu Gast war, musste Oberkellner Robert Palfrader erfahren, dass das gar nicht so leicht war. „It's a pie of venison", sagte er, nicht wissend, dass das Wort „venison" im Amerikanischen nicht gebräuchlich ist. „You mean deer?", fragte Disney. „No, deer is ... a Hirsch", winkte der verzweifelte Oberkellner ab, bis ihm dann die rettende Formulierung einfiel: „It's a pie of Bambi!", sagte er. Walt Disney verstand – und bestellte etwas anderes.

GÄNSELEBERTERRINE

ZUTATEN
1 kg Gänseleber · 6 cl Weinbrand · 4 cl Sauternes (oder anderer Süßwein)
6 cl weißer Portwein · 1 KL Pökelsalz · 1 KL Staubzucker · weißer Pfeffer aus der Mühle

ZUBEREITUNG
Weinbrand, Sauternes und Portwein zusammen aufkochen und auf die Hälfte einkochen. Überkühlen lassen. Pökelsalz und Staubzucker einrühren und mit weißem Pfeffer würzen. Kalt stellen.

Die Gänseleber sorgfältig mit kaltem Wasser waschen und mit Küchenkrepp trockentupfen. Auf eine gut gekühlte Arbeitsfläche legen und die dünne Haut mit einem kleinen Messer abziehen. Die Leber in daumengroße Stücke zerteilen und die feinen Äderchen entfernen. (Haut und Äderchen aufbewahren.) Schöne Stücke in einer Schüssel in ein Eiswasserbad setzen. Haut, Äderchen sowie nicht so schöne Stücke fein passieren und in die gekühlte Schüssel geben. Mit der kalten Marinade übergießen und gut gekühlt 4 Stunden ziehen lassen. Währenddessen Stücke wiederholt wenden. Dann Masse mit der Hand (am besten mit einem Einweghandschuh) verkneten. In eine mit Folie ausgelegte Form füllen, mit Folie bedecken und bei 100 °C Umluft ca. 10 Minuten kurz erwärmen. Abermals für 4 Stunden kalt stellen.

GARUNGSDAUER: ca. 10 Minuten
BACKROHRTEMPERATUR: 100 °C Umluft
TIPP: Gänseleberterrine ist nicht nur ein beliebtes Ausgangsprodukt für so manche delikate Vorspeise, etwa die Sacher-Gänseleber-Torte, sondern schmeckt auch für sich alleine köstlich. Dazu serviert man flaumige Butterbrioche (s. S. 24 f.), Kürbis-Chutney (s. S. 122) oder Preiselbeerkompott.

KALTE VORSPEISEN

DES KAISERS KRUSTEN-PASTETE MIT HAGEBUTTENSAUCE
DER KLASSIKER ALLER SACHER-BANKETTE

ZUTATEN FÜR 1 TERRINENFORM MIT 1 LITER VOLUMEN

FÜR DEN PASTETENTEIG
400 g Mehl · 150 g Schweineschmalz · 100 g Topfen, passiert (20 % Fettgehalt)
1 KL Salz · 120 ml Wasser

FÜR DIE FÜLLE
300 g Kalbfleisch von der Schale, ohne Sehnen · 100 g Hühnerfilet
100 g ungeräucherter Speck · 100 g Kalbsleber, zugeputzt
1 Rehfilet (ca. 350–400 g), zugeputzt · 250 ml flüssiges Schlagobers
1 KL Pökelsalz · 6 Dörrzwetschken, gehackt · 80 g Pistazien, gehackt
150 g Prager oder Beinschinken · 80 g Schwarze Nüsse, gehackt
150 g weißer Speck · Salz · Pfeffer aus der Mühle · 4 cl Armagnac oder Weinbrand
etwas Majoran · etwas Pastetengewürz · flüssige Butter für die Form
Öl zum Anbraten · Eidotter zum Bestreichen

FÜR DAS ARMAGNACGELEE
200 ml Consommé · 4 cl Armagnac · 5 Blätter Gelatine

FÜR DIE HAGEBUTTENSAUCE
200 g Hagebuttenmark (oder tiefgekühlte Hagebutten, passiert und mit Zucker gekocht)
Schale von 1/2 Orange, gerieben
1 KL grüne Pfefferkörner, gewässert
Saft von 1 Orange

ZUBEREITUNG

Für den Pastetenteig alle Zutaten miteinander verkneten (dabei möglichst kühl halten), in Folie wickeln und 3 Stunden im Kühlschrank rasten lassen.

Kalb- und Hühnerfleisch, ungeräucherten Speck und Kalbsleber in feine Würferl schneiden und mit dem eiskalten Schlagobers in der Küchenmaschine cuttern. Mit Salz, Pökelsalz, Armagnac, Pfeffer, Majoran und etwas Pastetengewürz aromatisieren und die Farce auf einem Eiswürfelbad kalt stellen. Gut zugeputzten Rehrücken salzen, pfeffern und in heißem Öl rundum scharf anbraten. Wieder aus der Pfanne heben und kühl stellen. Weißen Speck in 3 mm große Würferl schneiden, kurz in siedendem Wasser blanchieren, eiskalt abschrecken und abtropfen lassen. Schinken in 2 mm große Würferl schneiden.

Die Fleischfarce in einer Schüssel im Eiswasserbad mit Pistazien, Schinken- sowie Speckwürfeln, Dörrzwetschken und Schwarzen Nüssen gut vermengen.

Den gekühlten Pastetenteig etwa 2 mm dick so ausrollen, dass die Form beidseitig überlappend ausgekleidet werden kann. Form mit Butter ausstreichen und auskleiden. Teig mit Eidotter bestreichen und kurz antrocknen lassen (so wird der Teig durch die Fülle nicht matschig). Farce zwei Finger hoch einfüllen, Rehfilet in die Mitte legen und mit restlicher Farce auffüllen. Glatt streichen. Überstehenden Teig auf einer Seite über die Farce klappen und mit Dotter bestreichen. Zweiten Teil darüber schlagen und fest andrücken. Zwei Löcher mit 2 cm Durchmesser ausstechen und Teig mit Dotter bestreichen. Aus Backpapier zwei so genannte „Kamine" falten und in die Öffnungen stecken (damit Dampf entweichen kann). Je nach Geschick mit übrig gebliebenen Teigstreifen kunstvoll verzieren. Im vorgeheizten Backrohr bei 185 °C 20 Minuten anbacken, auf 160 °C reduzieren und ca. 40–45 Minuten weitergaren. Terrine aus dem Rohr nehmen und erkalten lassen. Durch die Kamine das vorbereitete Armagnacgelee einfüllen, Kamine

KALTE VORSPEISEN

entfernen und 1 Tag kühl stellen. Vorsichtig aus der Form stürzen und mit einem scharfen Messer aufschneiden. Auf Tellern anrichten und mit der Hagebuttensauce garnieren.

Für die Hagebuttensauce das Mark mit Orangensaft und -schale aufkochen und leicht einkochen lassen. Pfeffer zugeben und kalt stellen.

Für das Armagnacgelee die Consommé erhitzen. Gelatine in kaltem Wasser einweichen, ausdrücken und in der Consommé auflösen. Armagnac zugeben und bis zur leichten Gelierung auf Eiswasser abkühlen.

GARUNGSDAUER: 60–65 Minuten
BACKROHRTEMPERATUR: 180 °C auf 160 °C fallend
BEILAGENEMPFEHLUNG: Butterbrioche (s. S. 24 f.) oder Toast
TIPP: Am besten eignen sich Eisengussformen zum Pastetenbacken, da diese die Hitze am optimalsten weitergeben.

EIERSCHWAMMERLTERRINE

ZUTATEN

600–700 g Eierschwammerl, möglichst kleine · 150 g Kalbfleisch (ohne Sehnen und Fett) · 80 g Schalotten · 50 g Weißbrot ohne Rinde · 200 ml Schlagobers 125 ml Kalbfond · 1 Eiklar · Butter zum Andünsten · 1 TL Kümmel, gemahlen 2 EL Petersilie, gehackt · 1 Knoblauchzehe · Rosmarin, gemahlen · Thymian, gemahlen · Pfeffer aus der Mühle · Salz · marinierter Blattsalat als Garnitur

ZUBEREITUNG

Schalotten fein hacken. Die Hälfte davon in etwas Butter hell anschwitzen und wieder auskühlen lassen. Entrindetes Weißbrot in dünne Scheiben schneiden und mit wenig Schlagobers sowie dem Eiklar übergießen. Kalbfleisch würfelig schneiden und mit eingeweichtem Brot und Schalotten vermengen. Mit Salz und Pfeffer würzen. Zweimal durch die feinste Scheibe einer Faschiermaschine drehen (oder in einer Küchenmaschine feinst pürieren). Farce in einer Schüssel gut durchrühren und langsam restliches Schlagobers einarbeiten. Kalt stellen.

Gut geputzte Eierschwammerl bei Bedarf kleiner schneiden und in Butter anrösten. In einem Sieb abtropfen lassen. Restliche Schalotten in der Pfanne anschwitzen, mit Kalbfond aufgießen und mit Kümmel, Rosmarin, Thymian sowie gehacktem Knoblauch würzen. Dickflüssig einkochen lassen. Durch ein Sieb passieren und mit Eierschwammerln vermengen. Abkühlen lassen. Mit kalter Farce und geschnittener Petersilie mischen. Eine Terrinenform mit Klarsichtfolie auslegen, Masse einfüllen und Form mehrmals kräftig auf die Arbeitsfläche stellen, damit sich keine Luftblasen bilden können. Terrine verschließen, in ein Wasserbad stellen und im vorgeheizten Backrohr bei 160 °C etwa 40 Minuten garen. Herausnehmen, abkühlen lassen und über Nacht kalt stellen. Terrine stürzen, portionieren und mit mariniertem Blattsalat servieren.

GARUNGSDAUER: ca. 40 Minuten
BACKROHRTEMPERATUR: 160 °C

DER RAT DES ALTEN OBERKELLNERS

„Je unmöglicher und unangenehmer ein Gast ist, mit umso mehr Höflichkeit musst du ihn niedermachen. Dann frisst er dir aus der Hand."

SCHINKEN-TRÜFFEL-RÖLLCHEN MIT GRÜNSPARGEL

ZUTATEN

8 Scheiben Prager Schinken (16 x 8 cm groß) · 150 g Moosbacher, gerieben (oder anderer Schnittkäse) · 200 g Ricotta · 100 g Picotta-Frischkäse 12 grüne Spargelspitzen · 2 EL Sonnenblumenöl · 1 frische Sommertrüffel 1 EL weißer Balsamessig · 1 Hand voll junge Spinatblätter, Friséesalat und Kerbel Sacher-Hausdressing (s. S. 94) · etwas Tabascosauce · Salz

ZUBEREITUNG

Für die Cremefülle den geriebenen Käse mit Ricotta, Frischkäse, Tabascosauce und Salz vermischen. Masse in einen Spritzsack füllen und auf die Schinkenblätter aufspritzen. Straff einrollen und je 2 Röllchen auf einen Teller setzen.

Die Spargelspitzen in Salzwasser bissfest kochen, kalt abschrecken und abtropfen lassen. Mit Sonnenblumenöl, Balsamessig sowie Salz marinieren und auf die Röllchen legen. Den Salat mit Hausdressing marinieren und rundum anrichten. Mit gehobelter Trüffel vollenden.

TIPP: Die Frischkäsefülle lässt sich je nach Marktlage auch durch frische Kräuter oder junges Gemüse ganz nach persönlichen Vorlieben variieren.

ROASTBEEF MIT DREIERLEI SAUCEN

ZUTATEN FÜR 6 PORTIONEN
1,5 kg Beiried, gut zugeputzt und mind. 14 Tage abgelegen · 1 EL Salz
2 EL Pfefferkörner, fein geschrotet · 1 EL Dijonsenf · Prise Kümmel, fein gehackt
50 ml Pflanzenöl zum Anbraten · Kresse und Rucola zum Garnieren nach Belieben
Olivenöl zum Beträufeln · Gurkerlsenf (s. S. 122)

FÜR DIE RADIESCHEN-FRISCHKÄSE-SAUCE
200 g Topfen, passiert (20 % Fettgehalt) · 3 Radieschen, fein gewürfelt
1 EL Schnittlauch, fein geschnitten · Salz · weißer Pfeffer · etwas Tabascosauce
2 EL Sauerrahm

FÜR DIE OLIVEN-EIER-SAUCE
2 Eier, hart gekocht und fein gehackt · 6 Sardellen, fein gehackt
20 Oliven, entkernt und fein gehackt · 50 ml Olivenöl · ein paar Tropfen Limettensaft
1 KL Semmelbrösel · etwas Tabascosauce · 1 KL Basilikum und Petersilie, fein gehackt
Salz · Pfeffer aus der Mühle

ZUBEREITUNG
Pfefferkörner in ein Plastiksäckchen binden und mit dem Fleischklopfer fein schroten oder im Mörser zerstoßen. Das Fleisch mit Pfeffer, Kümmel und Salz fest einreiben, mit Senf bestreichen und bei Zimmertemperatur ca. 4 Stunden marinieren lassen. Mit einem Spagat in Form binden. In einer beschichteten Pfanne das Öl erhitzen und das marinierte Fleisch auf allen Seiten scharf anbraten. In eine Bratenpfanne auf ein Gitter legen und im vorgeheizten Backrohr bei 180 °C Umluft 15 Minuten braten.

Das Backrohr ausschalten und ca. 20 Minuten abkühlen lassen. Währenddessen das Fleisch mit Alufolie leicht zugedeckt rasten lassen. Backrohr auf 90 °C Ober- und Unterhitze einschalten, Roastbeef wieder hineinschieben und 3–4 Stunden bei leicht geöffneter Tür garen. Garungspunkt mit Hilfe der Fingerdruckprobe testen: Das Fleisch sollte dabei leicht nachgeben (Kerntemperatur beträgt 56–58 °C). Aus dem Ofen nehmen und das Gitter entfernen. Roastbeef in der Bratenform am besten mit einem beschwerten Backblech (z. B. Topf mit Wasser) über Nacht abkühlen lassen.

Am nächsten Tag Küchenspagat entfernen und Roastbeef mit einer Aufschnittmaschine fein aufschneiden.

Für die Saucen die jeweils angeführten Zutaten gut miteinander verrühren und pikant abschmecken. Roastbeef auf Teller verteilen und mit den vorbereiteten Saucen sowie dem Gurkerlsenf garnieren. Nach Belieben mit Kresse oder Rucola bestreuen und mit Olivenöl beträufeln. Die Saucen können auch in extra angerichteten Saucenschälchen serviert werden.

GARUNGSDAUER: 15 Minuten braten, 3–4 Stunden ziehen lassen
BACKROHRTEMPERATUR: 180 °C Umluft auf 90 °C Ober- und Unterhitze reduziert
BEILAGENEMPFEHLUNG: knuspriges, frisches Weißbrot oder Buttertoast
TIPP: Die hier angewendete Niedertemperatur-Garungsmethode eignet sich auch für Kalbsfilet, wobei als Faustregel bei 90 °C eine Bratenzeit von ca. 3 Stunden pro Kilogramm gilt.

„ICH HABE FÜRSTEN SERVIERT!"

Am 1. September 1960 trat Rudolf Reisinger seine Stelle als Lehrbub im Sacher an und ist dem Haus seit damals treu geblieben. Seit dem 1. April 1984 arbeitet er als Oberkellner, was ihm der damalige Sacher-Chef Peter Gürtler ein paar Wochen zuvor mit den Worten angedeutet hatte: „Ich glaube, Herr Reisinger, Sie werden jetzt bald einen schwarzen Anzug brauchen." Worte, die ihm heute noch auf der Zunge zergehen wie Sachertortenglasur.

Kaum einer im Haus weiß seither so viel zu erzählen wie er: „Ich habe Präsidenten von Denktasch bis Kekkonen bedient. Ich habe Fürstinnen und Fürsten serviert, Gracia Patricia von Monaco ebenso wie einem Fürsten der Tuareg, der einsam mit Turban und Säbel Tafelspitz speiste und dazu Black Label trank, während seine sämtlichen Gemahlinnen am Nebentisch Platz nehmen mussten. Ich habe für Königinnen wie Juliane von Holland und Elisabeth von England aufgetragen und sogar eine Kaiserin, nämlich Zita von Habsburg-Lothringen, noch persönlich betreut."

KALTE VORSPEISEN

ZARENLACHSFILET MIT ESSIG-WURZELGEMÜSE UND KAVIAR

ZUTATEN

400 g Zarenlachsfilet (vom Mittelstück s. Tipps) · 2 EL Beluga-Kaviar · 300 g Tomaten, vollreif und weich · 1 Karotte · 1 gelbe Rübe · 1/2 Fenchelknolle · 150 g Weißkraut
2 Schalotten oder kl. Zwiebeln · 2 Scheiben Ingwer · 1/2 Sternanis · Salz
1 EL Kristallzucker · 5 Pfefferkörner · einige Senfkörner · 1 Lorbeerblatt
1 Chilischote, in Streifen geschnitten und ohne Kerne · 100 ml Weißweinessig
125 g Crème fraîche · je 1 Zweiglein Kerbel und Dille · zum Garnieren

ZUBEREITUNG

Zuerst die Tomaten mixen, über Nacht in einem Etamin (oder feinen Küchentuch) abtropfen lassen (damit der Saft klar wird) und Saft auffangen. Lachs in 12 dünne Tranchen schneiden. Geschälte Karotte und Rübe mit einem Sparschäler in feine längliche Streifen schneiden. Fenchelknolle in feine Streifen, Schalotten in feine Ringe schneiden, Kraut fein hobeln. Klaren Tomatensaft mit sämtlichen Gewürzen aufkochen und mit Zucker sowie Essig etwas pikant-säuerlich abschmecken. Gemüse miteinander vermengen, in einem Topf gemeinsam mit dem abgeseihten Sud aufkochen und wieder abkühlen lassen. Lachstranchen auf Teller verteilen und mit dem kalten Gemüse umlegen. Jeweils etwas Crème fraîche und Kaviar dazugeben und mit Kerbel und Dille garnieren.

BEILAGENEMPFEHLUNG: warme Blinis (s. S. 144)

TIPPS: Im Hause Sacher wird für dieses edle Gericht Kärntner Biolachs verwendet. Steht kein Frischlachs in wirklich guter Qualität zur Verfügung, so kann man ersatzweise auch Räucherlachs oder gebeizten Lachs verwenden.

Dieses pikante und vielseitig verwendbare Gemüse lässt sich auch einrexen. Dafür Gemüse und Sud in ein Einmachglas geben. Glas verschließen, im Wasserbad oder über Dampf zugedeckt 30 Minuten ziehen lassen. Abkühlen lassen. So ist das Gemüse monatelang haltbar.

SERVICE RUSSE

Bis in die frühen 80er Jahre des 20. Jahrhunderts war der so genannte Plattenservice – also das Vorlegen sämtlicher Speisen von Silber- oder Glastellern – eine aus dem Sacher nicht wegzudenkende Selbstverständlichkeit. Vom Räucherlachs über den Tafelspitz bis hin zur Sachertorte wurde jedes Gericht vor dem Gast mundgerecht vorbereitet, was der Mahlzeit eine gewisse Feierlichkeit verlieh und den Kellnern einiges an Geschick und zusätzlicher Arbeit abverlangte.

Nur einmal, erinnert sich Oberkellner Reisinger, konnte es mit den eingelernten Abläufen des Vorlegens und Abservierens ganz einfach nicht klappen: Da hatte nämlich die aus Russland emigrierte Besitzerin der Opernhäuser von Philadelphia und Boston einen Tisch für fünf Personen reserviert und war mit dreißig erschienen. Man leitete die Gesellschaft also von der Roten Bar in einen der Salons um und stellte mit Erstaunen fest, dass die Gastgeberin darauf bestand, dass jeder Silberteller, der serviert wurde, bis zum Schluss auf der Tafel verblieb, auf der dann nicht einmal mehr das geringste Fleckchen Tischtuch zu sehen war.

„Das ist klassischer Service Russe, wie es ihn heute wohl nur noch in den Vereinigten Staaten gibt", sagte sie zufrieden. „Und jetzt auch im Sacher."

Zarenlachsfilet mit Essig-Wurzelgemüse und Kaviar

RÄUCHERFISCHMOUSSE IM GLAS

ZUTATEN
250 g Räucherfischfilets · 120 ml Sauce vin blanc (s. S. 127) · 30 g Lachskaviar
150 ml Schlagobers, geschlagen · 60 g Crème fraîche · 2 EL süßer Weißwein
2 Blätter Gelatine · Salz · Pfeffer aus der Mühle · frischer Kerbel zum Garnieren

ZUBEREITUNG
Räucherfischfilets sehr sorgfältig entgräten und mit Sauce vin blanc mixen. Passieren. Gelatine in kaltem Wasser einweichen, ausdrücken und im leicht erwärmten Weißwein auflösen. Etwas überkühlen lassen und gemeinsam mit dem geschlagenen Obers unterziehen. Mit Salz und Pfeffer abschmecken. Masse in einen Dressiersack füllen und in geeignete Gläser (breite Champagnerschalen oder Salatschüsseln) dekorativ hineinspritzen. Jeweils mit einem Tupfen Crème fraîche, Lachskaviar und frischem Kerbel garnieren.

GARNITUREMPFEHLUNG: knuspriger Toast und etwas Räucherfischfilet

HAUSGEBEIZTER LACHS MIT SENFSAUCE

ZUTATEN
1 Lachs mit 4–5 kg, in 2 Lachsseiten geschnitten (mit Haut) · 2 cl trockener Sherry
200 g Wurzelwerk · 2 Zitronen · 2 Orangen · 2 Bund Dille · 1 Bund Petersilie
25 g Senfkörner · 25 g Pfefferkörner · 25 g Koriander · 150 g Salz · 30 g Pökelsalz
75 g Kristallzucker · Dillzweiglein zum Garnieren

FÜR DIE SENFSAUCE I
2 EL Pommerysenf · etwas Colman's Senfpulver · Saft von 1/4 Zitrone
1 Eidotter · 1 EL Honig · 100 ml Öl · 2 EL Dille, gehackt · Salz · Pfeffer aus der Mühle

KALTE VORSPEISEN

FÜR DIE SENFSAUCE II
2 EL Honig · 2 EL Dijonsenf · 100 g Sauerrahm · 2 EL Dille, gehackt
Salz · Pfeffer aus der Mühle

ZUBEREITUNG

Die Lachsseiten von Knochen sowie Gräten befreien und Bauchlappen wegschneiden. Senf- sowie Pfefferkörner und Koriander in einer heißen Pfanne ohne Fett anrösten (so entfaltet sich das Aroma besser) und in einem Mörser zerstampfen. Wurzelwerk grob faschieren, Dille und Petersilie grob schneiden. Von Orangen und Zitronen mit einem Zestenreißer die Schale abschneiden und sehr fein hacken. Nun alles vermengen und mit Salz, Pökelsalz und Zucker abmischen. Ein Lachsfilet mit der Hautseite nach unten in ein längliches, tiefes Gefäß legen. Mit Sherry begießen, mit der vorbereiteten Mischung bestreuen und das zweite Lachsfilet mit der Hautseite nach oben darauf legen. Orangen und Zitronen in Scheiben schneiden und den Lachs damit bedecken. Mit Klarsichtfolie abdecken und bei 8–10 °C 48 Stunden beizen. Währenddessen wiederholt wenden und mit der sich bildenden Lake begießen. Gebeizten Lachs von der Beize befreien und schräg in dünne Scheiben schneiden. Mit Senfsauce und Dille garnieren.

Für die Senfsauce I Colman's Senfpulver mit Zitronensaft abrühren und gemeinsam mit Pommerysenf, Eidotter sowie Honig in einer kleinen Schüssel vermischen. Öl unter ständigem Rühren langsam zugießen und mit Salz sowie Pfeffer abschmecken. Gehackte Dille einrühren.

Für die Senfsauce II alle Zutaten vermischen. Mit Salz und Pfeffer abschmecken.

TIPP: Der Lachs sollte nicht länger als 3–4 Tage gebeizt werden, da er sonst steif und trocken wird.

Butterhäuptel-Brot-Salat mit Trüffelscheiben

BUTTERHÄUPTEL-BROT-SALAT MIT TRÜFFELSCHEIBEN

ZUTATEN
1 Butterhäuptelsalat (besonders zarter Häuptel-, Kopf- oder Romanasalat)
ca. 100 g junger Spinat · frische Kräuter wie Kerbel, Petersilie oder Stangenselleriegrün · 2 Scheiben Toastbrot, ohne Rinde · 2 Schwarze Nüsse, in Scheiben geschnitten (ersatzweise geröstete Walnusskerne) · 1 weiße Trüffel · 4 EL Butterschmalz
4 Karfiolröschen · Salz · 3 EL Olivenöl · Prise Zucker

FÜR DIE MARINADE
5 EL Walnussöl · 2 EL weißer Balsamessig oder guter, milder Apfelessig
2 EL Gemüsefond · Salz · Pfeffer aus der Mühle

ZUBEREITUNG
Für die Marinade alle Zutaten gut verrühren und mit Salz sowie Pfeffer abschmecken. Vom Salat die äußeren Blätter großzügig entfernen und nur die inneren, knackigen Blätter verwenden. Kräuter und Jungspinat fein zerpflücken, alles gut putzen, waschen und in einer Salatschleuder trocken schleudern. Die Toastbrotscheiben in 1 cm breite Streifen schneiden und in Butterschmalz goldbraun braten. Auf Küchenkrepp gut abtropfen lassen und warm stellen. Karfiolröschen in feine Scheiben schneiden und in Olivenöl bei scharfer Hitze mit etwas Salz und einer Prise Zucker karamellisieren. Geschnittene Schwarze Nüsse zugeben, kurz durchschwenken und ebenfalls warm stellen. Salat und Jungspinat gut mit Marinade vermischen und auf Teller verteilen. Darauf den Karfiol samt Schwarzen Nüssen, die knusprigen Brotstangerln sowie die Kräuter dekorativ anrichten. Die Trüffel darüber hobeln.

TIPP: Experimentierfreudige können diesen ohnehin schon edlen Salat um ein „knuspriges Ei" bereichern, womit das Gericht zur wahren Gaumenfreude wird. Dafür wird jeweils ein Ei pochiert, herausgehoben, in Eiklar und zerkleinerten Cornflakes paniert (oder mit Filoteig umhüllt) und anschließend frittiert.

MARINIERTER SPARGEL MIT BRIMSENNOCKERLN

ZUTATEN
20 gleich dicke Stangen weißer Spargel · 5 EL geschmolzene Butter
Spritzer Zitronensaft · 1 gelbe Rübe · 100 g Zuckerschoten
1 EL kalt gepresstes Erdnussöl · Salz · Zucker · Pfeffer aus der Mühle

FÜR DIE VINAIGRETTE
3 EL weißer Balsamessig · 5 EL Spargelfond · 3 EL Traubenkernöl · 4 EL Olivenöl
etwas Zitronensaft · Salz · weißer Pfeffer aus der Mühle

FÜR DIE BRIMSENNOCKERLN
200 g Brimsen (Schafstopfen, ersatzweise Schaf- oder Ziegenfrischkäse)
Saft von 1/2 Zitrone · 3 EL Schlagobers, geschlagen · 1 EL Olivenöl · Salz
weißer Pfeffer aus der Mühle

ZUBEREITUNG
Spargel schälen, holzige Teile entfernen und in Salzwasser mit etwas Zucker und Zitronensaft ca. 20 Minuten bissfest kochen. Abseihen und etwas Spargelfond aufbewahren. Spargel in eine feuer-

WARME VORSPEISEN

feste Form legen, mit geschmolzener Butter beträufeln und mit Frischhaltefolie abgedeckt im vorgeheizten Backrohr bei 80 °C warm halten.

Für die Vinaigrette den Essig mit dem noch lauwarmen Spargelfond sowie beiden Ölsorten verrühren und mit Salz, Pfeffer sowie Zitronensaft pikant würzen. Die noch warmen Spargelstangen hineinlegen, darin abkühlen und durchziehen lassen.

Gelbe Rübe feinwürfelig schneiden, in kochendem Salzwasser bissfest blanchieren (überbrühen), in Eiswasser abschrecken und abtropfen lassen. Die Zuckerschoten schräg in Streifen schneiden, in heißem Erdnussöl kräftig anbraten, salzen und pfeffern.

Für die Nockerln den Brimsen mit Salz, Pfeffer und Zitronensaft pikant würzen. Geschlagenes Obers mit Olivenöl locker darunter rühren und alles zu einer cremigen Masse vermengen. Dann 15–20 Minuten kühl stellen. Den Spargel mit etwas Vinaigrette anrichten. Rübenwürferl und Zuckerschoten ebenfalls marinieren und darüber verteilen. Aus der Käsecreme mit zwei immer wieder in heißes Wasser getauchten Löffeln Nockerln abstechen und diese auf den Spargel setzen.

GARUNGSDAUER: Spargel ca. 20 Minuten (je nach Stärke auch mehr oder weniger)
TIPP: Je länger der Spargel durchziehen kann, desto feiner schmeckt er dann.

SÜSS-SAURES RÜBENGEMÜSE MIT KÜRBISKERN-PESTO

ZUTATEN
1 mittelgroße Rote Rübe · 1 gelbe Rübe · 2 Schalotten, fein gehackt
1 kl. Kohlrabi · 50 ml Olivenöl · 1 EL Kristallzucker · Salz · Pfeffer aus der Mühle
etwas gemahlener Kümmel · einige Korianderkörner, geröstet und gemahlen
2 EL Rosinen, fein gehackt · 50 ml Apfelessig · Kürbiskern-Pesto (s. S. 122)

FÜR DIE VINAIGRETTE
2 EL Olivenöl · 1 EL Apfelessig · Prise Salz · 1 Msp. süßer Senf

FÜR DIE GARNITUR
12 Scheiben Rohschinken (wenn möglich steirischer Turmschinken)
3–4 Scheiben Toastbrot · Butter zum Toasten · Blätter von knackigem Salat,
jungen Roten Rüben oder jungem Spinat · Kapernbeeren

ZUBEREITUNG
Geschälte Rüben und Kohlrabi in 3 mm große Würferl schneiden. Gehackte Schalotten mit Zucker in Olivenöl andünsten, Rüben- und Kohlrabiwürferl zugeben und alles gut anschwitzen. Mit Essig ablöschen und gehackte Rosinen zugeben. Mit Koriander, Kümmel, Pfeffer und Salz würzen und 20–25 Minuten weich dünsten. Währenddessen wiederholt etwas Wasser zugießen. Zum Schluss sollte die Masse klebrig, aber knackig im Biss sein. Nochmals würzig abschmecken und kalt stellen. Toastbrot entrinden, in feine Streifen schneiden und in etwas Butter (oder ohne Fett in einer beschichteten Pfanne) goldbraun rösten.

Das Rübentatar Raumtemperatur annehmen lassen, in vier Metallringe (Ø 8 cm) füllen und auf den Tellern wie ein Törtchen anrichten. Für die Vinaigrette alle Zutaten miteinander gut verrühren, die Salatblätter damit marinieren und mit den Kapern sowie den Brotstreifen rundum gefällig anrichten. Den Rohschinken dekorativ darauf drapieren und mit etwas Kürbiskern-Pesto beträufeln.

GARUNGSDAUER: 20–25 Minuten

Süß-saures Rübengemüse mit Kürbiskern-Pesto

JAKOBSMUSCHELN-MELONEN-BAGUETTE

ZUTATEN
**8 Jakobsmuscheln, extra groß, ohne Corail und Schale · Fleur de sel (oder Meersalz)
ca. 80 ml bestes Olivenöl (mit pikanter Geschmacksnote) · Saft von 1 Limette
1 Baguette (oder Olivenbaguette) · 100 g Vogerlsalat oder Rucola, mariniert
2 EL Saiblingskaviar (ersatzweise Forellenkaviar) · 2 EL Frischkäse, Gervais oder
Ziegenfrischkäse · 1/2 Cantaloupe-Melone, vollreif (oder andere Zuckermelone)
Schuss Portwein · etwas Tabascosauce · Pfeffer aus der Mühle
Koriander, gemahlen und geröstet · Salz**

ZUBEREITUNG
Das Baguette am Vortag in ein Tuch wickeln und etwas befeuchten (so kann es dann hauchdünn aufgeschnitten werden). Melone schälen und mit der Brotschneidemaschine in 16 dünne, längliche Streifen schneiden. Restliche Melone mit Portwein zu einer homogenen Masse mixen. Mit Salz, Pfeffer, Tabascosauce und Limettensaft würzen.

Baguette halbieren und der Länge nach ebenfalls in 12 dünne Streifen schneiden. Im vorgeheizten Backrohr bei 100 °C trocknen.

Die Jakobsmuscheln quer halbieren, mit etwas Olivenöl beträufeln und auf einen flachen Teller setzen. Mit Klarsichtfolie abdecken und für ca. 10 Minuten in den noch 90 °C warmen Backofen stellen, bis die Muscheln glasig erscheinen. Mit geröstetem Koriander und Pfeffer aus der Mühle bestreuen. Währenddessen Frischkäse in einen Dressiersack füllen und auf vier Teller mittig einen Strich aufspritzen. Je 1 Baguettescheibe auflegen, 1 Scheibe Melone und 2 Scheiben Jakobsmuschelfleisch aufsetzen. Mit Melonenpüree und Melonenscheibe bedecken. Baguettescheibe darüber legen, Vorgang wiederholen und mit Baguette abschließen. Mit Olivenöl besprenkeln und

Jakosbsmuscheln-Melonen-Baguette

mit mariniertem Vogerlsalat oder Rucola anrichten. Mit etwas Melonenpüree garnieren und mit Fleur de sel und Kaviar bestreuen.

TIPP: Wenngleich die hier vorgeschlagene Zubereitungsart das zarte Fleisch und Aroma der Jakobsmuscheln besonders gut zur Geltung bringt, können die Jakobsmuscheln freilich auch kurz angebraten werden.

LANGUSTE MIT GEWÜRZAPFEL UND RUCOLAPESTO

ZUTATEN
1 Languste mit ca. 1 kg (oder 2 Langustenschwänze) · 150 g Saubohnen (ersatzweise Fisolen) · Salz · etwas frische Chilischote, fein geschnitten · 4 EL Traubenkernöl Saft von 1/2 Limette · Rucola und Mandelblättchen zum Garnieren nach Belieben

FÜR DEN GEWÜRZAPFEL
1 Apfel (Granny Smith) · 50 ml Apfelsaft · 50 ml Sekt · Prise Zucker Msp. grüne Currypaste · 1/4 Vanilleschote, ausgekratzt

FÜR DAS RUCOLAPESTO
1 kl. Bund Rucola · 2 EL Mandelblättchen, zart geröstet · Salz · 60 ml Olivenöl

ZUBEREITUNG
Die Languste mit Küchengarn fest auf ein Brett binden, damit sie ihre Form behält, und in einem großen Topf mit kochendem Salzwasser 6–8 Minuten kochen. In Eiswasser abschrecken. Den Schwanz abtrennen und das Langustenfleisch mit Hilfe einer stabilen Schere ausbrechen. In Medaillons schneiden.

Für den Gewürzapfel Apfelsaft mit Sekt und Zucker auf die Hälfte einkochen lassen. Währenddessen den Apfel schälen und in feine Stifte schneiden. Vanille, Currypaste und Äpfel zugeben, kurz durchschwenken und kalt stellen. Die Saubohnen in kochendem Salzwasser kurz blanchieren und mit Salz, Chili, Traubenkernöl und Limettensaft marinieren. Rucola im Mörser mit Olivenöl, Mandeln und Salz zu einem Pesto verarbeiten. Marinierte Saubohnen und Gewürzapfelstreifen in

Languste mit Gewürzapfel und Rucolapesto

tiefen Tellern anrichten. Langustenmedaillons darauf anrichten, mit Rucolapesto beträufeln und mit frischer Rucola und Mandelblättchen garnieren.

GARUNGSDAUER: Languste 6–8 Minuten

TIPP: Nach demselben Rezept lassen sich auch Hummer- oder Garnelenschwänze zubereiten.

WARMER TAFELSPITZ MIT SCHNITTLAUCH-VINAIGRETTE UND BUTTERHÄUPTELSALAT

ZUTATEN

ca. 500 g Tafelspitz, gekocht (s. S. 250) · 2 Schalotten · 1 Bund Schnittlauch
1 EL Apfelessig · 2 EL Sonnenblumenöl · 125 ml Tafelspitzsuppe für die Vinaigrette
1 kl. Butterhäuptelsalat (Häuptel-, Kopf- oder Romanasalat)
1 Hand voll frische Kräuter (Kerbel, Estragon, Petersilie) · 1 kl. Bund Radieschen
1 KL Estragonsenf · 1 KL Zucker · Tafelspitzsuppe zum Erwärmen
Salz · weißer Pfeffer aus der Mühle

ZUBEREITUNG

Tafelspitz in 8 Scheiben schneiden, in eine Kasserolle legen und mit etwas Tafelspitzsuppe übergießen. Langsam lauwarm erwärmen. Währenddessen für die Vinaigrette die Schalotten in sehr feine Würfel, den Schnittlauch in ebenso feine Röllchen schneiden. Mit Apfelessig, Öl, Tafelspitzsuppe, Estragonsenf, Zucker, Salz sowie Pfeffer zu einer pikanten Vinaigrette verrühren. Salat putzen und zerteilen, Radieschen in feine Scheiben schneiden. Je 2 Tafelspitzscheiben auf Tellern anrichten, Salat und Radieschen rundum legen und mit der Vinaigrette überziehen. Mit den gezupften Kräutern garnieren.

BEILAGENEMPFEHLUNG: Röst- oder Petersilerdäpfel

TIPP: So richtig steirisch schmeckt diese Tafelspitzkreation, wenn Sie abschließend noch frisch gerissenen Kren und etwas Kürbiskernöl darüber geben.

WARME VORSPEISEN

ENTENBRUST MIT ORANGEN-THYMIAN-VINAIGRETTE AUF VOGERLSALAT

ZUTATEN

2 Barbarieentenbrüste · 2 Orangen · 100 ml weißer Portwein · 50 ml Weinessig
50 ml Grand Marnier · 1 Zimtstange · 100 ml Olivenöl · 1 TL Staubzucker
100 g Vogerlsalat · 2 Thymianzweige · 1 EL Maiskeimöl · Salz · Pfeffer aus der Mühle

ZUBEREITUNG

Orangen schälen, in Filets teilen und weiße Häutchen sorgfältig entfernen. Filets in Folie gehüllt beiseite stellen und Schale einer halben Orange aufbewahren. Haut von den Brüsten abziehen und beiseite legen. Brüste salzen, pfeffern und in heißem Maiskeimöl rundum anbraten. Auf ein Gitter in eine Bratenpfanne legen und im vorgeheizten Backrohr bei 110 °C ca. 25 Minuten braten, sodass das Innere noch zartrosa ist. Herausnehmen, in Alufolie wickeln und warm rasten lassen. Haut in kleine Würfel schneiden und in der Pfanne bei mittlerer Hitze zu knusprigen Grammeln braten. Fett abseihen, Grammeln auf Küchenkrepp abtropfen lassen und dann salzen.

In einer kleinen Kasserolle Staubzucker erhitzen und karamellisieren. Mit Weinessig ablöschen, Portwein zugießen und Zimt, Thymianzweige (ohne Blätter) sowie aufbewahrte Orangenschale zugeben. Aufkochen und auf die Hälfte einkochen lassen. Abseihen und abkühlen lassen, bis der Sud lauwarm ist. Olivenöl mit dem Schneebesen in den Sud einrühren. Orangenfilets und Thymianblätter beigeben. Gewaschenen, trocken geschleuderten Vogerlsalat auf Teller aufteilen, lauwarme Entenbrust in Scheiben schneiden und darauf anrichten. Mit Orangenvinaigrette übergießen und knusprige Entengrammeln darüber streuen.

GARUNGSDAUER: ca. 25 Minuten
BACKROHRTEMPERATUR: 110 °C

DIE ENTENBRUST UM 80 GROSCHEN

Als Robert Palfrader, der langjährige Oberkellner des Sacher, 1958 aus der Schweiz kam und im Sacher begann, war er zunächst einmal erstaunt über die Komplexität der Bankettpreise. „Alles wurde extra abgerechnet und hatte einen anderen Preis. Das Löfferl Champignons kostete einen Schilling fünfzig, eine Scheibe Entenbrust 80 Groschen. Ich habe damit, als ich entscheidungsbefugt war, dann schnell Schluss gemacht und ein Drei-Preis-System eingeführt, das auf drei Säulen ruhte: viel, mittel – und wenig. Damit bin ich immer durchgekommen."

ENDIVIENSALAT MIT GRAMMELNUSS'N

ZUTATEN

1 Kopf Endiviensalat (mit schönen gelben Blättern in der Mitte) · 5 cl Kürbiskernöl
2–3 cl Apfelessig · 1/2 Knoblauchzehe · Salz · 4 Scheiben Räucherspeck
Speckscheiben nach Belieben zum Garnieren

FÜR DIE GRAMMELNUSS'N

250 g mehlige Erdäpfel · 20 g Butter · 50 g Mehl · 50 g Topfen (20 % Fettgehalt)
1 Ei · 80 g Grammeln, fein gerieben · 2 EL Bergkäse, gerieben · Muskatnuss, gerieben
Salz · Mehl für die Arbeitsfläche · Schmalz zum Braten

DER KELLNER, DER NICHT ZU BODEN FIEL

Schah Reza Pahlevi von Persien, der mehrmals in Wien weilte, pflegte bei seinen Besuchen auch stets einen Empfang für die persische Botschaft zu geben. Die Botschafter warteten schon im Saal, der Schah traf erst später ein, wurde am Portal von Bankettchef Herbert Müller empfangen und mit einem „Je vous en pris" zu seinen Landsleuten geleitet. Diese ließen sich, kaum hatte der Schah den Raum betreten, wie es die Etikette befahl, bäuchlings zu Boden fallen, während Müller den Schah zu seinem Stuhl geleitete. „Wer ist das, der es wagt, vor dem Schah nicht zu Boden zu gehen?", zischelte einer der Diplomaten. „Das ist der Oberkellner vom Hotel Sacher", erwiderte ihm ein anderer im Flüsterton.

ZUBEREITUNG

Für die Grammelnuss'n die geschälten Erdäpfel in leicht gesalzenem Wasser weich kochen. Gut ausdampfen lassen und noch heiß durch eine Erdäpfelpresse drücken. Auf einer Arbeitsfläche mit Butter, Mehl, Topfen, Ei, geriebenen Grammeln, Käse, Salz und Muskatnuss zu einem geschmeidigen Teig verarbeiten. Eine 3 cm dicke Rolle formen, mit einer Teigkarte kleine Stücke abschneiden und diese zu kleinen, kegel- oder schwammerlartigen so genannten „Nuss'n" formen. In einer beschichteten Pfanne in etwas heißem Schmalz langsam goldbraun braten. Mit Salz würzen und auf Küchenkrepp abtropfen lassen. Warm stellen. Die vier Speckscheiben auf ein mit Backpapier belegtes Backblech legen und bei 160 °C knusprig braten. Den Endiviensalat waschen, in Blätter zupfen und in feine Streifen schneiden. Eine Schüssel mit Knoblauch ausreiben und den Salat mit Kernöl, Salz und Apfelessig marinieren. Auf Tellern anrichten, mit vorbereiteten Grammelnuss'n sowie knusprigem Speck belegen. Nach Belieben mit zu Rosen gedrehten Speckscheiben garnieren.

TIPP: Unkomplizierter, allerdings nicht weniger schmackhaft ist es, die noch warmen gekochten Erdäpfel in Scheiben zu schneiden und mit Grammeln in der Pfanne anzubraten. Mit Balsamessig ablöschen und über den marinierten Salat geben.

FEINSTE SUPPEN
VON DER ALT-WIENER SUPPENEINLAG' BIS ZUM UHUDLERSCHAUM

SUPPENEINLAGEN

Die Rindsuppe ist seit jeher das wahre Fundament der Wiener Küche gewesen. Auf ihr basiert die gesamte Siedefleischkultur, vom Schulterscherzl bis zum Tafelspitz. Sie ist die Grundlage zahlreicher Saucen. Und ohne eine gute Rindsuppe oder Rinderconsommé gäbe es auch die schier unendliche Vielfalt der klassischen Wiener Suppeneinlagen, von Grießnockerln über Lungenstrudel bis Schinkenschöberl, nicht. Wie vieles in der Wiener Küche ist jedoch auch die Suppenkultur im Sacher in den letzten Jahrzehnten leichter, duftiger und aromatischer geworden. Auf die liebgewordenen Klassiker wie Erdäpfel- und Klachelsuppe wird deswegen freilich bis heute nicht verzichtet.

DIE KLASSISCHE WIENER RINDSUPPE

ZUTATEN FÜR 6 PORTIONEN
500 g Siedefleisch vom Rind · Rindsknochen nach Belieben · 1 Bund Suppengrün
1/2 Zwiebel · 3 Eiklar · Salz · Schnittlauch oder Petersilie zum Bestreuen

ZUBEREITUNG
Siedefleisch waschen, trockentupfen, grobwürfelig schneiden und in 2 Liter kaltes Wasser einlegen. Zwiebel in einer (alten) Pfanne an der Schnittfläche ohne Fett braun braten. Kalt gewaschene Rindsknochen, Suppengrün und vorgebräunte Zwiebel zum Siedefleisch hinzufügen. Wasser aufkochen und ca. 2 Stunden lang köcheln lassen. Suppe abkühlen lassen und überschüssiges Fett abschöpfen. Eiklar mit 250 ml kaltem Wasser verschlagen und langsam in die Suppe rühren. Suppe weiterköcheln, bis sie klar ist. Anschließend durch ein Küchentuch abseihen und mit Salz abschmecken. Mit fein gehacktem Schnittlauch oder Petersilie bestreuen und als klare Suppe oder mit einer der folgenden Wiener Suppeneinlagen servieren.

GARUNGSDAUER: ca. 2 Stunden

TIPP: Zum Klären der Suppe eignet sich auch ein Stück Milz oder Leber ganz ausgezeichnet. Wird die Suppe vor dem Klären vollständig entfettet, so wird daraus eine Consommé.

FRITTATEN

ZUTATEN FÜR 6 PORTIONEN
75 g Mehl, glatt · 125 ml Milch · 2 Eier · Salz · 30 g Butterschmalz

ZUBEREITUNG
Mehl, Milch, Eier und Salz zu einem Palatschinkenteig versprudeln. Butterschmalz in einer Pfanne zerlassen und aus dem angerührten Teig 3–4 Palatschinken beidseitig goldgelb backen. Jede Palatschinke einzeln zusammenrollen und mit einem scharfen Messer feinnudelig schneiden. Frittaten auf Suppenteller verteilen und mit heißer Rindsuppe übergießen.

SUPPENEINLAGEN

KALBSLEBERKNÖDERL

ZUTATEN

120 g Kalbsleber · 2 Stk. Hühnerleber · 40 g Weißbrotbrösel · 1 Scheibe Toastbrot, ohne Rinde · 50 ml Milch · 1 Ei · 1 kl. Schalotte · 1 Knoblauchzehe, fein gehackt
3 EL Schweineschmalz · Salz · Petersilie, gehackt · Pfeffer aus der Mühle
Majoran, fein gehackt

ZUBEREITUNG

Schalotte fein hacken, in heißem Schmalz hell anschwitzen und wieder auskühlen lassen. Milch leicht erwärmen und entrindetes Toastbrot darin einweichen. Toastbrot gut ausdrücken und gemeinsam mit der geputzten Kalbs- und Hühnerleber sowie Schalotten fein faschieren. Weißbrotbrösel sowie Ei einmengen und mit Knoblauch, Salz, Petersilie, Pfeffer und frisch gehacktem Majoran würzen. Abdecken und an einem kühlen Ort 20–30 Minuten rasten lassen. In einem großen Topf Salzwasser aufkochen. Aus der Masse mit nassen Händen Knöderl formen, einlegen und 8–10 Minuten leicht wallend ziehen lassen. Mit einem Schaumlöffel herausheben und in heißer Rindsuppe servieren.

GARUNGSDAUER: 8–10 Minuten

TIPPS: Etwas deftiger schmecken die Leberknödel, wenn man sie nicht kocht, sondern in reichlich heißem Schmalz oder Öl herausbäckt.
Die Masse kann auch mit Hilfe eines nassen Suppenlöffels zu Lebernockerln geformt werden.

GRIESSNOCKERLN

ZUTATEN

100 g Hartweizengrieß · 40 g Butter · 1 mittelgroßes Ei (etwa 50 g) · Salz
weißer Pfeffer aus der Mühle · Muskatnuss, gerieben · Butter zum Bestreichen
einige Eiswürfel

ZUBEREITUNG

Die zimmertemperierte Butter schaumig schlagen. Das Ei trennen und Eidotter unter die Butter rühren. Eiklar kurz aufschlagen und nach und nach in die Butter-Mischung einmengen. Mit Salz, Pfeffer und Muskatnuss würzen. Grieß unterrühren. Nochmals abschmecken und für etwa

FRITTATENSUPPE UND WALKÜRE

„Ein Genie in seinem Fach", erinnert sich Sacher-Oberkellner Wolfgang Ebner gerne an Opernführer Prof. Marcel Prawy. „Aber das Leben neben der Oper hat ihn eigentlich gar nicht interessiert." Seine Lieblingsspeise war eine „Frittatensuppe à la Prawy", in der so viele Frittaten sein mussten, dass keine Suppe mehr zu sehen war. Doch selbst seine Lieblingsspeise schien Professor „Marcello" zuweilen kaum wahrzunehmen.
Einmal saß Prawy, wie so oft, mit einem Musikerkollegen bei Tisch und debattierte mit diesem über Wagners „Walküre", wobei er zwischendurch auch einige Themen daraus laut vorsang. Plötzlich hielt er mitten im Walkürenritt inne und fragte: „Herr Ebner, habe ich heute eigentlich schon etwas gegessen?" „Ja, Herr Professor", erwiderte dieser wahrheitsgemäß.
„Und – hat es mir geschmeckt?" „Ihrem Gesichtsausdruck nach zu urteilen, waren Sie zufrieden." „Na, dann ist es gut." Und weiter ritten die Walküren.

10 Minuten kalt stellen. Von der Masse mit zwei Löffeln, die immer wieder in warmes Wasser getaucht werden, Nockerln abstechen und zur typischen Nockerlform formen. Nockerln auf ein mit Butter bestrichenes Pergamentpapier setzen und erneut etwa 10 Minuten kühl rasten lassen. Reichlich Wasser mit Salz aufkochen. Nockerln hineingleiten lassen und einmal aufkochen. Dann das Eis zufügen. Ein mit Butter bestrichenes Pergamentpapier auf das Wasser legen, Topf zudecken und Nockerln abseits der Flamme noch etwa 20 Minuten ziehen lassen. Herausheben und in heißer Suppe servieren.

GARUNGSDAUER: kurz aufkochen, 20 Minuten ziehen lassen
TIPP: Grießnockerln dürfen niemals über 97 °C erhitzt werden, da die Butter sonst ausflockt.

BRÖSELKNÖDERL

ZUTATEN FÜR 10 KNÖDERL
50 g Butter · 2 Eier · 2 Semmeln, altbacken · 40 g Semmelbrösel · Petersilie, sehr fein gehackt · Salz · weißer Pfeffer aus der Mühle · etwas Muskatnuss, gerieben
Milch nach Bedarf

ZUBEREITUNG
In einer Schüssel Butter schaumig rühren und Eier langsam einmengen. Die Semmeln in etwas lauwarmer Milch einweichen, gut ausdrücken und mit den restlichen Zutaten unter den Butterabtrieb rühren. Im Kühlschrank 2–3 Stunden rasten lassen. Mit nassen Händen aus der Masse kleine Knöderl formen. In einem Topf ausreichend Salzwasser aufkochen und Knöderl einlegen. Etwa 5 Minuten leicht wallend kochen, vom Herd nehmen und noch einige Minuten ziehen lassen. Herausheben und in heißer Suppe servieren.

GARUNGSDAUER: 5 Minuten kochen, einige Minuten ziehen lassen
TIPP: Besonders fein schmecken die Bröselknöderl als Einlage in gebundenen Suppen.

TRÜFFEL-GRIESSNOCKERLN

ZUTATEN
1 Ei · 1 Ei schwer Butter (ca. 50 g), zimmerwarm · 100 g Grieß (Hartweizen- oder Nockerlgrieß) · 1 EL schwarze Trüffeln aus dem Glas, gehackt · Salz · Muskatnuss, gerieben

ZUBEREITUNG
Das Ei in eine Tasse schlagen und abwiegen. Dasselbe Gewicht an zimmerwarmer Butter wirklich cremig rühren. Ei einarbeiten. Grieß darunter mischen und 10 Minuten rasten lassen. Mit Salz sowie Muskatnuss würzen und Trüffelwürfel einrühren. In einem Topf gesalzenes Wasser aufkochen. Mit einem Löffel aus der Grießmasse Nockerln stechen, in das nicht mehr wallende Wasser einlegen und knapp unter dem Siedepunkt zugedeckt ca. 10 Minuten gar ziehen lassen. Nockerln aus dem Wasser heben und in der heißen Suppe servieren.

GARUNGSDAUER: ca. 10 Minuten
TIPPS: Noch hübscher sehen die Nockerln aus, wenn man ihnen mit Hilfe von zwei Kaffeelöffeln die typische dreikantige Nockerlform verleiht. Achten Sie darauf, dass das Wasser nach dem Einlegen der Nockerln nicht mehr kocht, da sonst die Butter ausfließen würde.
Für normale Grießnockerln lässt man einfach die Trüffeln weg.

SUPPENEINLAGEN

LUNGEN- ODER GRAMMELSTRUDEL

ZUTATEN FÜR CA. 8 PORTIONEN

ca. 500 g Kalbsbeuschel (Lunge, Herz, Züngerl) oder 300 g möglichst trockene Grammeln · Strudelteig (30 x 20 cm groß) · 2 kl. Schalotten, fein gehackt 2 Scheiben Toastbrot, entrindet · etwas Milch zum Einweichen · 1 Ei (für Grammelstrudel 2 Eier) · Schuss Essig · 1 kl. Bund Wurzelwerk · Pfefferkörner · 1/2 Lorbeerblatt Salz · 1–2 Knoblauchzehen · Pfeffer aus der Mühle · Prise Majoran · 1/2 EL Petersilie, gehackt · 1 EL Schmalz zum Anschwitzen · 3 EL flüssiges Schmalz zum Bestreichen 1 Ei zum Bestreichen

ZUBEREITUNG

Beuschel wie auf Seite 130 (Salonbeuschel) beschrieben vorbereiten. Mit Essig, Wurzelwerk, Pfefferkörnern und Lorbeerblatt weich kochen und über Nacht kalt stellen. Röhren sowie Sehnen gut entfernen und am besten mit der Brotmaschine feinnudelig schneiden. Schalotten fein hacken und gemeinsam mit dem gehackten Knoblauch in heißem Schmalz anschwitzen. Beuschel einrühren und mit Salz, Pfeffer, Majoran und gehackter Petersilie würzen. Toastbrot in lauwarmer Milch einweichen, ausdrücken und mit dem Ei einmengen. Gut durchrühren und Masse kurz überkühlen lassen.

Strudelteig aufbreiten und etwa die Hälfte des Teiges mit flüssigem Schmalz bestreichen. Beuschelmasse darauf auftragen und zu einem Strudel einrollen. Enden gut verschließen. Auf ein mit Backpapier belegtes Backblech legen, mit verschlagenem Ei bestreichen und im vorgeheizten Backrohr bei 180 °C ca. 15–20 Minuten backen. Herausheben, in Scheiben schneiden und in heißer Rindsuppe servieren.

Für den Grammelstrudel Grammeln fein faschieren und mit 2 Eiern sowie Salz, Pfeffer, Majoran und gehackter Petersilie zu einer Masse verarbeiten. Wie beim Lungenstrudel beschrieben zu einem Strudel verarbeiten und backen.

BACKZEIT: ca. 15–20 Minuten
BACKROHRTEMPERATUR: 180 °C

KÄSE-KRÄUTER-SCHÖBERL

ZUTATEN FÜR CA. 10 PORTIONEN

80 g Butter · 5 Eidotter · 5 Eiklar · 100 ml Milch · 80 g Mehl, glatt · Prise Backpulver Salz · 3 EL Wiesenkräuter (z. B. Kerbel, Sauerampfer, Pimpernell, Kresse), sehr fein gehackt · 80 g Cottage Cheese (oder anderer Frischkäse) · 2 EL Parmesan, fein gerieben · Butter und Mehl für das Backblech

ZUBEREITUNG

Butter schaumig rühren, nach und nach Eidotter einmengen. Eiklar zu schaumigem Schnee schlagen. Mehl mit Backpulver sowie Parmesan vermischen. Milch in den Dotterabtrieb einrühren und nun alle Zutaten behutsam miteinander vermengen. Backblech mit Backpapier auslegen oder mit Butter bestreichen und mit Mehl bestreuen. Masse vorsichtig etwa 2 cm dick aufstreichen und im vorgeheizten Backrohr bei 180 °C Umluft ca. 20 Minuten backen. In Rauten oder Karos schneiden, in die Suppe einlegen und rasch servieren.

BACKZEIT: ca. 20 Minuten
BACKROHRTEMPERATUR: 180 °C Umluft

SCHINKENSCHÖBERL

ZUTATEN FÜR CA. 10 PORTIONEN
150 g Prager Schinken · 100 g Butter zum Schaumigrühren · 1 EL Butter zum
Anschwitzen · 2 Schalotten, fein gehackt · 2 Eier · 1 Eidotter · 2 Scheiben Toastbrot,
entrindet · etwas Milch zum Einweichen · 40 g Weißbrotbrösel · 2 EL Mehl
Salz · Muskatnuss, gemahlen · weißer Pfeffer · 2 EL frisch gehackte Kräuter (Kerbel,
Petersilie, Estragon, Schnittlauch und Liebstöckel)

ZUBEREITUNG
Schinken in kleine Würferl schneiden, Schalotten fein hacken und beides in 1 Esslöffel Butter anschwitzen. Kalt stellen. Butter in einer Schüssel schaumig rühren. Eier trennen und alle Dotter einrühren. Entrindetes Toastbrot in etwas lauwarmer Milch einweichen. Ausdrücken und mit Weißbrotbröseln, Salz, Pfeffer, Muskatnuss, Kräutern und Schinken unterrühren. Eiklar nicht ganz fest ausschlagen und abwechselnd mit dem Mehl behutsam einrühren. Backblech mit Backpapier auslegen und Masse ca. 2 cm dick auftragen. Im vorgeheizten Backrohr bei 180 °C Umluft 8–10 Minuten backen. In Rauten oder Würferl schneiden. In tiefen Tellern mit heißer Suppe übergießen und rasch servieren, damit sich die Schöberl nicht vorzeitig mit Suppe voll saugen.

BACKZEIT: 8–10 Minuten
BACKROHRTEMPERATUR: 180 °C

TIPP: Die Schöberl lassen sich durch eine Vielzahl anderer Zutaten beliebig variieren, etwa durch klein gehackte Pökelzunge, Gemüse, Spargel, aber auch Kalbs- oder sogar Gänseleber.

KRÄUTER- ODER SPINATPOFESEN

ZUTATEN FÜR 6–8 PORTIONEN
4 Scheiben Toastbrot · 100 g Hühnerbrust, fein gewürfelt und gut gekühlt
2 EL Kräuter oder passierter, blanchierter Spinat · 100 ml flüssiges Schlagobers, kalt
1 Eidotter · 2 Eier, versprudelt · etwas Muskatnuss, gerieben · Salz
Pfeffer aus der Mühle · Erdnussöl zum Ausbacken

ZUBEREITUNG
Das Toastbrot mit einer Brotschneidemaschine nochmals quer in 2 dünne Scheiben halbieren. Das gut gekühlte Hühnerfleisch mit Eidotter sowie dem kalten Obers in der Küchenmaschine cuttern (mixen) und mit Salz, Pfeffer sowie etwas Muskatnuss würzen. Fein gehackte Kräuter oder Spinat einrühren.
Eine Scheibe Toastbrot mit der Masse etwa 2 mm dick bestreichen, nächste Scheibe Toastbrot auflegen, andrücken und wiederum mit Farce bestreichen. So fortfahren, bis jede der beiden fertigen Pofesen aus 4 dünnen Scheiben Toastbrot besteht. (Letzte Schicht nicht mehr bestreichen.) In einer tiefen Pfanne ausreichend Öl erhitzen. Pofesen durch verquirlte Eier ziehen und goldbraun herausbacken. Auf Küchenkrepp setzen und eventuell noch 8 Minuten im heißen Backrohr bei 180 °C nachgaren. Kurz überkühlen lassen und in gefällige Würferl schneiden. In heißer Suppe servieren.

GARUNGSDAUER: ca. 8 Minuten nachgaren
BACKROHRTEMPERATUR: 180 °C

TIPP: Der Phantasie sind bei dieser Fülle keine Grenzen gesetzt. Variieren Sie mit Faschiertem, Selchfleischfülle, Bratwurstfülle oder Geflügelleber.

KALTE SUPPEN

GEEISTE GURKENSUPPE MIT DILLE

ZUTATEN
1 kg Gurken · 100 g Sauerrahm · 100 g Joghurt · 2 EL Dille, gehackt · Salz

FÜR DIE GARNITUR
Shrimps, gekocht und geschält · 1 EL Crème fraîche · Dille

ZUBEREITUNG
Die Gurken schälen. Aus einer halben Gurke mit einem Parisienneausstecher kleine Kugerln für die Garnitur ausschneiden und beiseite legen. Die restlichen Gurken der Länge nach halbieren, Kerne entfernen und gut einsalzen. Etwa 30 Minuten ziehen lassen. Würfelig schneiden, in der Küchenmaschine zerkleinern und durch ein feines Sieb passieren. Joghurt und Rahm miteinander glatt rühren und mit der Dille unter die Gurken mengen. Kalt stellen. In gut gekühlten Tassen oder Schalen anrichten und jeweils einige Gurkenperlen und Shrimps einlegen. Mit etwas Crème fraîche und gehackter Dille garnieren.

BEILAGENEMPFEHLUNG: frisches Weißbrot

DRESS CODE

Bis die Bekleidungsvorschriften in den 90er Jahren von Elisabeth Gürtler deutlich gelockert wurden, war es im Sacher absolut ausgeschlossen, dass ein Herr ohne Jackett und Krawatte oder eine Dame in Jeans und T-Shirt hätten speisen können. Auch für Prominente machte man dabei keine Ausnahmen. Don Jaime etwa, der weltbekannte Dandy und Bruder der belgischen Königin Fabiola, wurde ein Opfer seiner Gewohnheit, das Hemd offen bis zum Bauchnabel zu tragen. Und sogar der große Dirigent James Levine, der bei Wien-Gastspielen stets im Sacher abzusteigen pflegte, wurde, wenn er in seinem typischen Outfit – Jeans, Pulli, Schal und Pantoffeln – von einer Aufführung in der Oper herüberkam, von freundlichen Kellnern beiseite genommen und in ein Extrazimmer im damaligen „Stöckl" umdirigiert, weil der Restaurantchef meinte: „Net bös sein, Maestro, aber ins Restaurant setzen kann i Ihna so net!" Levine war darüber auch keineswegs böse, denn der Maestro liebte und liebt es, wie Elisabeth Gürtler erzählt, „allein und ungestört zu dinieren".

Andere liebten genau das hingegen nicht. Für jene waren die Sacher-Kellner stets mit Leih-Krawatten und Leih-Sakkos ausgerüstet, und Oberkellner Rudolf Reisinger räumt ein: „Hätten wir früher wirklich sämtliche Bekleidungsvorschriften ganz genau eingehalten, wir hätten oft keine fünf Gäste gehabt."

Mittlerweile hat sich freilich der Krawattenverleih ebenso erübrigt wie der gestrenge Blick auf Schuhwerk und Hosennaht. Denn, so Elisabeth Gürtler: „Auch Generaldirektoren und Wirtschaftskapitäne wollen sich, wenn sie privat auf Kulturtrip in Wien sind, leger kleiden." Lediglich mit Shorts und kurzärmeligen Hemden dringt man auch heute noch nicht in den Restaurantbereich vor. „Und im Winter", so Gastgeberin Gürtler, „erwartet man sich von den Herren zwar keine Krawatte mehr, aber doch ein Jackett."

Elisabeth Gürtler ist mit ihrem feinen Spürsinn für gesellschaftliche Trends allerdings auch nicht entgangen, dass das Zeitgeistbarometer mittlerweile wieder in eine andere Richtung ausschlägt. „Viele Menschen sehnen sich, wenn sie ins Sacher fein speisen gehen, auch wieder nach gewissen Formen der gehobenen Lebensart und daher auch nach einer gewissen Etikette. Im Bereich der Roten Bar überlegen wir daher ernsthaft, den alten Dress Code in Zukunft wieder einzuführen."

KALTE ERDÄPFELSUPPE MIT SAIBLINGSTATAR

ZUTATEN
1 EL Butter · 80 g Jungzwiebeln · 80 g Lauch (nur das Weiße)
150 g mehlige Erdäpfel · 600 ml Gemüse- oder Hühnerfond · 200 g Sauerrahm
Meersalz · weißer Pfeffer aus der Mühle · gehackter Schnittlauch zum Garnieren

FÜR DAS SAIBLINGSTATAR
200 g Saiblingsfilet, ohne Haut und Gräten · 1 EL Zitronensaft · 3 EL Traubenkernöl
1 EL Schnittlauch, fein geschnitten · etwas gerösteter, gemahlener Koriander
Meersalz · Pfeffer aus der Mühle · Saiblingskaviar nach Belieben zum Garnieren

FÜR DAS ERDÄPFELGITTER
1–2 große festkochende Erdäpfel · 3–4 EL Butterschmalz

ZUBEREITUNG
Zwiebeln, Lauch und Erdäpfel kleinwürfelig schneiden, in aufgeschäumter Butter anschwitzen. Fond zugießen und 20 Minuten köcheln lassen. Mit dem Mixstab pürieren. Sauerrahm einrühren und alles durch ein Sieb streichen. Mit Salz und weißem Pfeffer kräftig würzen. Kalt stellen. Vor dem Servieren mit dem Pürierstab nochmals aufschlagen.

Für das Tatar das gut entgrätete Fischfilet kleinwürfelig schneiden. Mit den restlichen Zutaten mischen. Mit Salz sowie Pfeffer würzen und kalt stellen.

Für das Erdäpfelgitter Erdäpfel erst in sehr dünne Scheiben (am besten mit der Brotschneidemaschine), dann in Streifen schneiden. In der Pfanne Butterschmalz erhitzen und pro Portion je etwa 12 Streifen übereinander (wie ein Gitter) in die Pfanne hineinlegen. Goldgelb braten, mit einem Bratenwender vorsichtig wenden und auf der anderen Seite ebenso goldgelb braten. Herausheben und auf Küchenkrepp abtropfen lassen.

Tatar in einen Ring (oder kleines Portionsförmchen) füllen und in die Mitte des Tellers setzen bzw. stürzen. Aufgeschäumte Suppe angießen, mit gehacktem Schnittlauch und Kartoffelgitter garnieren. Nach Belieben mit etwas Saiblingskaviar dekorieren.

HEISSE SUPPEN

GARUNGSDAUER: 20 Minuten

TIPPS: Das Erdäpfelgitter lässt sich auch durch hauchdünn geschnittenes Brot, das knusprig geröstet wird, ersetzen.
Noch kräftiger schmeckt die Erdäpfelsuppe, wenn Sie als Einlage klein gehackte Räucherfische aller Art verwenden.

STEIRISCHE KRENSUPPE MIT SCHINKENKRUSTELN UND BROTBLATTLN

ZUTATEN

**1,5 l Gemüsefond · 125 ml Noilly-Prat oder trockener Weißwein · 100 g Schalotten, gehackt · 1 EL Butter · 1 Knoblauchzehe, gehackt · 100 g mehlige Erdäpfel
125 ml Sauerrahm · Salz · Muskatnuss, gerieben · weißer Pfeffer aus der Mühle
Spritzer Zitronensaft · 4 EL frisch gerissener Kren · 100 g Schinken
8 dünne Scheiben altbackenes Schwarzbrot · 2 EL Schnittlauch**

ZUBEREITUNG

Gehackte Schalotten in heißer Butter hell anschwitzen. Mit Noilly-Prat ablöschen und mit Gemüsefond aufgießen. Erdäpfel kleinwürfelig schneiden, mit gehacktem Knoblauch zugeben und Suppe 20–30 Minuten kräftig einkochen lassen. Sauerrahm mit etwas heißer Suppe glatt rühren und einmengen, aber nicht mehr kochen. Mit Salz, Muskatnuss, weißem Pfeffer sowie Zitronensaft abschmecken. Geriebenen Kren einrühren und mit dem Stabmixer aufmixen.
Währenddessen die Brotscheiben im vorgeheizten Backrohr bei 120 °C so lange trocknen, bis sie richtig knusprig sind. Schinken kleinwürfelig schneiden und in einer beschichteten Pfanne ohne Fett knusprig rösten.
Aufgeschäumte Suppe in vorgewärmten tiefen Tellern oder Schalen anrichten und Schinkenwürferl darüber streuen. Brotblattln dekorativ auflegen und mit gehacktem Schnittlauch bestreuen.

GARUNGSDAUER: ca. 30 Minuten

TIPP: Noch dekorativer sieht diese raffinierte Suppe aus, wenn man den Schinken nicht würfelig, sondern in dünne Scheiben schneidet und die Scheiben dann dekorativ auf den Brotblattln anrichtet.

BREZNSUPPE

ZUTATEN

**750 ml Rindsuppe, heiß · 300 g Semmelwürfel · 300 g Pinzgauer Käse (oder anderer würziger Käse) · 3 Knoblauchzehen · 5 EL braune Butter · Schnittlauch zum Bestreuen
Salz · Pfeffer aus der Mühle**

ZUBEREITUNG

Die Semmelwürfel in einer Schüssel über Dampf warm stellen. Käse kleinwürfelig schneiden, Knoblauch fein hacken und beides unter die Semmelwürfel mengen. Mit richtig heißer Rindsuppe übergießen und einmal gut durchrühren. Mit Salz und frisch gemahlenem Pfeffer abschmecken. Die braune Butter darüber träufeln und mit gehacktem Schnittlauch bestreuen.

TIPP: Im Pinzgau serviert man zu dieser deftigen, dickflüssigen Suppe, die fast schon eine kleine Hauptmahlzeit abgibt, mitunter auch gerne grünen Salat.

Steirische Krensuppe mit Schinkenkrusteln und Brotblattln

WIENER ERDÄPFELSUPPE

ZUTATEN FÜR 4–6 PORTIONEN

1,5 l Rindsuppe · 300 g Erdäpfel · 100 g frische Pilze (Steinpilze, Eierschwammerl etc.)
50 g Frühstücksspeck · 50 g Zwiebeln, gehackt · 120 g Wurzelgemüse (Karotten,
Sellerie, gelbe Rüben) · 4 EL Butterschmalz · 1 EL Mehl · 125 ml Schlagobers
1 Lorbeerblatt · Majoran · Kümmel, gemahlen · 1–2 Knoblauchzehen, zerdrückt
Pfeffer aus der Mühle · Salz · Schuss Weißwein · Schnittlauch zum Bestreuen

ZUBEREITUNG

Erdäpfel und Wurzelgemüse in etwa 1 cm große Würferl schneiden und im Verhältnis 1:2 aufteilen. Pilze mit einem feuchten Tuch oder Schwamm putzen, Stiele von den Kappen trennen und in mundgerechte Stücke schneiden. In einer Kasserolle Butterschmalz erhitzen und gehackte Zwiebeln darin hell anschwitzen. Ein Drittel des Gemüses und der Erdäpfel sowie die Pilzstiele zugeben und kurz durchrösten. Mit Mehl stauben und mit einem Schuss Weißwein ablöschen. Mit ca. 1 1/4 Liter Rindsuppe aufgießen und glatt rühren.

Aufkochen lassen und mit Majoran, Lorbeerblatt, Kümmel, zerdrücktem Knoblauch, frisch gemahlenem Pfeffer und Salz würzen. Etwa 10 Minuten kochen lassen. Lorbeerblatt entfernen, Suppe pürieren und abseihen. Restliches Gemüse und Erdäpfel in der zurückbehaltenen Rindsuppe ca. 10–15 Minuten weich dünsten. In einer Pfanne den kleinwürfelig geschnittenen Speck auslassen und die Pilzköpfe darin anrösten. Nun Pilze, weich gedämpftes Gemüse und Erdäpfel unter die Suppe mengen. Schlagobers einrühren und nochmals kurz aufkochen. Mit Salz und Pfeffer abschmecken. In heiße Suppenteller oder Schalen füllen und mit gehacktem Schnittlauch bestreuen.

GARUNGSDAUER: ca. 15–20 Minuten

HEISSE SUPPEN

ERDÄPFELSUPPE MIT PILZSTRUDEL

ZUTATEN
300 g Erdäpfel (vorwiegend festkochend), würfelig geschnitten · 2 EL Olivenöl oder Schmalz · 100 g Zwiebeln, fein gehackt · 1 Lorbeerblatt · 1,5 l Hühner- oder Gemüsefond · Muskatnuss, gerieben · Prise Majoran · 2 EL Crème fraîche
1 Eidotter · 1 Zweigerl Majoran zum Garnieren · Salz · weißer Pfeffer

FÜR DEN STRUDEL
4 Quadrate (je 15 x 15 cm) Filoteig · 100 g fein gehackte Pilze (Austernpilze, Eierschwammerl, Shiitake- oder Steinpilze) · 1 kl. Schalotte, fein gehackt · Salz
Pfeffer aus der Mühle · 2 EL Olivenöl · etwas Liebstöckel und Petersilie, gehackt
1 EL flüssige Butter zum Bestreichen

ZUBEREITUNG
Die fein gehackten Zwiebeln in Olivenöl anschwitzen. Erdäpfelwürfel zugeben und mitanschwitzen. Mit Fond auffüllen und mit Lorbeerblatt, Salz, Pfeffer, Muskatnuss sowie Majoran würzen. Etwa 20 Minuten weich kochen und anschließend mit dem Stabmixer mixen. (Nach Belieben einige Erdäpfelwürferl als Einlage beiseite geben.) Crème fraîche mit Dotter verrühren und die Suppe damit binden, aber nicht mehr kochen. (Konsistenz der Suppe durch Zugabe von Wasser oder Einreduzieren auf die gewünschte Molligkeit bringen.)

Für den Strudel die geputzten Pilze gemeinsam mit Schalotten in heißem Öl anrösten. Salzen, pfeffern, Kräuter zugeben und auskühlen lassen. Filoteig ausbreiten, doppelt auflegen (damit er nicht reißt) und mit flüssiger Butter bestreichen. Jeweils etwas Pilzfülle in die Mitte setzen und zu einem Säckchen formen. Gut zusammendrücken oder mit Schnittlauch zusammenbinden. Auf ein mit

ERDÄPFELSUPPE „AL-HARAM"

Jaroslav Müller, der langjährige Herr über die Geschicke der Sacherküche, spricht viele Sprachen und noch mehr Küchensprachen, darunter auch Arabisch. Als ein Mitglied des jordanischen Königshauses einmal eine Erdäpfelsuppe bestellte, bedeutete ihm Müller mit dem arabischen Wort „al-haram", dass diese für Moslems eine Sünde sei, da ein paar Croutons vom Schweinespeck enthalten seien.
Seine Exzellenz lächelte und tat, als habe er nichts gehört. Müller servierte die „sündige Suppe" daraufhin genauso, wie sie war. Mitsamt dem Speck.

Backpapier belegtes Backblech setzen und im vorgeheizten Backrohr bei 200 °C Umluft ca. 10 Minuten goldbraun backen. Die heiße Suppe in vorgewärmte Teller füllen, die Säckchen sowie die eventuell beiseite gegebenen Erdäpfelwürfel hineinsetzen und nach Belieben mit frischem Majoran garnieren.

BACKZEIT: ca. 10 Minuten
BACKROHRTEMPERATUR: 200 °C Umluft
TIPP: In Butter angebratene rote Zwiebelwürfelchen als zusätzliche Suppeneinlage setzen einen interessanten Geschmacksakzent.

KIRCHTAGSSUPPE

ZUTATEN FÜR CA. 6 PORTIONEN
1/2 Huhn · 200 g Kalbsschulter · 200 g Schweinsschulter · 500 ml Sauerrahm
3 Eidotter · 2 EL Mehl · 1 Bund Suppengrün · 1 Zwiebel · 2 Karotten · 1/2 Sellerieknolle
etwas Orangen- und Zitronenschale, abgerieben · 2 Gewürznelken · einige Pfefferkörner · etwas Anis · 1 Lorbeerblatt · Salz · Schnittlauch oder Petersilie zum Bestreuen

ZUBEREITUNG
Das halbe Huhn gut waschen und in 2–3 Stücke teilen, die Zwiebel halbieren. In einem großen Topf 2 Liter kaltes Wasser aufstellen. Hühnerstücke, Kalbs- und Schweinsschulter sowie Gemüse und Suppengrün zugeben. Sämtliche Gewürze sowie Aromaten hinzufügen, aufkochen und so lange kochen, bis das Fleisch weich ist. Suppe abseihen und kalt stellen, damit dann das Fett abgeschöpft werden kann.
Währenddessen das Hühnerfleisch auslösen und ebenso wie das Kalb- und Schweinefleisch in mundgerechte Stücke schneiden. Gemüse kleinwürfelig schneiden. Entfettete Suppe wieder aufkochen. Sauerrahm mit Mehl und Eidottern glatt rühren. Unter zügigem Rühren mit dem Schneebesen in die Suppe einmengen und mit Salz abschmecken. Fleisch- und Gemüsewürfel wieder zugeben und nochmals erwärmen, aber nicht mehr kochen. Mit gehacktem Schnittlauch oder Petersilie bestreuen und in vorgewärmten Suppentellern anrichten.

GARUNGSDAUER: ca. 1 1/2 Stunden
TIPP: Wenn man das Suppengemüse eher bissfest bevorzugt, ist es ratsam, das mitgekochte Gemüse wegzugeben und durch extra bissfest gekochtes Gemüse zu ersetzen. Diese opulente Suppe, bei der das Fleisch ursprünglich gar nicht mitserviert wurde, lässt sich noch durch knusprige Croûtons verfeinern.

KÜRBISSCHAUMSUPPE MIT ZUCCHINITATAR
À LA ALEXANDRA GÜRTLER

ZUTATEN
300 g Muskatkürbis-Fleisch · 2 Schalotten · 3 EL Olivenöl · 125 ml Weißwein
ca. 1 l Hühnersuppe (ersatzweise Gemüsebouillon) · 125 ml Schlagobers
Salz · weißer Pfeffer · je 1 Prise Muskatnuss, geriebener Ingwer und Zimt
Kürbiskernöl zum Garnieren

FÜR DAS ZUCCHINITATAR
1 Zucchini (nicht zu groß) · 1 EL Olivenöl · Salz

ZUBEREITUNG
Das Kürbisfleisch in kleine Würfel schneiden, Schalotten fein hacken. In einem Topf Olivenöl erhitzen, Schalotten sowie Kürbis zugeben und alles kurz andünsten. Mit Weißwein ablöschen und Flüssigkeit zur Gänze einkochen lassen. Suppe und Schlagobers zugießen, mit sämtlichen Aromaten würzen und ca. 30 Minuten köcheln lassen. Mit einem Stabmixer fein pürieren und nochmals abschmecken. In Suppentassen anrichten, einige Tropfen Kernöl zugießen und das vorbereitete, noch heiße Zucchinitatar einstreuen.

Für das Zucchinitatar die Zucchini in sehr feine Würfel schneiden und in heißem Olivenöl kurz anbraten. Salzen und noch heiß in die Suppe geben.

TIPP: Über die Suppe gestreute, hauchdünn geschnittene, getrocknete oder geröstete Brotscheiben machen diese Kürbissuppe noch „g'schmackiger".

STOSUPPE MIT ERDÄPFELN

ZUTATEN
200 g Erdäpfel · 1 l Rind- oder Hühnersuppe · 2 Lorbeerblätter · 250 g Sauerrahm (oder Sauermilch) · 125 g Crème fraîche · 2 EL Mehl · 1/2 TL Kümmel, ganz
Schuss Apfelessig · Salz · Pfeffer aus der Mühle · Muskatnuss, gerieben

ZUBEREITUNG
Erdäpfel kleinwürfelig schneiden und gemeinsam mit den Lorbeerblättern in der Rindsuppe weich kochen. Crème fraîche und Sauerrahm mit Mehl sowie etwas kochender Suppe glatt rühren und mit der Schneerute langsam, in kreisenden Bewegungen unter die Erdäpfelsuppe rühren. Weiterköcheln lassen, bis die Suppe schön sämig wird. Mit Kümmel, Muskatnuss, Essig, Salz und Pfeffer abschmecken.

GARUNGSDAUER: ca. 30 Minuten
GARNITUREMPFEHLUNG: in Ringe geschnittene Frühlingszwiebeln und etwas Liebstöckel
TIPP: Ein Spritzer Zitronensaft macht die Stosuppe bekömmlicher und pfiffiger.

GANSERL-APFEL-SUPPE

ZUTATEN
1 l Ganserl- oder Hühnerfond · 1 Zwiebel · je 1/2 Karotte und gelbe Rübe, geschält und fein gerieben · 1 Apfel (am besten Jonagold) · 2 EL Butter · 1 KL Currypulver, mild
4 feine Streifen Zitronenschale · 1 TL Mehl · 80 ml Weißwein (oder Apfelmost)
125 g Crème fraîche · Butter zum Anbraten der Leber

FÜR DIE EINLAGE
Leber von einer nicht gestopften Gans · 1 kleiner Apfel · frische Majoranblätter, gezupft

ZUBEREITUNG
Apfel schälen, vierteln und entkernen. Ebenso wie die Zwiebel kleinwürfelig schneiden und gemeinsam mit den Karotten- und Rübenraspeln in Butter anschwitzen. Curry, Zitronenschale und Mehl einrühren, kurz mitrösten und mit Wein sowie Fond aufgießen. Auf kleiner Flamme ca. 20 Minuten köcheln lassen.

Für die Einlage den Apfel schälen, vierteln, entkernen und in 3 mm große Würferl schneiden. Leber putzen und ebenfalls in kleine Würfel schneiden. Suppe mit einem Stabmixer pürieren und passieren. Crème fraîche beigeben und kurz noch einmal aufkochen lassen. Währenddessen in einer Pfanne etwas Butter erhitzen und die Leber kurz braten. Apfelstücke zugeben und ebenfalls kurz anschwitzen. Suppe in vorgewärmten Tellern oder Tassen anrichten, Einlage zugeben und mit gezupften Majoranblättern bestreuen.

TIPP: Diese Ganslsuppe kann beispielsweise durch die Zugabe von feinen Bröselknöderln verfeinert werden.

HEISSE SUPPEN

UNGARISCHE KRAUTSUPPE MIT HORTOBÁGYI-PALATSCHINKEN

ZUTATEN FÜR 6 PORTIONEN

300 g Sauerkraut, gewässert und kurz geschnitten · 1,5 l Hühnerfond oder Rindsuppe
1 Lorbeerblatt · 2 EL Schweineschmalz · 1 kl. Zwiebel, gehackt · 1 EL Zucker
1 KL Paprikapulver · 150 ml Weißwein · 1 Apfel, fein geraspelt · Prise Kümmel, gemahlen · 1 Wacholderbeere, leicht zerdrückt · 1 Scheibe Speck (oder Schwarte)
1 Erdapfel zum Binden, roh, fein geraspelt · Salz · weißer Pfeffer aus der Mühle
1 Zweigerl Majoran zum Garnieren

FÜR DEN PALATSCHINKENTEIG

ca. 80 g Mehl · 2 Eier · Schuss Milch · etwas flüssige Butter für den Teig · Salz
Butter zum Herausbacken

FÜR DIE FÜLLE

ca. 100 g Abschnitte (Reste) von gefüllter Kalbsbrust oder Kalbsbraten (ersatzweise 100 g Kalbsfaschiertes) · 1 Schalotte, fein gehackt · 1 EL Butter
100 ml Kalbsjus · 1 EL Petersilie, Kerbel oder Schnittlauch, gehackt · Muskatnuss, gemahlen · Salz · Butter zum Bestreichen · 4 EL Sauerrahm

ZUBEREITUNG

Die gehackte Zwiebel in heißem Schmalz anrösten. Paprikapulver einrühren und mit Weißwein ablöschen. Fond oder Suppe zugießen, Sauerkraut einmengen und restliche Zutaten bis auf den Erdapfel zugeben. Etwa 20 Minuten köcheln, bis das Kraut schön weich ist. Würzig abschmecken und mit dem roh geraspelten Erdapfel binden. Weitere 5 Minuten köcheln. Zum Schluss den Speck entfernen.

Für die Palatschinkenfülle die gehackte Schalotte in heißer Butter hell anschwitzen. Bratenreste feinwürfelig schneiden und einmengen. Kurz durchschwenken und mit Jus aufgießen. Zur Gänze einkochen lassen. Kräuter zugeben und mit Salz sowie Muskatnuss abschmecken. Für den Palatschinkenteig alle Zutaten vermengen und in heißer Butter nacheinander zwei Palatschinken backen. Die Palatschinken quadratisch zuschneiden und diese wiederum in je 6 kleine Rechtecke schneiden. Jeweils mit Fülle bestreichen und einrollen. In eine ausgebutterte Form setzen, mit Butter bestreichen und bei größter Oberhitze (oder unter der Grillschlange) kurz gratinieren. Die wirklich heiße Suppe in vorgewärmten Tellern anrichten, Palatschinken hineinlegen und mit je einem Esslöffel Sauerrahm und einigen Majoranblättchen garnieren.

GARUNGSDAUER: ca. 25 Minuten

TIPPS: Eine abschließend eingerührte entsaftete rote Paprikaschote rundet den Geschmack harmonisch ab.
Zur kräftigenden Zwischenmahlzeit wird die Krautsuppe, wenn man ihr noch klein geschnittene Debrezinerwürstel beigibt.

Ungarische Krautsuppe mit Hortobágyi-Palatschinken

ALT-WIENER SUPPENHUHN

ZUTATEN FÜR 6–8 PORTIONEN

1 Suppenhuhn mit ca. 1,8 kg, küchenfertig · 1 Bund Wurzelwerk · 1 Zwiebel
4 Pfefferkörner · 3 Neugewürzkörner · 1 Lorbeerblatt · 2 Gewürznelken
1 Zweiglein Thymian · 40 g Butter · 40 g Mehl · 100 g Champignons · 150 g Erbsen, gekocht · 1 Eidotter · 150 ml Schlagobers · Salz · Pfeffer · Butter zum Andünsten
1 EL fein gehackter Schnittlauch · geröstete Weißbrotcroûtons zum Bestreuen

ZUBEREITUNG

Gewaschenes Suppenhuhn mit den Innereien (außer der Leber) in 2–3 Liter kaltem Wasser aufstellen und zum Sieden bringen. Wurzelwerk hinzufügen. Zwiebel halbieren und an den Schnittflächen in einer (alten) Pfanne ohne Fett bei starker Hitze fast schwarz bräunen. Gewürze in ein Leinensäckchen binden und mit den Zwiebelhälften in die Suppe geben. Aufsteigendes Eiweiß abschäumen und Suppe regelmäßig entfetten. In den letzten 10 Minuten Hühnerleber mitkochen. Sobald das Fleisch weich ist, Suppe abseihen. Hühnerfleisch von den Knochen lösen und, ebenso wie die Innereien, klein schneiden. In einem großen Topf Butter erhitzen, Mehl einrühren, mit Hühnersuppe aufgießen und mindestens eine halbe Stunde einkochen. Blättrig geschnittene Champignons in etwas Butter andünsten, gekochte Erbsen passieren. Champignons in die Suppe geben und weiterköcheln. Erbsenpüree mit Schlagobers vermengen, einrühren und sämig einkochen lassen. Hühnerfleisch zugeben und kurz erwärmen. Suppe von der Herdplatte nehmen und versprudeltes Eidotter einrühren. Mit Salz sowie Pfeffer abschmecken und mit gerösteten Weißbrotcroûtons sowie gehacktem Schnittlauch bestreuen.

GARUNGSDAUER: Huhn ca. 1 Stunde, Suppe 40–50 Minuten

HEISSE SUPPEN

KLACHELSUPPE

ZUTATEN

1 kg Schweinshaxerln (vom Fleischhauer bereits in 3 cm dicke Scheiben geschnitten)
6 Wacholderbeeren, zerdrückt · 6 Pfefferkörner · 2 Lorbeerblätter · 5 Korianderkörner, geröstet und zerdrückt · 3 Schalotten · 4 Knoblauchzehen, zerdrückt · 1 Karotte
1 gelbe Rübe · 100 g Sellerie · 1 kl. Bund frischer Majoran · 1 Zweig Liebstöckel
150 g Sauerrahm oder Crème fraîche · 1 EL Mehl · 4 cl Apfelessig für das Wasser
Schuss Essig zum Abschmecken · Salz · Pfeffer aus der Mühle

ZUBEREITUNG

Die Schweinshaxerln unter fließendem Wasser waschen und in reichlich kaltem Wasser aufstellen. Einmal aufkochen und abgießen, kalt abschrecken und wiederum mit 2 Litern Wasser und Apfelessig zustellen. Wacholderbeeren, Pfefferkörner, Lorbeerblätter, Korianderkörner, in Ringe geschnittene Schalotten sowie Knoblauch zugeben und so lange kochen, bis das Fleisch leicht vom Knochen zu lösen ist. Dabei immer wieder aufsteigenden Schaum abschöpfen. Haxerln herausheben, Fleisch auslösen und in mundgerechte Bissen schneiden.

Fond abseihen, Karotte, gelbe Rübe sowie Sellerie fein reiben und zugeben. Wieder aufkochen lassen. Sauerrahm mit etwas heißem Kochfond glatt rühren und einmengen. Mehl mit etwas Wasser glatt rühren und ebenfalls einrühren. Dabei kräftig mit dem Schneebesen rühren. Mit gehacktem Liebstöckel, Majoranblättchen und Pfeffer würzen. Suppe auf die gewünschte Konsistenz einkochen lassen und abschließend mit einem Schuss Essig und Salz abschmecken. Klein geschnittenes Fleisch wieder in die Suppe geben und nochmals kurz erwärmen. Fertige Klachelsuppe in vorgewärmten Tellern oder Schalen anrichten.

GARUNGSDAUER: ca. 1 1/2 Stunden
BEILAGENEMPFEHLUNG: Heidensterz (s. S. 111)
TIPP: Darüber, ob man die gekochten Schweinshaxerl auslöst oder im Ganzen in der Suppe serviert, lässt sich in der Steiermark ja noch streiten, dass man dazu verpflichtend Heidensterz servieren muss, darüber allerdings nicht.

STEIRISCHE KUTTELFLECKSUPPE NACH VATER FINK

ZUTATEN FÜR 6 PORTIONEN

600 g Kuttelfleck (Kutteln) vom Kalb · 1,3–1,5 l Rindsuppe oder Gemüsefond
1 Karotte · 200 g Sellerie · 2 Zwiebeln, fein gehackt · 100 ml Rotwein
1 TL Paprikapulver · 4 Tomaten · etwas Tomatenmark · etwas Chilipaste
3 cl Apfelessig · Prise Majoran · Pfeffer aus der Mühle · Salz · etwas Ingwer, gerieben
1 Knoblauchzehe · 1 EL Mehl · 4 EL Schweineschmalz · 2 Scheiben Schwarzbrot
gehacktes Liebstöckel zum Bestreuen

ZUBEREITUNG

Kuttelfleck gründlich waschen, gut mit Salz abreiben, mit kochendem Wasser überbrühen und noch einmal kalt abwaschen. Mit kaltem Wasser zustellen, aufkochen und 40–60 Minuten lang kochen. Wasser abgießen, Topf mit frischem kaltem Wasser auffüllen, salzen und Kutteln ca. 2 Stunden weich kochen. Dann Karotte und Sellerie zugeben und weitere 20 Minuten kochen. Kutteln herausheben und auskühlen lassen, Karotte und Sellerie kleinwürfelig schneiden. Kalte Kutteln in möglichst feine Streifen schneiden.

Tomaten kurz überbrühen, schälen und kleinwürfelig schneiden. Zwiebeln fein hacken und in heißem Schmalz hell anrösten. Mehl einrühren und zu einer hellen Einbrenn rösten. Knoblauch mit etwas Salz zerdrücken und gemeinsam mit Tomatenmark, Paprikapulver, Chilipaste, geriebenem Ingwer, Essig und einer Prise Majoran einrühren. Tomatenwürfel zugeben und mit Rotwein ablöschen. Mit Rindsuppe aufgießen und abschmecken. Noch etwa 20 Minuten kochen lassen. Dann Kuttelstreifen und das klein geschnittene Gemüse einmengen. Nochmals aufkochen lassen. Schwarzbrot kleinwürfelig schneiden und ohne Fett in einer beschichteten Pfanne knusprig rösten. Flecksuppe in heißen Tellern anrichten und mit Schwarzbrotwürfeln sowie gehacktem Liebstöckel bestreuen.

GARUNGSDAUER: 2 1/2–3 Stunden

TIPP: Einen völlig unterschiedlichen Geschmacksakzent erzielt man, wenn man die gekochten Kutteln mit Steinpilzen und Schalotten anröstet und mit Schlagobers sämig einkocht.

FISCHSUPPE MIT SAFRAN-ROUILLE NACH HANS PETER FINK

ZUTATEN FÜR 8 PORTIONEN

1,5 l Fischfond · 1 Wolfsbarsch (Loup de mer), ca. 400–500 g · 1 Rotbarbe (Rouget), ca. 300 g · 1 Lachsfilet, ca. 200 g · 1 gekochter kanadischer Hummer, ca. 400 g
200 g Miesmuscheln · 200 g Calamari, in Streifen geschnitten · 400 g Suppengemüse (Knollen- und Staudensellerie, Petersilienwurzel, Lauch), klein geschnitten
400 g Gemüsewürferl (Fenchel, Lauch, Staudensellerie, Karotten) · 100 g Wurzelgemüse, in feine Streifen geschnitten · 3 Schalotten · 50 ml Olivenöl · 4 Tomaten
ca. 30 Safranfäden · 4 Knoblauchzehen · 200 ml trockener Weißwein · 50 ml Noilly-Prat
50 ml Pernod · 2 Lorbeerblätter · 1 Zweig Zitronenthymian · 1 Chilischote, entkernt und fein geschnitten · Meersalz · weißer Pfeffer aus der Mühle · etwas Fenchelgrün und Basilikum zum Bestreuen · knuspriges Baguette für die Rouille

FÜR DIE SAFRAN-ROUILLE

80 g mehlige Erdäpfel · 2 Knoblauchzehen · 1 rote Paprikaschote · ca. 30 Safranfäden, fein gehackt · etwas Fischfond · 2 Eidotter · 100 ml bestes Olivenöl · Salz
Pfeffer aus der Mühle

ZUBEREITUNG

Die Fische am besten gleich beim Fischhändler filetieren lassen, die Karkassen aber mitnehmen. Fischköpfe und Gräten 1 Stunde wässern. Hummer auslösen und Hummerpanzer in Olivenöl anrösten. Karkassen hinzufügen und kurz durchschwenken. Klein geschnittenes Suppengemüse sowie Schalotten zugeben. Mit Weißwein, Noilly-Prat und Pernod ablöschen und die Flüssigkeit bei starker Hitze einkochen lassen. Fischfond zugießen, aufkochen und abschäumen. Lorbeerblätter, Chili, Safran und Thymian zugeben und ca. 20 Minuten leicht köcheln lassen. Dann abseihen und Gemüsewürferl zugeben.

Sorgfältig entgrätete Fischfilets in mundgerechte Stücke schneiden und mit Calamari sowie sauber geputzten Muscheln zugeben. Einmal aufkochen und mit Salz und weißem Pfeffer abschmecken, aber nur mehr ziehen lassen, damit die Fische nicht hart werden. Gemüsestreifen kurz blanchieren (überbrühen) und in heißem Olivenöl sachte andünsten. Tomaten kurz in heißes Wasser tauchen, schälen, entkernen und kleinwürfelig schneiden. Pfeffern und mit den fein gehackten Knoblauchzehen mitandünsten. Das Gemüse in die Suppe geben und Hummermedaillons und Scheren einlegen. Sobald sich die Muscheln geöffnet haben, Fischsuppe in vorgewärmten, tiefen Tellern

Fischsuppe mit Safran-Rouille

anrichten und mit Fenchelgrün sowie Basilikum bestreuen. Vorbereitete Rouille in einem extra Schälchen servieren und erst bei Tisch auf das knusprige Baguette streichen.

Für die Safran-Rouille geschälte Erdäpfel in kleine Stücke schneiden und mit Knoblauchzehen, Safran und Fischfond verkochen lassen. Paprikaschote schälen, entkernen und in etwas Wasser weich dünsten. Abseihen und mit dem Mixstab pürieren. Erdäpfel sowie Knoblauch fein zerdrücken und Paprikamasse untermischen. Mit einem Schneebesen unter ständigem Rühren zuerst Eidotter, dann Öl nach und nach unterrühren. Würzig abschmecken.

TIPP: Man kann die Baguettescheiben schon in der Küche mit Rouille bestreichen und in die Fischsuppe einlegen.

DER KELLNER ALS ARISTOKRAT

Unter den Mitarbeitern des Hotel Sacher fanden sich immer wieder auch solche adeliger Herkunft, darunter auch einmal ein junger Page. Als ein Gast beim Opernballdiner seiner Meinung nach nicht rasch genug bedient wurde, rief er mit lauter Stimme: „Wissen Sie denn nicht, wer ich bin? Ich bin der Herzog von Bayern." Worauf der Oberkellner den Pagen herbeirief und ihn dem Herzog mit den Worten vorstellte: „Wo liegt das Problem? Bei uns sind sogar die Pagen Grafen."

HUMMERCREMESUPPE

ZUTATEN FÜR 4 KLEINE SUPPENTASSEN

500 g Karkassen (Schalen) eines gekochten Hummers · Hummerfleisch aus Beinen, Scheren und Gelenken, gekocht · 100 g Karotten · 50 g Staudensellerie · 50 g Lauch 50 g Schalotten · 2 Knoblauchzehen · 2 Tomaten · 2 EL Tomatenmark · 2 Lorbeerblätter 2 Gewürznelken · 4 Wacholderbeeren, zerdrückt · 8 Pfefferkörner · Prise Safran frischer Thymian und Estragon · 100 ml Cognac · 250 ml Schlagobers · 1 TL Speisestärke · Salz · Cayennepfeffer · 2 EL Olivenöl · 50 g Butter · 4 EL geschlagenes Obers

ZUBEREITUNG

Hummerkarkassen gut waschen und in sehr heißem Olivenöl 5 Minuten scharf anbraten. Mit Cognac ablöschen. Karotten, Sellerie, Lauch, Schalotten und Knoblauch in Scheiben schneiden und gemeinsam mit der Butter zu den Karkassen geben. Langsam durchrösten. Tomaten vierteln und mit Tomatenmark einrühren. Sämtliche Gewürze hinzufügen, mit etwa 500 ml Wasser aufgießen und zugedeckt ca. 45 Minuten bei geringer Hitze köcheln. Durch ein feines Sieb passieren und auf die Hälfte einkochen lassen. Schlagobers zugeben, aufkochen und mit der in wenig Wasser angerührten Stärke binden. Mit Salz und Cayennepfeffer abschmecken. Mit dem Mixstab aufmixen, Hummerfleisch zugeben und erwärmen, aber nicht mehr kochen. Geschlagenes Obers unterrühren und rasch servieren.

GARUNGSDAUER: ca. 50 Minuten

TIPP: Weniger intensiv und dafür ausgiebiger gerät die Hummercremesuppe, wenn man mit mehr Wasser aufgießt.

FISCHBEUSCHELSUPPE

ZUTATEN

Kopf und Karkassen von 1 Karpfen (ca. 300 g) · 200–250 g Karpfenbeuschel (Rogen) 8 Pfefferkörner · 1 Lorbeerblatt · 100 g Wurzelwerk für den Sud · 100 g Wurzelwerk, geraspelt · etwas in Streifen geschnittenes Wurzelwerk für die Garnitur · 1 Zwiebel 1 Schalotte · kräftiger Schuss Essig · 2 EL Butter · 1 EL Mehl · 1 EL Crème fraîche Pfeffer aus der Mühle · Salz · Petersilie, gehackt · Schwarz- oder Weißbrotwürfel zum Rösten · Butter zum Rösten

ZUBEREITUNG

Einen Topf mit kaltem Wasser aufstellen, gewaschene Karkassen und Kopf zugeben. Gewürze, halbierte Zwiebel, Wurzelwerk sowie einen kräftigen Schuss Essig hinzufügen und alles aufkochen. Etwa 15–20 Minuten sanft vor sich hin köcheln lassen. Abseihen, ca. 1 Liter Sud aufbewahren und Kopffleisch auslösen.

Schalotte fein hacken, Wurzelwerk fein raspeln. Butter erhitzen, Schalotten und geraspeltes Wurzelwerk darin anrösten. Mit Mehl stauben und gut durchrösten, bis die Masse hellbraun ist. Mit etwas Fischsud ablöschen, kräftig durchrühren und langsam mit restlichem Fischsud aufgießen. Karpfenbeuschel zugeben und unter wiederholtem Rühren mit dem Schneebesen kräftig aufkochen. Ausgelöstes Karpfenfleisch einmengen, Crème fraîche einrühren und mit Pfeffer sowie Salz kräftig abschmecken. In einer Pfanne die Brotwürfel ohne oder mit wenig Fett knusprig rösten. In Streifen geschnittenes Wurzelwerk in etwas Butter rösten. Fischbeuschelsuppe in heißen Suppentellern anrichten und geröstetes Wurzelwerk hineingeben. Mit knusprigen Croûtons und Petersilie bestreuen.

HEISSE SUPPEN

GARUNGSDAUER: 30–40 Minuten

TIPP: Runden Sie die Fischbeuschelsuppe geschmacklich noch ab, indem Sie zum Schluss etwas Rotwein und geschlagenes Obers unterziehen.

WALLER-HALÁSZLÉ MIT TOPFENNUDELN

ZUTATEN

600 g Wallerfilet mit Haut (wenn möglich mit weißem Fleisch, nicht vom roten Zuchtwaller) · 100 g Schalotten, fein geschnitten · je 2 rote und 2 grüne längliche Paprikaschoten · 1 Knoblauchzehe, in Scheiben geschnitten · 1 KL Paprikapulver 1 Lorbeerblatt · 200 ml trockener Weißwein · 1 Zweigerl Majoran · 2 cl Apfelessig 1,5 l Fisch- oder Hühnerfond · 1 roher Erdapfel, gerieben · 1 milde Chilischote 1 KL Zucker · 2 EL Schweineschmalz oder Olivenöl · Salz · Pfeffer aus der Mühle Olivenöl für die Form · Petersilie oder Majoran zum Garnieren

FÜR DIE TOPFENNUDELN

160 g Mehl · 80 g Hartweizengrieß · 1 Ei · 2 Eidotter · Mehl für die Arbeitsfläche 200 g Topfen, bröselig (20 % Fettgehalt) · Salz

ZUBEREITUNG

Für den Nudelteig Mehl mit Weizengrieß, Ei, Eidottern, einer Prise Salz und so viel Wasser wie nötig zu einem ziemlich festen Teig verkneten. In Klarsichtfolie hüllen und mindestens 1 Stunde kühl rasten lassen.

Geschnittene Schalotten und Knoblauch in heißem Schmalz anschwitzen. Paprikapulver einrühren, rasch mit Essig ablöschen und Weißwein zugießen. Kräftig einkochen lassen. Lorbeerblatt, Majoran, Zucker, Chili, Salz, Pfeffer sowie Fischfond zugeben und alles ca. 10 Minuten köcheln lassen. Majoran und Lorbeerblatt wieder entfernen. Roh geriebenen Erdapfel einrühren und Flüssigkeit auf ca. 800 ml einkochen lassen. Würzig abschmecken.

Fischfilets in kleine Stücke schneiden, zugeben und glasig ziehen lassen, aber nicht mehr kochen. Paprikaschoten in eine mit Olivenöl bestrichene Form legen, mit Öl beträufeln und unter der Grillschlange so lange garen, bis sich die dünne Haut schwarz verfärbt und aufbläht. Herausnehmen und auskühlen lassen. Haut abziehen, Kerne und Strunk entfernen und Paprikaschoten in mundgerechte Stücke schneiden. In die Suppe geben.

Den Nudelteig auf einer bemehlten Arbeitsfläche dünn ausrollen und in 5 x 5 cm große Quadrate schneiden. In Salzwasser kurz al dente kochen. Abseihen und heiß mit dem zimmertemperierten Topfen vermischen. Salzen, aber nicht mehr erhitzen, da der Topfen sonst gerinnen würde. Heiße Suppe mit den Filets in tiefen Tellern anrichten und mit den Topfenfleckerln servieren. Mit frisch geschnittener Petersilie oder Majoranblättern bestreut servieren.

TIPP: Legen Sie den Waller vor der Verwendung etwa 2 Stunden in Essigwasser. So verliert er seinen mitunter etwas derben Beigeschmack.

Waller-Halászlé mit Topfennudeln

HECHTSUPPE MIT HECHTNOCKERLN

ZUTATEN
ca. 500 ml Hechtfond oder gute Hühnersuppe · 150 ml trockener Weißwein
100 ml Noilly-Prat · 3 Eidotter · 60 g kalte Butter (am besten kalte braune Butter)
2 EL kl. Karottenwürfel · 2 EL Schlagobers, geschlagen · etwas Zitronensaft
Cayennepfeffer · Kerbel-, Stangensellerie- und Petersilienblätter, gezupft · Salz

FÜR DIE HECHTNOCKERLN
200 g Hechtfilet · 50 g Weißbrot ohne Rinde, gerieben · 100 g Crème fraîche
1 Eiklar · 60 g Topfen (20 % Fettgehalt) · Salz · weißer Pfeffer aus der Mühle

ZUBEREITUNG
Für die Hechtnockerln Hechtfilet sorgfältig entgräten und sehr fein hacken. Mit dem geriebenen Weißbrot vermischen und Topfen, Crème fraîche sowie Eiklar unterrühren. Mit Salz und weißem Pfeffer würzen. Masse gut kühlen. Dann in der Küchenmaschine cuttern und durch ein feines Sieb streichen. In einem flachen Topf Salzwasser aufkochen. Mit zwei nassen Teelöffeln Nocken von der kalten Hechtmasse abstechen, in sanft wallendes Wasser einlegen und mit Backpapier abdecken (dient als Dampfsperre). Etwa 10 Minuten garen.
Für die Suppe den Weißwein und Noilly-Prat auf die Hälfte einkochen. Währenddessen Karottenwürfel kurz bissfest kochen. Eidotter, etwas Hechtfond, Salz und Weißwein-Reduktion im heißen Wasserbad mit dem Schneebesen wie eine Sauce hollandaise schaumig aufschlagen. Aus dem Wasserbad nehmen und die kalte Butter in kleinen Flocken einrühren. Langsam den restlichen heißen Hechtfond einrühren und die Karottenwürfel untermischen. Geschlagenes Obers locker unterziehen und mit Zitronensaft sowie Cayennepfeffer abschmecken. In vorgewärmte Suppentassen füllen. Hechtnocken hineinlegen und mit den gezupften Kräutern bestreuen.

GARUNGSDAUER: Nockerln ca. 10 Minuten

HEISSE SUPPEN · FONDS

UHUDLERSCHÄUMCHEN MIT HONIGKROKANT

ZUTATEN
ca. 1,4 l milder Hühnerfond · 200 ml Uhudler-Sekt oder Wein mit tief-dunkler Farbe
50 ml Portwein · 100 ml milder Uhudlersaft (ersatzweise roter Traubensaft)
100 g Schalotten, fein gehackt · 2 EL Butter · 1 KL Zucker · etwas Muskatnuss,
gerieben · Salz · weißer Pfeffer · 1 Lorbeerblatt · 3 EL Mascarpone
1 kl. roher Erdapfel, gerieben · Zimt zum Bestreuen

FÜR DEN KROKANT
100 g Haselnüsse, geröstet und grob gehackt · 1 EL brauner Zucker · 1 EL Honig
1 Eiklar · 1 Blatt Filoteig · flüssige Butter zum Bestreichen

ZUBEREITUNG
Die gehackten Schalotten mit Zucker in heißer Butter anschwitzen. Mit Uhudler und Portwein aufgießen und um ein Drittel einreduzieren. Saft und Fond zugießen, Lorbeerblatt zugeben und wiederum bei starker Hitze auf ca. 1 Liter einkochen lassen. Mit dem roh geriebenen Erdapfel binden. Lorbeerblatt entfernen, Suppe mixen und nach Bedarf passieren. Mit Salz, Muskatnuss sowie weißem Pfeffer abschmecken. Mascarpone einrühren und Suppe damit binden.

Für den Krokant Haselnüsse, Zucker, Eiklar und Honig vermischen und 1 Stunde ziehen lassen. Den Filoteig aufbreiten, in vier Streifen (je 2 x 15 cm) teilen, mit Butter bestreichen und Fülle auftragen. Einrollen, außen abermals mit Butter bestreichen und auf ein mit Backpapier belegtes Backblech legen. Im vorgeheizten Backrohr bei 220 °C 10 Minuten knusprig backen. Suppe in vorgewärmten Tellern anrichten, mit etwas Zimt bestreuen und das knusprige Teigblatt dazulegen.

BACKDAUER: ca. 10 Minuten
BACKROHRTEMPERATUR: 220 °C
GARNITUREMPFEHLUNG: halbierte, in Butter geschwenkte Trauben
TIPP: Der Uhudler ist eine für das Südburgenland und insbesondere für die Gegend um die Heiligenbrunner Kellergasse typische Direktträgersorte aus amerikanischen Unterlagsreben, die nach der Reblauskatastrophe des 19. Jahrhunderts nach Europa eingeführt wurden. Er schmeckt meist ein wenig nach Walderdbeeren und ist auch als „Rabiatperle" bekannt – eine Eigenschaft, die er in diesem Rezept freilich nicht entwickeln kann, da sich der Alkohol während des Kochens völlig verflüchtigt. Uhudler kann übrigens auch durch Schilcher oder Rosé ersetzt werden.

GEMÜSEFOND

ZUTATEN FÜR CA. 2 LITER
1/2 Staudensellerie · 200 g Knollensellerie · 1 Petersilienwurzel · 1 Zwiebel
200 g Lauchabschnitte · Kräuterstiele (etwa von Petersilie und Kerbel)
1 Lorbeerblatt · 10 weiße Pfefferkörner

ZUBEREITUNG
Einen großen Topf mit etwa 3 Liter kaltem Wasser aufstellen. Grob geschnittenes Gemüse sowie Gewürze zugeben, aufkochen und ca. 30 Minuten köcheln lassen. Abseihen.

GARUNGSDAUER: ca. 30 Minuten
TIPPS: Fügen Sie dem Gemüsefond keine Karotten zu, da diese dem Fond einen zu süßlichen Geschmack verleihen würden.
Da Gemüsefond bei der Weiterverwendung meist noch einreduziert wird und sich dadurch der Geschmack intensiviert, sollte er nicht gesalzen werden.

WENN MÄUSE HUSTEN

Wilhelm Furtwängler, der, wenn er an der Staatsoper dirigierte, stets im Sacher abstieg, verfügte nicht nur über ein absolutes, sondern auch ein extrem empfindliches Gehör. Und er hatte obendrein einen äußerst leichten Schlaf.
„Der hat die Maus husten gehört", erinnert sich ein ehemaliger Sacher-Portier. „Er wohnte stets in der Suite im zweiten Stock, Ecke Kärntner Straße, und er bestand darauf, dass dort, bevor er aufstand, niemand vorbeiging, dessen Schritte ihn hätten wecken können. Wir haben also ein System ersonnen, das ihn vor jedem Lärm absolut abschirmte." Gäste, die als Frühaufsteher bekannt waren, wurden daher möglichst weit vom Maestro entfernt untergebracht.
„Gott sei Dank", erinnert sich der altgediente Portier, „war Furtwängler kein Langschläfer, sondern ist selbst spätestens um halb acht aufgestanden."

FONDS

GEFLÜGELFOND

ZUTATEN FÜR CA. 2 LITER
1 kg Geflügelkarkassen · 3 Zwiebeln · 1/2 Staudensellerie · 1/2 Stange Lauch (nur das Weiße) · 1 TL weiße Pfefferkörner · 4 Wacholderbeeren, angedrückt
1 frisches Lorbeerblatt · 1 Knoblauchzehe, angedrückt · etwas Meersalz
100 ml Weißwein, trocken · 150 ml Noilly-Prat · Eiswasser zum Auffüllen · 3 EL Butter

ZUBEREITUNG
Lauch in Scheiben und Sellerie sowie Zwiebeln feinwürfelig schneiden. Butter erhitzen und Zwiebeln, Sellerie, Lauch, Gewürze und Knoblauch darin anschwitzen. Salzen und mit Weißwein sowie Noilly-Prat ablöschen. Die Karkassen waschen, abtropfen lassen, grob hacken und in den Topf geben. Mit so viel Eiswasser auffüllen, dass alles bedeckt ist. Schwach mit Salz und Pfeffer würzen, aufkochen und bei sanfter Hitze etwa maximal 1 Stunde ziehen lassen. Währenddessen mehrfach abschäumen. Abschließend durch ein Haarsieb passieren und nochmals mit Salz sowie Pfeffer abschmecken.

GARUNGSDAUER: ca. 1 Stunde

FISCHFOND

ZUTATEN FÜR CA. 1 LITER
1 kg Fischkarkassen (div. Abschnitte von Seezunge, Steinbutt oder Petersfisch)
2 EL Olivenöl · 200 ml Weißwein, trocken · 200 ml Noilly-Prat (oder anderer Wermut)
4–5 Schalotten (ca. 100 g) · 5 Knoblauchzehen · 200 g Lauch (nur der weiße Teil)
100 g Petersilienwurzel · 1 Stange Staudensellerie (ca. 50 g) · 4 Champignons
1 Lorbeerblatt · 1 Zweiglein Thymian · 5 weiße Pfefferkörner, zerdrückt

ZUBEREITUNG
Die Karkassen mit Ausnahme der Köpfe zerkleinern und alles etwa 1 Stunde wässern. Abgießen, Topf mit frischem Wasser auffüllen und wieder stehen lassen. Diesen Vorgang so lange wiederholen, bis das Wasser klar bleibt. Auf ein Sieb schütten und abtropfen lassen.
Schalotten, Lauch, Petersilienwurzel und Sellerie putzen und klein schneiden. In einem großen Kochtopf Olivenöl erhitzen, die Karkassen bei Bedarf noch kleiner hacken und kurz andünsten. Geschnittenes Gemüse zugeben und ebenfalls andünsten. Mit Wein ablöschen, kräftig aufkochen lassen und Noilly-Prat zugießen. Mit etwa 1 Liter kaltem Wasser aufgießen und erneut langsam erhitzen. Nun Lorbeerblatt, Thymian, Knoblauch, Champignons sowie Pfefferkörner zugeben und ca. 20 Minuten leise köcheln lassen. Währenddessen den sich bildenden Schaum mehrmals abschöpfen. Den Fond durch ein mit einem Passiertuch ausgelegtes Spitzsieb gießen und erkalten lassen. Dann das Fett von der Oberfläche abheben.

GARUNGSDAUER: ca. 25–30 Minuten

THE QUEEN WAS AMUSED

Als Königin Elisabeth II. in Wien auf Staatsbesuch weilte, ließ sie die Zeremonienmeister des Hotel Sacher nach einem Opernbesuch wissen, dass sie es nicht schätzte, an einer langen Tafel zu sitzen, sondern Achtertische bevorzugte. An einem davon nahmen sie und Prinz Philipp gemeinsam mit Bundespräsident Jonas, seiner Gattin und einem Übersetzer Platz und bestellten „Vin Blanc". Der damalige Oberkellner Herbert Müller bediente den Tisch persönlich, servierte den Wein und stolperte dabei so unglücklich über einen frei gebliebenen Sessel, dass er die Wahl hatte, entweder den ganzen Wein auszuschütten oder sich an der Königin abzustützen. Er entschied sich für Letzteres und sagte kleinlaut: „Excuse me, oh Royal Highness!"

Elisabeth II. reagierte mit königlicher Würde: „I didn't know that the Austrian waiters are so charming that it means to start the service when kissing my cheeks." (Ich wusste nicht, dass die österreichischen Kellner dermaßen charmant sind, dass sie den Service starten, indem sie mich auf die Wange küssen.)

Bei dieser Gelegenheit fiel der Queen, wie sich erst später herausstellte, ein offenbar locker sitzender Brillant aus dem königlichen Diadem. Als die Monarchin den Verlust am Abend feststellte, ließ ihr Security-Dienst zunächst die Hofloge in der Staatsoper durchsuchen. Als man dort nichts fand, wandte man sich an das Hotel Sacher, wo der Lohndiener den Brillanten unter dem Tisch der Queen auch tatsächlich fand.

KREBS- ODER HUMMERFOND

ZUTATEN FÜR ETWA 1 LITER
500 g Krebs- oder Hummerkarkassen · 250 ml Pils oder Weizenbier
60 ml Cognac oder Weinbrand · 200 g gelbe Rüben · 100 g Staudensellerie
100 g Lauch (nur der weiße Teil) · 2 Tomaten · 4 Schalotten · etwas ganzer Kümmel
1/2 Knoblauchknolle · 2 Lorbeerblätter · 3 Wacholderbeeren, zerdrückt
je 1 Zweig Estragon und Thymian · 50 g Tomatenmark · 150 g Butter · 60 ml Olivenöl
Meersalz · weißer Pfeffer aus der Mühle

ZUBEREITUNG

Die Karkassen unter fließendem kaltem Wasser gründlich waschen. Gelbe Rüben, Sellerie, Lauch und Tomaten in grobe Stücke teilen. Schalotten und Knoblauch ebenfalls klein hacken. In einem großen Kochtopf 2 Esslöffel Öl erhitzen und die Karkassen darin anbraten. Mit Cognac sowie Bier ablöschen und einkochen lassen. Von der Herdplatte nehmen.

Das restliche Öl in einem zweiten Topf erhitzen und das vorbereitete Gemüse mit Kräutern, Gewürzen sowie Tomatenmark andünsten. Zu den Karkassen geben, die Butter einrühren und bräunen. Mit Salz sowie Pfeffer würzen und mit 2 Litern Wasser aufgießen. Etwa 50 Minuten sanft köcheln lassen, den sich dabei bildenden Schaum mehrmals abschöpfen. Den Fond durch ein mit einem Passiertuch ausgelegtes Spitzsieb seihen. Nach dem Erkalten das Fett abschöpfen.

GARUNGSDAUER: ca. 1 Stunde

TIPP: Soll dieser Hummerfond für eine Bisque (Hummercremesuppe) weiterverarbeitet werden, so gießt man mit etwas Noilly-Prat oder Weißwein auf, lässt den Fond nochmals stark einkochen und montiert die Suppe mit kalter Butter.

FONDS

HECHTFOND

ZUTATEN FÜR CA. 1 LITER

Karkassen von 2 Hechten à ca. 600 g · 1 Bund Wurzelwerk · 1 Lorbeerblatt
1 Gewürznelke · 6 Pfefferkörner · 125 ml trockener Weißwein · Salz

ZUBEREITUNG

Hecht auslösen und Filets für Weiterverwendung zur Seite legen. Hechtkarkassen wie im Fischfond-Rezept (s. S. 88) behandeln und dann mit Wurzelwerk, Lorbeerblatt, Gewürznelke, Pfefferkörnern, Weißwein und Salz in etwa 1 Liter kaltem Wasser ansetzen. Aufkochen und 30 Minuten langsam köcheln lassen. Hechtfond abseihen.

GARUNGSDAUER: ca. 30 Minuten

HELLER KALBSFOND

ZUTATEN FÜR CA. 1 LITER

1,5 kg Kalbsknochen (am besten aus dem Rücken), möglichst klein gehackt
2 Zwiebeln · 1 Karotte · 2 Stangen Sellerie · 8 weiße Pfefferkörner, zerstoßen
1 Lorbeerblatt · 1 EL Meersalz · 3 Petersilienstängel

ZUBEREITUNG

Knochen mit etwa 2,5–3 Liter Wasser in einem Topf kurz aufkochen lassen. Das Gemüse grobwürfelig schneiden und mit allen weiteren Zutaten (außer Petersilienstängel) in den Topf geben und 2–3 Stunden sanft wallend köcheln lassen, bis sich die Menge auf 1 Liter reduziert hat. Nach 1 Stunde Petersilienstängel dazugeben. Fond durch ein Tuch passieren und kalt stellen. Gestocktes Fett zur Gänze entfernen.

GARUNGSDAUER: 2–3 Stunden

BRAUNER WILDFOND

ZUTATEN FÜR CA. 500 ML

1,5 kg Wildkarkassen (von Reh, Hirsch, Hase o. Ä.), klein gehackt · 200 ml kalt gepresstes Olivenöl · 1 Sellerieknolle · 2 Karotten · 1 Fenchelknolle · 1 Zwiebel
4 cl Weinbrand · 500 ml kräftiger Rotwein (z. B. Blaufränkisch) · 1 Lorbeerblatt
8 weiße Pfefferkörner, zerstoßen · 1 EL Meersalz (am besten Fleur de sel)

ZUBEREITUNG

Klein gehackte Karkassen im vorgeheizten Backrohr in einer großen Bratenpfanne bei 200 °C in Olivenöl kräftig durchrösten. Gemüse grobwürfelig schneiden, zu den Karkassen hinzufügen und weitere 10–15 Minuten rösten. Mit Weinbrand ablöschen und Rotwein auffüllen. So lange köcheln lassen, bis der Rotwein um 2/3 eingekocht ist. Währenddessen gut umrühren, damit sich der Bratensatz lösen kann. Alles in einen hohen Kochtopf umfüllen und mit 3 Liter Wasser auffüllen. Gewürze und Meersalz hinzufügen. Etwa 5 Stunden sanft köcheln lassen und dabei immer wieder den Schaum abschöpfen. Fond durch ein Küchentuch seihen und erkalten lassen. Gestocktes Fett entfernen und den Fond bis auf 1/2 Liter einkochen lassen.

GARUNGSDAUER: ca. 5 1/2 Stunden

KALBSJUS (BRAUNER FOND)

ZUTATEN FÜR ETWA 1 LITER

1,5 kg Kalbsknochen · 200 ml guter Rotwein mit wenig Säure · 100 ml Madeira
2 Zwiebeln · 2 gelbe Rüben · 1 Stange Staudensellerie · 2 Tomaten
1 ganze Knoblauchknolle, in der Schale quer halbiert · etwas Muskatnuss, gemahlen
5 Erdnüsse · 1 Lorbeerblatt · je 1 Zweig Thymian, Rosmarin und Estragon
1 Scheibe Kalbskopf oder geputzte Haxe · 2 EL Olivenöl

ZUBEREITUNG

Die Knochen am besten gleich vom Fleischhauer sehr klein hacken lassen, damit die aromatischen Inhaltsstoffe möglichst stark ausgelaugt werden können. Knochen gründlich wässern und gut abtropfen lassen. Das geputzte Gemüse in grobe Stücke schneiden. Olivenöl in einem großen Topf erhitzen, Knochen scharf anbraten und nach ca. 10 Minuten, wenn die Knochen schön braun sind, Gemüse und Kalbskopf zugeben. Kräuter, Gewürze und Erdnüsse hinzufügen und kurz anschmoren lassen.

Mit Rotwein und Madeira aufgießen und unter gelegentlichem Umrühren fast vollständig einkochen lassen. Jetzt 3 Liter Wasser zugießen und am besten im offenen Backrohr bei 200 °C etwa 4 Stunden köcheln lassen. Dabei immer wieder umrühren und bei Bedarf mit Wasser aufgießen. Durch ein Sieb in einen Kochtopf passieren und auf dem Herd noch einmal etwa 20 Minuten bei schwacher Hitze köcheln lassen. Zum Schluss sollte nur noch etwa 1 Liter Flüssigkeit übrig bleiben.

GARUNGSDAUER: 4 1/2–5 Stunden
BACKROHRTEMPERATUR: 200 °C

LAMMJUS

ZUTATEN FÜR CA. 500 ML

500 g Lammknochen, in kleine Stücke gehackt · 100 g Zwiebeln, gewürfelt
50 g Staudensellerie, gewürfelt · 2 Knoblauchzehen, angedrückt
1 TL weiße Pfefferkörner · 3 vollreife Tomaten, grob geschnitten
150 ml trockener Weißwein · 1 l Kalbsfond oder Wasser · Muskatnuss, gemahlen
Prise Kümmel (ganz) · 1 kl. Erdapfel (vorwiegend festkochend) · 1 Lorbeerblatt
2 Zweige Thymian · Salz · weißer Pfeffer aus der Mühle · 1–2 EL Butter zum Anrösten
2 EL eiskalte Butter zum Binden · 3 EL aromatisches Olivenöl
Öl zum Anrösten

ZUBEREITUNG

Die gehackten Lammknochen in heißem Öl rundum hellbraun anrösten. Öl abgießen und frische Butter zu den Knochen geben. Zwiebeln, Sellerie sowie Knoblauch zufügen und mitrösten. Mit Pfefferkörnern und Salz würzen. Geschnittene Tomaten samt Saft einrühren und mit Weißwein ablöschen. Fond oder Wasser zugießen und Erdapfel hineinreiben (gibt dem Jus eine leichte Bindung). Mit Lorbeerblatt, Thymian, Muskatnuss, Kümmel, Salz und Pfeffer würzen. Aufkochen und 45–60 Minuten sanft köcheln lassen. Dabei eventuell noch etwas Eiswasser zugeben. Den Lammjus durch ein feines Sieb passieren, nach Wunsch entfetten und erneut abschmecken. Etwas einkochen lassen und den Jus mit kalter Butter und Olivenöl montieren (binden).

GARUNGSDAUER: 45–60 Minuten
TIPP: Lammknochen nicht zu dunkel anrösten, da sich sonst störende Bitterstoffe entwickeln.

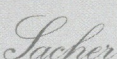 

GENUSS IST DIE

VOM ERDÄPFELSALAT
BIS ZUM QUITTEN-ROTKRAUT

BESTE BEILAG'

BEILAGENSALATE

Die Wiener Küche stand schon immer im Verdacht, dass ihr die Beilagen fast noch wichtiger sind als die Hauptspeisen. Nicht wenige bestellen den Tafelspitz hauptsächlich wegen der Schnittlauchsauce und das Backhendl vor allem wegen des Erdäpfelsalats. Vor allem aber sind es die so genannten Sättigungsbeilagen von Knödeln über Nockerln bis Sterz, die der österreichischen Küche ihre unverwechselbare Eigenart verleihen. Viele von ihnen eignen sich auch als kleine, meist gesunde und nahrhafte Happen für zwischendurch. Vor allem aber machen die Beilagen ein gutes Essen erst so wirklich zum Fest.

GRÜNER SALAT MIT SACHER-HAUSDRESSING

ZUTATEN FÜR CA. 1 LITER DRESSING

1 Häuptel zarter, grüner Salat · 6 cl Madeira · 2 cl Cognac oder Weinbrand 6 cl weißer Portwein · 100 ml Apfelessig · 7 cl Balsamicoessig · 300 ml Geflügel- oder Gemüsefond · 200 ml Sonnenblumenöl · 150 ml Olivenöl · 1 TL Dijonsenf 1 EL Salz · weißer Pfeffer aus der Mühle · 1 TL Zucker · 1 Zweig Basilikum, grob gehackt · 1 Zweig Rosmarin, grob gehackt

ZUBEREITUNG

Madeira mit Cognac, Portwein, beiden Essigsorten, Geflügelfond, beiden Ölsorten, Senf, Zucker und den Gewürzen verrühren. Kräuter in das Dressing einmengen und zugedeckt 2–3 Stunden ziehen lassen. Dann abseihen, abschmecken und bei Bedarf nachwürzen. Gut geputzten Salat etwas zerkleinern und mit etwas Marinade gut durchmischen. Restliche Marinade in Schraubgläser füllen und bis zum Gebrauch im Kühlschrank aufbewahren, wo sie sich problemlos etwa 14 Tage hält. Vor der Verwendung gut verrühren, einen Teil herausnehmen und Zimmertemperatur annehmen lassen.

TIPP: Achten Sie darauf, nicht zu viel Marinade zu verwenden. Blattsalat, der „schwimmt", verliert rasch seine Knackigkeit und schmeckt lasch.

ERDÄPFELSALAT

ZUTATEN FÜR 4–6 PORTIONEN

1 kg speckige Erdäpfel · 6 cl Öl · 1 rote Zwiebel (ca. 80 g) · 500 ml Wasser 1 EL Estragonsenf · 5 EL Essig · 2 EL Kristallzucker · Salz · Pfeffer aus der Mühle

ZUBEREITUNG

Ungeschälte Erdäpfel in Salzwasser weich kochen. Abseihen, ausdämpfen lassen und noch warm schälen. Blättrig schneiden und rasch mit Öl übergießen. Wasser mit Senf, Essig und Zucker aufkochen und zu den Erdäpfeln gießen. Mit Salz sowie frisch gemahlenem Pfeffer würzen, gut vermischen und etwa 30 Minuten rasten lassen. Nochmals abschmecken und mit fein geschnittener Zwiebel zu einem sämigen Salat vermengen.

TIPP: Dieses Grundrezept kann durch vielerlei Abwandlungen, etwa durch dazugemengten Vogerlsalat, knusprige Speckcroûtons, Kernöl oder gehackten Schnittlauch, facettenreich variiert werden.

Grüner Salat mit Sacher-Hausdressing, Erdäpfelsalat und Karottensalat

MAYONNAISESALAT

ZUTATEN
750 g Kipfler-Erdäpfel (oder andere speckige Erdäpfel) · 200 g Mayonnaise (s. S. 123 oder Fertigprodukt) · etwas Essigwasser · Salz · Pfeffer · 1 EL Schnittlauch, fein gehackt

ZUBEREITUNG
Erdäpfel kochen, heiß schälen, in eine Schüssel geben und mit Salz und Pfeffer würzen. Mit etwas Essigwasser übergießen und auskühlen lassen. In der Zwischenzeit eine Mayonnaise anrühren (oder Fertigprodukt verwenden) und die Hälfte davon mit den Erdäpfeln vermischen. Die restliche Mayonnaise auf den Erdäpfelsalat streichen. Salat kalt stellen und durchziehen lassen. Vor dem Servieren mit Schnittlauch bestreuen.

ERDÄPFEL-VOGERLSALAT

ZUTATEN FÜR 6–8 PORTIONEN
Erdäpfelsalat (s. S. 94) · 150 g Vogerlsalat · 3 EL Kürbiskernöl · 2 EL Apfelessig
Salz · 1 Knoblauchzehe

ZUBEREITUNG
Erdäpfelsalat vorbereiten. Knoblauchzehe leicht andrücken und die Salatschüssel damit ausreiben. Kürbiskernöl mit Essig und Salz zu einer Marinade verrühren. Vogerlsalat waschen, gut trocken schleudern und marinieren. Erdäpfelsalat in die Schüssel geben und vorsichtig mit Vogerlsalat vermischen.

BEILAGENSALATE

GURKEN-RAHM-SALAT

ZUTATEN
800 g Salatgurken · 200 g Sauerrahm · 4 EL Apfelessig · 1 TL Dillspitzen, gehackt
1 TL Staubzucker · 1 Knoblauchzehe, zerdrückt · Salz · weißer Pfeffer aus der Mühle

ZUBEREITUNG
Gurken schälen, halbieren und Kerne entfernen. Sehr fein hobeln, großzügig salzen und etwa 20 Minuten stehen lassen. Gurken fest ausdrücken und mit Essig, Zucker, Knoblauch, Dille und weißem Pfeffer vermengen. Abschließend den glatt gerührten Sauerrahm einmengen.

TIPP: Noch feiner und molliger gerät der Gurkensalat, wenn Sie den Rahm ganz oder teilweise durch Crème fraîche ersetzen.

TOMATENSALAT

ZUTATEN
600–700 g Tomaten · 1 gr. Zwiebel · Prise Zucker · 2 EL Essig · 4 EL Öl · Salz
Pfeffer aus der Mühle · 1 EL fein gehackte Petersilie

ZUBEREITUNG
Tomaten von den Stielen befreien und in gleichmäßige Scheiben schneiden, Zwiebel fein hacken. Öl, Essig, Salz, Pfeffer sowie Zucker zu einer Marinade verrühren und diese mit den fein gehackten Zwiebeln vermengen. Tomatenscheiben in eine Schüssel geben und behutsam mit der Marinade vermengen. An einem kühlen Ort ca. 30 Minuten ziehen lassen. Vor dem Servieren mit Petersilie bestreuen.

TIPP: Noch feiner schmeckt der Tomatensalat, wenn man die Tomaten vorher kurz blanchiert und die Haut abzieht.

KAROTTENSALAT

ZUTATEN
5–6 mittelgroße Karotten (ca. 400 g) · Salz · 8 Blätter von grünen Salatherzen
50 g Kürbiskerne, frisch geröstet · Kresse und Sprossen nach Belieben
knusprig geröstete Brotscheiben zum Garnieren nach Belieben

FÜR DAS DRESSING
70 ml Balsamicoessig · 180 ml Olivenöl · 50 ml Gemüsefond, lauwarm
2 EL Dijonsenf · 2 Spritzer Tabascosauce · Salz · weißer Pfeffer aus der Mühle

ZUBEREITUNG
Für das Dressing den Balsamicoessig mit Senf und Tabascosauce gut verrühren. Lauwarmen Gemüsefond hinzufügen und unter ständigem Rühren (am besten mit einem Stabmixer) das Olivenöl langsam einträufeln lassen. (Das Dressing sollte schön cremig sein.) Mit Salz und Pfeffer abschmecken.
Geschälte Karotten fein reiben, einsalzen und kurz ziehen lassen. Ausdrücken und mit dem vorbereiteten Dressing vermengen. Salatherzen mit etwas Dressing beträufeln und gemeinsam mit den Karotten in Salatschüsseln anrichten. Mit gerösteten Kürbiskernen, Kresse und Sprossen garnieren. Nach Belieben mit knusprig gerösteten Brotscheiben servieren.

ROTE-RÜBEN-SALAT

ZUTATEN
750 g Rote Rüben · 150 ml Essig · Prise Zucker · Salz · etw. Kümmel, ganz
2 EL Kren, frisch gerieben

ZUBEREITUNG
Gut gereinigte Rote Rüben in mild gesalzenem Wasser weich kochen. Mit kaltem Wasser abschrecken, schälen und blättrig schneiden. Essig mit Zucker, Salz und Kümmel aufkochen und über die noch warmen Roten Rüben gießen. Die Hälfte des Krens zugeben und sanft durchmischen. Am besten über Nacht kühl ziehen lassen. Vor dem Servieren mit dem restlichen Kren bestreuen.

FISOLENSALAT

ZUTATEN
750 g Fisolen · 1 kl. Zwiebel · 3 EL Apfelessig · 6 EL Pflanzenöl · etwas Gemüsefond oder Wasser · Salz · Pfeffer · 1 EL fein gehackte Petersilie oder Bohnenkraut

ZUBEREITUNG
Geputzte Fisolen in mundgerechte Stücke schneiden und in Salzwasser kernweich kochen. Abseihen, mit kaltem Wasser abschrecken, abtropfen lassen und mit Öl vermischen. Essig hinzufügen, fein gehackte Zwiebel darunter mengen, salzen und pfeffern. Etwas Gemüsefond oder Wasser einrühren und mindestens 1 Stunde unter mehrmaligem Umrühren ziehen lassen. Unmittelbar vor dem Servieren mit fein gehackter Petersilie oder Bohnenkraut bestreuen.

BOHNEN-PAPRIKA-SALAT

ALEXANDRA GÜRTLERS LIEBSTER BÜROSNACK

ZUTATEN
100 g weiße Bohnen · 100 g Käferbohnen · 150 g Fisolen · je 1 grüne und rote Paprikaschote · 1 rote Zwiebel · Salatblätter als Garnitur · Knoblauch für die Schüssel

FÜR DIE MARINADE
6 EL Bier- oder Apfelessig · 50 ml Maiskeimöl · Salz · Pfeffer aus der Mühle
1 EL frisch geriebener Kren · 40 ml Gemüsefond · 1 Zweigerl Bohnenkraut, gezupft
1/2 Knoblauchzehe, gehackt · Prise Zucker

ZUBEREITUNG
Die Bohnen mit der dreifachen Menge Wasser über Nacht einweichen und dann je nach Größe ca. 40–60 Minuten getrennt weich kochen. Abgießen. Geputzte Fisolen in Salzwasser bissfest kochen. Von den Paprikaschoten Stiel entfernen und entkernen. Paprikaschoten und Zwiebel in feine Ringe oder Streifen schneiden.
Für die Marinade alle Zutaten mit einem Schneebesen gut verrühren. Eine Schüssel mit Knoblauch ausreiben und die noch warmen Bohnen mit Fisolen, Paprika und Zwiebeln vermengen. Mit der Marinade übergießen, durchmischen und 10 Minuten ziehen lassen. Mit Salatblättern garnieren.

GARUNGSDAUER: Bohnen 40–60 Minuten

BEILAGENSALATE · SÄTTIGUNGSBEILAGEN

SELLERIESALAT MIT JUNGEM SPINAT

ZUTATEN
2 mittelgroße Sellerieknollen mit Grün · 2 Hand voll junge Spinatblätter
3 Schalotten · 40 ml Olivenöl · 30 ml Weißweinessig · Prise Zucker
Spritzer Zitronensaft · Pfeffer aus der Mühle · Salz · 60 g Pinienkerne, geröstet

ZUBEREITUNG
Sellerie gründlich waschen, Grün abschneiden und beiseite legen. Knollen in reichlich Salzwasser ca. 25 Minuten weich kochen, herausheben und Kochwasser aufbewahren. Schalotten in feine Würfel schneiden, Spinat putzen. Sellerie schälen und grobwürfelig schneiden. Etwa 100 ml Kochwasser mit Olivenöl, Zitronensaft, Zucker, Salz, Pfeffer und Essig verrühren. Sellerie- und Schalottenwürfel damit übergießen. Sobald der Salat ausgekühlt ist, Spinatblätter untermischen. Mit fein geschnittenem Selleriegrün und Pinienkernen bestreuen.
Garniturempfehlung: knusprige Weißbrotcroûtons

FENCHELSALAT MIT ORANGEN

ZUTATEN
2–3 Knollen Fenchel · 3 Blutorangen · Saft von 1 Zitrone · 1 kl. rote Chilischote, gehackt · etwas Rosmarin, fein gehackt · 40 ml Olivenöl · Salz · Pfeffer
12 schwarze Kalamata-Oliven

ZUBEREITUNG
Fenchel putzen, Strunk, braune Stellen und trockene Enden wegschneiden, Fenchelgrün abzupfen. Fenchel quer zu den Fasern sehr fein schneiden oder hobeln. Mit Zitronensaft, Olivenöl, Chili, Rosmarin, Salz und Pfeffer marinieren. Wie einen Krautsalat durchdrücken, damit der Fenchel weich und geschmeidig wird. Geschälte Orangen in Filets teilen und Haut dabei abziehen. Salat mit Fenchelgrün anrichten, mit Orangenfilets umlegen und Oliven darauf setzen.

TIPP: Einen exotischen Touch erhält dieser Salat, wenn man statt Rosmarin Korianderblättchen unter den Fenchel mischt.

KALTER KRAUTSALAT

ZUTATEN
1 Kopf Weißkraut · 6 EL Öl · 4 EL Essig · 1 EL Staubzucker · 1 TL Kümmel (ganz)
Salz · weißer Pfeffer aus der Mühle

ZUBEREITUNG
Äußere Blätter entfernen, Krautkopf vierteln und mit einem Krauthobel fein hobeln. Steht kein Krauthobel zur Verfügung, mit einem scharfen Messer feinnudelig schneiden. Großzügig einsalzen und 30–45 Minuten stehen lassen. Überschüssiges Wasser abgießen und gut ausdrücken. Aus Essig, Zucker, Kümmel und Öl eine Marinade anrühren und in das Kraut einarbeiten. Mit Pfeffer kräftig würzen.

DER WANNINGER-TRICK

Peter Wanninger arbeitete 45 Jahre lang (1958–2003) im Sacher-Empfang, davon 30 Jahre als Chefportier und „Herr" über 8 Portiere und 14 Pagen. Wanninger war, obwohl im Verhältnis zu seinem „Darsteller" Fritz Eckhardt eine eher schlanke und schlaksige Erscheinung, das wahre Vorbild für die Fernsehserie „Hotel Sacher, Portier".

Unter Kollegen berühmt war Wanninger vor allem für seinen zu Silvester und beim Opernball in Anwendung gebrachten „Wanninger-Trick": Er versah seinen Dienst von viertel sechs in der Früh so lange, bis der letzte Gast das Sacher in Richtung Opernball verlassen hatte. Dann legte er sich nieder und stand am nächsten frühen Morgen wieder „geschneuzt und geschnigelt", wie man in Wien zu sagen pflegt, in seiner Portiersloge.

„Die Gäste haben das geschätzt", erinnert er sich, „denn sie hatten ja tatsächlich den Eindruck, dass ich wegen ihnen eine schlaflose Nacht verbracht hatte."

BRATERDÄPFEL

ZUTATEN

600 g Erdäpfel · Butterschmalz zum Anbraten · Kümmel · Salz

ZUBEREITUNG

Für die Braterdäpfel die geschälten, rohen Erdäpfel nach Belieben tournieren (in Form schneiden) und in Salz-Kümmel-Wasser ca. 15–18 Minuten weich kochen. Herausheben und gut abtropfen lassen. Butterschmalz erhitzen und die Erdäpfel darin rundum goldgelb braten. Vor dem Servieren mit Salz würzen.

GARUNGSDAUER: 15–18 Minuten kochen, ca. 10 Minuten braten

RÖSTERDÄPFEL

ZUTATEN

600–700 g Erdäpfel · 2–3 EL Pflanzenöl oder Schmalz zum Ausbacken
Muskatnuss, gemahlen · Salz

ZUBEREITUNG

Erdäpfel weich kochen, noch warm schälen und mit einer Reibe in feine Streifen hobeln. In einer Pfanne Öl oder Schmalz erhitzen. Die geriebenen Erdäpfel hineingeben, mit Salz sowie Muskatnuss würzen und unter wiederholtem Wenden goldbraun und knusprig braten. Vor dem Servieren mit Küchenkrepp gut trockentupfen.

GARUNGSDAUER: 15–18 Minuten kochen, ca. 10 Minuten braten

STÜRZERDÄPFEL

ZUTATEN

700 g Erdäpfel, am Vortag gekocht · 80 g Schmalz · Salz

ZUBEREITUNG

Die gekochten Erdäpfel schälen und grob reiben. In einer großen Pfanne (am besten Teflonpfanne) das Schmalz erhitzen und die Erdäpfel zugeben. Mit einem Bratenwender fest niederdrücken und goldgelb rösten. Im Ganzen wenden, auf der anderen Seite ebenfalls knusprig braten. Salzen und portionieren.

Sacher

SÄTTIGUNGSBEILAGEN

„DER FIGL HAT SICH VERBEUGT"

Der Portier im Hotel Sacher, heute vor allem hoch qualifizierter Servicemanager, war früher in erster Linie Respektsperson nach innen und Würdenträger nach außen. Vor allem in der Wirtschaftswunder-Ära genoss er ähnlichen Respekt wie der Operndirektor oder der Leiter der Wiener Hofreitschule. Über Franz Schmid, den Sacher-Portier der Staatsvertrags-Epoche, wissen jene, die sich daran erinnern, noch heute zu berichten: „Wenn Bundeskanzler Figl das Sacher betrat, und das tat er oft, so war es nicht so, dass sich der Schmid vor dem Figl verbeugte, sondern der Figl verbeugte sich vor dem Schmid."

ERDÄPFELPÜREE

ZUTATEN
1 kg mehlige Erdäpfel · ca. 300 ml Milch · 5 EL braune Butter (s. S. 151) · Salz · Muskatnuss

ZUBEREITUNG
Die geschälten Erdäpfel in Salzwasser aufstellen und weich kochen. Im heißen Backrohr etwas ausdampfen lassen und durch eine Erdäpfelpresse drücken. Mit brauner Butter und warmer Milch vermengen und zu einem cremigen Püree verrühren. Mit Salz sowie Muskatnuss abschmecken.

GARUNGSDAUER: 15–18 Minuten

ERDÄPFEL-KERNÖL-PÜREE

ZUTATEN
1 kg mehlige Erdäpfel · Kümmel (ganz) · 1 Minzezweig · 60–100 ml Kürbiskernöl · 250 ml Milch · evtl. etwas gerissener Kren · Meersalz aus der Mühle

ZUBEREITUNG
In einem Topf Salzwasser mit Minze und Kümmel aufstellen. Geschälte Erdäpfel zugeben und weich kochen. Im heißen Backrohr etwas ausdampfen lassen und durch eine Erdäpfelpresse drücken. Warme Milch und Kürbiskernöl einmengen und salzen. Nach Belieben etwas frisch gerissenen Kren einrühren. Bis zur Weiterverwendung in einem Wasserbad warm stellen.

GARUNGSDAUER: 15–18 Minuten

ERDÄPFELKRAPFERL

ZUTATEN
300 g mehlige Erdäpfel · 3 Eidotter · 2 EL Crème fraîche · 2 Eiklar · Kümmel (ganz) · Muskatnuss, gemahlen · Salz · Butterschmalz oder Öl zum Ausbacken

ZUBEREITUNG
Erdäpfel schälen, in kleine Stücke schneiden und in mit Kümmel aromatisiertem Salzwasser weich kochen. Im heißen Backrohr ausdampfen lassen und noch heiß durch eine Erdäpfelpresse drücken. Mit Dottern, Crème fraîche, schwach geschlagenem Eiklar, Salz und Muskatnuss vermischen. In einer Pfanne Schmalz oder Öl erhitzen und Erdäpfelmasse in kleinen Häufchen hineinsetzen. Etwas flach drücken und bei mittlerer Hitze beidseitig goldbraun braten. Herausheben und mit Küchenkrepp gut abtupfen.

Mit Fontina gefüllte Ofenerdäpfel, Erdäpfelkrapferl, Erdäpfelroulade, Stürzerdäpfel und Gnocchi

ERDÄPFELSCHMARREN

ZUTATEN
300 g gekochte, geschälte Erdäpfel · 3 Eidotter · 3 Eiklar · 2 EL Crème fraîche
2 EL Butterschmalz zum Ausbacken · Salz · Pfeffer aus der Mühle

ZUBEREITUNG
Erdäpfel kochen, schälen und durch eine Erdäpfelpresse drücken. Eiklar mit einer Prise Salz steif schlagen. Dotter mit Crème fraîche sowie Erdäpfelmasse gut verrühren und unter den Eischnee heben. Mit Salz und Pfeffer würzen. In einer beschichteten Pfanne Butterschmalz erhitzen und Masse einlaufen lassen. Im vorgeheizten Backrohr bei 190 °C ca. 10 Minuten backen. Vor dem Servieren mit einer Gabel zerreißen und auf vorgewärmten Tellern anrichten.

GARUNGSDAUER: ca. 10 Minuten
BACKROHRTEMPERATUR: 190 °C

ERDÄPFELSCHMARREN

Eva Bakos, die Doyenne unter den heimischen Restaurantkritikerinnen und eine der beliebtesten Schriftstellerinnen altösterreichischer Provenienz, speiste zu Lebzeiten besonders gerne im Sacher, an dem sie letztlich nicht so sehr die große als vielmehr die „ganz normale" Küche faszinierte. „So geht man ", schrieb sie einmal, „in Wiens renommiertestes Lokal, ins Sacher, um etwas ganz Schlichtes zu essen: gekochtes Rindfleisch und Erdäpfelschmarren, aber welches Rindfleisch und welcher Erdäpfelschmarren!"

SÄTTIGUNGSBEILAGEN

BÄCKERERDÄPFEL

ZUTATEN
800 g Erdäpfel · 100 g Frühstücksspeck · 1 Zwiebel · 3 Knoblauchzehen
250 ml Rindsuppe oder Wasser · Muskatnuss, gemahlen · frischer Majoran oder
Thymian · Salz · Pfeffer aus der Mühle · einige Butterflocken

ZUBEREITUNG
Geschälte Erdäpfel in ca. 1 1/2 cm große Würferl, Speck sowie Zwiebel kleinwürfelig schneiden und Knoblauchzehen fein hacken. In einer Schüssel die Erdäpfelwürfel mit Speck, Knoblauch und Zwiebeln vermengen. Kräftig mit Salz, Pfeffer und einer Prise Muskatnuss würzen. In eine feuerfeste Form Rindsuppe oder Wasser eingießen. Erdäpfelwürfel zugeben und einige Male gut durchmengen. Mit Butterflocken bedecken und im vorgeheizten Backrohr bei 220 °C 40–45 Minuten backen. Nach etwa 30 Minuten Oberhitze zuschalten und die Erdäpfel knusprig backen. Vor dem Servieren mit frisch gehacktem Majoran oder Thymian bestreuen.

GARUNGSDAUER: 40–45 Minuten
BACKROHRTEMPERATUR: 220 °C
TIPP: Besonders gut passt diese unkomplizierte Erdäpfelbeilage zu Schmorgerichten von Kalb, Lamm oder Huhn.

ERDÄPFELROULADE MIT SAUERKRAUT

ZUTATEN
500 g Erdäpfel, am Vortag gekocht · 100 g Frühstücksspeck · 80 g Sauerkraut
3 Eidotter · 2 TL Stärkemehl · 150 g Mehl, griffig · 1 kl. Zwiebel · Salz
Pfeffer aus der Mühle · Butter zum Anschwitzen · flüssige Butter zum Bestreichen
1 EL Petersilie, gehackt

ZUBEREITUNG
Die geschälten Erdäpfel fein faschieren oder reiben. Mit Eidottern, Salz, Mehl und Stärkemehl zu einem Teig verkneten. Mit Folie bedecken und rasten lassen. Speck sowie Zwiebel kleinwürfelig hacken und beides in heißer Butter anschwitzen. Sauerkraut einige Male durchschneiden und zugeben. Mit Salz sowie Pfeffer würzen und gut verrühren. Petersilie einrühren.
Erdäpfelteig auf einer Klarsichtfolie zu einem fingerdicken Viereck ausrollen. Die Sauerkrautmasse auftragen und Teig zu einer Roulade einrollen. Eine Alufolie gut mit flüssiger Butter bestreichen. Roulade mit Hilfe der Klarsichtfolie vorsichtig darauf legen. In Alufolie einschlagen und die Enden gut verschließen. In einer Kasserolle Wasser aufkochen lassen, die Roulade einlegen und ca. 40 Minuten langsam kochen. Roulade aus dem Wasser heben, Alufolie entfernen und Roulade in Scheiben schneiden.

GARUNGSDAUER: ca. 40 Minuten
TIPP: Serviert man die Erdäpfelroulade beispielsweise zu gebratener Ente, so lässt sich die Fülle etwa durch mitgebratene Entenleber noch zusätzlich verfeinern.

SAUERKRAUTKRAPFEN

ZUTATEN
400 g Sauerkraut · 100 g Schinken oder nicht zu fetter Speck · 100 g Mehl
125 ml Weißwein · 3 Eidotter · 3 Eiklar · 1 Knoblauchzehe, gehackt
Kümmel, gemahlen · Salz · Öl zum Backen

ZUBEREITUNG
Schinken kleinwürfelig schneiden. In einer Schüssel Mehl mit Weißwein und Dottern verrühren. Sauerkraut gut ausdrücken, einige Male durchschneiden und gemeinsam mit den Schinkenwürfeln einmengen. Mit Kümmel und Knoblauch würzen. Eiklar mit einer Prise Salz zu Schnee schlagen und unterheben. Ausreichend Öl erhitzen und mit einem Löffel kleine Krapferl herausstechen, ins heiße Öl setzen und schwimmend herausbacken. Dabei einmal wenden. Herausheben und auf Küchenkrepp gut abtropfen lassen.

TIPP: Diese aparte Beilage eignet sich übrigens auch ganz hervorragend als abwechslungsreicher kleiner Imbiss.

MIT FONTINA GEFÜLLTE OFENERDÄPFEL

ZUTATEN
4 große mehlige Ofenerdäpfel · ca. 150 g Fontina (oder anderer halbfester Schnittkäse) · Meersalz

ZUBEREITUNG
Den Boden einer passenden Form großzügig mit Meersalz ausstreuen.
Die gut gewaschenen Erdäpfel in der Schale auf das Meersalz-Bett setzen und im vorgeheizten Backrohr bei 220 °C 30–40 Minuten backen. Der Länge nach so einschneiden, dass eine Tasche entsteht. Den in Scheiben geschnittenen Käse hineingeben und bei größter Oberhitze kurz gratinieren.

GARUNGSDAUER: 35–45 Minuten
BACKROHRTEMPERATUR: 220 °C

GNOCCHI

ZUTATEN
250 g mehlige Erdäpfel · 50 g Mehl, griffig · 50 g Maisstärke (Maizena) · 1 Ei
1 Eidotter · Salz · weißer Pfeffer aus der Mühle · Muskatnuss, gemahlen
Olivenöl zum Schwenken

ZUBEREITUNG
Erdäpfel schälen, in Salzwasser weich kochen und noch heiß durch eine Erdäpfelpresse drücken. Masse im vorgeheizten Backrohr bei 100 °C etwa 10 Minuten ausdampfen lassen, aber dabei nicht bräunen. Überkühlen lassen. Mit Mehl, Maisstärke, Ei und Eidotter vermengen. Mit Salz, Pfeffer und Muskatnuss würzen und zu einem festen Teig verarbeiten. Zu einer fingerdicken Rolle formen und 15 Minuten rasten lassen.
Mit einer Teigkarte kleine Stücke abschneiden und zwischen den bemehlten Handflächen in die typische Gnocchiform bringen. Mit dem Gabelrücken leicht andrücken. In einem großen Topf reichlich Salzwasser aufkochen. Gnocchi einlegen und etwa 2 Minuten kochen. Abseihen, in Eiswasser

abschrecken und abtropfen lassen. In einer Pfanne etwas Olivenöl erhitzen und die Gnocchi darin kräftig schwenken.

GARUNGSDAUER: ca. 2 Minuten

MARONI-ERDÄPFEL-NOCKERLN

ZUTATEN
400 g mehlige Erdäpfel · 80 g Maisstärke (Maizena) · 2 Eidotter · 1 Ei
200 g Maroni, gekocht und geschält · 2 EL brauner Zucker · Salz · Muskatnuss, gerieben · 2 EL Butterschmalz · griffiges Mehl für die Arbeitsfläche

ZUBEREITUNG
Erdäpfel ohne Schale in Salzwasser weich kochen. Noch warm durch eine Erdäpfelpresse drücken und mit Eidotter, Ei, Maisstärke, Salz und einer Prise Muskatnuss gut verkneten. Teig auf einer mit griffigem Mehl bestaubten Arbeitsfläche zu fingerdicken Rollen formen, mit einer Teigkarte kleine Stücke abstechen und diese zu Gnocchi formen. Mit dem Rücken einer Gabel das typische Muster andrücken. Nockerln in siedendem Salzwasser ca. 2 Minuten wallend kochen, abseihen und kalt abschrecken. In einer Pfanne den braunen Zucker karamellisieren, Maroni zugeben und gut vermischen. In einer zweiten Pfanne die Nockerln in Butterschmalz goldbraun braten und würzen. Mit den karamellisierten Maroni mischen und in einer Porzellanschüssel warm stellen.
Verwendung: zu Wildgerichten, Wachteln und Fasan

TIPP: Gnocchi werden aus demselben Teig zubereitet und nach dem Kochen beliebig, etwa mit Kürbiskern- oder Basilikumpesto, weiterverarbeitet. Wichtig ist in beiden Fällen, dass die Erdäpfel vor dem Kochen nicht klein geschnitten werden, da sonst die wertvolle Stärke verloren geht.

SCHUPFNUDELN

ZUTATEN
250 g mehlige Erdäpfel · 25 g Mehl, griffig · 25 g Maisstärke (Maizena) · 2 Eier
Salz · weißer Pfeffer aus der Mühle · Muskatnuss, gemahlen · Mehl für die Arbeitsfläche · Butterschmalz zum Schwenken

ZUBEREITUNG
Geschälte Erdäpfel in Salzwasser weich kochen und noch heiß durch eine Erdäpfelpresse drücken. Masse im vorgeheizten Backrohr bei 100 °C etwa 10 Minuten ausdampfen lassen, aber dabei nicht bräunen.
In eine Schüssel geben und etwas abkühlen lassen. Mit Mehl, Maisstärke, Eiern, Salz, Pfeffer und Muskatnuss zu einem festen Teig verarbeiten. Zu einer fingerdicken Rolle formen und 15 Minuten rasten lassen.
Dann auf einem bemehlten Brett kleine Stücke abschneiden und in den bemehlten Handflächen (oder auf der Arbeitsfläche) mit ein wenig Druck zu Schupfnudeln formen. In reichlich siedendem Salzwasser etwa 2 Minuten kochen. Abseihen, in Eiswasser abschrecken und in Butterschmalz unter ständigem Schwenken leicht bräunen.

GARUNGSDAUER: ca. 2 Minuten

Schupfnudeln und Zupfnockerln

NOCKERLN

ZUTATEN

250 g Mehl, glatt · 2 Eier · 1 Eidotter · ca. 150 ml Milch · 1 EL Butter, flüssig
Salz · Muskatnuss, gemahlen · Butter zum Schwenken

ZUBEREITUNG

In einer Schüssel Eier mit Eidotter und Milch verrühren. Mehl einmengen und flüssige Butter zugießen. Mit Salz und Muskatnuss würzen und alles zu einem glatten, nicht zu festen Teig verrühren. Bei Bedarf die Konsistenz des Teiges mit Milch bzw. Mehl korrigieren. In einem großen breiten Topf ausreichend Salzwasser aufkochen und die Nockerln durch ein Nockerlsieb direkt in das kochende Wasser hineindrücken. Nur kurz aufkochen lassen und abseihen. Mit kaltem Wasser abschrecken, gut abtropfen lassen und in heißer Butter schwenken.

GARUNGSDAUER: 2–3 Minuten

ZUPFNOCKERLN

ZUTATEN

250 g Mehl, je zur Hälfte griffig und glatt · 3–4 Eidotter (ca. 100 g) · 4 Eier
Muskatnuss, gemahlen · Salz · Butterschmalz zum Schwenken

ZUBEREITUNG

Mehl mit Eidottern, Eiern sowie Muskatnuss vermengen und am besten in einer Küchenmaschine zu einem glatten Teig schlagen, bis Blasen erkennbar sind. (Bei Bedarf etwas Wasser zugeben.) Dann etwa 10 Minuten rasten lassen.

SÄTTIGUNGSBEILAGEN

In der Zwischenzeit einen Topf fast bis obenhin mit Salzwasser füllen und zum Sieden bringen. Ein kleines Brett kurz eintauchen und 2–3 Esslöffel Teig darauf geben. Masse mit einer Teigkarte dünn verstreichen und dünne Nockerln direkt in das Wasser schaben. Einmal kurz aufkochen, etwas ziehen lassen, abseihen und in kaltem Wasser abschrecken. Abtropfen lassen und in Butterschmalz unter ständigem Schwenken leicht bräunen. Salzen und mit Muskatnuss abschmecken.

GARUNGSDAUER: ca. 2 Minuten

TIPP: Salzen Sie diese Nockerln erst nach dem Kochen. So bleibt der Teig hell und verfärbt sich nicht grau.

TOPFEN-SERVIETTENKNÖDEL

ZUTATEN

300 g Toastbrot ohne Rinde · 80 g Topfen, fein passiert · 100 ml Milch · 30 g Butter
2 Eier · 2 Eidotter · Salz · Pfeffer aus der Mühle · Muskatnuss, gemahlen
Butterschmalz nach Belieben

ZUBEREITUNG

Das entrindete Toastbrot in kleine Würfel schneiden und in lauwarmer Milch einweichen. Butter schaumig rühren. Eier sowie Eidotter unter die Brotwürfel mengen, Topfen sowie Butter einarbeiten und mit Salz, Pfeffer und Muskatnuss würzen. Masse in ein Küchentuch (oder zuerst in Klarsicht-, dann in Alufolie) einrollen und die Enden mit einem Spagat fixieren. Wasser in einem Topf aufkochen lassen, Serviettenknödel einlegen und 30–35 Minuten ziehen lassen. Herausheben, ausrollen und in Scheiben schneiden. Nach Belieben in heißem Butterschmalz auf beiden Seiten goldgelb braten.

GARUNGSDAUER: 30–35 Minuten

BÖHMISCHE ERDÄPFELKNÖDEL

ZUTATEN

1 kg mehlige Erdäpfel · 2 EL Kartoffelstärke · 2 Eidotter · 3 EL Butter für die Semmelfülle · 1 Semmel, in 5 mm große Würfel geschnitten · 1 EL Petersilie, fein geschnitten · 1 Schalotte, gehackt · 100 g Butter für die Brösel · 40 g Semmelbrösel
Muskatnuss, gemahlen · Salz

ZUBEREITUNG

Die Hälfte der Erdäpfel in der Schale kochen, auf ein Backblech legen und im Rohr bei 150 °C ca. 10 Minuten ausdämpfen lassen. Schälen und durch eine Erdäpfelpresse drücken. Restliche Erdäpfel schälen und roh fein raspeln. Salzen, Masse gut ausdrücken und mit den passierten Erdäpfeln, Stärke, Eidottern, Salz sowie etwas Muskatnuss rasch zu einem Teig verkneten.
Für die Fülle Butter erhitzen, gehackte Schalotte darin kurz anschwitzen und Semmelwürfel, Petersilie, Salz sowie Muskatnuss zugeben. Alles kurz anrösten und nochmals abschmecken. Vom Erdäpfelteig jeweils ein Stück abstechen, in der Handfläche flach drücken, etwas Semmelfülle darauf geben und zu einem schönen Knödel formen. Reichlich Salzwasser aufkochen, Knödel einlegen und ca. 10 Minuten schwach wallend köcheln. Währenddessen Brösel in heißer Butter goldbraun rösten. Knödel aus dem Kochwasser heben, abtropfen lassen und mit den Butterbröseln bestreuen.

GARUNGSDAUER: 10 Minuten

BÖHMISCHE MEHLKNÖDERL

ZUTATEN FÜR 8 KLEINE KNÖDERL
1 altbackene Semmel · 1 EL Petersilie, gehackt · 250 g Mehl · 2 Eier · 70 g Butter
Salz · Butter zum Abschmalzen · braune Butter zum Beträufeln

ZUBEREITUNG
Die Semmel in kleine Würferl schneiden, in heißer Butter goldbraun rösten und gehackte Petersilie zugeben. Eier mit Mehl und etwas kaltem Wasser vermischen und zu einem Teig verrühren, der die Konsistenz eines Nockerlteiges hat. Salzen, gut verschlagen und 5 Minuten rasten lassen. Semmelwürfel zugeben und nochmals 10 Minuten stehen lassen. Salzwasser zum Kochen bringen. Aus der Masse 8 kleine Knöderl formen und leicht wallend 6–10 Minuten ziehen lassen. Herausheben, abtropfen lassen und in heißer Butter schwenken. Mit brauner Butter beträufeln.

GARUNGSDAUER: 6–10 Minuten

GRIESSKNÖDERL

ZUTATEN FÜR 12 KLEINE KNÖDERL
100 g Weizengrieß · 2 EL Butter · 1 Schalotte, fein gehackt · 250 ml Milch · 1 Ei
1 Eidotter · Salz · Muskatnuss, gemahlen · für die Walnussbrösel · 100 g Walnüsse, gerieben · 2 EL Butter · 2 EL Schwarzbrot- oder Semmelbrösel

ZUBEREITUNG
Gehackte Schalotten in Butter glasig andünsten. Grieß einrieseln lassen, kurz anschwitzen und mit Milch aufgießen. Mit Salz und Muskatnuss würzen und mit einem Kochlöffel so lange rühren, bis sich die Masse vom Topf löst. Etwas abkühlen lassen. Ei sowie Dotter einarbeiten und 20 Minuten kalt stellen. Aus der Masse mit feuchten Händen 12 kleine Knöderl formen und diese in kochendem Salzwasser bei mäßiger Hitze ca. 10 Minuten wallend kochen. Für die Nussbrösel Butter aufschäumen und Walnüsse sowie Brösel zugeben. Kurz durchrösten und die gut abgetropften Knöderl darin wälzen.

GARUNGSDAUER: ca. 10 Minuten

SEMMELKNÖDEL

ZUTATEN FÜR 6 MITTELGROSSE KNÖDEL
200 g Knödelbrot (Semmelwürfel) · 3 Eier · ca. 180 ml Milch, heiß
2 Schalotten, fein gehackt · 50 g Butter · Salz · Muskatnuss, gerieben
2 EL Petersilie, geschnitten · 1 EL Maisstärke (Maizena) · 100 g Mehl, griffig

ZUBEREITUNG
Gehackte Schalotten in Butter goldbraun rösten, Semmelwürfel zugeben und kurz durchschwenken. In eine geräumige Schüssel umfüllen und mit verschlagenen Eiern, Milch, Maisstärke, Salz, Muskatnuss und Petersilie gut verkneten. Masse 15 Minuten rasten lassen (bei Bedarf noch Semmelwürfel zugeben). Aus der Masse mit leicht befeuchteten Händen Knödel formen, diese kurz in Mehl wenden und schön rund nachformen. Salzwasser aufkochen, Knödel einlegen und ca. 15 Minuten ziehen lassen. Währenddessen den Topf ab und an schütteln, damit sich die Knödel nicht anlegen. Herausheben und abtropfen lassen.

GARUNGSDAUER: ca. 15 Minuten

HEIDENKNÖDERL

ZUTATEN

300 g Heidenmehl (Buchweizenmehl), trocken geröstet · 150 g Mehl · 2 Eier
2 Eidotter · 3 EL Schmalz · Prise Salz

ZUBEREITUNG

Etwa 700 ml Wasser mit Salz und Schmalz aufkochen. Mehl und Heidenmehl einrieseln lassen und wie einen Brandteig so lange rühren, bis sich der Teig von der Schüssel löst. Masse leicht abkühlen lassen. Eier sowie Eidotter gut einarbeiten und aus der Masse mit bemehlten Händen kleine Knöderl formen. In einem Topf Salzwasser aufkochen, Knöderl einlegen und 15–20 Minuten ziehen lassen.

GARUNGSDAUER: 15–20 Minuten

BRÖSEL-GRIESSKNÖDERL

ZUTATEN

4 Scheiben entrindetes Weißbrot, getrocknet und gerieben (Mie de pain)
100 g Hartweizengrieß · 50 g Butter · 1 Schalotte, feinst gehackt
250 ml Milch · 3 Eier · Salz · Muskatnuss, gerieben · 2 EL Petersilie, gehackt
Butterbrösel nach Belieben

ZUBEREITUNG

Die Butter erhitzen und die sehr fein gehackte Schalotte darin glasig anschwitzen. Grieß zugeben, ebenso anschwitzen und mit heißer Milch übergießen. Alles zu einem Brei einkochen. Mit Salz und Muskatnuss würzen. Eier einarbeiten und abschließend gehackte Petersilie sowie Mie de pain einmengen. Die Masse sollte schön kompakt sein (bei Bedarf mit Milch oder Bröseln korrigieren). Aus der Masse mit befeuchteten Händen kleine Mini-Knöderl formen und in Salzwasser wallend kochen. Herausheben, abtropfen lassen und je nach weiterer Verwendung eventuell noch in heißen Butterbröseln schwenken.

GARUNGSDAUER: ca. 8–10 Minuten

KÜRBISKERN-KNÖDERL

ZUTATEN

200 ml Milch · Prise Salz · 50 g Butter · 2 cl Kürbiskernöl · Muskatnuss, gerieben
300 g Mehl · 100 g Dinkel- oder Vollkornmehl · 2 Eier · 1 Eidotter
200 g Kürbiskerne, geröstet, gesalzen und gemahlen · Mehl für die Arbeitsfläche

FÜR DIE FÜLLE

300 g Muskatkürbis in der Schale · Salz · Kümmel, gemahlen · Muskatnuss, gemahlen
3 EL Olivenöl · 1 Schalotte, fein geschnitten · 1 KL brauner Zucker

ZUBEREITUNG

Für die Fülle den Kürbis mit Salz, Kümmel, Muskatnuss, braunem Zucker und gehackter Schalotte in eine mit Öl bestrichene Alufolie gut einwickeln und im vorgeheizten Backrohr bei 200 °C ca. 1 Stunde weich schmoren. Herausnehmen, Kürbisfleisch aus der Schale kratzen und grob zerdrücken. Salzen.

Linke Seite: Tiroler Knöderl (s. S. 144), Heidenknöderl, Spinat-Graukäse-Krapferl (s. S. 182 f.), Grammelknöderl (s. S. 144) und Kürbiskern-Knöderl

SÄTTIGUNGSBEILAGEN

Für den Teig Milch mit 500 ml Wasser, Butter, Kernöl, Muskatnuss und Salz aufkochen. Mehl und Dinkelmehl einrieseln lassen und so lange rühren, bis sich der Teig vom Topf löst. Vom Feuer nehmen und etwas abkühlen lassen. Von den gemahlenen Kürbiskernen ca. 50 g mit Eiern und Dottern einarbeiten und zu einer glatten Masse verkneten. Auf einer bemehlten Arbeitsfläche abkühlen lassen. Mit leicht befeuchteten Händen zu kleinen Knöderln formen, diese flach drücken und mit je einem Kaffeelöffel Kürbismasse füllen. Gut verschließen und schön rund formen. Salzwasser aufkochen, Knöderl einlegen und 15–20 Minuten wallend kochen. Herausheben, gut abtropfen lassen und in den restlichen Kürbiskernen wälzen.

GARUNGSDAUER: 15–20 Minuten

SPECK-GRIESSDUKATEN

ZUTATEN
2 EL Butter · 80 g Fenchel · 1 Schalotte · 2 EL luftgetrockneter Speck oder Rohschinken
80 g Grieß (am besten Hartweizengrieß) · 200 ml Milch · 1 Ei · 1 Eidotter · Salz
Muskatnuss, gerieben · Butterschmalz

ZUBEREITUNG
Fenchel, Schalotte sowie Speck sehr fein hacken und in heißer Butter hell anschwitzen. Grieß einrieseln lassen und glasig andünsten. Milch zugießen und so lange mit einem Kochlöffel rühren, bis sich die Masse vom Topfboden löst. Etwas abkühlen lassen. Mit Salz und Muskatnuss würzen. Ei sowie Dotter einarbeiten und die Masse kalt stellen. Aus der Masse 16 kleine Kugerl formen, flach drücken und in heißem Butterschmalz beidseitig goldgelb braten. Auf Küchenkrepp gut abtropfen lassen.

KUKURUZKRUSTELN

ZUTATEN
300 ml Hühner- oder Gemüsefond · 125 ml Milch · 130 ml Polenta (Maisgrieß)
Salz · Muskatnuss, gerieben · 2 EL Parmesan, gerieben · 1 EL Butter, kalt
Butterschmalz zum Braten

ZUBEREITUNG
In einem schweren (am besten gusseisernen) Topf die Milch mit Hühnerfond zum Kochen bringen. Polenta einrieseln lassen, mit einem Schneebesen gut durchrühren und ca. 5 Minuten köcheln lassen (Masse wird dabei immer dicklicher). Topf an den Herdrand ziehen und zugedeckt 5 Minuten rasten lassen. Butter, Parmesan, Muskatnuss und Salz einarbeiten. Masse auf eine Alufolie streichen und zu einer 5 cm starken Rolle einrollen. Enden fest verschließen und 2 Stunden kalt stellen.
Kukuruzrolle auswickeln und entweder in 3 mm große Würferl schneiden oder mit einem Röstihobel hobeln. Danach in heißem Butterschmalz scharf anrösten, herausheben und nach Belieben mit Parmesan bestreuen. In einer vorgewärmten Schüssel anrichten.

TIPP: Diese originelle Beilage eignet sich vor allem als Begleitung für saftige Schmorgerichte oder gegarten Fisch mit feiner Sauce.

AUS DEM GÄSTEBUCH DES HOTEL SACHER

Neben dem berühmten Tischtuch der Anna Sacher, das neben der gesamten Prominenz der Kaiserzeit sogar den Schriftzug des Kaisers selbst zeigt, gibt es im Sacher auch ein „ganz normales Gästebuch", das sich freilich aufregend genug liest. Hier ein kleiner Auszug:

Anna Netrebko · Astrid Lindgren · Caroline von Monaco · Christian Thielemann · Edita Gruberova Franz Welser-Möst · Gabriele Schnaut · Grace Bumbry · Grace Kelly · Günther Krämer · Jean Cocteau · John Neumayer · John Travolta · José Carreras · Jürgen Flimm · Königin Elizabeth II. von England · Königin Beatrix der Niederlande · Luc Bondy · Nelson Mandela · Peter Simonischek · Peter O'Toole · Placido Domingo · Oscar Straus · Romano Prodi · Robert und Einzi Stolz · Schah Reza Pahlevi und Gattin Soraya · Sean Connery · Thomas Hampson · Tobias Moretti · Uderzo · Uschi Glas Vaclav Havel · Vera Kalman · Vesselina Kasarova

HEIDENSTERZ

ZUTATEN
350 g Buchweizenmehl · 200 ml Wasser, lauwarm · Prise Salz · 60 g Schweineschmalz 50 g Grammeln, fein gemahlen · etwas Knoblauch, fein gehackt Grammeln nach Belieben zum Bestreuen

ZUBEREITUNG
Buchweizenmehl in einer beschichteten Pfanne ohne Fett hell anrösten, ohne Farbe annehmen zu lassen. Vom Feuer nehmen und in einer Schüssel mit warmem Wasser, Knoblauch und Salz zu einer zähen Masse (ähnlich einem Kaiserschmarrenteig) anrühren. Etwa 10 Minuten rasten lassen. In einer schweren – am besten gusseisernen – Pfanne Schweineschmalz erhitzen. Teig einlaufen lassen und mit Grammeln bestreuen. Knusprig anbacken und mit einer kleinen Backschaufel wie einen Kaiserschmarren zerreißen. So lange weiterrösten, bis der Teig rundum knusprig ist. Nach Belieben nochmals mit nicht geriebenen Grammeln bestreuen.

GARUNGSDAUER: 8–10 Minuten
VERWENDUNG: klassische Beilage zu Klachelsuppe und saurer Rindsuppe
TIPP: Dieses Rezept, das im Unterschied zum Originalrezept einfacher und schneller zuzubereiten ist, lässt den Sterz so richtig knusprig und knackig werden.

SÄTTIGUNGSBEILAGEN

BANDNUDELN (NUDELTEIG)

ZUTATEN FÜR 4 BEILAGENPORTIONEN
160 g Mehl · 80 g Hartweizengrieß · 1 Ei · 2 Eidotter · Mehl für die Arbeitsfläche
Ei zum Bestreichen · Salz

ZUBEREITUNG
Für den Nudelteig Mehl mit Weizengrieß, Ei, Eidottern, einer Prise Salz und so viel Wasser wie nötig zu einem ziemlich festen Teig verkneten. In Klarsichtfolie hüllen und mindestens 1 Stunde kühl rasten lassen. Teig auf einer bemehlten Arbeitsfläche dünn ausrollen und mit der Nudelmaschine zu beliebig dicken oder dünnen Lasagne- bzw. Teigblättern oder Bandnudeln (in der Stärke von Linguine, Tagliatelle, Pappardelle etc.) verarbeiten. Salzwasser aufkochen, Nudeln einlegen und je nach Stärke einige Minuten al dente kochen. Abseihen und weiterverarbeiten.

GARUNGSDAUER: 2–4 Minuten

TIPP: Frisch gemachte Nudeln lassen sich auf vielfältigste Weise mit den unterschiedlichsten Zutaten, seien es nun aromatische Kräuter, marktfrisches Gemüse oder einfach nur bestes Olivenöl, zu einer g'schmackigen Beilage variieren.

LAUCHFLECKERL

ZUTATEN
180 g Fleckerl · 1 Lauchstange · 1 Knoblauchzehe · 4 EL Butter · Muskatnuss, gerieben
1 EL Kristallzucker · 2 cl Apfelessig · Pfeffer aus der Mühle · Salz · 4 EL Bröseltopfen

ZUBEREITUNG
Die Fleckerl in reichlich wallendem Salzwasser al dente kochen. Inzwischen den Lauch waschen, die dunkelgrünen Blätter entfernen und den Rest in 3 mm große Würfel schneiden. Knoblauch fein hacken und gemeinsam mit den Lauchwürfeln sowie Zucker in heißer Butter goldgelb anbraten. Mit Apfelessig ablöschen und mit Salz, Pfeffer und Muskatnuss würzen. Fleckerl abseihen, unterheben und Topfen einrühren.

GARUNGSZEIT: Fleckerl nach Anleitung ca. 7–10 Minuten

RISOTTO

ZUTATEN FÜR 4–6 PORTIONEN
400 g Risottoreis (Arborio oder Vialone) · 900 ml Hühner- oder Gemüsefond
125 ml trockener Weißwein · 1 kleine Schalotte · 4 EL Olivenöl · 50 g Butter
40 g Parmesan, gerieben · Salz

ZUBEREITUNG
Schalotte fein hacken und in Olivenöl anschwitzen. Reis einstreuen, glasig anschwitzen und mit Wein ablöschen. Aufkochen und den Reis kochen lassen, bis die Flüssigkeit verdampft ist, dabei nicht zu viel rühren. Suppe nach und nach zugießen und Reis unter wiederholtem Umrühren insgesamt 18–20 Minuten kochen, bis er schön al dente ist. Dann Butter sowie frisch geriebenen Parmesan einrühren und mit Salz abschmecken. Noch kurz zugedeckt ziehen lassen.

GARUNGSDAUER: 18–20 Minuten

TIPP: Dieses Risotto-Grundrezept lässt sich durch die Zugabe von Schwammerln, Spargel oder anderen Gemüsesorten, oder auch etwas Champagner, beliebig abwandeln. Zudem kann es durch am Schluss zugefügtes Schlagobers geschmacklich noch verfeinert werden.

CREME-POLENTA

ZUTATEN

400 ml Hühner- oder Gemüsefond · 130 g Polenta (Maisgrieß), hochgelb · Salz
weißer Pfeffer aus der Mühle · 2 EL Bergkäse, gerieben · 2 EL Crème fraîche

ZUBEREITUNG

Den Hühnerfond aufkochen, Polenta einrieseln lassen und mit dem Schneebesen gut durchrühren. Etwa 5 Minuten köcheln, bis die Masse schön breiig ist. Dann geriebenen Käse sowie Crème fraîche unterheben. Mit Salz und Pfeffer abschmecken.

GARUNGSDAUER: ca. 5 Minuten

POLENTASCHNITTEN

ZUTATEN

125 ml Polenta (Maisgrieß) · ca. 250 ml Gemüsefond · Salz · Muskatnuss, gerieben
Erdnussöl zum Braten

ZUBEREITUNG

Gemüsefond aufkochen, Polenta einrühren und ca. 4–5 Minuten kochen lassen. Mit dem Schneebesen gut verrühren und abseits der Flamme zugedeckt ziehen lassen. Salz sowie Muskatnuss einmengen und bei Bedarf noch etwas Gemüsefond einarbeiten (die Masse soll schön kompakt und nicht zu weich sein). Auf eine Alufolie stürzen und zu einem länglichen Block formen. Einwickeln und auskühlen lassen. Von der Polentastange etwa 2 cm dicke Scheiben abschneiden und diese in einer beschichteten Pfanne nahezu fettfrei auf beiden Seiten scharf anbraten.

GARUNGSDAUER: 4–5 Minuten

TIPP: Besonders köstlich schmecken die Polentaschnitten, wenn man sie mit geriebenem Parmesan bestreut und dann kurz im Backrohr knusprig überbäckt.

KNUSPRIGE POLENTARÖLLCHEN

ZUTATEN

200 g Polenta (Maisgrieß) · 500 ml Milch · 250 ml Schlagobers · 80 g Butter
50 g Parmesan, frisch gerieben · Salz · Muskatnuss, gemahlen · Frühlingsrollenteig
Öl zum Ausbacken

ZUBEREITUNG

Milch, Schlagobers, Butter, Polenta, Salz und Muskatnuss aufkochen lassen. So lange köcheln, bis sich die Masse vom Topf löst. Auskühlen lassen. Frisch geriebenen Parmesan einrühren. Frühlingsrollenteig aufbreiten und in größere oder kleinere Stücke schneiden. Polentamasse jeweils auftragen, Teig seitlich einschlagen und zu Röllchen formen. Enden gut verschließen, Nahtstellen gut festdrücken. In einer Pfanne Öl erhitzen und die Röllchen darin rundum knusprig backen. Herausheben und auf Küchenkrepp gut abtropfen lassen.

TIPP: Besonders gut passt diese knusprige Polenta-Variation zu Speisen, bei denen es viel Saft aufzutunken gibt, wie etwa zu Schmorfleischgerichten, aber auch zu pikant gewürztem Beuschel oder Gulasch.

SÄTTIGUNGSBEILAGEN

BLINI

ZUTATEN
150 g Dinkelmehl · 100 g Mehl · 10 g Germ · 200 ml Buttermilch · 50 ml Mineralwasser
3 EL Sonnenblumenöl · 2 Eidotter · 3 Eiklar · Salz · Butterschmalz

ZUBEREITUNG
In einer Schüssel beide Mehlsorten miteinander vermengen, Germ darüber zerbröseln und mit etwas erwärmter Buttermilch, dem Mineralwasser und Salz vermischen. Kurz rasten lassen. Eiklar leicht aufschlagen, gemeinsam mit restlicher Milch, Öl und Dottern zugeben, behutsam einmengen und 20 Minuten zugedeckt rasten lassen. In einer Dalken- oder Liwanzenpfanne Butterschmalz erhitzen. Teig einfüllen und auf beiden Seiten goldgelb backen. Herausheben und mit Küchenkrepp abtupfen.

TIPPS: Steht keine Dalkenpfanne zur Verfügung, Spiegeleier-Metallringe in die Pfanne setzen und Teig einfüllen. Blini passen hervorragend zu geräuchertem Lachs oder Kaviar. Dazu serviert man etwas frischen Sauerrahm.

BRENNNESSEL-ZIEGENKÄSE-TASCHERLN

ZUTATEN
100 g streichfähiger Ziegenkäse · 2 Hand voll junge Brennnesselspitzen, gezupft
Salz · Pfeffer aus der Mühle · etwas Kümmel, gemahlen · 1 Eidotter · 1 Eiklar zum
Bestreichen · 2 EL braune Butter zum Schwenken

FÜR DEN NUDELTEIG
200 g Hartweizengrieß · 2 Eier · 2 Eidotter · 100 g Mehl, glatt · Salz
evtl. etwas Mineralwasser

ZUBEREITUNG
Zuerst den Teig zubereiten. Dafür alle Zutaten in einer Küchenmaschine zu einem kompakten Teig verarbeiten. Falls der Teig zu fest gerät, etwas Mineralwasser einarbeiten. Zugedeckt 3 Stunden kalt rasten lassen. Währenddessen für die Fülle die Brennnesseln kurz in Salzwasser blanchieren (überbrühen), abschrecken, gut ausdrücken und sehr fein hacken. Mit Ziegenkäse sowie Eidotter vermengen und mit Salz, Pfeffer und Kümmel würzen.

Teig mit einer Nudelmaschine in dünne Bahnen ausrollen und diese mit Eiklar bestreichen. In regelmäßigen Abständen kleine Häufchen Fülle auf den Teig setzen, eine zweite Teigplatte darüber legen und Teig rund um die Fülle gut andrücken. Mit einem runden Ausstecher von 6 cm Durchmesser Täschchen ausstechen. Die so entstandenen Scheiben zur Mitte hin zusammenklappen und Ränder fest andrücken. In einem großen Topf ausreichend Salzwasser aufkochen, Täschchen einlegen und 3–4 Minuten wallend kochen. Herausheben, gut abtropfen lassen und in brauner Butter schwenken. Vor dem Servieren nochmals mit brauner Butter beträufeln.

GARUNGSDAUER: 3–4 Minuten

TIPPS: Statt Brennnesseln kann auch etwa Bärlauch, Mangold oder Blattspinat verwendet werden. In größeren Portionen serviert und mit Parmesan bestreut, ergibt diese gesunde Beilage ein schmackhaftes vegetarisches Hauptgericht.

Bild rechte Seite: Heidensterz (s. S. 111) mit Schinkenchips, Risotto (s. S. 112) mit Parmesan-Chips und Creme-Polenta (s. S. 113) mit Erdäpfel-Sesam-Blatt

GEBACKENES ERDÄPFEL-SESAM-BLATT

ZUTATEN

400 g Erdäpfel · 40 g Butter · 4 Eiklar · Salz · Muskatnuss, gemahlen · 2 TL Sesam, geröstet

ZUBEREITUNG

Erdäpfel in der Schale weich kochen. Noch heiß schälen und passieren. Kurz überkühlen lassen. Eiklar zu Schnee schlagen und mit Butter unter die Erdäpfelmasse mengen. Mit Salz und Muskatnuss abschmecken. Auf Backpapier vier dekorative Blätter aufzeichnen und die Masse darauf dünn auftragen. Mit einer Spachtel glatt streichen. Mit Sesam bestreuen. Im vorgeheizten Backrohr bei 180 °C ca. 6 Minuten goldgelb backen.

BACKZEIT: ca. 6 Minuten

BACKROHRTEMPERATUR: 180 °C

TIPP: Diese gar nicht so kompliziert zu machende Beilage schmeckt nicht nur hervorragend, sondern sieht – künstlerische Begabung des Kochs vorausgesetzt – besonders dekorativ aus.

SCHWIERIGE GÄSTE

„Es gibt keine wirklich schwierigen Gäste", sagt Sacher-Chefportier Wolfgang Buchmann, der es eigentlich wissen sollte. „Manche Menschen, die mit sich selbst unzufrieden sind, können mitunter schwer zu behandeln sein. Doch dann muss man sich eben umso mehr in sie hineinfühlen. Solche Gäste sind dann vielleicht komplizierter als andere, aber nicht schwierig."
Tatsächlich Schwierigkeiten bereitet der Sacher-Crew indessen häufig die Tatsache, dass „viele Gäste sich heute nicht mehr verwöhnen lassen wollen, weil sie einfach keine Zeit dafür haben und das Leben zu hektisch ist. Dabei ist die Verwöhnung des Gastes doch unsere edelste Aufgabe und der wahre Grund, warum wir den Serviceberuf gewählt haben."

SÄTTIGUNGSBEILAGEN · GEMÜSEBEILAGEN

PARMESAN-CHIPS

ZUTATEN

300 g Parmesan, frisch gerieben · 100 g Moosbacher Käse (oder anderer saftiger Schnittkäse)

ZUBEREITUNG

Beide Käse frisch fein reiben. Miteinander vermengen und zu etwa pflaumengroßen Kugeln formen. Auf ein mit Backpapier ausgelegtes Backblech legen und im vorgeheizten Backrohr bei 200 °C 8–10 Minuten backen. Herausnehmen und je nach Belieben in dieser Form verwenden (der Käse schmilzt ungefähr in der Form eines Blattes) oder in eine kleine Schüssel legen und zu einer halbrunden Hippe formen. Auskühlen lassen.

BACKZEIT: 8–10 Minuten
BACKROHRTEMPERATUR: 200 °C

TIPP: Gleichermaßen simpel wie effektvoll sind diese pikanten Hippen, die als Dekor, etwa bei dekorativen Salaten oder Vorspeisen-Kreationen, unentbehrlich sind.

WARMER KRAUTSALAT

ZUTATEN

1 Kopf Weißkraut · 100 g Selchspeck · 200 ml Rindsuppe · 1 Zwiebel · 50 ml Essig
1 EL Staubzucker · 1 TL Kümmel (ganz) · Salz · weißer Pfeffer aus der Mühle

ZUBEREITUNG

Äußere Blätter entfernen, Krautkopf vierteln und mit einem Krauthobel fein hobeln. Steht kein Krauthobel zur Verfügung, mit einem scharfen Messer feinnudelig schneiden. Essig mit Rindsuppe, Kümmel, Zucker, Salz und Pfeffer aufkochen, Kraut zugeben und kurz kräftig aufkochen lassen. Selchspeck kleinwürfelig schneiden und in einer heißen Pfanne auslassen. Speck wieder herausheben. Zwiebel ebenfalls fein hacken und im verbliebenen Fett glasig anschwitzen. Zwiebeln unter das Kraut mischen. Anrichten, mit den knusprigen Speckwürfeln bestreuen und mit dem restlichen Fett übergießen.

QUITTEN-ROTKRAUT

ZUTATEN

1 kg Rotkraut · 1 Quitte, geschält · 2 kleine Äpfel · 6 cl Apfelessig · 200 ml Apfelsaft
250 ml Rotwein · 1–2 EL Preiselbeeren · 1 Zwiebel · 2 EL Ganslschmalz (ersatzweise Butterschmalz) · 2 EL Demerarazucker (oder brauner Zucker) · 1 Lorbeerblatt
Salz · Pfeffer aus der Mühle · Kümmel, gemahlen · Piment (Neugewürz), gemahlen
1 kleine Ingwerwurzel, geschält und gerieben

ZUBEREITUNG

Rotkraut bereits am Vortag marinieren. Dafür zunächst das Kraut halbieren, Strunk entfernen und das Kraut fein schneiden oder hobeln. Äpfel schälen, entkernen und grob raspeln. Kraut mit Salz, Äpfeln, Essig, Apfelsaft, Wein sowie Preiselbeeren vermischen und über Nacht zugedeckt ziehen lassen. Zwiebel in dünne Streifen schneiden und in heißem Schmalz anbraten. Zucker einstreuen und hellbraun schmelzen. Kraut samt Marinade zugeben und 40 Minuten unter wiederholtem Aufgießen mit Wasser weich dünsten. Währenddessen Quitte schälen, in 2 mm kleine Würferl schneiden und gemeinsam mit geriebenem Ingwer, einer Prise Kümmel, Pfeffer, Lorbeerblatt sowie

Piment zugeben und mitkochen lassen. Sollte das Rotkraut zu wenig Bindung haben, so kann man einen rohen, geriebenen Erdapfel oder mit etwas Wasser verrührte Maisstärke einmengen und alles noch kurz einkochen lassen.

GARUNGSDAUER: ca. 45 Minuten

007: IM ANGESICHT DES ROTKRAUTS

Sooft Roger Moore nach Wien kommt – und das tut er gar nicht so selten – steigt er im Sacher ab. Hans Peter Fink, gerade frisch gebackener Küchenchef des Sacher, wusste dies allerdings nicht und staunte nicht schlecht, als eines Sonntagmittags der Anruf in die Küche kam: „James Bond sitzt in der Bar und will bekocht werden."

Fink dachte zuerst, jemand wolle ihm einen Streich spielen. Doch dann saß da tatsächlich 007 in Begleitung eines Bondgirls und ließ sich von Fink widerstandslos zu einer Portion Zarenlachs und einer im Ganzen gebratenen Ente mit Quitten-Rotkraut, Erdäpfel-Nussknöderln und Vogelbeeren überreden.

Während die beiden speisten, rief Hans Peter Fink seinen kleinen Sohn daheim im steirischen Riegersburg an und erzählte ihm ganz aufgeregt: „Du wirst es nicht glauben, aber James Bond speist gerade bei mir."

Darauf der Filius: „Da musst du dich ducken, Papa, wenn du ihm was servierst. Denn gerade in Hotels schießt der herum wie ein Wilder. Ich hab's selbst gesehen."

Als Fink daraufhin die Rote Bar betrat, geschah jedoch nichts dergleichen. Nur die Ente hatten 007 und seine Begleitung genüsslich zur Strecke gebracht, und das Quitten-Rotkraut hatte nicht die geringste rote „Blutspur" am Teller hinterlassen.

APFEL-MOST-KRAUT

ZUTATEN

1 kg Weißkraut · 1 Apfel, geschält · 6 cl Apfelessig · 200 ml Apfelsaft
250 ml Birnen- oder Apfelmost · 1 Zwiebel · 2 EL Ganslschmalz (ersatzweise Butterschmalz) · 2 EL Demerarazucker (oder brauner Zucker) · 1 Lorbeerblatt
Salz · Pfeffer aus der Mühle · Prise Kümmel · Piment (Neugewürz), gemahlen

ZUBEREITUNG

Kraut bereits am Vortag marinieren. Dafür zunächst das Kraut halbieren, Strunk entfernen und das Kraut fein schneiden oder hobeln. Apfel schälen, entkernen und grob raspeln. Kraut mit Salz, geraspeltem Apfel, Essig, Apfelsaft und Most vermischen und über Nacht zugedeckt ziehen lassen. Zwiebel in dünne Streifen schneiden und in heißem Schmalz anbraten. Zucker einstreuen und hellbraun schmelzen. Kraut samt Marinade zugeben und 40 Minuten unter wiederholtem Aufgießen mit Wasser weich dünsten. Währenddessen eine Prise Kümmel, Pfeffer, Lorbeerblatt sowie Piment zugeben und mitkochen lassen. Sollte das Kraut zu wenig Bindung haben, so kann man einen rohen, geriebenen Erdapfel oder mit etwas Wasser verrührte Maisstärke einmengen und alles noch kurz einkochen lassen.

GARUNGSDAUER: ca. 45 Minuten

GEMÜSEBEILAGEN

KÜRBISGEMÜSE

ZUTATEN
600 g Kürbis (Muskat- oder Ölkürbis) · 100 g Zwiebeln, fein gehackt
2 EL Schweineschmalz · 1 KL Paprikapulver · 1 KL Zucker · 4 cl Apfelessig
1 Lorbeerblatt · 200–300 ml Gemüsefond oder Wasser · 100 g Sauerrahm
1 KL Mehl · Salz · Pfeffer aus der Mühle · Kümmel (ganz)

ZUBEREITUNG
Geschälten Kürbis feinnudelig schneiden oder raspeln. Gut einsalzen und ziehen lassen. Gehackte Zwiebeln in heißem Schmalz anschwitzen, Paprika einrühren und rasch mit Essig ablöschen. Gut ausgedrücktes Kürbisfleisch zugeben, Fond (oder Wasser) zugießen und mit Salz, Pfeffer, Lorbeerblatt, Zucker sowie Kümmel würzen. Etwa 5 Minuten köcheln lassen. Sauerrahm mit etwas heißem Fond sowie Mehl verrühren und das Kürbisgemüse damit binden. Nochmals abschmecken. Lorbeerblatt entfernen und heiß servieren.

GARUNGSDAUER: ca. 5 Minuten

TIPP: Dank des relativ neutralen Geschmacks passt dieses Kürbisgemüse zu vielen Gerichten, besonders gut aber zu gekochtem Rindfleisch. Mit nahrhaften Semmelknödeln serviert gibt das Kürbisgemüse auch eine respektable vegetarische Hauptspeise ab.

WARMER BIERRETTICH

ZUTATEN
1 Bierrettich · 1 kl. Erdapfel, roh gerieben · 2 EL Kristallzucker · 50 ml Apfelessig
200 ml Gemüsefond oder Wasser · 2 EL Butter, kalt · Salz · weißer Pfeffer
Muskatnuss, gemahlen

ZUBEREITUNG
Den Rettich schälen und mit einem Sparschäler in feine, längliche Streifen schneiden. Einsalzen und ca. 5 Minuten stehen lassen. Ausdrücken und mit geriebenem Erdapfel, Zucker, Essig und Gemüsefond in einem Topf 5–8 Minuten köcheln. Mit kalter Butter montieren und mit Muskatnuss, Salz und Pfeffer würzig abschmecken.

GARUNGSDAUER: 5–8 Minuten

FISOLEN MIT BRÖSELN

ZUTATEN
500 g Fisolen · 1 Zwiebel · 250 g durchzogener Speck · 250 ml Rindsuppe
ca. 100 g Weißbrotbrösel · 2 EL Schmalz · Salz · Pfeffer aus der Mühle
einige Butterflocken

ZUBEREITUNG
Speck und Zwiebel feinwürfelig hacken und beides in heißem Schmalz glasig werden lassen. Mit heißer Rindsuppe aufgießen und aufkochen lassen. Fisolen einmengen und zugedeckt kernweich dämpfen. Mit Salz und Pfeffer abschmecken, mit Bröseln binden und alles gut vermischen. Vor dem Servieren einige Butterflocken darauf setzen und heiß servieren.

GARUNGSDAUER: 6–8 Minuten

DILLFISOLEN

ZUTATEN
600–700 g Fisolen · 200 ml Rindsuppe · 200 ml Sauerrahm · 1 EL Butter · 1 EL Mehl
1 EL Dillspitzen, fein gehackt · 1 Msp. Speisesoda · Salz · Pfeffer aus der Mühle
Weißweinessig

ZUBEREITUNG
Geputzte Fisolen in mundgerechte Stücke schneiden und in mit Speisesoda (erhält die grüne Farbe) versetztem Salzwasser kernweich kochen. Abseihen, mit kaltem Wasser abschrecken und abtropfen lassen. Butter schmelzen, Mehl einrühren und kurz anrösten. Mit heißer Rindsuppe aufgießen und kräftig aufkochen lassen, dabei mit einem Schneebesen ständig rühren, damit sich keine Klümpchen bilden. Nach einigen Minuten Hitze stark reduzieren und Sauerrahm, dann die Fisolen einrühren. Mit Salz, Pfeffer und einem Schuss Essig abschmecken. Dille darüber streuen und noch einmal kurz aufkochen lassen.

GARUNGSDAUER: 6–8 Minuten

KOHLGEMÜSE AUF ALT-WIENER ART

ZUTATEN
1 Kohlkopf von ca. 1 kg · 100 g durchzogener Speck · 250 ml Rindsuppe
1 EL Butter · 1 EL Mehl · 1 Knoblauchzehe, fein gehackt · Salz · Pfeffer

ZUBEREITUNG
Vom Kohlkopf Außenblätter und Strunk entfernen. Den Rest mit einem Krauthobel hobeln oder feinnudelig schneiden. In Salzwasser kochen, abseihen und gut abtropfen lassen. Speck hauchfein hacken oder faschieren. Butter und Speck hell andünsten, Mehl einrühren und kurz anrösten. Mit heißer Rindsuppe aufgießen und unter ständigem Rühren mit dem Schneebesen kochen lassen, bis sich die Flüssigkeit leicht bindet. Kohl hinzufügen, mit Knoblauch, Salz sowie Pfeffer abschmecken und nochmals kurz aufkochen lassen.

GARUNGSDAUER: 4–6 Minuten
TIPP: Besonders gut mundet das Alt-Wiener Kohlgemüse, wenn man es mit Erbsen vermischt.

SAUERKRAUT MIT ROLLGERSTL

ZUTATEN
100 g Rollgerste · 500 g Sauerkraut · Prise Zucker · 1 Speckschwarte · 1 Lorbeerblatt
2 Wacholderbeeren, leicht zerdrückt · Salz · 1 EL Mehl · 50 g Schweineschmalz zum Anschwitzen · 2 EL Schmalz zum Binden · ca. 400 ml Gemüsefond oder Wasser

ZUBEREITUNG
Sauerkraut waschen und einige Male durchschneiden. Rollgerste in Schmalz anschwitzen. Mit Fond oder Wasser ablöschen, Lorbeerblatt, Wacholderbeeren, Zucker und Speckschwarte zugeben. Sauerkraut einmengen und 10–15 Minuten köcheln lassen. Abschmecken und bei Bedarf noch etwas Fond oder Wasser zugießen. In einer Pfanne Schmalz mit Mehl hellbraun rösten und das Kraut damit binden. Nochmals abschmecken und heiß servieren.

GARUNGSDAUER: 10–15 Minuten

GEMÜSEBEILAGEN · BEILAGENSAUCEN & DRESSINGS

DER STRENGE TESTER

Nicht jeder, der wie ein Tester aussieht, ist auch einer. Ein deutscher Multimillionär, der immer wieder gerne im Sacher einkehrte, war beispielsweise mit Sicherheit kein Tester. Dennoch war er dafür berühmt, dass er, sobald er gegessen hatte, ein Notizbuch aus seiner Tasche zog, mit strenger Miene kurz etwas hineinkritzelte und dann das Buch wieder einsteckte.

Als der frühere Küchenchef Jaroslav Müller von dieser Gewohnheit erfuhr, wollte er unbedingt wissen, was der millionenschwere Gast denn da über seine Sacher-Küche so zu Papier brachte. Er beauftragte einen Kellner mit scharfem Blick, dem Gast beim Schreiben ganz genau über die Schulter zu schauen.

Der Kellner tat wie ihm geheißen und rapportierte, nachdem er einen Teller mit den Resten eines gekochten Rindfleischs abserviert hatte: „Ich habe genau gesehen, was er geschrieben hat."

„Ja, was denn nun?", fragte der neugierige Küchenchef.

„Er schrieb: Cremespinat gut."

CREMESPINAT

ZUTATEN
1 kg Blattspinat · 1 kl. Zwiebel, fein gehackt · 250 ml Rindsuppe · 2 EL Butter
2 EL Mehl · 1 Knoblauchzehe, fein gehackt · Prise Muskatnuss · 2 EL Schlagobers
einige Butterflocken, kalt · Salz · Pfeffer

ZUBEREITUNG
Spinat gut waschen, entstielen und in kochendem Salzwasser wenige Minuten blanchieren (überbrühen). Abseihen, kalt abschrecken und abtropfen lassen. Durch die Flotte Lotte passieren oder mit dem Mixstab pürieren. Gehackte Zwiebel in Butter hell anrösten, mit Mehl stauben und mit heißer Suppe aufgießen. Aufkochen und kräftig mit dem Schneebesen rühren, damit sich keine Klümpchen bilden. Passierten Spinat einrühren und etwa 10 Minuten lang auf kleiner Flamme sämig einkochen lassen. Mit Salz, Pfeffer, Muskatnuss sowie Knoblauch würzen. Schlagobers einrühren, aufkochen und den Spinat damit binden. Vor dem Servieren noch einige kalte Butterflocken einrühren.

APFELKREN

ZUTATEN
3–4 säuerliche Äpfel · 1 EL Staubzucker · 2 cl Zitronensaft · ca. 30 g Kren, frisch gerieben (ersatzweise Krenpaste aus dem Glas) · Salz · evtl. einige Tropfen Rindsuppe

ZUBEREITUNG
Äpfel schälen, in Spalten schneiden und Kerne entfernen. Mit einer Reibe fein raspeln, rasch mit Zitronensaft vermengen und mit den restlichen Zutaten verarbeiten.

TIPP: Die Krenmenge kann je nach gewünschter Schärfe auch noch erhöht, die Konsistenz hingegen durch etwas eingemengtes Öl geschmeidiger gemacht werden.

OBERSKREN

ZUTATEN

3 EL Kren, frisch gerieben · 250 ml Schlagobers · Salz · Prise Zucker
1 Spritzer Zitronensaft

ZUBEREITUNG

Obers steif schlagen. Salzen und mit Zucker sowie Zitronensaft abschmecken. Kren langsam einrühren.

SCHNITTLAUCHSAUCE I

ZUTATEN FÜR 6 PORTIONEN

2 Eier, hart gekocht · 100 ml Pflanzenöl · 2 Toastbrotscheiben, entrindet · 250 ml Milch
250 g Sauerrahm · 2 EL Schnittlauch, fein geschnitten · Salz · weißer Pfeffer

ZUBEREITUNG

Toastbrot in der Milch einweichen, Eier schälen und grob zerkleinern. Toastbrot ausdrücken und gemeinsam mit den Eiern sowie den restlichen Zutaten (am besten mit dem Stabmixer) mixen. Die Sauce kräftig abschmecken und kühl stellen. Vor dem Servieren in eine Sauciere füllen.

SCHNITTLAUCHSAUCE II

ZUTATEN

2 Eidotter, roh · 3 Eidotter, hart gekocht · 250 ml Pflanzenöl · 2 Semmeln, entrindet
200 ml Schlagobers · Milch zum Einweichen · Schuss Essig · Prise Zucker
3 EL Schnittlauch, fein geschnitten · 1 TL Dijonsenf · Salz · weißer Pfeffer

ZUBEREITUNG

Gekochte Eidotter passieren, Semmeln in etwas Milch einweichen. Passierte Dotter mit rohen Dottern gut verrühren. Ausgedrückte Semmeln ebenfalls passieren, beigeben und mit Salz sowie Pfeffer würzen. Nun Öl tropfenweise einfließen lassen und dabei so lange fest rühren, bis die Masse schön bindet (wie eine Mayonnaise). Mit einem Schuss Essig, einer Prise Zucker sowie Senf abschmecken. Schlagobers zugießen, bis die Sauce die richtige Konsistenz hat, und Schnittlauch einrühren. Kalt stellen.

SORAYA, CHIVES UND COPYSHOPS

Schah Reza Pahlevi war nicht nur ein großer Freund Österreichs und des Hotel Sacher, sondern auch ein Liebhaber des Tafelspitzes. Als er einmal mit Gattin Soraya in den „hinteren Gemächern" des Sacher dinierte, bat er um das Rezept der „Chive-Sauce" – und prompt wurde ein Kellner losgeschickt, um es abzutippen. Der musste allerdings erst jemanden finden, der ihm das Rezept der Schnittlauchsauce auf Englisch übersetzte. „Solche Sonderwünsche waren damals gar nicht so leicht zu erfüllen", erinnert sich der damalige Restaurantchef Robert Palfrader. „Erst die Erfindung des Kopierers hat uns das Leben dann leichter gemacht, aber den gab es zu Sorayas Zeiten noch nicht."

BEILAGENSAUCEN & DRESSINGS

GURKERLSENF

ZUTATEN
200 g Senfgurken · 80 g Pommerysenf · 1 EL engl. Senf · etwas geriebene Zitronenschale · 2 EL Kapern · 1 EL Honig · 1 Sardellenringerl · Salz · Pfeffer aus der Mühle

ZUBEREITUNG
Für den Gurkerlsenf zunächst die Senfgurken in sehr feine Würfelchen schneiden. Sardellenringerl sowie Kapern fein hacken und alle Zutaten miteinander vermischen. Kalt stellen.

TIPP: Gurkerlsenf ist etwa 14 Tage haltbar und lässt sich daher auch auf Vorrat zubereiten. Er eignet sich übrigens auch hervorragend als würziger Begleiter zu vielen pikanten Vorspeisen, aber auch zu Rostbraten und ähnlichen Gerichten.

KÜRBIS-CHUTNEY

ZUTATEN
1,5 kg Muskat- oder anderer Speisekürbis · 200 g Zwiebeln · 150 g Äpfel
50 ml Olivenöl · 120 g Kristallzucker · 60 g Rosinen · 300 ml Apfelsaft
50 g Ingwer, gerieben · 80 ml edler Apfelbalsamessig · gemischte Gewürze wie Kümmel, Senfkörner, Zimtstange, Gewürznelken, Lorbeerblätter, Salz und weißer Pfeffer

ZUBEREITUNG
Kürbis schälen und kleinwürfelig schneiden. In ein passendes Gefäß geben, Gewürze und Ingwer untermengen und abgedeckt über Nacht ziehen lassen. Am nächsten Tag Zwiebeln und Äpfel würfelig schneiden. Olivenöl in einer Pfanne erhitzen und Zwiebeln mit Äpfeln und Zucker gut durchrösten. Kürbis sowie Rosinen beigeben und mit Apfelsaft ablöschen. Etwa 30 Minuten auf kleiner Flamme kochen lassen. Gewürze nach Möglichkeit wieder entfernen und mit Balsamessig geschmacklich abrunden. In heiß ausgespülte Gläser füllen, verschließen und im heißen Wasserbad etwa 15 Minuten ziehen lassen. Kühl und dunkel lagern.

GARUNGSDAUER: 30 Minuten köcheln, 15 Minuten pochieren

TIPP: Kürbis-Chutney ist wegen seines nicht zu dominanten Geschmacks äußerst vielseitig verwendbar und kann zu gebratenem oder gegrilltem Fisch, zu Lammschmorgerichten, aber auch etwa zu Käse serviert werden.

KÜRBISKERN-PESTO

ZUTATEN
150 g Kürbiskerne, geröstet und fein gerieben · 150 g Kürbiskernöl
100 g Muskatkürbisfleisch, fein gerieben · 2 EL Parmesan, frisch gerieben
Pfeffer aus der Mühle · Prise Salz

ZUBEREITUNG
Kürbiskernöl mit den restlichen Zutaten gut verrühren und in gut ausgespülte Einmachgläser füllen. Gut gekühlt kann das Pesto etwa 2 Wochen gelagert werden.

TIPP: Der feine nussige Geschmack der Kürbiskerne harmoniert ideal mit vielen Nudelgerichten, eignet sich aber auch bestens zum Verfeinern von kalten Gerichten mit Schafkäse, Salaten oder Räucherfischen.

BASILIKUM-PESTO

ZUTATEN FÜR 1 GLAS MIT 350 ML
2 Bund Basilikum (ohne Stiele etwa 100 g) · 1 Bund Petersilie (ohne Stiele etwa 60 g)
1 Knoblauchzehe · 200 ml mildes Olivenöl · 50 g Pinienkerne, geröstet und gehackt
2 EL Parmesan, gerieben · Salz · Öl zum Beträufeln

ZUBEREITUNG
Basilikum und Petersilie nur kurz kalt abbrausen und sehr gut trocken tupfen. Knoblauchzehe kurz in heißem Wasser überbrühen und kalt abschrecken. Kräuter zupfen oder grob schneiden und mit der ebenfalls grob geschnittenen Knoblauchzehe im Mixer glatt pürieren. Olivenöl unter ständigem Schlagen langsam zugießen. Pinienkerne und Parmesan zugeben und alles zu einem sämigen Püree verrühren. Mit Salz abschmecken. Rasch in ein heiß ausgespültes Glas umfüllen und mit etwas Öl beträufeln. Dunkel und kühl lagern.

TIPP: Wenn Sie über einen Mörser verfügen, so sollten Sie das Pesto unbedingt darin zubereiten. Mit der Hand gestampftes Pesto behält seinen satten Grünton, schmeckt nicht bitter und entwickelt ein unvergleichliches Aroma.

MAYONNAISE

ZUTATEN
2 Eidotter (zimmerwarm) · 1 Msp. Senf · 1 Msp. Zucker · 250 ml Pflanzenöl · Salz
Pfeffer aus der Mühle · 1 Spritzer Worcestershiresauce

ZUBEREITUNG
Eidotter mit Senf, Zucker, Salz und Pfeffer schaumig rühren und dann unter ständigem Rühren mit dem Mixstab allmählich in dünnem Strahl Pflanzenöl einfließen lassen, bis die Sauce bindet und sämig wird.

ERDÄPFELDRESSING

ZUTATEN FÜR CA. 300 ML
3 kl. festkochende Erdäpfel · 1 EL Schalottenwürfel · 2 EL Apfelessig · 2 Eidotter
150 ml Maiskeimöl · 2 cl kalt gepresstes Erdnussöl · 4–5 EL kräftige Tafelspitz-
oder Rindsuppe · Salz · Pfeffer aus der Mühle · 1 kleiner Bund Schnittlauch

ZUBEREITUNG
Erdäpfel waschen und ungeschält in wenig kochendem Wasser garen. Schälen und sofort durch eine Erdäpfelpresse drücken. Mit Schalottenwürfeln, Essig und Eidottern vermischen und unter ständigem Rühren das Maiskeimöl in einem dünnen Strahl einfließen lassen.
So viel Suppe zugießen, dass eine cremige Sauce entsteht. Mit Erdnussöl abrunden. Salzen pfeffern und abschließend den fein geschnittenen Schnittlauch untermischen.

TIPP: Wie das sprichwörtliche Kraut auf allen Suppen findet sich dieses cremige Dressing auf unzähligen Salaten wieder, veredelt Sülzchen und Terrinen, kurzum ist als Garnitur unentbehrlich.

BEILAGENSAUCEN & DRESSINGS

FRENCH DRESSING

ZUTATEN FÜR CA. 600 ML

50 ml weißer Balsamessig · 50 ml Sherryessig · 2 EL Dijonsenf · 300 ml Maiskeimöl
100 ml Olivenöl · 100 ml Gemüsefond · 1 Zweig Basilikum · 1 Knoblauchzehe,
zerdrückt · Salz · Prise Zucker · weißer Pfeffer aus der Mühle

ZUBEREITUNG

Beide Essigsorten mit Salz, Zucker, Senf und beiden Ölen mit dem Stabmixer glatt rühren. Fond langsam zugießen und mit gezupftem Basilikum, Knoblauch und Pfeffer mixen. Etwa 4 Stunden ziehen lassen. Abseihen und in eine Flasche oder Einmachglas füllen.

TIPP: Gut verschlossen und kühl gelagert hält sich das Dressing problemlos bis zu 2 Wochen.

ROUILLE (PFEFFERONI-AÏOLI)

ZUTATEN

1 Eidotter · 180 ml Maiskeimöl · Spritzer Zitronensaft · 2 Knoblauchzehen, in Milch
weich gekocht · Msp. scharfer Senf · Salz · etwas Tabascosauce · 2 EL Sauerrahm
je 1 kleine, rote und grüne Pfefferonischote · Olivenöl

ZUBEREITUNG

Pfefferonischoten entkernen und in feine Ringe schneiden. Olivenöl erhitzen und Pfefferoni darin kurz anschwitzen. Abkühlen lassen. Eidotter in ein hohes Gefäß geben und mit Senf, Zitronensaft sowie etwas Tabascosauce vermischen. Mit dem Stabmixer aufmixen, Öl ganz langsam einlaufen lassen und zu einer sämigen, mayonnaiseartigen Sauce mixen. In Milch gekochten Knoblauch und Sauerrahm zugeben, weitermixen und dann pikant abschmecken. Pfefferoni unterheben und in einem dekorativen Schälchen anrichten.

TIPP: Rouille und die mildere Variante ohne Pfefferoni (Aïoli) eignen sich speziell zum Verfeinern von Fischgerichten und sind vor allem als Begleitung der legendären südfranzösischen Fischsuppe Bouillabaisse unentbehrlich.

PAPRIKAMOUSSE

ZUTATEN

300 g Paprikaschoten, gelb, grün oder rot · 1 Schalotte · 250 ml Geflügelfond
Schuss Weißwein · 3 Blätter Gelatine · 100 ml Schlagobers, geschlagen
10 g Butter, kalt · Spritzer Zitronensaft · 1/2 Knoblauchzehe, zerdrückt · Salz
Pfeffer aus der Mühle · Thymian · Olivenöl · frischer Thymian zum Garnieren

ZUBEREITUNG

Von den Paprikaschoten Stiele und Kerne entfernen und in kleine Würfel schneiden. Schalotte fein hacken und gemeinsam mit den Paprikawürfeln in heißem Olivenöl anschwitzen. Mit Weißwein ablöschen, Geflügelfond zugießen, mit Salz, Pfeffer und Thymian würzen und köcheln lassen, bis die Flüssigkeit verdunstet ist. Mit dem Stabmixer pürieren und passieren. Masse nochmals kurz erhitzen und die kalte Butter einrühren. Gelatine in kaltem Wasser einweichen, ausdrücken und zugeben. Mit Zitronensaft sowie Knoblauch aromatisieren und geschlagenes Obers unterziehen. Kalt stellen. Mit einem in heißes Wasser getauchten Löffel Nockerln abstechen und dekorativ auf gekühlte Teller setzen. Mit frischem Thymian garnieren.

TIPPS: Die getrennte Zubereitung von roten, gelben und grünen Paprikaschoten bereitet zwar etwas mehr Aufwand, lohnt die Mühe allerdings durch ein wahrhaft attraktives Farbenspiel am Teller. Diese Paprikamousse eignet sich hervorragend als Begleiter zahlreicher Sulzen und Terrinen, aber auch kleine Köstlichkeiten, wie etwa aufgeschnittene Pökelzunge oder kalter Schweinsbraten, erhalten durch den pikanten Geschmack den gewissen Pfiff.

TURMSCHINKENCHIPSPULVER

ZUTATEN FÜR CA. 120 G

200 g Turmschinken (s. Glossar oder anderer Rohschinken)

ZUBEREITUNG

Den Turmschinken mit einer Aufschnittmaschine dünn aufschneiden. Ein Backblech mit Backpapier belegen, den Schinken großflächig darauf auflegen und im vorgeheizten Backrohr bei 90 °C 10 Stunden trocknen lassen. Herausnehmen und kurz überkühlen lassen. Schinken in der Küchenmaschine fein cuttern (reiben).

GARUNGSDAUER: ca. 10 Stunden
BACKROHRTEMPERATUR: 90 °C

TIPP: Dieses aromatische Pulver mit seinem konzentrierten Rohschinkengeschmack eignet sich hervorragend zum Verfeinern von vielerlei Gerichten. Sei es nun gebratenes Fleisch, knackiger Blattsalat oder feine Terrinen und Sülzchen – eine Prise Chipspulver darüber gestreut, und das Pünktchen auf dem i ist aufgesetzt.

VEGETARISCHES TOMATENSUGO

ZUTATEN FÜR CA. 1,5 LITER

1 kg Tomaten (oder geschälte Tomaten aus der Dose) · 250 g Zwiebeln, gehackt
70 g Karotten, feinwürfelig geschnitten · 70 g gelbe Rüben, feinwürfelig geschnitten
70 g Sellerieknolle, feinwürfelig geschnitten · 70 g Zucchini, feinwürfelig geschnitten
2 Knoblauchzehen, gehackt · 20 g frisches Basilikum, gehackt · 2 Wacholderbeeren
Pfeffer aus der Mühle · 1 kl. frische Chilischote, ohne Kerne fein gehackt · 1 Lorbeerblatt
Kümmel, gemahlen · Meersalz · ca. 100 ml Olivenöl · 25 g brauner Zucker

ZUBEREITUNG

Tomaten kreuzweise einschneiden, Strunk entfernen und nacheinander in Salzwasser kurz blanchieren (überbrühen). In Eiswasser abschrecken, Haut abziehen, halbieren und die Kerne entfernen. Tomaten kleinwürfelig schneiden und den Saft passieren.

In einem großen Topf Olivenöl erhitzen und die gehackten Zwiebeln darin langsam hell anschwitzen. Zucker einrühren und sämtliche Gemüsewürferl (ohne Tomaten) zugeben, abgeseihten Tomatensaft zugießen und 30 Minuten vor sich hin köcheln lassen. Dabei gelegentlich umrühren. Basilikum, Knoblauch, Pfeffer, Chilischote, Wacholderbeeren, Lorbeerblatt und Kümmel zufügen. Tomatenwürferl einmengen und weitere 30 Minuten köcheln. Mit Salz würzig abschmecken und noch heiß in heiß ausgespülte Schraubgläser füllen.

GARUNGSDAUER: ca. 1 Stunde

TIPP: Das auf Vorrat produzierte Tomatensugo lässt sich problemlos länger lagern und eignet sich nicht nur als ideale Begleitung für Spaghetti & Co., sondern harmoniert auch mit allerlei Knödeln und Gnocchi aus Erdäpfelteig.

BEILAGENSAUCEN & DRESSINGS

TOMATENSAUCE AUF ALT-WIENER ART

ZUTATEN

500 g Tomaten · 400 ml Gemüse- oder Rindsuppe · 100 ml Weißwein
1 kl. Zwiebel, fein gehackt · 1 kl. gelbe Rübe · 1 dicke Scheibe Speck oder Rohschinken · 1 kl. Bund Petersilie · 2 EL Butter · 2 EL Mehl · Prise Zucker
Prise scharfes Rosenpaprikapulver

ZUBEREITUNG

Gehackte Zwiebel in Butter hell anschwitzen. Gelbe Rübe grob hacken und gemeinsam mit Speck- oder Schinkenscheibe und Petersilienbund hinzufügen, kurz mitrösten und mit Weißwein aufgießen. Grob gehackte Tomaten zugeben und alles so lange dünsten, bis die Feuchtigkeit völlig verdunstet ist. Mit Mehl stauben und mit heißer Suppe aufgießen. Alles gut verrühren, Petersilie sowie Speck entfernen und die Sauce durch ein Sieb passieren. In einem frischen Topf noch einmal aufkochen, nach Belieben mit Zucker sowie wenig scharfem Paprikapulver abschmecken und heiß servieren.

SEMMELKREN MIT SAFRAN

ZUTATEN FÜR 6–8 PORTIONEN

4 Kaisersemmeln vom Vortag · 250 ml Rindsuppe · ca. 100 ml Schlagobers
1 TL Butter · 30 g Kren, gerieben · Prise Safranfäden · Salz · weißer Pfeffer
Muskatnuss, gemahlen · 1 TL Kristallzucker

ZUBEREITUNG

Rindsuppe aufkochen lassen, Semmeln würfelig schneiden. In einer anderen Kasserolle die Semmelwürfel mit Safranfäden vermischen und mit der kochenden Suppe übergießen. Mit Salz, Pfeffer, Zucker sowie Muskatnuss würzen und Schlagobers sowie Butter zugeben. Unter ständigem Rühren kurz aufkochen lassen. Geriebenen Kren unterrühren und nochmals abschmecken.

KLASSISCHE SCHWAMMERLSAUCE

ZUTATEN

400 g Schwammerl nach Saison (Steinpilze, Champignons etc.) · 1 Zwiebel, gehackt
250 ml Rindsuppe · 250 ml Schlagobers · 30 g Mehl · 100 g Butter · 2 Lorbeerblätter
10 Pfefferkörner · 6 Pimentkörner · 1/2 TL Kümmel, gemahlen · 1 EL Petersilie, gehackt · Salz

ZUBEREITUNG

Zwiebel in ca. 50 g heißer Butter anschwitzen. Mehl einrühren, kurz anrösten und mit Rindsuppe und Schlagobers aufgießen. Aufkochen lassen und dabei mit dem Schneebesen kräftig rühren. Gewürze zugeben und bei kleiner Hitze 15 Minuten kochen. Geputzte Schwammerl blättrig schneiden und in restlicher Butter anrösten. Sauce durch ein Sieb über die Schwammerl passieren, nochmals kurz aufkochen und mit gehackter Petersilie sowie Salz abschmecken.

GARUNGSDAUER: 15–20 Minuten

TIPP: Eine besonders pikante Note erhält diese Schwammerlsauce, die übrigens besonders gut zu gekochtem Rindfleisch passt, wenn man sie zusätzlich noch mit einem kräftigen Schuss Essig, etwas Zucker und gehackter Dille aromatisiert.

SAUCE HOLLANDAISE
(KLASSISCHE BUTTERSAUCE)

ZUTATEN FÜR 5–6 PORTIONEN
3 Eidotter · 300 g Butter · Salz · 1 Spritzer Zitronensaft · 3 EL Rindsuppe

ZUBEREITUNG
Butter auf milder Hitze zum Schmelzen bringen. Währenddessen in einem Kessel über Dampf Dotter mit Salz, Zitronensaft und Rindsuppe schlagen, bis die Masse schön schaumig ist. Geschmolzene Butter mit einem Schneebesen nach und nach einrühren.

FISCH-BUTTER-SAUCE

ZUTATEN
100 ml Weißwein · 40 ml Noilly-Prat · 300 ml Fischfond · 50 g Butter, kalt · Salz

ZUBEREITUNG
Für die Fisch-Butter-Sauce Weißwein mit Noilly-Prat auf ein Drittel einkochen lassen. Fischfond zugießen und nochmals auf ca. 120 ml einreduzieren. Kalte Butter einrühren und damit binden. Mit Salz abschmecken. Warm stellen.

SAUCE VIN BLANC

ZUTATEN
1–2 Schalotten · 100 ml Weißwein · 3 EL Noilly-Prat · 400 ml Fischfond
250 ml Schlagobers · 20 g Butter · Salz · Pfeffer · Cayennepfeffer
Spritzer Zitronensaft

ZUBEREITUNG
Butter in einer Pfanne schmelzen, Schalotten hacken und hell anschwitzen. Mit Noilly-Prat und Weißwein ablöschen und so lange einkochen lassen, bis fast die ganze Flüssigkeit verdunstet ist. Fischfond zugießen und abermals auf die Hälfte bis ein Drittel einkochen lassen. Schlagobers zugießen und nochmals 5 Minuten kochen lassen. Mit Salz, Pfeffer, Cayennepfeffer und Zitronensaft abschmecken. Durch ein feines Küchentuch passieren.

TIPP: Sauce vin blanc ist die Basis vieler feiner Fischsaucen und -moussen, wie etwa der Räucherfischmousse auf S. 53.

UNERGRÜNDLICH IST DES GASTES WILLE

Wolfgang Ebner trat 1972 als Page ins Sacher ein und arbeitet hier seit mehr als zwei Jahrzehnten als Oberkellner. Er liebt seine Gäste und schätzt es, dass „wir im Sacher kaum Kellnersekkierer haben, schon gar nicht unter der Prominenz. Je berühmter die Leute sind, desto mehr wollen sie ihre Ruhe haben."

Die Liste der Gäste, die er bedient hat, ist lang und reicht von Thomas Bernhard („ein Stiller") über Luciano Pavarotti („nicht besonders kontaktfreudig") und Agnes Baltsa („muss nach der Vorstellung unbedingt ihr Weißbier haben") bis hin zu Alfred Maleta („aß am liebsten eingebrannte Erdäpfel mit Gurkerln, hasste Cremespinat und rauchte danach immer eine Großglockner oder eine Virginier") und Bruno Kreisky („liebte die Rote Bar allein schon wegen der Farbe). Fazit: „Der Wille des Gastes ist unergründlich, aber ein guter Ober sollte ihn kennen."

Sacher

ZWISCHEN

GERICHTE AUS ALTER UND NEUER ZEIT
VOM SALONBEUSCHEL BIS ZUM KREBSERLGRATIN

ZWISCHENGERICHTE

Ein „feiner kleiner Happen" war immer schon populär, und es schadete dieser Popularität auch nicht, wenn der Happen eher größer als kleiner war. Was, vom Beuschel über das Gulasch und von den Krautfleckerln bis zu den Tiroler Knödeln, zu üppig für eine Vorspeise und zu wenig festlich für einen Hauptgang war, nannte man daher diplomatisch „Zwischengericht". Mittlerweile haben die Zwischengerichte, nicht zuletzt im Zuge der Antipasti- und Tapas-Welle, den Hauptgerichten fast schon den Rang abgelaufen. Ein Grund mehr für die Sacher-Köche, immer wieder mit kleineren oder größeren Zwischengängen aus dem klassischen, aber auch aus dem modern-leichten Repertoire zu brillieren.

ALT-WIENER SALONBEUSCHEL

ZUTATEN
600 g Kalbsbeuschel (Lunge) · 1 Kalbsherz · 1 Bund Wurzelwerk · 6 Pfefferkörner
3 Pimentkörner · 1 Lorbeerblatt · 1 Zweiglein Kuttelkraut (Thymian) · 1 kl. Zwiebel · Salz

FÜR DIE FERTIGSTELLUNG
40 g Butterschmalz · 30 g Mehl · 1 KL Kapern · 1 kl. Zwiebel, fein gehackt
1 Sardelle, fein gehackt · 1 Knoblauchzehe, gehackt · etwas abgeriebene Zitronenschale
1 EL Petersilie, fein gehackt · 1 Schuss Essig · Zucker · 1 Msp. geriebener Majoran
1 Msp. Senf · 2 EL Sauerrahm · 2 EL Schlagobers · Schuss Zitronensaft · Salz
Pfeffer aus der Mühle · 4 EL Gulaschsaft zum Garnieren

ZUBEREITUNG
Kalbslunge von Luft- und Speiseröhre befreien, gut wässern und dabei mehrmals von allen Seiten anstechen, damit das Wasser auch ins Innere der Lunge eindringen kann. In einem großen Topf ausreichend kaltes Wasser zustellen, Lunge und zugeputztes Herz zugeben und zum Kochen bringen. Mit Wurzelwerk, Pfefferkörnern, Pimentkörnern, Lorbeerblatt, Kuttelkraut, Salz und halbierter sowie an den Schnittstellen dunkelbraun angerösteter Zwiebel weich garen. Lunge nach etwa 1 Stunde herausnehmen und in kaltem Wasser abkühlen. Herz im Sud noch mindestens 30 Minuten kochen, bis es wirklich weich ist. Herz aus dem Sud heben.
Etwas Beuschelsud aufkochen und kräftig einkochen lassen. Währenddessen Lunge und Herz feinnudelig schneiden, knorpelige Stücke dabei entfernen. Für die Fertigstellung in einer Kasserolle Butterschmalz erhitzen, Mehl einstreuen und lichtbraun anrösten. Mit dem fein gehackten „Beuschelkräutel" aus Kapern, Zwiebeln, Sardellenfilet, Knoblauch, Zitronenschale und Petersilie würzen. Einige Minuten lang auf kleiner Flamme weiterziehen lassen. Reduzierten Sud zugießen, gut durchrühren und 15–20 Minuten sämig einkochen. Geschnittenes Beuschel zugeben, mit Salz, Pfeffer, Essig, Zucker, Majoran und Senf abschmecken. Sobald das Beuschel sämig wird, Sauerrahm und Schlagobers unterrühren. Weitere 5–10 Minuten köcheln lassen. Mit Zitronensaft abschmecken und mit etwas heißem Gulaschsaft beträufelt anrichten.

GARUNGSDAUER: ca. 1 1/2 Stunden
BEILAGENEMPFEHLUNG: Semmel- oder Serviettenknödel

Salonbeuschel, etwas anders

SALONBEUSCHEL, ETWAS ANDERS

ZUTATEN FÜR 6–8 PORTIONEN
1 Kalbsbeuschel mit Herz und Lunge · 4 cl Apfelessig für den Sud · 1 gelbe Rübe
1/2 Stangensellerie · 1/2 Stange Lauch (nur der weiße Teil) · 1 Zwiebel, fein gehackt
1 Knoblauchzehe · 2 Lorbeerblätter · 5 Pfefferkörner · 3 EL Butter · Prise Zucker
1 KL Kapern, fein gehackt · 2 Sardellenfilets · 1 KL Currypulver · 1 KL Dijonsenf
Schale von 1 Zitrone · 400 ml Veltliner oder Riesling · 1 Zweig frisches Koriandergrün
2 EL Schnittlauch, fein geschnitten · 2 EL Schweineschmalz · 2 EL Mehl · 4 EL Crème
fraîche · 1 längliche Senfgurke · Prise Ras el Hanout (marokk. Gewürzmischung)
Apfel-Balsamessig zum Abschmecken · Sauerrahm zum Garnieren · Salz
Pfeffer aus der Mühle

ZUBEREITUNG

Beuschel in viel frischem Wasser einen halben Tag wässern. In einem großen, hohen Topf kaltes Wasser mit Essig aufstellen. Grob gehackte Rübe, Sellerie und Lauch zugeben. Beuschel hineingeben, mit einem Siebeinsatz beschweren (damit das Beuschel mit Wasser bedeckt bleibt) und ca. 30 Minuten kochen. Währenddessen den aufsteigenden Schaum immer wieder abschöpfen. Dann Lorbeerblätter und Pfefferkörner zugeben und 1 Stunde weiterkochen. Das Beuschel ist gar, wenn es sich beim Anstechen mit einer Gabel schön weich anfühlt und nicht mehr blutig ist. Aus dem Sud heben (Sud aufbewahren) und in Eiswasser abschrecken. In eine Terrinenform oder Topf geben, mit einem Brett beschweren und 4 Stunden kalt stellen.

Danach das Fleisch feinnudelig schneiden und dabei Luftröhren und knorpelige Stücke entfernen. (Größere Stücke am besten mit der Brotschneidemaschine fein schneiden.) Butter mit fein gehackter Zwiebel und leicht zerdrücktem Knoblauch rehbraun rösten. Etwas Zucker zugeben und Currypulver untermischen. Mit Wein ablöschen und bei starker Hitze kräftig einkochen lassen. Mit etwa

ZWISCHENGERICHTE

1,8 Liter abgeseihtem Beuschelsud aufgießen. Sardellen, Kapern, Salz sowie Pfeffer zugeben und bei großer Hitze bis auf 1 Liter einkochen lassen. Inzwischen in einem anderen Topf das Schweineschmalz erhitzen. Mehl zugeben und hellbraun anschwitzen.
Einbrenn mit einem Schneebesen zügig in die Flüssigkeit einrühren. Mit einem Stabmixer pürieren und fein passieren. Crème fraîche einrühren, geschnittenes Beuschelfleisch zugeben, gut durchrühren und nochmals aufkochen lassen. Mit Salz, Pfeffer, Dijonsenf und Essig abschmecken. Je nachdem, ob das Beuschel mehr oder weniger suppig geraten soll, eventuell nochmals mit Sud aufgießen. Zitrone mit einem Zestenreißer schälen, Schale feinnudelig schneiden und kurz in Salzwasser blanchieren (überbrühen). Senfgurke mit einem Sparschäler der Länge nach feinnudelig schneiden und mit gehacktem Koriandergrün, Schnittlauch sowie der abgeseihten Zitronenschale mischen. Beuschel in tiefen Tellern anrichten, mit dem Gurkengemüse garnieren und mit Ras el Hanout bestreuen. Vor dem Servieren mit einem Klacks Sauerrahm und etwas Apfel-Balsamessig vollenden.

GARUNGSDAUER: 1 1/2–2 Stunden
BEILAGENEMPFEHLUNG: Topfen-Serviettenknödel (s. S. 106)
TIPPS: Kalorienärmer gerät das Beuschel, wenn man es anstelle der Einbrenn mit püriertem oder sehr fein gehacktem Wurzelwerk bindet. Nach demselben Rezept lässt sich auch Lamm- oder Schweinebeuschel zubereiten.
Die orientalische Gewürzmischung Ras el Hanout lässt sich auch durch je eine feine Prise Kardamom, Koriander, Kreuzkümmel und Muskatnuss ersetzen.

Kuttelschnecke mit Cidre-Senf-Sauce

KUTTELSCHNECKE MIT CIDRE-SENF-SAUCE

ZUTATEN FÜR 8 PORTIONEN
1 kg fast schneeweiße Kutteln, geputzt und gekocht (s. S. 80)
6 Scheiben bester Rohschinken · 2 EL grober Dijonsenf · 1 EL süßer Senf
Saft und Schale von 1/2 Zitrone · Salz · weißer Pfeffer aus der Mühle
4 EL Olivenöl zum Anbraten · Mehl zum Wenden · frische Kräuter (Estragon, Kerbel,
Pimpernell oder Petersilie) zum Garnieren · Apfelbalsamessig zum Beträufeln

FÜR DAS GEMÜSE
200 g Wurzelwerk (Karotte, Sellerie, Petersilienwurzel, gelbe Rübe und Lauch),
in ca. 5 mm große Würfel geschnitten · 2 EL Senfkörner, gewässert
200 ml Gemüse- oder Hühnerfond · 4 EL Olivenöl · Salz · weißer Pfeffer aus der Mühle

FÜR DIE SAUCE
200 ml Cidre oder milder Apfelmost · 100 ml Apfelsaft, mild und nicht zu süß
(oder selbst gepresst) · 100 ml trockener Weißwein · 200 ml Kalbs- oder Geflügelfond
1 Lorbeerblatt · 5 weiße Pfefferkörner · 2 Schalotten, fein gehackt
4 Champignons, blättrig geschnitten · 3 EL kalte Butter · 1 KL grober Dijonsenf

ZUBEREITUNG
Die gekochten, lauwarmen Kutteln zuputzen, auf einem befeuchteten Tuch großflächig ausbreiten, darüber eine Klarsichtfolie straff auflegen und rechteckig zuschneiden. Kutteln wenden und Küchentuch abziehen. Beide Senfsorten mit Pfeffer, Zitronensaft und -schale sowie Salz vermischen und auf die Kutteln streichen. Schinken auflegen und Kutteln ganz vorsichtig straff – ohne Lufteinschlüsse – einrollen. Sehr straff in Folie einschlagen und die Enden fest zuknüpfen. (Achtung: die Kutteln müssen dabei noch warm und dadurch weich sein, sonst lassen sie sich nicht gut einrollen.) Rolle 3 Stunden kalt stellen.

Währenddessen die gewässerten Senfkörner etwa 1 Stunde weich kochen, dabei das Wasser wiederholt wechseln. Wurzelwerkwürfel in Gemüsefond weich kochen. Mit Senfkörnern, Salz sowie Pfeffer würzen und Flüssigkeit vollständig einkochen lassen. Mit Olivenöl binden.

Für die Sauce den Cidre mit Apfelsaft und Weißwein auf ein Drittel einkochen lassen. Fond zugießen, gehackte Schalotten, Champignons, Lorbeerblatt sowie Pfefferkörner zugeben und die Sauce auf ca. 150 ml reduzieren. Abseihen und mit Senf sowie kalter Butter binden. Die kalte Kuttelrolle auswickeln und in 5 mm dicke Scheiben schneiden. Salzen und in Mehl wenden. In heißem Olivenöl auf beiden Seiten goldbraun braten. Auf Küchenkrepp abtropfen lassen und auf vorgewärmten Tellern anrichten. Mit Gemüse und Cidresauce umgießen und frisch gehackte Kräuter darüber streuen. Mit etwas Balsamessig beträufeln.

BEILAGENEMPFEHLUNG: Petersil- oder Salzerdäpfel, Risotto oder Tomatensauce
TIPPS: Da sich beim Kuttelkochen relativ intensive, nicht für jedermann angenehme Aromen entfalten, ist es ratsam, die Kutteln gleich beim Fleischhauer geputzt und vorgekocht zu bestellen.
Sind die Kutteln einmal gekocht, so lassen sie sich dank ihres an und für sich recht neutralen Geschmacks auf vielfältigste Weise zubereiten. Sei es nun in sämiger Oberssauce (s. S. 249), aromatischer Weißweinsauce oder wie in diesem Fall als knusprige Roulade, die man durch Gratinieren mit Käse noch attraktiver gestalten könnte.

 ZWISCHENGERICHTE

WIENER KALBSRAHMGULASCH

ZUTATEN
1 kg Kalbfleisch von der Schulter · 200 g Zwiebeln · 1 TL Paprikapulver, edelsüß
1 TL Rosenpaprikapulver · 1 EL Tomatenmark · 1 Apfel, säuerlich · 250 ml Schlagobers
125 ml Sauerrahm · 20 g Mehl · Saft von 1 Zitrone · etwas abgeriebene Zitronenschale
125 ml Weißwein · 1 Lorbeerblatt · Salz · Pfeffer aus der Mühle · 4 EL Öl zum Anbraten

ZUBEREITUNG
Fleisch in mundgerechte Würfel schneiden, Zwiebeln fein hacken. In einer Kasserolle Öl erhitzen und Kalbfleisch darin rundum kurz anbraten. Herausheben und Zwiebeln hellbraun anschwitzen lassen. Tomatenmark einrühren, Paprikapulver einmengen und mit Wein ablöschen. Fleisch wieder zugeben und so viel Wasser zugießen, dass das Fleisch gerade bedeckt ist. Lorbeerblatt, Salz und Pfeffer hinzufügen und das Fleisch ca. 1 1/2 Stunden weich dünsten. Sobald das Fleisch weich ist, mit einem Schaumlöffel wieder herausheben. Lorbeerblatt entfernen. Apfel in kleine Würfel schneiden und mit Zitronensaft und -schale zugeben. Mehl mit Schlagobers sowie Rahm glatt rühren und einmengen. Kräftig aufkochen lassen und dann mit dem Mixstab aufmixen. Saft durch ein Sieb passieren, Fleisch wieder zugeben und nochmals kurz erwärmen. Mit Salz und Pfeffer abschmecken.

GARUNGSDAUER: 1 1/2 Stunden
BEILAGENEMPFEHLUNG: Nockerln (s. S. 105)

SZEGEDINER KRAUT MIT GRAMMELNOCKERLN

ZUTATEN
300 g Sauerkraut · 1 rote Paprikaschote · 1 KL Paprikapulver · 1 EL Schweineschmalz
1 Lorbeerblatt · etwas weißer Pfeffer aus der Mühle · 1 Wacholderbeere
100 ml Apfelsaft · 2 Tomaten, gemixt und passiert (oder 100 ml Tomatensaft)
1 Scheibe Räucherspeck (oder Schwarte) · 300 ml Hühnerfond oder Wasser
1 kl. roher Erdapfel, fein gerieben · Salz · Olivenöl

FÜR DIE GRAMMELNOCKERLN
150 g Grammeln · 200 g Mehl · Msp. Knoblauch, fein gehackt · 10 g Germ · Salz
4 cl trockener Weißwein · 1 Ei · 2 EL fein gemahlene Polenta (Maisgrieß) zum Wälzen
Schweineschmalz zum Ausbacken

ZUBEREITUNG
Geschälte Paprikaschote entstielen, entkernen und in etwas Olivenöl weich schmoren. Währenddessen das Sauerkraut waschen, einige Male durchschneiden und mit Hühnerfond oder Wasser aufstellen. Pürierte Tomaten, Speck im Ganzen, Apfelsaft, Lorbeerblatt, Wacholderbeere, Salz sowie Pfeffer zugeben und alles aufkochen. Inzwischen das Schmalz mit Paprikapulver leicht erwärmen und zum Kraut geben. Noch etwa 10 Minuten köcheln lassen. Den roh geriebenen Erdapfel einrühren und weitere 5 Minuten kochen. Sollte das Kraut zu trocken sein, noch etwas Wasser aufgießen. Mit Salz und Pfeffer würzig abschmecken. Speck entfernen. Das Kraut in tiefen vorgewärmten Tellern anrichten, mit je einem geschmorten Paprikaviertel garnieren und ein Grammelnockerl darauf setzen.

Für die Grammelnockerln die Grammeln in der Küchenmaschine zerkleinern oder sehr fein hacken. Etwa 80 ml lauwarmes Wasser mit Germ vermischen. Restliche Zutaten beigeben und zu einem geschmeidigen, eher weichen Teig verrühren (bei Bedarf eventuell noch etwas Wasser zugeben). Teig abdecken und an einem warmen Ort 20 Minuten rasten lassen. Mit Hilfe eines Löffels aus dem

Szegediner Kraut mit Grammelnockerln

Teig Nocken abstechen und diese in Polenta wälzen. In einer tiefen Pfanne ausreichend viel Schmalz erhitzen und die Nockerln darin goldbraun ausbacken. Herausheben und auf Küchenkrepp gut abtropfen lassen.

GARUNGSDAUER: Kraut ca. 20 Minuten

TIPPS: Bei den Grammelnockerln können ca. 80 g Mehl auch durch 100 g gekochte, zerdrückte Erdäpfel ersetzt werden.
Authentische Grammelpogatscherl werden nach demselben Rezept zubereitet, dann zu kleinen Krapferln geformt und im Backrohr goldbraun gebacken. Vor dem Backen kann man nach Belieben mit einem Gabelrücken das für die Pogatscherl typische rasterartige Muster eindrücken.

ZWEI BIER – ODER ZWEI DAMEN

„Dirigenten können sehr unterschiedlich sein", wissen die „Nightflys" unter den Sacher-Mitarbeitern über die Pultmagier zu berichten, die nach der Oper das Sacher aufsuchen, um aus den elysischen Gefilden wieder herabzutauchen, um festen Boden unter den Füßen zu gewinnen: „Manche sind versponnene Künstler, manche strenge Feldherren, manche echte Lebemänner und andere schlicht Menschen."

Zu letzterer Kategorie zählte etwa Hans Wallberg, der nach jeder Opernaufführung nicht mehr und nicht weniger als zwei große Bier benötigte, um wieder er selbst zu werden. Alberto Erede hingegen, der große Verdi-Dirigent, bevorzugte ein anderes Sedativum, um nach einer Opernaufführung, wie ein Kellner meinte, „von seinem Flight wieder herunterzukommen": Er speiste mit mindestens zwei Damen aus seiner Verehrerinnenschar und verstrickte sie dabei in lange Gespräche. „Vor zwei oder drei Uhr früh war an kein Ende zu denken", erinnert sich der Nachtportier. „Dann wurde er allerdings sehr schnell müde und ging zu Bett. Ohne die Damen, versteht sich."

ZWISCHENGERICHTE

SZEGEDINER GULASCH

ZUTATEN FÜR 4–6 PORTIONEN

600 g Schweinefleisch von der Schulter · 500 g Sauerkraut · 100 g Schweineschmalz 150 g Zwiebeln · 1 TL Tomatenmark · 1 KL Paprikapulver, edelsüß · 1 TL Rosenpaprikapulver · 2 Lorbeerblätter · 2 Knoblauchzehen, gehackt · Kümmel · 125 ml Schlagobers 125 ml Sauerrahm · 1/2 EL Mehl · Salz · Pfeffer aus der Mühle · Rindsuppe oder Wasser zum Aufgießen

ZUBEREITUNG

Das Fleisch in mundgerechte Würfel schneiden, Zwiebeln fein hacken. Schmalz in einer Kasserolle erhitzen und das Fleisch rundum kurz darin anbraten. Wieder herausnehmen und nun die Zwiebeln goldgelb rösten. Tomatenmark einrühren, beide Paprikapulver einstreuen und mit wenig Wasser ablöschen. Fleischwürfel wieder zugeben und Lorbeerblätter, Knoblauch, Kümmel, Salz sowie Pfeffer einmengen. Etwas Suppe oder Wasser zugießen und Fleisch ca. 1 1/2 Stunden weich dünsten. Dabei etwa nach 40 Minuten das Sauerkraut einrühren und bei Bedarf immer wieder Suppe oder Wasser nachgießen. (Das Fleisch soll aber niemals schwimmen, sondern nur gerade bedeckt sein.) Sobald Fleisch und Sauerkraut weich sind, Schlagobers mit Rahm sowie Mehl glatt rühren und unter das Fleisch mengen. Noch etwa 10 Minuten bei mittlerer Hitze ziehen lassen, bis das Gulasch schön sämig ist. In tiefen, vorgewärmten Tellern anrichten.

GARUNGSDAUER: ca. 1 1/2 Stunden
BEILAGENEMPFEHLUNG: Salzerdäpfel
TIPP: Mit einem Tupfen Sauerrahm garniert, wirkt das Gulasch optisch noch besser.

REISFLEISCH „SACHER NEU"

ZUTATEN FÜR 6 PORTIONEN

1 kg Kalbs- oder Rindswangerl (ersatzweise Rindsschulter) · 300 g Risottoreis 2–2,5 Liter Rindsuppe oder Gemüsefond · 500 g Zwiebeln, in feine Ringe geschnitten 1 Knolle Knoblauch, in der Schale quer halbiert · 200 ml Rotwein · 1 EL Paprikapulver 1 KL Zucker · 300 g Pelati (geschälte Tomaten aus der Dose) · 1 Lorbeerblatt 1 Zweigerl Majoran · etwas Kümmel, ganz · 4 EL Parmesan · je 2 rote und grüne Paprikaschoten · Salz · Pfeffer aus der Mühle · Mehl zum Wenden · Schweineschmalz oder Olivenöl zum Anbraten · Butter für den Risotto · Majoran oder Thymian zum Garnieren

ZUBEREITUNG

Kalbswangerl zuputzen, in mundgerechte Würfel schneiden und mit Salz sowie Pfeffer würzen. In Mehl wälzen und in heißem Schmalz oder Olivenöl rundum scharf anbraten. Fleisch wieder herausnehmen. Zwiebelringe zugeben, hell anschwitzen und Lorbeerblatt, Kümmel, Zucker sowie Majoran zufügen. Fleisch wieder einlegen und im vorgeheizten Backrohr bei 180 °C ca. 40 Minuten schmoren. Paprikapulver einrühren und rasch mit Rotwein und etwas Suppe oder Fond ablöschen. Knoblauch sowie geschälte Tomaten einmengen und weitere 60–80 Minuten garen. Währenddessen Fleisch wiederholt übergießen und bei Bedarf Suppe oder Fond nachgießen. Etwa 20 Minuten vor Ende der Garzeit Risottoreis in Butter anschwitzen und ca. 300 ml passierten Schmorsaft zugießen. Mit ca. 150 ml Fond aufgießen, einmal aufkochen lassen und langsam unter wiederholtem Rühren wie einen Risotto ca. 18 Minuten al dente garen. Wenn nötig, noch etwas

Fond zugießen, damit der Risotto schön cremig wird. Mit Parmesan und einem nussgroßen Stück kalter Butter binden.

Währenddessen Paprikaschoten entkernen, in dickere Streifen schneiden und in Olivenöl weich schmoren. Mit einer Fleischgabel überprüfen, ob das Fleisch schön weich ist. Fleisch herausheben und warm stellen. Zu dick geratene Sauce gegebenenfalls mit etwas Fond verdünnen, zu dünne Sauce noch etwas einreduzieren. Durch ein grobes Sieb passieren und würzig abschmecken. Wangerl mit dem Risottoreis auf heißen tiefen Tellern anrichten, Paprikaschoten kurz in Olivenöl schwenken und dazulegen. Mit Majoran oder Thymian garnieren und mit Sauce umgießen.

GARUNGSDAUER: 100–120 Minuten, Risotto ca. 20 Minuten
BACKROHRTEMPERATUR: 180 °C
TIPP: Durch die getrennte Garung von Reis und Fleisch wird garantiert, dass das Fleisch zwar butterweich ist, der Reis aber dennoch den typischen körnigen Risotto-Biss hat.

ERDÄPFELGULASCH

ZUTATEN
750 g mehlige Erdäpfel · 2–3 Zwiebeln · 2 TL Paprikapulver, edelsüß · ca. 400 ml Rind- oder Gemüsesuppe · 2 Paar Sacher- oder 3 Paar Frankfurter Würstel · 1 Knoblauchzehe Schuss Essig · Prise Kümmel, ganz · Prise getrockneter Majoran · Pfeffer aus der Mühle Salz · 2–3 EL Butterschmalz · Kartoffelstärke oder Mehl zum Binden

ZUBEREITUNG
Erdäpfel schälen und in mundgerechte Würfel schneiden. Zwiebeln fein hacken und in Butterschmalz langsam auf kleiner Hitze anschwitzen. Kurz von der Herdplatte nehmen, Paprikapulver unterrühren und mit Essig ablöschen. Heiße Rindsuppe zugießen und Erdäpfel hinzufügen (Erdäpfel sollen gerade bedeckt sein). Mit Kümmel, Majoran und zerdrücktem Knoblauch würzen. So lange köcheln lassen, bis die Erdäpfel weich sind und der Saft schön sämig ist. Würstel in Scheiben schneiden und zugeben. Noch einige Minuten mitköcheln lassen. Zu dünnen Saft eventuell mit etwas Maisstärke oder Mehl (jeweils mit Wasser oder Sauerrahm anrühren) binden. Mit Salz und Pfeffer abschmecken. Gulasch – wenn möglich – nicht sofort servieren, sondern erkalten lassen und erst am nächsten Tag aufgewärmt servieren.

GARUNGSDAUER: 15–25 Minuten
TIPP: Wenn Sie das Erdäpfelgulasch etwas schärfer wollen, können Sie auch eine rote Chilischote mitdünsten.

ZWISCHENGERICHTE

TIROLER GRÖSTL

ZUTATEN
300 g Rindfleisch, gekocht · 150 g Bergsteigerwurst oder Kaminwurzen
300 g Erdäpfel, gekocht · 1 Zwiebel · Salz · Pfeffer aus der Mühle · Majoran
Petersilie, gehackt · Butter oder Schmalz zum Anbraten

ZUBEREITUNG
Geschälte Erdäpfel in Scheiben, Rindfleisch und Wurst feinblättrig schneiden. Zwiebel fein hacken. Butter oder Schmalz in einer Pfanne erhitzen und die Zwiebeln hell anrösten. Fleisch- und Wurstblätter zugeben und rasch durchrösten. Mit Salz und Pfeffer würzen.
In einer anderen Pfanne die Erdäpfelscheiben in heißem Fett so lange anrösten, bis sie schön knusprig sind. Mit Salz, Pfeffer sowie Majoran würzen und unter das Fleisch mischen. Nochmals abschmecken und mit gehackter Petersilie bestreuen.

BEILAGENEMPFEHLUNG: Krautsalat (s. S. 98)

PONGAUER FLEISCHNOCKERLN

ZUTATEN
300 g Nockerlteig (s. S. 105) · 4 Scheiben Selchspeck · 500 g Geselchtes (gekocht)
und Dauerwurst · 2 Zwiebeln · 50 g Speckwürfel zum Anbraten · Salz · Pfeffer
Schnittlauch zum Bestreuen

ZUBEREITUNG
Die Nockerln nach Anleitung zubereiten, kochen, abseihen und kalt abschrecken. Zwiebeln fein hacken. Speckwürfel in einer heißen Pfanne auslassen, Zwiebeln zugeben und hell anschwitzen. Währenddessen Geselchtes und Wurst kleinwürfelig schneiden, dann in die Pfanne geben und mitrösten. Gut abgetropfte Nockerln einmengen und unter kräftigem Rühren ganz nach Geschmack mehr oder weniger knusprig anrösten. Mit Salz und frisch gemahlenem Pfeffer abschmecken. Die Speckscheiben extra knusprig rösten. Nockerln auf vorgewärmten Tellern anrichten, je eine Speckscheibe dekorativ darüber legen und mit frisch gehacktem Schnittlauch bestreuen.

BEILAGENEMPFEHLUNG: knackiger grüner Blatt- oder Vogerlsalat
TIPP: Etwas opulenter geraten die Fleischnockerln, wenn man etwas Sauerrahm mit Schlagobers, geriebenem Käse und einem Eidotter vermengt und abschließend unter die Nockerln rührt.

„SO WAS KANN NUR EIN PONGAUER ..."

Unter den vielen internationalen Festspielgästen, die Manfred Stüfler im Sacher Salzburg seit vielen Jahren bewirtet, war auch eine amerikanische Millionärin, die den Küchenchef an ihren Tisch rufen ließ, nachdem sie mit Genuss seine Pongauer Fleischnockerln verzehrt hatte. „So eine Köstlichkeit", sagte die Lady, „kann wirklich nur jemand machen, der tatsächlich aus dem Pongau stammt. Ich habe meine Kindheit vor der Emigration in den 30ern auch im Pongau zugebracht. Aus welcher Pongauer Gemeinde stammen Sie?"
„Ich bin eigentlich Kärntner", erwiderte Stüfler, fast ein wenig zerknirscht.
Doch die Dame schien ihm gar nicht zuzuhören. „Sagte ich ja", wiederholte sie, „solche Nockerln kann nur ein echter Pongauer machen."

LETSCHOGEMÜSE „LIGHT" MIT CREME-POLENTA

ZUTATEN
12 Perlzwieberln · 200 g Senfgurke · 2 rote Paprikaschoten · 4 Frühlingszwiebeln
2 Knoblauchzehen, in Scheiben geschnitten · je 1 Zweigerl Thymian und Rosmarin
2 EL Olivenöl · Pfeffer aus der Mühle · Salz · 100 g Bauchspeck, in Streifen geschnitten
Bergkäse nach Belieben zum Bestreuen · Creme-Polenta (s. S. 113)

FÜR DIE TOMATENSAUCE
4 Tomaten, gemixt und passiert (oder 250 g passierte Pelati aus der Dose) · Pfeffer aus
der Mühle · 1/2 Chilischote ohne Kerne, fein geschnitten · 1 Lorbeerblatt · Prise Kümmel
2 EL Olivenöl · 1 EL Zucker · Salz · 4 Scheiben Bauchspeck, 2 mm dick geschnitten

ZUBEREITUNG
Zunächst die Creme-Polenta zubereiten und zugedeckt warm stellen. Für die Tomatensauce zunächst Zucker in heißem Olivenöl schmelzen. Passierten Tomatensaft sowie Gewürze zugeben und alles auf die Hälfte einkochen lassen. Mit Salz und Pfeffer nochmals würzig abschmecken. Dann Senfgurken der Länge nach dünn schneiden. Paprikaschoten mit einem Sparschäler schälen, Kerne sowie Stielansatz entfernen und in Streifen schneiden. Olivenöl in einer geräumigen Kasserolle erhitzen, sämtliches Gemüse zugeben und scharf, aber nicht zu dunkel anrösten. Mit Salz und Pfeffer würzen, die gezupften Kräuter zugeben und etwa 6 EL Tomatensauce einrühren.
Letscho in tiefen heißen Tellern anrichten und mit der restlichen Tomatensauce umgießen. Die Speckscheiben in einer beschichteten Pfanne ohne Fett knusprig anbraten und auf Küchenkrepp abtropfen lassen. Vorbereitete Polenta in Nockerlform auf das Letscho setzen und mit den Speckscheiben belegen. Nach Belieben mit etwas frisch geriebenem Bergkäse und frisch gemahlenem Pfeffer bestreuen.

TIPP: Zwar nicht ganz authentisch, dafür aber saisonbezogen gerät diese Letscho-Variante durch die Verwendung von frischen Zucchini, Fisolen oder jungen Maiskölbchen.

KRAUTFLECKERL MIT SPECK

ZUTATEN
250 g Fleckerl (roh) · 500 g weißes Kraut, ohne Strunk
100–150 g Kümmel- oder Frühstücksspeck · 2 EL Kristallzucker · 2 große Zwiebeln
ca. 80 g Schweineschmalz · Pfeffer aus der Mühle · Salz · Rindsuppe zum Aufgießen

ZUBEREITUNG
In einem Topf ausreichend Salzwasser aufkochen lassen und die Fleckerl darin al dente kochen. Abseihen, kurz kalt abschwemmen und gut abtropfen lassen.
Währenddessen Kraut (ohne Strunk und grobe Außenblätter) in kleine Quadrate schneiden, Zwiebeln feinwürfelig hacken. Speck klein schneiden und im heißen Schmalz auslassen. Zucker beigeben und karamellisieren lassen. Zwiebeln einmengen, kurz anrösten und dann Kraut zugeben. Mit etwas Rindsuppe aufgießen, salzen und pfeffern. Kraut etwa 30 Minuten weich dünsten, dabei bei Bedarf noch etwas Rindsuppe zugießen, aber nicht zu flüssig werden lassen. Abgetropfte Fleckerl zugeben und nochmals kurz erwärmen. Vor dem Servieren mit Salz und Pfeffer abschmecken.

GARUNGSDAUER: Fleckerl nach Anleitung ca. 10–12 Minuten, Kraut ca. 30–40 Minuten
TIPP: Kochen Sie die Fleckerl wirklich nur al dente, da sie sonst beim nochmaligen Aufwärmen weich und matschig werden.

FRITZ ECKHARDTS „NACHFOLGER"

Wolfgang Buchmann ist seit 1. Juli 2003 in der legendenumwitterten Position des von Fritz Eckhardt zu Weltruhm gebrachten Sacher-Chefportiers tätig. Er begann im Sacher 1983 als „Lehrling" seines berühmten Vorgängers, des Herrn Wanninger, und erinnert sich, dass bei seinem Eintritt die Frage, ob es sinnvoll sei, sich ein Faxgerät anzuschaffen, das meistdiskutierte Thema im Hotel Sacher war. „Die Serie mit Fritz Eckhardt", erinnert er sich, „habe ich als Kind besonders geliebt. Auf die Idee, dass ich einmal an seiner Stelle sitzen würde, wäre ich freilich nicht einmal im Traum gekommen." Wenn man ihn allerdings danach fragt, ob seine Tätigkeit „wie im Film" sei, schränkt Buchmann jedoch ein: „Nur ganz selten. Die Wirklichkeit ist schon ein bisschen anders."

ÜBERBACKENE SCHINKENFLECKERL

ZUTATEN
**200–250 g Schinken (am besten Prager Schinken) oder gekochtes Geselchtes
3 Eidotter · 2 Eier · 3 Eiklar · 80 g Butter · 250 ml Sauerrahm · 150 ml Schlagobers
Salz · Pfeffer aus der Mühle · Muskatnuss, gemahlen · Brösel und geriebener Parmesan
zum Bestreuen · Butter für die Form**

FÜR DIE FLECKERL (oder ca. 200 g fertige Fleckerl verwenden)
ca. 250 g Mehl, griffig · 1 Ei · 2 Eidotter · Salz · Wasser · Mehl für die Arbeitsfläche

ZUBEREITUNG
Für die Fleckerl zunächst aus Mehl, Ei, Eidottern, Salz und Wasser einen geschmeidigen Nudelteig kneten. Teigkonsistenz nach Bedarf mit Wasser oder Mehl korrigieren. Auf einer bemehlten Arbeitsfläche dünn ausrollen und in kleine Quadrate schneiden. Antrocknen lassen. In einem großen Topf reichlich Salzwasser aufkochen und die Fleckerl darin 3–5 Minuten al dente, aber keinesfalls zu weich kochen. Abseihen, kalt abschwemmen und gut abtropfen lassen. (Gekaufte Fleckerl nach Anleitung kochen.)
In einer Schüssel die zimmertemperierte Butter mit Eiern, Eidottern und einer Prise Salz flaumig rühren. Schinken in kleine Würfel schneiden und untermengen. Eiklar mit einer Prise Salz zu Schnee schlagen und gemeinsam mit Sauerrahm, Schlagobers und den gekochten Fleckerln unter den Abtrieb mengen. Alles behutsam durchmischen und mit Salz, Pfeffer und Muskatnuss abschmecken. Masse in eine gut ausgebutterte Form füllen und mit Semmelbröseln und frisch geriebenem Parmesan bestreuen. Einige Butterflocken obenauf verteilen. Im vorgeheizten Backrohr bei 180 °C ca. 45 Minuten backen. Herausheben, portionieren und auf vorgewärmten Tellern anrichten.

BACKZEIT: ca. 45 Minuten
BACKROHRTEMPERATUR: 180 °C
BEILAGENEMPFEHLUNG: Vogerl- oder grüner Salat

ZWISCHENGERICHTE

GEFÜLLTE PAPRIKA KLASSISCH

ZUTATEN

4 grüne Paprikaschoten · 200 g Faschiertes von Kalb oder Schwein · 6 EL Reis, gekocht (am besten Basmatireis) · 1 Ei · 1 Zwiebel · Butter zum Anschwitzen
1 EL Petersilie, gehackt · Salz · Pfeffer aus der Mühle · Muskatnuss, gemahlen

FÜR DIE TOMATENSAUCE

500 g Tomaten · 250 ml Rindsuppe · 1 Zwiebel · 50 g Butter · 30 g Mehl
1 EL Tomatenmark · 1 1/2 TL Zucker · Saft von 1/2 Zitrone · 1 Zimtstange
3 Gewürznelken · 5 Pimentkörner · 5 Pfefferkörner · 1 Lorbeerblatt · Salz
Pfeffer aus der Mühle

ZUBEREITUNG

Von den gewaschenen Paprikaschoten auf der Stielseite einen Deckel ausschneiden. Kerne sowie weiße Häutchen entfernen und Schoten innen waschen. Abtropfen lassen. Zwiebel fein hacken und in etwas Butter hell anschwitzen. Petersilie fein hacken und einrühren. Zwiebel unter das Faschierte mischen, Ei zugeben und mit Salz, Pfeffer und Muskatnuss würzen. Gekochten Reis einmengen. Masse in die Paprikaschoten füllen und mit dem verkehrt hineingesteckten Deckel verschließen. Etwas Butter schmelzen und die Paprikaschoten darin rundum anbraten. Mitsamt der Butter in eine feuerfeste Form setzen und mit der vorbereiteten Tomatensauce übergießen. Im vorgeheizten Backrohr bei 160 °C ca. 45 Minuten garen. Währenddessen Paprikaschoten wiederholt wenden. Für die Tomatensauce Zwiebel fein hacken und in heißer Butter hell anschwitzen. Tomatenmark einrühren. Tomaten vierteln, hinzufügen und mit Mehl stauben. Kurz durchrühren und mit Rindsuppe aufgießen. Zucker, Zitronensaft sowie sämtliche Gewürze zugeben und alles aufkochen. Bei mittlerer Hitze ca. 20 Minuten dahinköcheln lassen. Mit Salz und Pfeffer abschmecken. Gewürze, soweit möglich, wieder entfernen. Mit einem Stabmixer pürieren und durch ein feines Sieb passieren.

GARUNGSDAUER: Paprikaschoten 45 Minuten, Sauce 20 Minuten
BACKROHRTEMPERATUR: 160 °C
BEILAGENEMPFEHLUNG: Salzerdäpfel

GEFÜLLTE PAPRIKA NEU

ZUTATEN

4 rote Paprikaschoten · 300 g Erdäpfel · 4 kl. Schalotten, geschält und gehackt
300 g Braunschweiger · 3 EL Bergkäse, gerieben · 100 g Sauerrahm · 1 Ei
1 KL frischer Majoran, fein geschnitten · 2 EL Petersilie, gehackt
1 EL Kapernblüten, fein gehackt · etwas Tabascosauce · 6 Tomaten, vollreif
2 EL Kristallzucker · 2 frische Lorbeerblätter · 5 EL Olivenöl zum Andünsten
2 EL Schweineschmalz oder Pflanzenöl zum Bestreichen · Salz · Pfeffer aus der Mühle
Kümmel (ganz) · Muskatnuss, gemahlen

ZUBEREITUNG

Paprikaschoten waschen, Deckel ausschneiden und Kerne sowie weiße Häute entfernen. Vom Deckel den Kernansatz abschneiden und rund fassonieren. Erdäpfel in 4 mm große Würfelchen schneiden und mit den gehackten Schalotten in Olivenöl andünsten. Mit Salz, Pfeffer, Kümmel sowie Muskatnuss würzen und ca. 300 ml Wasser zugießen. Etwa 10 Minuten dünsten. Sobald das Wasser verdunstet ist, die kleinwürfelig geschnittene Braunschweiger zugeben. Gut durch-

Gefüllte Paprika neu

mischen. Sauerrahm, Majoran, Petersilie, Kapernblüten, Ei und Bergkäse unterrühren und mit Pfeffer und Salz abschmecken (es sollte eine zähe Masse entstehen). Masse in die Paprika füllen, gut andrücken und die Deckel aufsetzen.

Die gefüllten Paprika mit flüssigem Schmalz bestreichen und in eine feuerfeste Form stellen. Tomaten mit Zucker, Lorbeerblättern, Salz und einem Spritzer Tabascosauce zerstampfen und in die Form geben. Im vorgeheizten Backrohr bei 180 °C Umluft ca. 40–50 Minuten garen. Währenddessen die Sauce wiederholt umrühren. Sobald die Schoten schön weich sind, herausnehmen und in tiefe vorgewärmte Teller setzen. Die Sauce fein passieren und eventuell noch etwas einkochen lassen. Abschmecken und über die gefüllten Paprika gießen.

GARUNGSDAUER: 40–50 Minuten
BACKROHRTEMPERATUR: 180 °C Umluft
BEILAGENEMPFEHLUNG: grüner Blattsalat
TIPP: Dieses Gericht kann selbstverständlich auch mit grünen Paprikaschoten zubereitet werden.

DIE KÖNIGIN UND IHR FELDHERR

Als Königin Elisabeth I. gerade auf Staatsbesuch in Österreich weilte und standesgemäß im Sacher zu Abend speiste, erschien plötzlich am Eingang eine eindrucksvolle, hochgewachsene Gestalt in einer goldenen Rüstung und mit funkelndem Säbel. Bevor die Sicherheitsbeamten noch reagieren und den Mann verhaften konnten, war die Königin bereits aufgestanden und freudig auf ihren Besucher zugegangen: Es war Luciano Pavarotti in voller Feldherrenmontur, der die große Pause von „Aida" genutzt hatte, um der Königin in Gestalt des Radames seine Aufwartung zu machen.

ZWISCHENGERICHTE

GRAMMELKNÖDEL

ZUTATEN
FÜR DIE FÜLLE
200 g Grammeln · 1 Bund Petersilie, gehackt · 1 Zwiebel · 1 Knoblauchzehe, gehackt
Prise Majoran · Salz · Pfeffer aus der Mühle · Butter zum Anrösten

FÜR DEN ERDÄPFELTEIG
500 g mehlige Erdäpfel, roh geschält und gekocht · ca. 100 g Mehl, griffig
2 EL weiche Butter · 2 Eidotter · Salz · Mehl für die Arbeitsfläche · Butterbrösel
zum Wälzen

ZUBEREITUNG
Für die Fülle Zwiebel fein schneiden und in etwas Butter hell anrösten. Grammeln fein hacken und mit Petersilie, der angerösteten Zwiebel, Knoblauch und Majoran vermischen. Mit Salz und Pfeffer abschmecken. Aus der Masse kleine Kugerl formen und diese kalt stellen. Gekochte Erdäpfel im Backrohr kurz ausdampfen lassen und durch eine Erdäpfelpresse drücken. Auskühlen lassen. Auf einer bemehlten Arbeitsfläche Erdäpfel mit Butter, Eidottern, Salz und so viel Mehl, wie der Teig aufnehmen kann, geschmeidig verkneten. In Folie hüllen und im Kühlschrank 15 Minuten kühl rasten lassen. Dann zu einer Rolle formen und Scheiben abschneiden. Jede Grammelkugel gut mit Teig umhüllen und zu runden Knödeln formen. Salzwasser aufkochen und die Knödel darin etwa 7 Minuten leicht wallend kochen. Herausheben, abtropfen lassen und in heißen Butterbröseln wälzen.

GARUNGSDAUER: ca. 7 Minuten
BEILAGENEMPFEHLUNG: kalter Krautsalat (s. S. 98) oder Blattsalate

TIROLER KNÖDEL

ZUTATEN FÜR CA. 12 KNÖDEL
500 g Semmelwürfel · 400 g Speck · 100 g Bergsteigerwurst · 1 Zwiebel · 5 Eier
250 ml Milch · 1 EL Petersilie · etwas Mehl · Salz · Schmalz oder Öl zum Anbraten
knusprig gebratener Speck nach Belieben

ZUBEREITUNG
Zwiebel, Speck und Wurst kleinwürfelig schneiden und in wenig Fett anrösten. Die Eier mit Milch verquirlen, salzen und über die Semmelwürfel gießen. Speck-Zwiebel-Mischung zugeben und mit Petersilie würzen. Etwas Mehl darüber streuen und 10 Minuten rasten lassen. Mit feuchten Händen aus der Masse Knödel formen. In einem großen Topf reichlich Salzwasser aufkochen und die Knödel einlegen. Leicht wallend ca. 10 Minuten kochen, bis sie schön aufsteigen. Mit einem Schaumlöffel herausheben und auf vorgewärmten Tellern anrichten. Nach Belieben mit knusprig gebratenem Speck garnieren.

GARUNGSDAUER: ca. 10 Minuten
GARNITUREMPFEHLUNG: Sauerkraut oder grüner Salat
TIPP: Will man die Tiroler Knödel als Suppeneinlage verwenden, so werden sie einfach kleiner geformt.

STEIRISCHES KNÖDEL-KUDDELMUDDEL

ZUTATEN FÜR 12 KLEINE KNÖDERL
500 g mehlige Erdäpfel · 1 Ei · 1 Eidotter · ca. 200 g Mehl (am besten halb griffig, halb glatt) · 50 g Maisstärke (Maizena) · Salz · Muskatnuss, gemahlen · Mehl für die Arbeitsfläche · braune Butter zum Beträufeln

FÜR DIE FÜLLE
60 g gekochter Bauchspeck, fein gehackt · 1 Blutwurst
1 Breinwurst (ersatzweise mit gekochter Rollgerste vermengtes Bratwurstbrät)

ZUBEREITUNG
Die Erdäpfel kochen, kurz ausdampfen lassen und noch heiß durch eine Erdäpfelpresse drücken. Erdäpfelmasse mit Ei, Eidotter, Mehl, Maisstärke, einer Prise Muskatnuss und Salz zu einem geschmeidigen Teig verkneten. Auf einer bemehlten Arbeitsfläche zu einer Rolle formen, in etwa 12 gleich große Stücke teilen und zu gleichmäßigen Teigscheiben ausrollen.
Den Speck fein hacken, auf 4 Teigstücke verteilen und diese mit leicht angefeuchteten Händen zu kleinen, runden Knöderln formen. Das Brät der Blut- und Breinwurst ebenfalls jeweils auf 4 Teigstücke setzen und zu Knöderln formen. Salzwasser aufkochen und die Knöderl darin ca. 10 Minuten leicht wallend kochen, bis sie an die Wasseroberfläche aufsteigen. Auf vorgewärmten Tellern je drei verschieden gefüllte Knöderl anrichten und mit brauner Butter beträufeln.

GARUNGSDAUER: ca. 10 Minuten
BEILAGENEMPFEHLUNG: mit gekochter Rollgerste vermengtes Sauerkraut, warmer Krautsalat
TIPP: Vegetarische Genießer können die Knöderl auch mit der Fülle der Brennnessel-Ziegenkäse-Tascherln (s. S. 114) füllen. Weniger vegetarisch Veranlagte könnten hingegen noch knusprig geröstete Grammeln über die Knödel streuen.

RÄUCHERLACHS-PALATSCHINKEN MIT BLATTSPINAT

ZUTATEN
200 g Mehl, glatt · 2 Eier · 1 Eidotter · 125 ml Schlagobers · 250 ml Milch · Salz
Muskatnuss, gemahlen · weißer Pfeffer aus der Mühle · Butter zum Backen

FÜR DIE FÜLLE
200 g Blattspinat · 150 g Räucherlachs · 40 g Zwiebeln · 1 Knoblauchzehe, gehackt
4 EL Crème fraîche · Salz · Pfeffer aus der Mühle · Olivenöl zum Anschwitzen
etwas Lachs und Sauerrahm zum Garnieren

ZUBEREITUNG
Milch, Schlagobers, Eier und Dotter versprudeln. Mehl einrühren und mit Salz, Pfeffer sowie Muskatnuss würzen. Zu einem glatten, nicht zu dickflüssigen Teig verrühren und kurz anziehen lassen. Konsistenz durch Milch oder Mehl gegebenenfalls korrigieren. In einer beschichteten Pfanne etwas Butter erhitzen, etwas Teig einfließen lassen und goldgelb backen. Wenden und ebenfalls goldgelb backen. Mit Alufolie bedeckt warm stellen und die restlichen Palatschinken ebenso backen.
Für die Fülle Blattspinat in siedendem Salzwasser kurz blanchieren (überbrühen), mit Eiswasser abschrecken und gut abtropfen lassen. Spinat fein hacken. Zwiebeln fein schneiden und in heißem Olivenöl hell anschwitzen. Fein gehackten Knoblauch zugeben, gehackten Spinat einmengen und mit Salz sowie Pfeffer würzen. Vom Herd nehmen und etwas abkühlen lassen. Räucherlachs in feine Streifen schneiden und mit Crème fraîche vermengen. Jede Palatschinke mit etwas Spinat belegen, Räucherlachsstreifen darauf geben und Palatschinke zusammenrollen. Auf vorgewärmten Tellern anrichten und schräg halbieren. Mit feinen Räucherlachsstreifen und je einem Tupfen Rahm garnieren.

LAUWARMER KALBSKOPF MIT MARINIERTEN EIERSCHWAMMERLN

ZUTATEN
200 g gepresster Kalbskopf · 250 g Eierschwammerl · 2 Schalotten
1 Knoblauchzehe · 4 cl Olivenöl · 3 cl Weißweinessig · 1 EL Petersilie und Schnittlauch
Salz · Pfeffer aus der Mühle

ZUBEREITUNG
Schalotten fein hacken und in Olivenöl anschwitzen. Eierschwammerl mit einem feuchten Tuch putzen, in mundgerechte Stücke schneiden und zugeben. Kurz mitanschwitzen und dann mit gehackter Petersilie, Schnittlauch, zerdrücktem Knoblauch und Essig würzen. Mit Salz und Pfeffer abschmecken.
Kalbskopf in feine Scheiben schneiden, auf 4 feuerfeste Teller drapieren und bei maximaler Oberhitze kurz gratinieren, bis der Kalbskopf geschmolzen ist. Mit den marinierten Eierschwammerln belegen.

GARNITUREMPFEHLUNG: Erdäpfelkrapferl (s. S. 100) oder Erdäpfeldressing (s. S. 123)

ZWISCHENGERICHTE

ZWIEBELKUCHEN „SACHER ECK"

ZUTATEN FÜR 1 SPRING- ODER TARTEFORM MIT 28 CM Ø

300 g Mehl · 150 g Butter · 80 g Topfen (20 %), passiert · 2 Eidotter · Prise Salz
Mehl für die Arbeitsfläche · 500 g weiße Zwiebeln · ca. 150 g magerer Speck,
klein geschnitten · 1 Bund Jungzwiebeln · 1/2 Lauchstange · 8 EL Olivenöl

FÜR DEN ÜBERGUSS

5 Eier · 250 ml Schlagobers · 80 g Gouda oder milder Bergkäse, gerieben · Salz
Pfeffer aus der Mühle · Muskatnuss · Butter für die Form

ZUBEREITUNG

Für den Teig Mehl mit Butter, Topfen, Dottern und einer Prise Salz vermengen und rasch zu einem glatten Teig verkneten. In Klarsichtfolie hüllen und 4 Stunden kalt rasten lassen.

Zwiebeln halbieren und in Scheiben schneiden. Olivenöl in einer Pfanne erhitzen. Zwiebeln (ohne Jungzwiebeln) darin unter ständigem Rühren hell anschwitzen, vom Feuer nehmen und auskühlen lassen.

Backrohr auf 200 °C vorheizen, Kuchenform mit Butter ausstreichen. Teig auf einer bemehlten Arbeitsfläche messerrückendick ausrollen und die Form so damit auslegen, dass der Teig ca. 2 cm über den Rand steht. Zwiebeln darauf gleichmäßig verteilen. Für den Überguss die Eier mit Obers verquirlen. Lauch sowie Jungzwiebeln – nur das Weiße – in Ringe schneiden und gemeinsam mit dem gehackten Speck sowie dem geriebenen Käse einrühren. Masse mit Salz, Pfeffer und Muskatnuss würzen und über die Zwiebeln gießen. Teigrand zwischen Daumen und Zeigefinger zu einem attraktiven Wulst formen. Im Rohr ca. 40 Minuten backen. Herausnehmen und vor dem Anschneiden 10 Minuten rasten lassen.

BACKZEIT: ca. 40 Minuten
BACKROHRTEMPERATUR: 200 °C

TIPP: Wenn Sie den Teig zuerst „blind backen",
so wird der Kuchen knuspriger. Dafür den Teig mit einer
Gabel mehrmals stupfen, mit Backpapier belegen und dieses
mit getrockneten Bohnen oder Linsen bedecken.
Etwa 8 Minuten backen, Bohnen und Papier entfernen
und wie beschrieben füllen.

DIE FRAUEN DER TENÖRE

„La donna è mobile", singt der Herzog von Mantua in Verdis „Rigoletto", und Tenöre scheinen mit Frauenherzen tatsächlich ein besonders leichtes Spiel zu haben. Das wissen offenbar auch deren Ehefrauen. Denn die „Tenorfrau" ist unter den Portieren, Stubenmädchen und Pagen des Hotel Sacher so etwas wie eine Figurine des Hotellebens. Sie sitzt, so sie nicht ohnedies in der Loge weilt, noch während die Vorstellung läuft, in heftiger Erwartung ihres Göttergatten nervös vor der Portiersloge. Und sie ist, wie sich Eingeweihte anhand zahlreicher Beispiele, allen voran Franco Corellis und Mario del Monacos Ehefrauen, erinnern, vor allem eines: eifersüchtig.

Zwiebelkuchen „Sacher Eck"

WARMES LACHSCARPACCIO AUF LAUCHERDÄPFELN

ZUTATEN

600 g frischer Lachs, ohne Haut · 50 g Lachskaviar · 200 g Lauch (nur das Weiße)
300 g Erdäpfel · 50 g Butter zum Andünsten · 100 g kalte Butter zum Montieren
50 ml Gemüsefond · 100 ml Fischfond · 100 ml Schlagobers · 50 ml weißer Portwein
2 Schalotten, fein gehackt · Salz · Pfeffer aus der Mühle · Zitronensaft · Cayennepfeffer

ZUBEREITUNG

Lauch und Erdäpfel in Würfel schneiden und in 50 g aufgeschäumter Butter andämpfen. Mit Salz und Pfeffer würzen, mit Gemüsefond ablöschen und zugedeckt weich köcheln. Gut entgräteten Lachs in dünne Scheiben schneiden. Fertig gegarte Laucherdäpfel in tiefen feuerfesten Tellern anrichten, Lachsscheiben darauf legen und im vorgeheizten Backrohr bei 220 °C 3 Minuten überbacken. Parallel dazu den Fischfond mit Portwein und gehackten Schalotten auf die Hälfte einreduzieren. Nach Belieben durch ein Sieb seihen. Mit Schlagobers aufgießen, nochmals einkochen und mit Zitronensaft sowie Cayennepfeffer abschmecken. Kalte Butter in kleinen Stücken einrühren und die Sauce damit binden. Vom Herd nehmen, Lachskaviar einrühren und die Sauce über den Lachs träufeln.

GARUNGSDAUER: Erdäpfel je nach Größe 7–10 Minuten, 3 Minuten überbacken
BACKROHRTEMPERATUR: 220 °C
TIPP: Steht kein Lachskaviar zur Verfügung, so kann man sich auch mit Forellen- oder Saiblingskaviar behelfen, der etwas milder im Geschmack ist.

GRÜNE SPARGELCREME MIT KANINCHENFILET

ZUTATEN
600 g grüner Spargel · 2 Kaninchenrückenfilets, sauber zugeputzt · 4 Kaninchennieren (nach Belieben) · etwas Tabascosauce · 50 g braune Butter, s. Erdäpfelschnee S. 151 1 frisches Lorbeerblatt · 2 EL Olivenöl zum Anbraten · 1 Hand voll Friséesalat, sehr fein gezupft · 50 g Linsen (orange) · Salz · Pfeffer aus der Mühle

FÜR DIE MARINADE
4 EL Traubenkernöl · Prise Zucker · Salz · etwas Muskatnuss, gerieben · 2 EL weißer Balsamicoessig · 2 EL Bratenrückstand

ZUBEREITUNG
Den Spargel waschen und holzige Teile entfernen. Etwa 6 dickere Stangen zuerst schälen und dann mit einem Sparschäler (oder Aufschnittmaschine) der Länge nach hauchdünn aufschneiden. Auf einer Klarsichtfolie eng nebeneinander auflegen. Mit einem Ausstecher (9 cm Ø) vorsichtig vier Kreise ausstechen. Mit einem feuchten Tuch abdecken. Restlichen Spargel schälen und in wenig Salzwasser zugedeckt rasch weich kochen. Kalt abschrecken und in der Küchenmaschine oder mit dem Stabmixer fein pürieren. Braune Butter, Tabascosauce und etwas Salz einmixen. Passieren und kalt stellen. Kaninchenrücken mit Salz sowie Pfeffer würzen. In heißem Olivenöl rundum scharf anbraten. Nieren und Lorbeerblatt zugeben und noch 2 Minuten durchschwenken (die Nieren sollten innen noch ziemlich rosa sein). Auf einen mit Küchenkrepp belegten Teller setzen und warm rasten lassen.

Währenddessen für die Marinade etwa 2 Esslöffel Bratenrückstand abgießen und mit den restlichen Zutaten mit einem Schneebesen gut verrühren. Die Linsen waschen, kurz in siedendem Salzwasser blanchieren (überbrühen) und kalt abschrecken. Abtropfen und in etwas Marinade ziehen lassen. Spargelcreme jeweils in die Mitte der vorgekühlten Teller (möglichst kreisrund) auftragen. Spargel-kreise mit Hilfe der Klarsichtfolie darauf stürzen und mit etwas Marinade bestreichen. Kaninchen-filets und Nieren gefällig schneiden und auf die Kreise setzen. Mit Friséesalat sowie Linsen gar-nieren und mit restlicher Marinade beträufeln.

GARUNGSDAUER: Spargel je nach Stärke 3–8 Minuten, Filets wenige Minuten
TIPPS: Verfeinern Sie ganz nach aktueller Marktlage die Garnitur mit frischen, aromatischen Wiesenkräutern!
Statt Kaninchenfilet kann auch zarte Hühnerbrust verwendet werden.

ERDÄPFELSCHNEE MIT KÄRNTNER SAIBLINGSKAVIAR

ZUTATEN
500 g Erdäpfel (vorwiegend festkochend) · 4 EL Saiblingskaviar (ersatzweise Keta- oder Forellenkaviar) · 100 g Topfen (am besten Kärntner Bröseltopfen) 2 EL Sauerrahm · 1 Zweig Minze · 120 g braune Butter (s. Tipp) · Fleur de sel (ersatzweise grobes Meersalz) · Spritzer Zitronensaft · 1 EL Kerbel und Pimpernell, fein gehackt · Prise Kümmel (ganz) · Salz

ZUBEREITUNG
Salzwasser mit Minze und Kümmel aufstellen und Erdäpfel in der Schale weich kochen. Wasser abseihen und Erdäpfel mit einem Küchentuch zugedeckt 20 Minuten ausdampfen lassen. Schälen und durch eine Erdäpfelpresse drücken. Mit Hilfe eines Spiegelei-Ringes in der Tellermitte anrichten. Topfen mit Sauerrahm und etwas Zitronensaft verrühren und je ein Löffelchen davon auf den Schnee geben. Mit brauner Butter beträufeln und den Kaviar obenauf setzen. Mit frisch gehackten Kräutern bestreuen und mit Fleur de sel würzen.

TIPP: Lassen Sie braune Butter, also so lang erhitzte Butter, bis sie braun geworden ist, abschließend durch einen Kaffeefilter laufen. So trennt sich die Molke vom Butterfett und die Butter erhält den typischen feinen, nussigen Duft, weswegen sie mitunter auch „Nussbutter" genannt wird. Fertige braune Butter behält – gut gekühlt – einige Tage ihr Aroma bei.

  ZWISCHENGERICHTE

HECHTNOCKERLN IN DILLSAUCE

ZUTATEN FÜR 6 PORTIONEN

500 g Hechtfilet, ohne Haut · 1 Ei · 800 ml Schlagobers · 200 ml Weißwein
100 ml Noilly-Prat · 250 ml Fischfond · 80 g Dillspitzen, gehackt · 60 g Schalotten, gehackt · 60 g Butter, kalt · etwas Zitronensaft · Salz · weißer Pfeffer aus der Mühle
Dillzweiglein zum Garnieren

ZUBEREITUNG

Das gut gekühlte Hechtfilet sorgfältig entgräten und in kleine Würfel schneiden. In der Küchenmaschine mit kaltem Ei und unter langsamer, aber ständiger Beigabe von 400 (!) ml gekühltem Schlagobers zu einer glatten Masse pürieren. Durch ein feines Sieb streichen. Mit Salz und Pfeffer würzen. Gehackte Schalotten mit Weißwein, Noilly-Prat und Fischfond aufkochen. Aus der Hechtfarce mit einem Suppenlöffel Nockerln abstechen und in die Sauce einlegen. Etwa 8 Minuten ziehen lassen und wieder herausheben. Warm stellen. Zurückgebliebenen Fond auf etwa ein Drittel einkochen und mit restlichem Schlagobers aufgießen. Nochmals kräftig einkochen lassen. Mit Zitronensaft abschmecken und Dillspitzen einmengen. Kalte Butter einrühren, aber nicht mehr kochen. Mit einem Stabmixer aufmixen. Hechtnockerln wieder einlegen und in tiefen, vorgewärmten Tellern anrichten. Mit je einem kleinen Dillzweiglein garnieren.

GARUNGSDAUER: ca. 8 Minuten
BEILAGENEMPFEHLUNG: Reis oder Salzerdäpfel
TIPP: Steht kein Hecht zur Verfügung, so kann man die Fischfarce auch aus Zanderfilet zubereiten.

HECHTNOCKERLN NEU MIT BACHKREBSERLN

ZUTATEN

300 g Hechtfilet (ersatzweise Zanderfilet), ohne Haut und dunkle Stellen
12 Krebserl · 4 EL Saiblings- oder Forellenkaviar · 150 ml Schlagobers
100 g streichfähiger Topfen (10 % Fettgehalt) · Salz · weißer Pfeffer aus der Mühle
etwas Zitronensaft · Dillzweiglein zum Garnieren

FÜR DIE SAUCE

150 ml Weißwein · 60 ml Noilly-Prat · 500 ml milder Fisch- oder Hühnerfond
3 kl. Schalotten, fein gehackt · 50 g kalte Butter · 2 EL Crème fraîche
2 EL Dillspitzen, fein geschnitten · Salz

ZUBEREITUNG

Krebserl wie beim Krebserlgratin (S. 157) beschrieben kochen, ausbrechen und im abgekühlten Kochsud bereitstellen.

Für die Hechtnockerln das gut gekühlte Fischfilet kleinwürfelig schneiden und gemeinsam mit dem kalten, flüssigen Obers und Topfen langsam zu einer kompakten, leicht glänzenden Farce cuttern (mixen). Mit Salz, weißem Pfeffer und etwas Zitronensaft würzen. Den Fischfond zum Sieden bringen und mit Hilfe von zwei kleinen Kaffeelöffeln 12 Nockerln formen und diese in den Fond einlegen. Dabei die Löffel immer wieder in Wasser tauchen, damit die Masse nicht kleben bleibt. Mit Backpapier abdecken (dient als Dampfsperre) und ca. 10 Minuten ziehen lassen.

Inzwischen Weißwein mit gehackten Schalotten und Noilly-Prat auf ein Drittel einkochen. Abseihen und mit ca. 200 ml Fisch-Kochfond aufgießen. Salzen und 5 Minuten einkochen lassen.

Hechtnockerln neu mit Bachkrebserln

Kalte Butter und Crème fraîche einrühren und die Sauce damit binden, aber nicht mehr kochen. Abschließend Dillspitzen einrühren.

Nockerln herausheben, abtropfen lassen und in tiefe vorgewärmte Teller setzen. Die Krebserl kurz im Kochsud erwärmen, aber nicht mehr kochen. Krebserl dazwischen legen, mit Sauce überziehen und mit Kaviar sowie Dillzweigerln garnieren.

GARUNGSDAUER: Nockerln ca. 10 Minuten, Krebserl ca. 4 Minuten

TIPP: Statt der Krebserl können auch pochierte Fischfilets und gekochte heurige Erdäpfel als Einlage verwendet werden.

INSTABILE POLITIKER

Die Bildergalerie und die Gemäldesammlung sind mit Recht der ganze Stolz des Hauses Sacher. Leider kam, trotz aller Vorsicht, im Laufe der langen Geschichte dieses Traditionshotels auch das eine oder andere Gemälde abhanden. Tatkräftig entschloss sich die Direktion daher eines Tages, die Rahmen der Gemälde direkt in die Wand hineinzuschrauben und sie damit gewissermaßen „unabnehmbar" zu machen. Die einzige Ausnahme bildeten, wie sich ein früherer Mitarbeiter erinnert, „die Gemälde der Herren Politiker. Denn die müssen, je nach Gästelage, immer wieder einmal umgehängt werden."

„FORELLENQUARTETT" MIT BACHFORELLE, NUDELBLATT, BLATTSPINAT UND FORELLENKAVIAR

ZUTATEN
8 kl. Forellenfilets à 40–50 g, mit Haut und entgrätet · 2 Hand voll junger Blattspinat
4 EL Forellen- oder Saiblingskaviar · 2 EL Butter oder braune Butter (s. Erdäpfelschnee
S. 151) · Salz · weißer Pfeffer aus der Mühle · 2 EL Olivenöl · Petersilie zum Garnieren

FÜR DIE SAUCE
100 ml trockener Weißwein · 2 cl Noilly-Prat · 300 ml Fischfond · 1 KL Kren, fein
gehackt oder gerieben · 2 EL kalte Butter · Salz

FÜR DEN NUDELTEIG
160 g Mehl · 80 g Hartweizengrieß · 1 Ei · 2 Eidotter · Mehl für die Arbeitsfläche
Ei zum Bestreichen · Salz

ZUBEREITUNG
Für den Nudelteig Mehl mit Weizengrieß, Ei, Eidottern, einer Prise Salz und so viel Wasser wie nötig zu einem ziemlich festen Teig verkneten. In Klarsichtfolie hüllen und mindestens 1 Stunde kühl rasten lassen. Teig auf einer bemehlten Arbeitsfläche dünn ausrollen und in 20 Quadrate (ca. 8 x 8 cm groß) schneiden. Von einer Ecke aus quer zur gegenüberliegenden Ecke hin einrollen (s. Foto), die Nahtstelle mit Ei bestreichen und gut festdrücken.

Für die Sauce den Noilly-Prat mit Weißwein auf ein Drittel einkochen. Mit Fischfond aufgießen und nochmals auf ca. 150 ml einreduzieren lassen. Kren einrühren und mit kalter Butter montieren (binden). Mit Salz abschmecken.

Währenddessen die sorgfältig entgräteten Fischfilets salzen, pfeffern und mit der Hautseite nach unten auf einen mit Öl bestrichenen Teller setzen. Mit Folie abdecken und im vorgeheizten Backrohr bei 85 °C ca. 15–20 Minuten garen. Inzwischen die Nudelrollen in reichlich siedendem Salzwasser al dente kochen, aber nicht abschrecken. In einer Pfanne Butter erwärmen und den gewaschenen, gut abgetropften Spinat darin durchschwenken, bis er zusammenfällt. Salzen und Nudelrollen kurz dazugeben. Beides auf Tellern dekorativ anrichten und die Fischfilets nach Belieben mit oder ohne Haut dazulegen. Mit der vorbereiteten Sauce beträufeln und Kaviar daneben platzieren. Mit Petersilie garnieren.

GARUNGSDAUER: Forelle 15–20 Minuten, Nudeln wenige Minuten
BACKROHRTEMPERATUR: 85 °C

ZWISCHENGERICHTE

STEINGARNELEN MIT KÜRBISCREME

ZUTATEN
8 Garnelen (Größe 8/12) mit Schwanz, geschält · Meersalz aus der Mühle
1 Knoblauchzehe in der Schale, leicht angedrückt · 2 EL Olivenöl

FÜR DIE KÜRBISCREME
300 g Muskatkürbis in der Schale · Salz · Kümmel · Muskatnuss, gemahlen
3 EL Olivenöl · 1 Schalotte, fein geschnitten · 1 KL brauner Zucker
etwas Wasabipaste (oder Tafelkren)

FÜR DIE VINAIGRETTE
100 g dünne Fisolen · 4 EL Linsen- oder Sojasprossen · 1 EL Maiskeimöl · Salz
1 KL Ingwer, kleinwürfelig geschnitten · 2 EL Erdnussöl, kalt gepresst · 3 EL Sojasauce
Saft und Schale von 1 Limette · Msp. Sambal-Olek (asiat. Gewürzpaste) · frittierte
Wan-Tan-Blätter nach Belieben und frische Korianderblätter als Garnitur

ZUBEREITUNG
Den Kürbis mit Salz, Kümmel, Muskatnuss, braunem Zucker und gehackter Schalotte in eine mit Öl bestrichene Alufolie gut einwickeln und im vorgeheizten Backrohr bei 200 °C ca. 1 Stunde weich schmoren. Herausnehmen und Kürbisfleisch aus der Schale kratzen. Mit Wasabipaste würzig abschmecken und kalt stellen.

Die Garnelen so einschneiden, dass sie aufrecht stehen können (s. Foto S. 157). Mit der Biegung nach unten in eine Pfanne mit erhitztem Olivenöl setzen und gemeinsam mit dem Knoblauch scharf, aber kurz anbraten. Salzen, herausnehmen, auf Küchenkrepp setzen und warm stellen.

Für die Vinaigrette die rohen Fisolen in hauchdünne Ringerl schneiden. Sprossen in kochendem Wasser kurz überbrühen und kalt abschrecken. Sprossen und Fisolen mit Salz, Limettensaft und Maiskeimöl marinieren. Gemeinsam mit der Kürbiscreme dekorativ auf Teller verteilen. Das Erdnussöl mit Ingwerwürfeln, etwas Limettenschalen, Sojasauce und Sambal-Olek vermischen und auf die Teller träufeln. Garnelen aufsetzen und nach Belieben mit frittierten Wan-Tan-Blättern und frischen Korianderblättern garnieren.

GARUNGSDAUER: ca. 1 Stunde im Backrohr
BACKROHRTEMPERATUR: 200 °C
TIPP: Achten Sie darauf, dass Garnelen oder Krebserl eher zu kurz als zu lange gegart werden, da sie sonst trocken und zäh schmecken. Sobald Garnelen glasig erscheinen, sind sie richtig gegart.

SONNTAGMITTAG KREBSERLESSEN

Als die harte Nachkriegszeit allmählich vorüber war und die so genannten Wirtschaftswunderjahre langsam anbrachen, wurden auch die Gäste des Sacher wieder konsumfreudiger. Nicht selten wurde auch eine Flasche Champagner ausgegeben. Manche dieser Gäste gingen dabei jedoch mit einiger Vorsicht zu Werke. Eine aristokratische Familie, die es liebte, Sonntagmittag zum Krebserlessen ins Sacher zu kommen, bestand darauf, dass der Champagner dazu aus ganz normalen Wasserbechern getrunken würde. „Wenn uns die Leut', die draußen vorbeigehen, schon zu Mittag beim Schampanisieren sehen würden", pflegte der Gastgeber zu sagen, „was täten die sich denn womöglich über uns denken?"

Steingarnelen mit Kürbiscreme

KREBSERLGRATIN

ZUTATEN
28 Krebserl zu je 60–80 g, lebend · 500 ml Fischfond · 100 ml Weißwein · 5 cl Noilly-Prat) 200 ml Schlagobers, flüssig · 8 EL Schlagobers, geschlagen · 2 Schalotten 1 Eidotter · 40 g Butter · Salz · Cayennepfeffer · Dillzweiglein zum Garnieren

ZUBEREITUNG
In einem großen Topf ausreichend Salzwasser aufkochen. Krebserl in mehreren Partien (Wasser kühlt sonst zu stark ab) jeweils 3 Minuten kochen. In Eiswasser abschrecken. Schwänze abtrennen, aufbrechen und den Darm entfernen. Schalotten würfelig schneiden und in heißer Butter anschwitzen. Mit Noilly-Prat sowie Weißwein ablöschen und auf die Hälfte einkochen lassen. Fischfond zugießen und nochmals stark einkochen. Flüssiges Obers eingießen und mit Salz sowie Cayennepfeffer würzen. Durch ein Sieb passieren. Geschlagenes Obers mit dem Eidotter vermengen und unter die Sauce rühren, aber nicht mehr kochen. Krebsschwänze in eine passende Gratinierform einlegen, mit der Sauce übergießen und im vorgeheizten Backrohr bei maximaler Oberhitze 3–5 Minuten gratinieren. Auf vorgewärmten Tellern anrichten und mit Dille garnieren.

GARUNGSDAUER: 3 Minuten kochen, 3–5 Minuten gratinieren
BACKROHRTEMPERATUR: maximale Oberhitze
BEILAGENEMPFEHLUNG: knuspriges Baguette oder Reis

Sacher

SACHER À LA
GEMÜSEGENÜSSE DER FEINEN UND LEICHTEN ART

VÉGÉTARIENNE

VEGETARISCHE GERICHTE

Die Zeiten, in denen große Hotelküchen die zwar luxuriöse, aber doch auch sehr üppige und schwere Palastküche alten Stils pflegten, sind längst vorbei. Die Generation von erfolgreichen Geschäftsreisenden und Managern, die heute in „Leading Hotels" wie dem Sacher absteigt, ist fast immer wellness-orientiert und ernährungsbewusst. Man liebt den Hedonismus, aber man möchte auch etwas für Vitalität und Gesundheit tun. Gerade vegetarische Gerichte eignen sich dafür in besonderem Maße – und fehlen im Sacher daher auch auf keiner Speisekarte.

GEBRATENE WASSERMELONE MIT RÄUCHERSCHAFKÄSE

ZUTATEN

500 g Wassermelone (süß und aromatisch), ohne Kerne · Saft von 1/2 Limette
frische Minze- und Zitronenmelissenblätter · 300 g geräucherter Schafkäse
evt. Chilischote (ohne Kerne), ganz fein geschnitten · Fleur de sel (oder Meersalz)
Pfeffer aus der Mühle · Olivenöl · Kalamata-Oliven und knusprig gebratene Brotchips
zum Garnieren, nach Belieben

ZUBEREITUNG

Die Wassermelone in 12 gleichmäßige längliche Stangerl (ca. 12 x 2 x 2 cm groß) schneiden. Melonenstangerl vor dem Anbraten mit Küchenkrepp abtupfen. In einer beschichteten Pfanne etwas Olivenöl erhitzen, Melone darin scharf anbraten und je 3 Stangen auf vorgewärmte Teller geben. Räucherkäse dünn hobeln und über die Melonenstangerl streuen. Mit Kräuterblättern bestreuen, mit etwas Olivenöl und Limettensaft beträufeln und mit Fleur de sel, Chilistreifen und Pfeffer würzen. Mit Oliven und knusprig gebratenen Brotchips garnieren.

TIPP: Diese etwas ausgefallene Melonenkreation harmoniert, wenn man es einmal nicht ganz so vegetarisch bevorzugt, auch hervorragend mit gebratenen Riesengarnelen.

OPERNBALL UND ROTE RÜBEN

„Vor dem Opernball geht es im Sacher zu wie in einem Bienenstock", sagt Elisabeth Gürtler angesichts von 550 bis 600 Ballgästen, die alljährlich gleichzeitig essen und anschließend gleichzeitig aufstehen und hinüber in die Oper schreiten wollen. Entsprechend „heikel" ist auch, was während des Opernballmenüs auf den Tisch kommt. Elisabeth Gürtler führte, einmal „geschockt durch ein besonders hässlich angerichtetes Silvestermenü", den Brauch ein, dass dieses Menü einer oder notfalls auch mehrerer „Generalproben" bedarf, bei denen anerkannte Gourmets wie Rudolf Buchbinder, Wolfgang Rosam, der mittlerweile verstorbene und als „besonders streng" bekannte Restaurantkritiker Dr. Peter Breitschopf, Architekt Wilhelm Holzbauer oder Christine Vranitzky zu Gastwaren. Erst wenn die „Juroren" Einverständnis über das Opernballmenü erzielt haben, darf es seither auch tatsächlich serviert werden. Kriterien sind neben Wohlgeschmack, Ästhetik und Harmonie auch praktische Erwägungen wie die farbliche Verträglichkeit für Frackbrüste. Gulasch und Rote-Rüben-Suppe kommen beispielsweise nicht in Frage. Besonders wichtig ist der Sacherküche auch die Leichtigkeit aller servierten Speisen. Denn in Abwandlung eines alten lateinischen Sprichworts gilt auch für den Opernball: „Ein voller Bauch, der tanzt nicht gern."

VEGETARISCHE GERICHTE

ROTE-RÜBEN-SALAT MIT GETRÜFFELTEM ZIEGENKÄSE

ZUTATEN

4 kl. rote Rüben, gekocht · 1 Hand voll Rucola · 200 g getrüffelter Ziegenkäse (ersatzweise Pfeffer-Pecorino oder alter Parmesan) · 3 EL Olivenöl
1 Becher Kefir (ersatzweise Schafjoghurt) · Gemüsefond oder Kochwasser zum Erwärmen · Fleur de sel (oder Meersalz) · Pfeffer aus der Mühle

FÜR DAS DRESSING

3 EL weißer Balsamessig · 4 EL Graumohnöl · 1 EL Trüffel- oder Bienenhonig
2 EL Kürbiskerne, geröstet und gehackt · 2 EL junge Rote-Rüben-Blätter, fein geschnitten · Salz · Pfeffer aus der Mühle · Prise Kümmel, gemahlen

ZUBEREITUNG

Die geschälten roten Rüben in Scheiben schneiden und in mit etwas Gemüsefond oder Kochwasser vermengtem Olivenöl leicht erwärmen. Für das Dressing alle Zutaten verrühren und bis auf einen kleinen Schuss in den Topf mit den Rüben gießen. Etwa 10 Minuten ziehen lassen. Das Backrohr auf maximale Oberhitze einschalten. Rübenscheiben auf eine feuerfeste Platte legen und den Käse grob darüber hobeln. Im Rohr kurz anschmelzen lassen. Rucola mit dem restlichen Dressing marinieren und um die roten Rüben legen. Kefir glatt rühren und den Salat damit rundum garnieren. Nach Belieben mit Fleur de sel und frisch gemahlenem Pfeffer bestreuen.

GARUNGSDAUER: wenige Minuten
BACKROHRTEMPERATUR: maximale Oberhitze
TIPP: Verfeinern Sie den Salat, wenn Sie ihn nicht ganz vegetarisch möchten, durch ein auf die Rüben gelegtes Räucherforellenfilet oder eine Scheibe besten Rohschinken!

GERSTLRISOTTO MIT RISPENTOMATEN-KRAUT

ZUTATEN

180 g Rollgerste · 2 Schalotten, fein gehackt · 1/2 Knoblauchzehe, fein gehackt
2 cl Pernod · 2 cl Noilly-Prat · 400–500 ml Gemüsefond · Salz
weißer Pfeffer aus der Mühle · 1 Lorbeerblatt · etwas geriebene Muskatnuss
3 EL Olivenöl · 1 EL Parmesan, fein gerieben · 2 EL Butter, kalt

FÜR DAS RISPENTOMATEN-KRAUT

12 Cherry-Tomaten an der Rispe · 8 frische, grüne Krautblätter (möglichst junges Kraut) · 1 KL Zucker · Pfeffer aus der Mühle · Prise Kümmel (ganz)
3 EL mildes Olivenöl · Salz · etwas Gemüsefond · 1 Zweig Thymian

ZUBEREITUNG

Rollgerste gegebenenfalls (wenn nicht poliert) über Nacht einweichen. Fein gehackte Schalotten und Knoblauch in Olivenöl anschwitzen. Rollgerste sowie Lorbeerblatt zugeben und durchschwenken. Pernod sowie Noilly-Prat hinzufügen, aufkochen lassen und Gemüsefond nach und nach zugießen. Mit Salz, Pfeffer sowie Muskatnuss würzen. Rollgerste unter wiederholtem Rühren (wie einen Risotto) ca. 20 Minuten al dente dünsten.
Inzwischen von den Tomaten den Stiel entfernen und auf der schönen Seite leicht kreuzweise einschneiden. Kurz in kochendem Salzwasser blanchieren (überbrühen) und sofort kalt abschrecken. Die Haut (am besten unter Wasser) abziehen. Krautblätter ebenfalls etwa 2 Minuten

Gerstlrisotto mit Rispentomaten-Kraut

blanchieren, kalt abschrecken und abtropfen lassen. Für das Tomatenkraut in einer Pfanne Olivenöl erhitzen, Tomaten darin anschwitzen und dann Krautblätter zugeben. Mit Salz, Pfeffer, Kümmel und Zucker würzen. Schön langsam dahinköcheln lassen und dabei eventuell etwas Gemüsefond zugießen. Nochmals abschmecken. Al dente gegarten Gerstlrisotto mit Parmesan und kalter Butter binden. In vorgewärmten tiefen Tellern anrichten und das Tomatenkraut darauf drapieren. Mit Thymian garnieren.

GARUNGSDAUER: ca. 20 Minuten
GARNITUREMPFEHLUNG: Salat aus jungen Kräutern und Kalamata-Oliven
TIPP: Noch leckerer schmeckt dieses Gerstlrisotto, wenn man es zum Schluss mit etwas Schafkäse bestreut und dann kurz gratiniert.

BÖHMISCHES SCHWAMMERLGULASCH

ZUTATEN FÜR 4–6 PORTIONEN

**400 g Pilze nach Belieben (Steinpilze, Eierschwammerl, Maronenpilze, Rotkappen, Austernpilze, Seitlinge usw.) · je 100 g Karotten und Knollensellerie
300 g mehlige Erdäpfel · 1 Bund Jungzwiebeln · 60 g Butter · 150 g Schalotten
1 EL Paprikapulver · 1 Lorbeerblatt · 5 Wacholderbeeren · Prise Kümmel, gemahlen
150 ml Weißwein · 750 ml Hühnerfond · 150 g Sauerrahm · 1 Bund Dille
1 Zweig Liebstöckel · 2–3 EL Mostessig · weißer Pfeffer aus der Mühle · Salz**

ZUBEREITUNG

Pilze putzen und mit einem feuchten Schwamm säubern (wenn möglich, nicht waschen!). In mundgerechte Stücke schneiden. Geputzte Karotten, Sellerie, geschälte Erdäpfel und Jungzwiebeln

VEGETARISCHE GERICHTE

in kleine Würfel schneiden, Schalotten fein hacken. Butter in einem Kochtopf schmelzen und Schalotten anschwitzen. Paprikapulver zugeben, mit Weißwein ablöschen und sämtliches Gemüse (ohne Pilze) sowie Erdäpfel zugeben. Fond zugießen, salzen, pfeffern und Lorbeerblatt, Wacholderbeeren und Kümmel einmengen. Aufkochen und etwa 10–15 Minuten bei großer Hitze richtig sämig einkochen lassen.

Nun Pilze zugeben und noch weitere 5 Minuten köcheln lassen. Nach Möglichkeit Lorbeerblatt und Wacholderbeeren entfernen. Sauerrahm mit etwas heißer Suppe oder Wasser glatt rühren und gemeinsam mit gehackter Dille sowie Liebstöckel unterrühren. Wenige Minuten ziehen lassen und mit Mostessig würzig abschmecken.

GARUNGSDAUER: ca. 15–20 Minuten
BEILAGENEMPFEHLUNG: mit Knoblauch eingeriebenes, getoastetes Schwarzbrot

DER PRINZ UND DER KNOBLAUCH

Ein Sacher-Stammgast von prinzlichem Geblüt brachte einen der vielen Küchenchefs der Ära Anna Sacher mit seiner rigorosen Knoblauchallergie mitunter zur Verzweiflung. Seine Durchlaucht bemerkte nämlich sogar, wenn in einem Fond, der zur Saucenverfeinerung verwendet wurde, irgendwann einmal eine halbe Knoblauchzehe für ein Stündchen zu Gast gewesen war. Der Prinz pflegte sich in solchen Fällen stets bei Anna Sacher persönlich zu beschweren, die daraufhin prompt in die Küche eilte und den Chef zur Rede stellte: „Sie wissen doch: kein Knoblauch für den Prinzen. Der fällt tot um, wenn er Knoblauch auch nur von weitem riecht." Daraufhin erwiderte der Koch knochentrocken: „Frau Sacher, das versprechen Sie mir jetzt schon zum wiederholten Mal. Aber der Prinz ist immer noch da."

GEFÜLLTE KOHLRABI MIT KRÄUTER-KNOBLAUCH-PESTO

ZUTATEN
4 mittelgroße Kohlrabi · 150 g Pilze (Shiitake, Eierschwammerl etc.)
2 Schalotten · 1 altbackene Semmel · 1 Ei · 125 ml Milch · 1 EL Erdnussöl
Kümmel, gemahlen · Muskatnuss, gemahlen · Salz · Pfeffer aus der Mühle
Petersilie, gehackt · 2 EL Olivenöl · 125 ml Gemüsefond

FÜR DAS PESTO
80 g gemischte Kräuter (wie Petersilie, Estragon, Kerbel etc.) · 1/2 Knoblauchzehe
10 EL Olivenöl · 2 EL Walnüsse · 20 g Parmesan · 1 Hand voll Rucola · Salz

ZUBEREITUNG
Kohlrabi von holzigen Schalenteilen befreien, die Kappen abschneiden und als Deckeln beiseite legen. Kohlrabi aushöhlen. Kohlrabifleisch ebenso wie die Schalotten fein hacken, Pilze in kleine Stücke schneiden. Schalotten in wenig Erdnussöl anschwitzen, Pilze dazugeben und mit Salz, Pfeffer, Kümmel und Muskatnuss würzen. Semmel kleinwürfelig schneiden. Milch mit Ei versprudeln und gemeinsam mit gehackter Petersilie über die Semmelwürfel gießen. Mit den Pilzen gut verrühren.

Gefüllte Kohlrabi mit Kräuter-Knoblauch-Pesto

Kohlrabi mit der Masse füllen und Deckel aufsetzen. Eine feuerfeste Form mit Olivenöl ausstreichen und Gemüsefond eingießen. Die gefüllten Kohlrabi hineinsetzen und im vorgeheizten Backrohr bei 180 °C ca. 30 Minuten garen.

Für das Pesto alle Zutaten in einem Standmixer sehr fein mixen. Kohlrabi auf Tellern anrichten, mit dem Bratrückstand überziehen und mit jeweils etwa 1 Kaffeelöffel Pesto garnieren. Restliches Pesto in Gläser füllen und luftdicht verschließen.

GARUNGSDAUER: ca. 30 Minuten
BACKROHRTEMPERATUR: 180 °C
TIPP: Das bis zu 2 Wochen haltbare Kräuterpesto verleiht so mancher kalten Vorspeise den letzten Pfiff und lässt sich äußerst vielseitig verwenden.

FRÜHE VEGETARIERINNEN

Die Begum und Sophia Loren waren nicht nur gute Freundinnen, sondern auch große Opernfans, insbesondere von Renata Tebaldi und Giuseppe di Stefano. Wo immer dieses Traumpaar der Operngeschichte auftrat, saßen die Begum und die Loren auf den besten Plätzen, und wenn das in Wien der Fall war, so saßen sie nachher in der Roten Bar. „Es waren angenehme Gäste", erinnert sich ein alter Oberkellner. „In Erinnerung habe ich heute noch, dass die beiden ausschließlich Gemüsegerichte bestellten – was damals wesentlich auffälliger war als heute."

VEGETARISCHE GERICHTE

GRATINIERTE KOHLRABI MIT TRÜFFELN
ALEXANDRA GÜRTLERS LIEBLINGSGERICHT

ZUTATEN
6 mittelgroße, schöne Kohlrabi · 1 frische Piemonteser Trüffel · 200 ml Schlagobers
4 EL braune Butter (s. Erdäpfelschnee S. 151) · 4 EL Parmesan, gerieben
Salz · Muskatnuss, gerieben · weißer Pfeffer aus der Mühle · Butter zum Andünsten
Trüffelsauce (s. Milchkalbsfilet S. 242) nach Belieben

ZUBEREITUNG
Die Kohlrabi mit einem Sparschäler schälen und eventuell vorhandene holzige Stellen entfernen. Kohlrabi so zuschneiden, dass regelmäßige, etwa 5 cm lange und 3 cm breite Quader entstehen und diese mit Hilfe eines Pariserlöffels (oder Teelöffels) vorsichtig aushöhlen. (Dabei darauf achten, dass die „Außenwände" ungefähr gleich stark sind, damit sie denselben Garpunkt haben.) In einem Topf Salzwasser aufkochen und die Kohlrabi 8–12 Minuten bissfest kochen. Kalt abschrecken. Schöne, junge Kohlrabiblätter kurz in kochendem Salzwasser überbrühen und ebenfalls kalt abschrecken. Ausgeschnittene Kohlrabireste fein raspeln oder fein hacken. In einem Topf Schlagobers erhitzen und auf die Hälfte einkochen lassen. Mit Salz, Muskatnuss und Pfeffer würzen. Zerkleinerte Kohlrabireste zugeben, einmal aufkochen und mit etwas gehobelter Trüffel abschmecken. Kohlrabi mit heißer brauner Butter ausstreichen und die Masse (am besten mit einem Dressiersack) einfüllen. Mit Parmesan bestreuen und im vorgeheizten Backrohr bei 220 °C Oberhitze etwa 5 Minuten gratinieren. Herausheben und auf vorgewärmte Teller setzen. Blanchierte Kohlrabiblätter kurz in heißer Butter schwenken und rund um die Kohlrabi anrichten. Restliche Trüffel darüber hobeln und nach Belieben mit der vorbereiteten Trüffelsauce umgießen.

GARUNGSDAUER: 8–12 Minuten kochen, 5 Minuten überbacken
BACKROHRTEMPERATUR: 220 °C Oberhitze
TIPP: In kleineren Dimensionen zubereitet eignet sich dieses raffinierte Kohlrabigericht auch bestens als delikate Beilage.

GEFÜLLTE ZUCCHINIBLÜTE

ZUTATEN
4 Zucchiniblüten · 200 g Zucchini · 2 kl. Schalotten · 100 ml Weißwein
100 ml Geflügelfond · 2 Eidotter · 2 Scheiben Weißbrot · Butter · Salz
Pfeffer aus der Mühle

ZUBEREITUNG
Schalotten fein hacken, Zucchini in kleine Würferl schneiden. Butter schmelzen und Schalotten hell anschwitzen, Zucchiniwürfel zugeben und ebenfalls kurz anschwitzen. Mit Weißwein und Geflügelfond aufgießen und gut einkochen lassen. Weißbrot würfelig schneiden und untermengen, mit Salz sowie Pfeffer abschmecken. Vom Herd nehmen und auskühlen lassen. Eidotter einrühren und Masse mixen.

Stiele der Zucchiniblüten entfernen, Blüten in kaltes Wasser legen und dann Blütenstempel ausschneiden. Masse in einen Dressiersack mit glatter Öffnung füllen und in die Blüte hineindressieren. Blätter gut zusammendrücken. Eine Alufolie mit Butter bestreichen, die Blüten darauf platzieren, mit Butterflocken belegen und Folie zusammenschlagen. Im vorgeheizten Backrohr bei 180 °C ca. 10 Minuten garen. Aus dem Rohr nehmen, Folie öffnen und Blüten halbieren. Auf vorgewärmten Tellern anrichten.

GARUNGSDAUER: ca. 10 Minuten
BACKROHRTEMPERATUR: 180 °C
TIPP: Auch Risotto, Couscous oder cremige Rahmpolenta (s. S. 113) eignen sich hervorragend als Fülle für Zucchiniblüten.

ÜBERBACKENE TOMATEN

ZUTATEN
1 kg Fleischtomaten · 200 g Blattspinat · 100 g Mozzarella · 1 Zwiebel
1 Knoblauchzehe · 10 Kalamata-Oliven, ohne Kerne · 20 g Weißbrotbrösel
1 EL Petersilie, gehackt · Salz · Pfeffer aus der Mühle · Olivenöl

ZUBEREITUNG
Blattspinat in Salzwasser kurz blanchieren (überbrühen), eiskalt abschrecken und abtropfen lassen. Mozzarella kleinwürfelig schneiden. Zwiebel und Knoblauchzehe fein hacken. Von vier besonders schönen Tomaten die Kappe abschneiden und so aushöhlen, dass sie nachher noch stehen können. Die restlichen Tomaten kurz in siedendes Wasser tauchen, Haut abziehen, Stiel sowie Kerne entfernen und Fruchtfleisch würfelig schneiden.

Zwiebel mit Knoblauch in etwas heißem Olivenöl glasig anschwitzen. Oliven grob hacken, gut ausgedrückten Spinat einige Male durchschneiden und beides zugeben. Mit Salz und Pfeffer würzen. Tomaten- und Mozzarella-Würfel einmengen, gut durchrühren und nochmals abschmecken. Vom Feuer nehmen und die ausgehöhlten Tomaten mit der Masse füllen. Mit Bröseln sowie Petersilie bestreuen und etwas Olivenöl darüber träufeln. In eine feuerfeste Form setzen und im vorgeheizten Backrohr bei 180 °C ca. 10 Minuten backen. Je eine gefüllte Tomate auf einem Teller anrichten. Achtung beim Anschneiden – die Tomaten sind innen sehr heiß!

GARUNGSDAUER: ca. 10 Minuten
BACKROHRTEMPERATUR: 180 °C
BEILAGENEMPFEHLUNG: Baguette oder frisches Fladenbrot

VEGETARISCHE GERICHTE

ARTISCHOCKENGRÖSTL MIT OLIVEN-ERDÄPFEL-PÜREE UND FISOLEN

ZUTATEN
4 Artischocken · 2 Schalotten · 2 Tomaten · 100 g Fisolen · 2 EL Olivenöl
1 Knoblauchzehe · 1 EL Mehl · 1 Zitrone · Zitronensaft · Salbei, gehackt
Thymian, gehackt · Salz · Pfeffer · Kümmel, ganz · 200 ml Gemüsefond,
stark eingekocht · ca. 80 ml Crème fraîche · 120 g Butter

FÜR DAS OLIVEN-ERDÄPFEL-PÜREE
200 g Erdäpfel · 125 ml Milch · Salz · Muskatnuss, gemahlen · 1 EL Butter
5 schöne Kalamata-Oliven

ZUBEREITUNG
Die Tomaten kurz in siedendes Wasser tauchen, schälen, Kerne entfernen und in kleine Würfel schneiden. Fisolen kurz in Salzwasser bissfest kochen. Abschrecken und abtropfen lassen. Stiele der Artischocken entfernen, äußere Blätter wegschneiden und das Heu auskratzen. Sofort mit einer Zitrone einreiben, um das Braunwerden der Artischocken zu verhindern.

Salzwasser mit Mehl und etwas Zitronensaft aufkochen und die Artischocken darin 10–25 Minuten (je nach Größe) bissfest kochen. In Spalten schneiden. Schalotten fein hacken und in Olivenöl hell anschwitzen. Artischocken und Fisolen zugeben, kurz anrösten und Tomatenwürfel einmengen. Mit zerdrücktem Knoblauch und je einer Prise Salbei, Thymian, Kümmel, Salz und Pfeffer würzen.

Für das Oliven-Erdäpfel-Püree zunächst die geschälten Erdäpfel kochen, kurz ausdampfen lassen und durch eine Erdäpfelpresse drücken. Mit heißer Milch sowie Butter vermengen und mit Salz und Muskatnuss würzen. Oliven entkernen und sehr fein hacken. Mit dem Erdäpfelpüree vermischen. Artischockengröstl mit Oliven-Erdäpfel-Püree in vorgewärmten Suppentellern anrichten. Gemüsefond kurz aufkochen, mit Crème fraîche (mit dem Stabmixer) sowie Butter aufschäumen und darüber träufeln.

GARUNGSDAUER: 10–25 Minuten, je nach Größe der Artischocken

TIPP: Damit die Artischocken ihren eventuell vorhandenen Bittergeschmack verlieren, fügt man dem Kochwasser stets etwas Mehl und Zitronensaft bei.

GEFÜLLTE TOMATEN IN BACKTEIG

ZUTATEN
4 große Tomaten mit Stiel · 200 g Ricotta · 1 EL Mascarpone
2 EL schwarze Oliven, fein geschnitten · 2 EL frisch geriebener Parmesan
2 EL Pinienkerne, geröstet · Prise Salz · Pfeffer aus der Mühle

FÜR DEN BACKTEIG
60 g Mehl · ca. 4 cl eiskaltes Wasser · 1 EL Butter, flüssig · 1 Ei · Salz
Prise Garam Masala (indische Gewürzmischung) · Erdnussfett zum Ausbacken

FÜR DIE GARNITUR
8 Sardellenfilets · gehobelter Parmesan · etwas Minze · 12 schwarze kleine Oliven
etwas Limettensaft · Basilikumpesto · Olivenöl

Gefüllte Tomaten in Backteig

ZUBEREITUNG

Tomaten einige Sekunden in siedendes Wasser tauchen, Haut abziehen, aber Stiel nicht entfernen. Jeweils einen Deckel abschneiden und Tomaten mit einem kleinen Löffel aushöhlen.

Für den Backteig Mehl mit Wasser glatt rühren, flüssige Butter, Ei, Garam Masala und Salz dazugeben. Zu einem glatten Teig verarbeiten. In eine kleine Schüssel füllen, damit die Tomaten gut in den Backteig eingetaucht werden können. Ausreichend Fett in einer tiefen Pfanne erhitzen. Die Tomaten (am besten in einem Gitterkorb) nacheinander zu zwei Dritteln in den Backteig tauchen. Sofort frittieren. Abtropfen lassen.

Für die Füllung Ricotta mit Mascarpone, gehackten Oliven, gerösteten Pinienkernen und geriebenem Parmesan vermengen. Mit Salz und Pfeffer abschmecken und in die Tomaten füllen.

Teller mit Sardellenfilets und Oliven belegen. Die gebackenen Tomaten mit Küchenkrepp abtupfen, in die Mitte setzen und mit Parmesan sowie Minze garnieren. Basilikumpesto mit etwas Olivenöl verrühren und gemeinsam mit dem Limettensaft darüber träufeln.

TIPP: Ist gerade kein Ricotta vorrätig, so kann dieser durch Topfen ersetzt werden.

VEGETARISCHE GERICHTE

SPARGELAUFLAUF MIT KRÄUTERSAUCE

ZUTATEN

500 g weißer Spargel · 2 Eier · 100 ml Schlagobers · 1/2 Zitrone · 1 TL Zucker · 60 g Butter, weich · Salz · Muskatnuss, gemahlen

FÜR DIE KRÄUTERSAUCE

4 EL Spargelfond, stark eingekocht · 4 EL Weißwein · 2 EL Kräuter (Petersilie, Schnittlauch, Kerbel, Sauerampfer etc.), gehackt · 2 Eidotter · Salz · Pfeffer aus der Mühle · Saft von 1/2 Zitrone · 70 g flüssige Butter (am besten geklärte)

ZUBEREITUNG

Den Spargel schälen und holzige Teile wegschneiden. In einem Topf Wasser mit Salz, Zucker und der halben Zitrone aufkochen, Spargel einlegen und ca. 20 Minuten bissfest kochen. Abseihen. Im Mixer mit Eiern, Schlagobers, Salz und Muskatnuss aufmixen und durch ein feines Sieb streichen. Kleine Auflaufformen gut mit Butter ausstreichen und Spargelmasse einfüllen. Formen in ein heißes Wasserbad setzen und mit einer Alufolie abgedeckt im vorgeheizten Backrohr bei 160 °C ca. 40 Minuten pochieren. Auf vorgewärmte Teller stürzen und mit der vorbereiteten Kräutersauce servieren.

Für die Kräutersauce ca. 150 ml Spargel-Kochwasser aufkochen und so lange einkochen lassen, bis etwa 4 Esslöffel übrig geblieben sind. Dann in einem Kessel über Wasserdampf Eidotter mit Weißwein, eingekochtem Spargelfond und Zitronensaft mit dem Schneebesen schaumig aufschlagen, bis die Sauce schön sämig ist. Langsam die flüssige Butter einschlagen. Mit Salz und Pfeffer würzen und die Kräuter einrühren.

GARUNGSDAUER: Spargel ca. 20 Minuten kochen, ca. 40 Minuten pochieren
BACKROHRTEMPERATUR: 160 °C

SPARGELWASSER IM MOLOTOW-COCKTAIL

Der russische Außenminister Vjaceslav Molotow und Außenhandelsminister Anastas Mikojan waren häufig Jagdgäste von Leopold Figl und speisten mit diesem nach getanem Waidwerk im damaligen Sacher-Jagdstüberl. Frei nach Figls Motto „Sag, was wahr is' und trink, was klar is'" sprachen die beiden russischen Gäste vor allem dem Wodka zu und vertrugen davon große Mengen, weil sie noch größere Mengen Wiener Hochquellwasser dazu konsumierten.

Eines Tages, so erinnert sich der damalige Oberkellner Herbert Müller, wurden am Molotow-Tisch Spargel mit Sauce mousseline aufgetragen und daher, wie es der klassische Service vorsieht, auch Fingerbowlen mit lauwarmem Wasser eingestellt. Es kam daher, wie es kommen musste. Die russischen Gäste genossen den Spargel, tranken Wodka und griffen zur Fingerbowle. Anastas Mikojan daraufhin leutselig: „Wodka gut kalt in Wien, aber Wasser viel zu warm."

Selbst wenn einmal zu viel vom Hochprozentigen geflossen war, erwies sich Mikojan immer noch als standhaft. Einmal pflanzte er sich, so wird erzählt, nach einem feuchtfröhlichen Bankett entspannt vor einem der Kristallspiegel auf, musterte darin seine Landsleute und sagte erstaunt: „Habe gewusst, dass wir sind große Delegation, aber wusste nicht, dass so groß ..."

MARCHFELDER OFEN-SPARGEL

ZUTATEN
**24 gleich dicke Stangen Spargel (Solo-Qualität) · 1 TL Kristallzucker
ca. 150 g Butter, gebräunt · nach Wunsch 2 EL gehackte Kräuter (Kerbel, Estragon
und Petersilie) · Saft von 2 Orangen und etwas abgeriebene Schale · Meersalz**

ZUBEREITUNG
Spargel schälen, holzige Teile wegschneiden und je 6 Stangen auf zwei übereinander gelegte große Bögen Alufolie legen. Mit Salz und wenig Zucker würzen. Mit geschmolzener Butter und Orangensaft beträufeln, abgeriebene Orangenschale sowie gehackte Kräuter nach Belieben darüber streuen und Spargel in der Folie gut einpacken. Folie jeweils sorgfältig verschließen. Die Pakete nebeneinander auf ein Backblech legen und auf der unteren Schiene des 220 °C heißen Backrohrs 40 Minuten garen. Den Spargel aus dem Ofen nehmen, in der Folie kurz rasten lassen und die Folie erst bei Tisch öffnen, damit sich das feine Karamellaroma nicht vorzeitig verflüchtigt.

GARUNGSZEIT: ca. 40 Minuten
BACKROHRTEMPERATUR: 220 °C
BEILAGENEMPFEHLUNG: Petersilerdäpfel und grüner Salat
TIPP: Besonders fein schmeckt Ofen-Spargel, wenn man dazu frische, in Butter sautierte Morcheln serviert, die noch mit etwas Cognac und Rahm verfeinert werden.

GRATINIERTE GEMÜSEERDÄPFEL

ZUTATEN
**5 große mehlige Erdäpfel zu je ca. 180 g · 1 gelbe Paprikaschote
1 grüne Paprikaschote · 1 Tomate · 1 Eidotter · 1 Eiklar · Muskatnuss, gemahlen
Salz · Pfeffer aus der Mühle · 50 g Käse, gerieben · Schnittlauch zum Garnieren**

ZUBEREITUNG
Erdäpfel waschen und jeweils auf ein Stück Alufolie setzen. Mit Salz bestreuen und in Folie einwickeln. Im vorgeheizten Backrohr bei 200 °C ca. 35 Minuten backen. Herausnehmen, auswickeln und kurz ausdampfen lassen. Bei 4 (!) Erdäpfeln der Länge nach einen Deckel wegschneiden und die Erdäpfel mit einem kleinen Löffel vorsichtig aushöhlen. Erdäpfelreste passieren. Den fünften Erdapfel in kleine Würfel schneiden.
Paprikaschoten schälen, Stiel und Kerne entfernen und kleinwürfelig schneiden. Tomate kurz in siedendes Wasser tauchen, schälen und ebenfalls in kleine Würfel schneiden. Tomaten- und Paprikawürferl mit Erdäpfelmasse und -würfeln vermengen. Mit Salz, Pfeffer und Muskatnuss abschmecken. Eidotter einrühren. Eiklar steif schlagen und unterziehen. Masse in die ausgehöhlten Erdäpfel füllen und mit geriebenem Käse bestreuen. Im vorgeheizten Backrohr bei 200 °C 8–10 Minuten backen. Herausnehmen, auf Tellern anrichten und mit gehacktem Schnittlauch garnieren.

GARUNGSDAUER: ca. 35 Minuten in der Folie, dann 8–10 Minuten überbacken
BACKROHRTEMPERATUR: 200 °C
BEILAGENEMPFEHLUNG: Rucola- oder Vogerlsalat

VEGETARISCHE GERICHTE

ZWEIERLEI SPINAT MIT KNUSPEREI

ZUTATEN

400 g Blattspinat, geputzt · 2 EL Olivenöl · 2 Schalotten, fein gehackt
1 EL Butter · 4 cl Noilly-Prat (frz. Wermut) · 200 ml Hühnerfond
200 ml Schlagobers · Salz · Muskatnuss, gemahlen · Pfeffer aus der Mühle
Piemonteser Trüffel oder Parmesan nach Belieben · 6 EL braune Butter

FÜR DIE KNUSPEREIER

4 Eier, möglichst mittlere Größe · 4 EL Mehl, griffig · 1 Ei mit 2 EL Schlagobers versprudelt · 100 g trockenes Weißbrot, gerieben · Erdnussöl zum Frittieren

ZUBEREITUNG

Die zimmertemperierten Eier in Wasser ca. 2 Minuten kochen, abschrecken und mit Hilfe eines Löffels vorsichtig aus der Schale lösen.

Behutsam zuerst in Mehl, dann im Ei-Obersgemisch und zuletzt in Bröseln panieren.

Für den Cremespinat die gehackten Schalotten in Butter anschwitzen. Mit Noilly-Prat ablöschen, mit Hühnerfond aufgießen und einkochen lassen. Obers zugießen und wiederum um die Hälfte einkochen. Etwa 300 g Blattspinat kurz in viel Salzwasser blanchieren (überbrühen) und in Eiswasser abschrecken. Abtropfen lassen, in der Küchenmaschine zerkleinern und in die Obers-Reduktion einmengen. Gut vermischen und mit Salz, Pfeffer und Muskatnuss abschmecken. Warm stellen.

Für den Blattspinat in einer beschichteten Pfanne Olivenöl erhitzen und den gut abgetropften Spinat darin scharf anrösten. Mit Salz sowie Pfeffer würzen und auf Küchenkrepp abtropfen lassen. Die panierten Eier in heißem Erdnussöl kurz frittieren, herausheben und auf Küchenkrepp abtropfen lassen. Zuerst den Cremespinat in tiefen vorgewärmten Tellern anrichten, Blattspinat daneben setzen und das Ei in der Mitte platzieren. Spinat mit brauner Butter beträufeln und nach Belieben mit gehobelten Trüffeln oder Parmesan bestreuen.

TIPP: Wem die Sache mit dem Eierschälen sprichwörtlich zu „heiß" ist, der kann die Eier auch vorsichtig einzeln aufschlagen, in Essigwasser pochieren und erst dann panieren.

GRATINIERTER ZIEGENFRISCHKÄSE AUF GLACIERTEN APFELSCHEIBEN

ZUTATEN
2 Rollen Ziegenfrischkäse · 1 Apfel · 40 g Butter · 1 Eidotter · 50 g Pinienkerne, gehackt · 80 g Weißbrotbrösel · 1 KL Honig · etwas Apfelbalsamessig · Salz Pfeffer aus der Mühle · Butter zum Braten

ZUBEREITUNG
In einer Schüssel Butter mit dem Eidotter schaumig schlagen. Gehackte Pinienkerne und Weißbrotbrösel zugeben und alles gut durchmengen. Mit Salz und Pfeffer würzen. Ziegenkäse der Länge nach halbieren, aufklappen und den Käse mit der Schnittfläche nach oben in eine ausgebutterte Gratinierform setzen. Pinienkernmasse auf die Käse auftragen oder mit Hilfe eines Dressiersacks aufspritzen. Im vorgeheizten Backrohr bei maximaler Oberhitze gratinieren.

Währenddessen den Apfel schälen, Kerngehäuse ausstechen und Apfel in Scheiben schneiden. In einer Pfanne Butter erhitzen, Apfelscheiben einlegen und durchschwenken. Honig einrühren und leicht karamellisieren lassen. Dabei Apfelscheiben wiederholt wenden. Mit Balsamessig ablöschen und noch einmal kurz durchschwenken. Apfelscheiben auf vorgewärmten Tellern anrichten, den gratinierten Käse darauf setzen und mit einigen Tropfen Essig beträufeln.

GARUNGSDAUER: wenige Minuten
BACKROHRTEMPERATUR: maximale Oberhitze

EIERNOCKERLN

ZUTATEN
300 g Mehl, glatt · 3 Eier für den Nockerlteig · 4 Eier für die Eiermasse ca. 150 ml Milch · 2 EL zerlassene Butter · 2 EL Butter oder Butterschmalz zum Anbraten · etwas Öl für die Nockerln · Salz · Pfeffer · Muskatnuss, gemahlen Schnittlauch zum Bestreuen

ZUBEREITUNG
Mehl, zerlassene Butter, Eier und eine Prise Salz in einen Kessel geben und mit der Milch gut verrühren. Zu einem nicht zu festen Teig verarbeiten und bei Bedarf noch etwas Milch zugießen. In einem großen Topf ausreichend Salzwasser aufkochen. Den Teig sofort (sonst verkleistert die Masse) durch einen Spätzlehobel direkt ins kochende Wasser tropfen lassen. Sobald die Nockerln an der Wasseroberfläche schwimmen, abseihen und mit kaltem Wasser abschwemmen. Ein paar Tropfen Öl unterrühren, damit die Nockerln nicht zusammenkleben.

In einer Pfanne Butter oder Butterschmalz erhitzen und Nockerln unter ständigem Schwenken darin erhitzen. Eier mit Salz, Pfeffer und etwas Muskatnuss würzen und kurz verrühren. Über die Nockerln gießen und nicht länger als 2 Minuten anziehen lassen. Eiernockerln auf vorgewärmten Tellern anrichten und mit gehacktem Schnittlauch garnieren.

BEILAGENEMPFEHLUNG: grüner Salat
TIPP: Wenn zum Schluss noch fein gehackte Schalotten mitgeröstet werden, so schmecken die Nockerln etwas herzhafter.

VEGETARISCHE GERICHTE

KÜRBISNOCKERLN

ZUTATEN
500 g Erdäpfel · 300 g Kürbisfleisch · 80–100 g Mehl · 80 g Parmesan, frisch gerieben
1 Ei · 2 Eidotter · 1 Knoblauchzehe, halbiert · je 1 Zweiglein Thymian und Rosmarin
Pfeffer aus der Mühle · Muskatnuss, gemahlen · Salz · Olivenöl
braune Butter zum Beträufeln · Parmesan zum Bestreuen · 1 EL Kürbiskerne, geröstet

ZUBEREITUNG
Eine Bratpfanne mit Olivenöl ausstreichen. Kürbis gemeinsam mit Knoblauch, Rosmarin und Thymian auf ein Gitter setzen. Mit Olivenöl beträufeln und im vorgeheizten Backrohr bei 120 °C ca. 2 Stunden braten. Kürbis herausheben und passieren. Währenddessen Erdäpfel in der Schale weich kochen. Etwas ausdampfen lassen, schälen und passieren. Mit der Kürbismasse vermengen. Ei, Eidotter, Mehl und geriebenen Parmesan einarbeiten. Mit Salz, Pfeffer und Muskatnuss abschmecken.

In einem großen Topf Salzwasser aufkochen. Aus der Masse mit einem Löffel Nockerln abstechen und diese im kochenden Wasser aufwallen lassen. Herausheben und gut abtropfen lassen. In einer großen Pfanne etwas Olivenöl erhitzen und die Nockerln darin rundum anbraten. Nockerln auf vorgewärmten Tellern anrichten. Mit geriebenem Parmesan sowie gerösteten Kürbiskernen bestreuen und mit brauner Butter beträufeln.

GARUNGSDAUER: Kürbis 2 Stunden braten, Erdäpfel 20 Minuten, Nockerln wenige Minuten
BACKROHRTEMPERATUR: 120 °C
BEILAGENEMPFEHLUNG: grüner Salat oder Tomatensalat

STEINPILZPUFFER MIT VOGERLSALAT

ZUTATEN
4 mittelgroße, feste Steinpilze (idealerweise mit dunkler Kappe)
3 große vorwiegend festkochende Erdäpfel · Salz · weißer Pfeffer aus der Mühle
Prise Muskatnuss, gerieben · 1 EL Maisstärke (Maizena) · Fett zum Ausbacken

FÜR DEN VOGERLSALAT
150 g Vogerlsalat · 4 cl Kürbiskernöl · 2 cl Apfelessig · Salz

FÜR DIE SCHNITTLAUCHSAUCE
250 g Sauerrahm · 2 EL Schnittlauch, fein geschnitten · Salz · Pfeffer aus der Mühle

ZUBEREITUNG
Steinpilze putzen und mit einem feuchten Tuch oder Schwamm abreiben, aber möglichst nicht waschen. Mit einer Brotschneidemaschine in 1 mm feine Scheiben schneiden, mit Pfeffer und Salz würzen. Geschälte Erdäpfel der Länge nach ebenfalls in 2 mm dünne Scheiben schneiden oder hobeln und diese dann mit dem Messer in feine, gleichmäßige Streifen (Julienne) schneiden. Mit Salz, Pfeffer und Muskatnuss würzen. Gut ausdrücken und mit Maisstärke vermengen. Zu dünnen Fladen formen und auf ein Küchentuch legen. Die Hälfte davon mit Pilzscheiben belegen und jeweils mit einer Erdäpfelflade bedecken. Mit Hilfe des Tuches gut andrücken. Reichlich Fett erhitzen und die Puffer vorsichtig auf beiden Seiten goldgelb ausbacken. Herausheben, auf Küchenkrepp abtropfen lassen und auf vorgewärmten Tellern anrichten. Nach Bedarf nochmals etwas nachsalzen. Mit Schnittlauchsauce und etwas Vogerlsalat garnieren. Restlichen Vogerlsalat extra auftragen.

Steinpilzpuffer mit Vogerlsalat

Für die Schnittlauchsauce Sauerrahm mit dem fein gehackten Schnittlauch gut verrühren und mit Salz sowie Pfeffer würzen. Für den Vogerlsalat aus Kernöl, Apfelessig und Salz eine Marinade anrühren. Salat damit marinieren.

TIPP: Weniger vegetarisch, dafür ausgiebiger geraten diese delikaten Puffer, wenn man unter die Erdäpfel einige Speckstreifen mengt.

KLASSISCHE KRAUTFLECKERL

ZUTATEN FÜR 6–8 PORTIONEN
**400 g Fleckerl (roh) · 1 weißer Krautkopf (am besten Spitzkraut)
100 g Schweineschmalz · 2 Zwiebeln, gehackt · 2 EL Kristallzucker · Salz
Kümmel · Pfeffer aus der Mühle**

ZUBEREITUNG
Für die Krautmasse zunächst das Kraut putzen, vierteln, den Strunk entfernen, die Viertel mehrmals teilen und gut salzen. Kraut in kleine Quadrate schneiden, zusammenpressen und etwa 15 Minuten stehen lassen. Zucker im heißen Schmalz karamellisieren lassen. Das gut ausgedrückte Kraut sowie die fein gehackten Zwiebeln und den Kümmel dazugeben und zugedeckt, aber unter wiederholtem Umrühren etwa 30 Minuten leicht bräunlich rösten bzw. weich dünsten. Abschließend mit frisch gemahlenem Pfeffer würzen. Fleckerl in reichlich Salzwasser weich kochen, abseihen und unter die Krautmasse mengen. Noch ein paar Minuten dünsten lassen.
Vor dem Servieren nochmals mit Salz und Pfeffer abschmecken.

GARUNGSDAUER: Fleckerl nach Anleitung ca. 10–12 Minuten, Kraut ca. 30–40 Minuten

VEGETARISCHE GERICHTE

KRAUTFLECKERL AUF PORTIERSART

Manchmal schielt Sacher-Chefportier Wolfgang Buchmann neidisch auf seine Kollegen in der Küche. Denn er ist selbst leidenschaftlicher Hobbykoch, und neben seiner Erdäpfelsuppe mit Speck und steirischen Schwammerln sind vor allem seine Krautfleckerl im Familien- und Freundeskreis legendär. Dabei macht er sie keineswegs „klassisch", sondern nimmt (im Gegensatz zum vegetarischen Original) Faschiertes und etwas fein gehackten Speck als Grundlage, gießt mit etwas trockenem Weißwein auf und „tomatisiert" die Fleckerl vor dem Servieren noch mit ein wenig Tomatenmark.

KÄRNTNER KASNUDELN

ZUTATEN FÜR 16 NUDELN
300 g Mehl, glatt · 3 Eier · 1 TL Salz für den Teig · 200 g mehlige Erdäpfel
250 g grober, bröseliger Topfen · 1 EL Minzeblätter · 1 EL Kerbel
etwas Petersilie und Majoran, gehackt · Salz · Pfeffer aus der Mühle
100 g braune Butter zum Übergießen · Mehl für die Arbeitsfläche

ZUBEREITUNG

Mehl auf eine Arbeitsfläche sieben, in die Mitte eine Mulde drücken und Eier, 2 Esslöffel Wasser sowie Salz hineingeben. Nach und nach das Mehl von außen nach innen einarbeiten und zu einem glatten Teig verkneten. Nach Bedarf die Konsistenz des Teiges mit etwas Wasser oder Mehl korrigieren. Teig zu einer Kugel formen, in Klarsichtfolie wickeln und 1 Stunde rasten lassen. Inzwischen Erdäpfel in Salzwasser weich kochen, schälen und noch heiß durch eine Erdäpfelpresse drücken. Minze sowie Kerbel fein hacken und gemeinsam mit Petersilie, Majoran, Topfen, Salz und Pfeffer unter die Erdäpfel mischen. Aus der Masse 16 kleine Kugeln (à ca. 20 g) formen. Teig auf einer bemehlten Arbeitsfläche möglichst dünn (ca. 60 x 60 cm groß) ausrollen und in 4 Streifen schneiden. Auf die obere Hälfte jedes Streifens in gleichen Abständen 4 Topfenkugeln legen. Teig rund um die Fülle mit Wasser bestreichen. Untere Teighälfte darüber schlagen und rund um die Fülle mit einem Kochlöffelstiel gut andrücken. Mit einem gezackten Teigrad halbmondförmige Nudeln ausradeln und Teigränder gut zusammendrücken. Reichlich Salzwasser aufkochen, Kasnudeln einlegen und ca. 10 Minuten bei sanfter Hitze kochen. Gegen Ende der Garzeit Butter in kleine Stücke schneiden und bei schwacher Hitze hellbraun erhitzen. Kasnudeln aus dem Wasser heben, abtropfen lassen, auf vorgewärmten Tellern anrichten und mit der braunen Butter übergießen.

GARUNGSDAUER: ca. 10 Minuten
BEILAGENEMPFEHLUNG: grüner Salat
TIPPS: In Kärnten werden die Kasnudeln „gekrendelt", d. h. zwischen Daumen und Zeigefinger kunstvoll wellenartig zusammengedrückt.
Kasnudeln eignen sich – in Form von kleiner geformten Nudeln – auch als feiner kleiner Happen zu Beginn eines mehrgängigen Menüs.

VEGETARISCHE GERICHTE

PINZGAUER BLADLN

ZUTATEN

500 g Roggenmehl · 40 g Butter · 125 ml Wasser · Salz · Schmalz zum Ausbacken
Mehl für die Arbeitsfläche

ZUBEREITUNG

Das Mehl auf eine Arbeitsfläche sieben. Mit zimmerwarmer Butter, einer Prise Salz und heißem Wasser rasch zu einem geschmeidigen Teig verkneten. Teig zu einer Rolle formen, Stücke abschneiden und daraus handgroße, messerrückendicke Fladen ausrollen. Mit Mehl bestreuen und übereinander schichten, damit sie schön warm bleiben. Nun die Bladln in der Mitte so durchschneiden, dass zwei halbmondförmige Stücke entstehen. In einer großen Pfanne ausreichend Schmalz erhitzen und die Bladln auf beiden Seiten rasch goldgelb backen. Herausheben, mit Küchenkrepp abtupfen und auftragen.

BEILAGENEMPFEHLUNG: Sauerkraut oder Sauerkraut mit Rollgerstl (s. S. 179)

TOPFENREINKALAN

ZUTATEN

300 g Magertopfen · 150 g Mehl · 2 Eier · 2 EL Sauerrahm · Muskatnuss, gerieben
Petersilie, gehackt · Kerbelkraut, gehackt · braune Minze, gehackt · Salz
Butterschmalz zum Herausbacken

ZUBEREITUNG

In einer Schüssel den Topfen mit Mehl, Eiern, Rahm, einer Prise Muskatnuss, Salz und den gehackten Kräutern gut vermengen. In einer Pfanne ausreichend Schmalz erhitzen. Mit einem Esslöffel aus der Masse Krapferl stechen und ins heiße Fett einlegen. Etwas flach drücken und auf beiden Seiten goldgelb herausbacken. Herausheben, auf Küchenkrepp abtropfen lassen und auf vorgewärmten Tellern servieren.

BEILAGENEMPFEHLUNG: Tomaten-, Gurken- oder Blattsalat

TIPP: Ohne begleitenden Salat geben die Reinkalan, etwa zu gebratenem Lamm, auch eine schmackhafte Beilage ab.

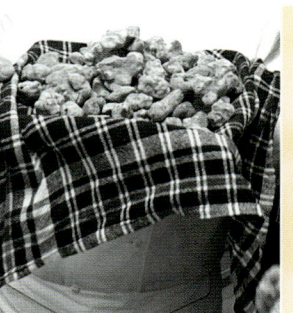

TRÜFFELALARM

„Es kam gottlob nur recht selten vor, aber angesichts der vielen Polit-Prominenz, die bei uns absteigt, gab es hin und wieder dann doch einmal einen Bombenalarm", erinnert sich Jaroslav Müller an eine der finstersten Stunden seiner Berufslaufbahn. „Wir hatten eine große Gesellschaft, und die Kellner waren gerade dabei, die Trüffeln über die Teller zu schaben, als es passierte. Zwei Minuten später war alles leer, und zurück blieben die nicht angerührten Teller mit zwei Kilo Alba-Trüffeln drauf. Der Bombenalarm erwies sich als haltlos. Aber das mit den Trüffeln, das war eine echte Katastrophe."

ERDÄPFELTASCHERLN MIT TRÜFFELN

ZUTATEN
500 g mehlige Erdäpfel · 2 EL Frischkäse · 40 g schwarze Trüffeln aus dem Glas
1 EL Trüffelöl · 1 Eidotter · 1 EL Parmesan, gerieben · Salz · Kalbsjus zum Bestreichen
Eidotter zum Bestreichen · Mehl für die Arbeitsfläche

FÜR DEN NUDELTEIG
200 g Mehl · 100 g Weizengrieß · 1 Ei · 2 EL Wasser · Salz

ZUBEREITUNG
Für den Nudelteig alle Zutaten zu einem glatten, geschmeidigen Teig verkneten. In Klarsichtfolie hüllen und kühl rasten lassen. Währenddessen Erdäpfel in der Schale weich kochen, noch heiß schälen und durch eine Erdäpfelpresse drücken. Etwas überkühlen lassen. Trüffeln kleinwürfelig hacken und mit Frischkäse, Trüffelöl, Eidotter, Parmesan sowie einer Prise Salz unter die Erdäpfelmasse mengen.

Auf einer bemehlten Arbeitsfläche den Nudelteig dünn ausrollen und mit einem runden Ausstecher oder Glas (ca. 8 cm Ø) Scheiben ausstechen. Jeweils etwas Erdäpfelfülle auftragen, den Rand mit Eidotter bestreichen und Teig zu einem Täschchen zusammenklappen. Den Rand gut festdrücken. Salzwasser aufkochen lassen, Nudeln einlegen und ca. 10 Minuten leicht wallend kochen. Herausheben und abtropfen lassen. Auf vorgewärmten Tellern anrichten und mit etwas erwärmtem Kalbsjus beträufeln.

GARUNGSDAUER: ca. 10 Minuten
BEILAGENEMPFEHLUNG: zarte Blattsalate oder Tomatensalat
TIPP: Stehen keine Trüffeln zur Verfügung, so kann man auch kurz angedünstete Pilze oder geschmacksintensive, frische Kräuter verwenden.

KASNOCKEN

ZUTATEN
300 g Nockerlteig (s. S. 105) · 1 kl. Zwiebel · 50 g Butter · 100 g Pinzgauer Käse
(oder anderer Schnittkäse) · Salz · Pfeffer aus der Mühle · Schnittlauch, gehackt

ZUBEREITUNG
Die Nockerln wie beschrieben zubereiten, in Salzwasser kochen, abseihen und kalt abschrecken. Die Zwiebel fein hacken und in einer großen Pfanne in heißer Butter nicht zu dunkel anschwitzen. Nockerln einmengen, mit Salz sowie Pfeffer würzen und gut erhitzen. Feinwürfelig geschnittenen Käse zugeben, kurz durchrühren und, sobald dieser geschmolzen ist, mit gehacktem Schnittlauch bestreuen. Nach Belieben nochmals mit frisch gemahlenem Pfeffer abschmecken und auf vorgewärmten Tellern anrichten.

BEILAGENEMPFEHLUNG: Blattsalate mit Sacher-Hausdressing (s. S. 94)

KASPRESSKNÖDEL

ZUTATEN
4 Semmeln · 2 Eier · 250 ml Milch · 200 g Pinzgauer Käse (oder anderer Schnittkäse) · 2 Erdäpfel, gekocht · 1 Zwiebel · Salz · Pfeffer aus der Mühle Muskatnuss, gerieben · Öl · Kresse zum Garnieren · geschmolzener Käse zum Garnieren nach Belieben

ZUBEREITUNG
Die Semmeln kleinwürfelig schneiden, Milch mit Eiern versprudeln und über die Semmelwürfel gießen. Anziehen lassen. Die Zwiebel fein schneiden, in etwas heißem Öl hell anschwitzen und vom Feuer nehmen. Die gekochten Erdäpfel reiben, den Käse in kleine Würfel schneiden. Nun Semmelwürfel mit angerösteter Zwiebel, Erdäpfeln und Käse gut vermischen. Mit Salz, Pfeffer und Muskatnuss würzen. Mit leicht angefeuchteten Händen aus der Masse Knödel oder Laibchen formen. In einer Pfanne ausreichend viel Öl erhitzen und die Kaspressknödel darin rundum goldgelb backen. Herausheben, mit Küchenkrepp abtupfen und auf vorgewärmten Tellern anrichten. Mit Kresse bestreuen. Nach Belieben einige Käsestangerl bei großer Hitze schmelzen und als Garnitur zu den Kaspressknödeln servieren.

BEILAGENEMPFEHLUNG: grüner Salat oder Gurken-Rahm-Salat (s. S. 96)
TIPP: Kaspressknödel können sowohl als kräftigende Zwischenmahlzeit als auch als deftige Suppeneinlage serviert werden, wofür man sie dann allerdings kleiner formen sollte.

TIROLER SCHLUTZKRAPFEN

ZUTATEN
400 g Roggenmehl · 100 g Weizenmehl · 1 Ei · 3 EL Öl · Salz
Mehl für die Arbeitsfläche · 50 g Bergkäse, gerieben · 50 g braune Butter

FÜR DIE FÜLLE
500 g Spinat, passiert · 40 g Butter · 1 kl. Zwiebel · 1 EL Mehl · 1 EL Milch
Muskatnuss, gemahlen · Salz · Pfeffer aus der Mühle · etwas Petersilie, gehackt

ZUBEREITUNG
Für den Teig Mehl mit Ei, Öl, Salz und ca. 500 ml Wasser zu einem glatten Teig verarbeiten. Rasten lassen. Auf einer bemehlten Arbeitsfläche dünn ausrollen und mit einem runden Ausstecher (ca. 8 cm Ø) Scheiben ausstechen.

Zwiebel fein hacken und in Butter goldbraun anrösten. Gehackte Petersilie dazugeben, Mehl einrühren und mit Milch aufgießen. Passierten Spinat einmengen und mit Salz, Pfeffer und Muskatnuss würzen. Auf jede Teigscheibe etwas Fülle setzen, die Ränder mit Wasser leicht bestreichen und Teig halbmondförmig übereinander klappen. Rand gut festdrücken. In einem großen Topf ausreichend Salzwasser aufkochen lassen und die Schlutzkrapfen darin ca. 10 Minuten kochen. Mit einem Schaumlöffel herausheben, abtropfen lassen und auf vorgewärmten Tellern anrichten. Mit geriebenem Käse bestreuen und mit brauner Butter beträufeln.

GARUNGSDAUER: ca. 10 Minuten
BEILAGENEMPFEHLUNG: grüner Salat mit Sacher-Hausdressing (s. S. 94)
TIPP: Nicht selten werden unter die Spinatmasse auch gekochte, passierte Erdäpfel und/oder Topfen gemengt, wodurch die Schlutzkrapfen zu einer recht ergiebigen Zwischenmahlzeit werden.

MELANZANIGNOCCHI

ZUTATEN
1,5 kg Melanzani · ca. 250 g Mehl · 3 Schalotten · 4 Eidotter
1 EL Kräuter, gehackt (Petersilie, Basilikum, Thymian etc.) · 1 Knoblauchzehe, gehackt
Salz · Pfeffer aus der Mühle · Olivenöl zum Anbraten · Parmesan, frisch gerieben
Basilikum zum Garnieren

ZUBEREITUNG
Stielansatz von den Melanzani entfernen, Melanzani schälen und in größere Würfel schneiden. In einer Pfanne Olivenöl erhitzen und Melanzani darin goldgelb braten. Schalotten und Knoblauch fein hacken und zugeben. Kurz mitanschwitzen, dann vom Herd nehmen und kalt stellen. Kalte Melanzani pürieren und mit Salz sowie Pfeffer würzen. Mit Mehl und Eidottern vermengen und Teig zu einer Rolle formen. Davon etwa 2 cm große Nockerln abstechen und zu Gnocchi formen. Mit dem Gabelrücken das typische Muster aufdrücken. Salzwasser in einem großen Topf aufkochen. Gnocchi einlegen und leicht wallend 3–5 Minuten kochen. Abseihen und in heißem Olivenöl schwenken. Auf vorgewärmten Tellern anrichten und mit frisch geriebenem Parmesan bestreuen. Mit frischen Basilikumblättern garnieren.

GARUNGSDAUER: 3–5 Minuten

VEGETARISCHE GERICHTE

PARMESANNOCKERLN MIT SPINAT UND SCHAFKÄSE

ZUTATEN FÜR 4–6 PORTIONEN

800 g Erdäpfel · 200 g Blattspinat · 100 g Schafkäse · 180 g Parmesan, frisch gerieben
80 g Mehl · 1 Ei · Salz · Pfeffer aus der Mühle · Muskatnuss, gemahlen · Olivenöl
ca. 300 ml Tomatensugo (s. S. 125) · Basilikumblätter und Schafkäse zum Garnieren

ZUBEREITUNG

Erdäpfel in der Schale weich kochen, noch heiß schälen und durch eine Erdäpfelpresse drücken. Etwas überkühlen lassen. Den geputzten Blattspinat kurz in Salzwasser blanchieren (überbrühen). Herausheben, gut abtropfen lassen und mehrmals durchschneiden. Erdäpfelmasse mit Spinat, würfelig geschnittenem Schafkäse, Parmesan, Mehl und Ei gut vermengen. Mit Salz, Pfeffer und Muskatnuss würzen.

Salzwasser aufkochen. Aus der Masse mit einem Löffel größere oder kleinere Nockerln abstechen und im siedenden Wasser leicht wallend ziehen lassen. Herausheben, mit kaltem Wasser abschrecken und gut abtropfen lassen. Dann in einer Pfanne Olivenöl erhitzen und die gut abgetropften Nockerln unter kräftigem Schwenken der Pfanne rundum anbraten. Das vorbereitete heiße Tomatensugo auf vorgewärmten Tellern anrichten und die Parmesannockerln darauf setzen. Mit Basilikumblättern und zerbröseltem Schafkäse garnieren.

GARUNGSDAUER: 4–5 Minuten

TIPP: Statt mit Tomatensugo können die Parmesannockerln auch auf Tomatensauce (s. S. 126) angerichtet werden, oder man gibt den Nockerln gleich in der Pfanne Tomatenwürfel und etwas Basilikum zu.

SPINAT-GRAUKÄSE-KRAPFERL MIT MORCHEL-SPARGEL-RAGOUT

ZUTATEN

250 g Toastbrot (5–6 Scheiben) ohne Rinde, in Würfel geschnitten
150 ml Milch · 100 g Zwiebeln · 1 Knoblauchzehe · 30 g Butter · 150 g Blattspinat
1 Ei · 1 Eidotter · 50 g Mehl · 120 g kräftiger Graukäse oder reifer Bergkäse, gerieben
1 Becher Cottage Cheese · Salz · Pfeffer aus der Mühle · Muskatnuss, gemahlen
Butterschmalz zum Braten

FÜR DAS MORCHEL-SPARGEL-RAGOUT

12 grüne Spargelspitzen · 12 weiße Spargelspitzen · 1 Bund wilder Spargel,
nur die Spitzen · 1 Schalotte · 30 g Butter · 200 g frische Morcheln (ersatzweise getrocknete, eingeweichte Morcheln) · 2 EL Madeira · 1 EL Bärlauch, in Streifen geschnitten · 150 ml Schlagobers · Salz · Prise Zucker · Pfeffer aus der Mühle

ZUBEREITUNG

Toastbrotwürfel in lauwarmer Milch einweichen. Zwiebeln und Knoblauch fein schneiden und in heißer Butter goldbraun rösten. Mit den eingeweichten Brotwürfeln vermengen. Spinat kurz mit kochendem Wasser überbrühen, gut ausdrücken und mit Ei sowie Eidotter (am besten im Cutter) fein pürieren. Zusammen mit Mehl und geriebenem Käse in die Brotmasse einarbeiten. Mit Salz, Pfeffer und Muskatnuss würzen. Mit feuchten Händen etwa 12 flache Krapferl (ca. 50 g schwer)

formen, jeweils etwas Cottage Cheese darauf geben, zusammenklappen und wieder zu flachen Krapferln formen. Die Krapferl in Butterschmalz beidseitig goldbraun braten und auf Küchenkrepp gut abtropfen lassen. Warm stellen.

Für das Ragout die Spargelspitzen jeweils getrennt in Salzwasser mit wenig Zucker bissfest, aber nicht zu weich kochen. Schalotten klein schneiden und in Butter andünsten. Die gründlich gewaschenen und gut abgetropften Morcheln dazugeben und ebenfalls kurz anbraten. Mit Madeira ablöschen. Spargelspitzen sowie Bärlauch dazugeben und mit Obers aufgießen. Einkochen lassen und mit Salz sowie Pfeffer abschmecken.

Die Spinatkrapferl auf vorgewärmten Tellern anrichten und mit dem Ragout garnieren.

TIPPS: Steht kein Bärlauch zur Verfügung, so kann er auch durch frisch gehackten Schnittlauch ersetzt werden.

Die Spinatkrapferl eignen sich – kleiner geformt – auch sehr gut als Einlage etwa in klaren Rind- oder Schwammerlsuppen.

GOTTGEFÄLLIGER APFELSAFT

Viele so genannte Öl-Scheichs aus Saudi-Arabien und den Vereinigten Emiraten halten dem Sacher schon seit vielen Jahren die Treue. Die meisten von ihnen befolgen das islamische Alkoholverbot strikt, es gab jedoch immer wieder auch Ausnahmen, die in Wien eine ähnliche Liebe zum Rebensaft entdeckten wie Osmin in Mozarts „Entführung aus dem Serail".

Eines dieser „schwarzen Schafe" wies die Sacher-Kellner daher an – es war zu Beginn der 70er Jahre des 20. Jahrhunderts –, die Etiketten von den Weinflaschen abzuwaschen und durch Obi-Apfelsaft-Etiketten zu ersetzen. Ein Kellner fragte den Gast schließlich einmal, ob diese komplizierte Prozedur denn wirklich nötig sei, man könne Seiner Exzellenz den Wein ja auch in einer neutralen Karaffe kredenzen.

Doch der Scheich bestand weiterhin auf den Etiketten-Schwindel: „Wenn Allah mich dereinst am Eingang zum Paradies fragen wird, warum ich trotz des Verbotes des Propheten Alkohol getrunken habe, so kann ich ihm antworten: ‚O Herr, ich kann nichts dafür, denn ich bin von den Kellnern im Sacher betrogen worden.'"

ALLES WAS
VOM ALPENLACHS BIS ZUR STEINGARNELE

SCHWIMMT

SÜSSWASSERFISCHE

Die Wiener Fischküche war, obwohl Wien schon im Mittelalter einen bedeutenden Fischmarkt unterhielt, niemals als besonders originell oder gar ruhmreich bekannt. Man konzentrierte sich vor allem auf Donaufische in meist sehr klassischen Zubereitungen und ließ den Fisch in den Monaten ohne „R" oft gänzlich von der Tafel weg. Erst im letzten Vierteljahrhundert hat sich das – auf Basis eines dank funktionierender Frischdienste und Kühlketten völlig neuen Qualitätsverständnisses – von Grund auf geändert. Gerade auf der Speisekarte des Hotel Sacher findet sich daher eine Vielzahl ebenso inspirierter wie delikater Gerichte von Fisch- und Schaltieren, die bei einem ebenso gesundheits- wie geschmacksbewussten Publikum auch bestens ankommen.

ALPENLACHSFILET MIT MAJORANSCHALOTTEN

ZUTATEN
1 Alpenlachs im Ganzen (ca. 1 kg) oder 600 g Lachs- oder Forellenfilet · Salz Korianderkörner, geröstet und gemahlen · Olivenöl zum Braten

FÜR DIE MAJORANSCHALOTTEN
300 g kl. Schalotten (ersatzweise Jungzwiebeln) · 3 EL Olivenöl · 4 Knoblauchzehen in der Schale · 1 EL brauner Zucker · 4 cl weißer Portwein · 4 cl Beerenauslese (oder anderer Süßwein) · 2 EL weißer Balsamessig · 300 ml Hühner- oder Gemüsefond Salz · Muskatnuss, gemahlen · Kümmel (ganz) · weißer Pfeffer aus der Mühle 1 Lorbeerblatt · 1 Zweigerl frischer Majoran · 2 EL kalte Butter

ZUBEREITUNG
Für die Majoranschalotten den Zucker mit dem in der Schale zerdrückten Knoblauch in einer kleinen Kasserolle erhitzen und leicht karamellisieren. Olivenöl eingießen, geschälte Schalotten zugeben und glasig anschwitzen. Mit Portwein, Beerenauslese und Essig ablöschen. Lorbeerblatt sowie Kümmel zugeben und Flüssigkeit vollständig einkochen lassen. Mit Fond auffüllen, mit Salz, Pfeffer sowie Muskatnuss würzen und auf die Hälfte einkochen, bis die Schalotten schön bissfest sind. Lorbeerblatt entfernen. Kalte Butter einrühren und die Schalotten damit binden. Warm stellen.
Den Alpenlachs filetieren, Gräten sorgfältig entfernen und in vier Portionen teilen oder gleich beim Fischhändler vorbereiten lassen. Auf der Fleischseite mit Salz und Koriander würzen. Fischfilets in einer beschichteten Pfanne in reichlich Olivenöl nur auf der Hautseite scharf anbraten. Am Herdrand oder bei kleinster Hitze ziehen lassen, bis das Filet glasig erscheint, aber noch nicht ganz durchgebraten ist. Pfanne nochmals kurz kräftig erhitzen und die Filets immer wieder mit dem Bratrückstand übergießen. Filets aus der Pfanne heben und auf Küchenkrepp abtropfen lassen. Die Majoranschalotten in vorgewärmte tiefe Teller geben, Filets mit der Hautseite nach oben anrichten und mit frischem Majoran bestreuen.

GARUNGSDAUER: je nach Stärke der Filets 7–12 Minuten
BEILAGENEMPFEHLUNG: Erdäpfelpuffer oder Petersilerdäpfel
TIPP: Zur Abwechslung können die Majoranschalotten auch mit 50 ml Rote-Rüben-Saft gekocht werden, wodurch sie eine interessante Färbung erhalten.
Dazu harmonieren Kren oder Saiblingskaviar ganz hervorragend.

Alpenlachsfilet mit Majoranschalotten

LACHSFORELLENRÖLLCHEN MIT BLUTORANGENSAUCE

ZUTATEN
500 g Lachsforellenfilet, ohne Gräten und tranige Stellen · 1 kl. Kopf Römersalat (Sommerendivie oder Kochsalat) · etwas Zitronensaft · etwas Koriander, geröstet und gemahlen · 300 ml frisch gepresster Blutorangensaft, nicht zu sauer · 2 EL kalte Butter · 1 EL Crème fraîche nach Bedarf · 2 EL Olivenöl · Salz · weißer Pfeffer aus der Mühle · Butter zum Bestreichen · Risotto (s. S. 112), halbe Menge

ZUBEREITUNG
Aus den Forellenfilets 4 größere, gleichmäßige Tranchen sowie 4 hauchdünne Scheiben (für die Roulade) schneiden. Größere Tranchen mit Salz, Pfeffer, Zitronensaft sowie Koriander würzen. Auf einen mit Folie bedeckten Teller legen und mit Folie gut abdecken. Für die Röllchen vom Salat 4 schöne Blätter zurechtschneiden und ganz kurz in Salzwasser blanchieren (überbrühen), kalt abschrecken und trockentupfen. Salat auflegen, hauchdünne Filets darauf legen, Salat seitlich hineinklappen und gut einrollen. Mit etwas flüssiger Butter bestreichen und Röllchen auf einen mit Folie belegten und mit etwas Butter bestrichenen Teller geben. Folie gut verschließen und nun beide Teller für 20 Minuten ins vorgeheizte Backrohr bei 85 °C stellen, bis die Filets schön glasig sind. Gegebenenfalls noch etwas länger nachgaren.

Für die Sauce den Blutorangensaft auf 50 ml einkochen lassen und mit kalter Butter montieren (binden). Währenddessen etwa zwei Hände voll Salat in feine Streifen schneiden und kurz in Olivenöl schwenken. Salzen und auf Küchenkrepp abtropfen lassen. In der Mitte der vorgewärmten Teller anrichten. Vorbereiteten Risotto eventuell noch mit Crème fraîche verfeinern, anrichten und das Forellenfilet darauf setzen. Mit halbierten Forellenröllchen belegen und mit Sauce umgießen.

Lachsforellenröllchen mit Blutorangensauce

GARUNGSDAUER: ca. 20–30 Minuten
BACKROHRTEMPERATUR: 85 °C
GARNITUREMPFEHLUNG: frittierter Fenchel und in der Sauce erwärmte Blutorangenspalten sowie Fisch-Butter-Sauce (s. S. 127)

HUCHENFILET MIT SOJA-PILZEN UND SPROSSEN

ZUTATEN

ca. 600 g Huchenfilet · 50 ml Apfelessig · 1 KL Korianderkörner · 2 Lorbeerblätter
150–200 g Pilze (Täublinge, Kaiserlinge, Kräuterseitlinge oder Austernpilze)
2 EL dunkle, milde Sojasauce · 4 Knoblauchzehen · Salz · weißer Pfeffer
2 EL Erdnussöl, kalt gepresst

FÜR DIE SPROSSEN

150 g gemischte Sprossen (am besten Mungo-, Radieschen-, Linsen-, Sojasprossen etc.) · 2 EL dunkle Sojasauce · Salz · 2 EL Pflanzenöl

ZUBEREITUNG

Huchenfilet waschen und mit Küchenkrepp trockentupfen. In gleichmäßige Stücke schneiden, mit Salz und weißem Pfeffer würzen.
In einem Topf mit Dampfgitter etwa 1 Liter Wasser mit Apelessig, Korianderkörnern und Lorbeerblättern zum Kochen bringen. Die Fischfilets mit der Hautseite nach unten einlegen, Deckel darauf geben, zur Seite stellen und etwa 5 Minuten ziehen lassen.
In der Zwischenzeit die Sprossen ganz kurz in Salzwasser blanchieren. Abseihen und in Eiswasser abschrecken. In einer Pfanne etwas Erdnussöl erhitzen und die sauber geputzten Pilze darin an-

braten. Mit etwas Sojasauce ablöschen und Flüssigkeit vollkommen einkochen lassen. Die Knoblauchzehen in der Mitte halbieren, den Keim entfernen und feinblättrig schneiden. In einer anderen Pfanne Pflanzenöl erhitzen und die Knoblauchscheiben darin anbraten. Abgetropfte Sprossen hinzufügen, kurz durchschwenken und mit Sojasauce ablöschen. Pilze und Sprossen auf vorgewärmten Tellern anrichten und die Fischfilets darauf arrangieren.

GARNITUREMPFEHLUNG: al dente gedünstete bunte Gemüsewürfel, mit etwas kalter Butter gebunden und mit Zitronensaft sowie Salz gewürzt

TIPP: Der mittlerweile nur mehr äußerst selten erhältliche Huchen kann auch durch Filets von Forelle oder Saibling ersetzt werden.

BACHFORELLE „MÜLLERIN"

ZUTATEN
4 Bachforellen á 250 g, küchenfertig · Saft von 1 Zitrone · 50 g geklärte Butter (ersatzweise Butterschmalz) · Mehl zum Wälzen · Salz · weißer Pfeffer aus der Mühle 50 g Butter zum Aufschäumen · Zitronenspalten und krause Petersilie für die Garnitur

ZUBEREITUNG
Forellen unter fließendem kaltem Wasser waschen und mit Küchenkrepp trocken tupfen. Innen mit Zitronensaft beträufeln. Forellen salzen, pfeffern, beidseitig in Mehl wenden und überschüssiges Mehl abschütteln. Geklärte Butter bzw. Butterschmalz in einer (oder mehreren) geeigneten Pfannen erhitzen und Forellen zunächst beidseitig jeweils ca. 2 Minuten lang bräunen. Dann die Hitze reduzieren und halb zugedeckt ca. 10 Minuten ziehen lassen. Fische aus der Pfanne heben und auf vorgewärmten Tellern anrichten. In die Pfanne noch etwas Butter geben, aufschäumen lassen und über die Bachforellen gießen. Mit Zitronenspalten und krauser Petersilie garniert servieren.

GARUNGSDAUER: ca. 15 Minuten
BEILAGENEMPFEHLUNG: Salzerdäpfel, grüner Salat mit Hausdressing (s. S. 94)
TIPPS: In der Wiener Küche wird die „Forelle Müllerin" im Inneren auch gerne mit etwas Kümmel gewürzt, wobei auch eine Knoblauchzehe mitgebraten werden kann.
Die geklärte Butter lässt sich auch durch eine Mischung aus Butter und Olivenöl problemlos ersetzen. Auf Müllerin-Art (à la meunière) lassen sich sehr viele Fische zubereiten. Berühmt ist vor allem die Seezunge.

GEFÜLLTE REGENBOGENFORELLE MIT KREN-ERDÄPFEL-PÜREE UND WALDPILZEN

ZUTATEN
4 Regenbogenforellen, küchenfertig · 2 Schalotten, fein gehackt
200 g gemischte Waldpilze (Eierschwammerl, Steinpilze, Maronenpilze, Bärentatzen etc.) · 150 g Erdäpfel, roh in feine Würfel geschnitten · 4 kl. Erdäpfel, gekocht und in hauchdünne Scheiben geschnitten · 2 Tomaten, enthäutet und ohne Kerne in kleine Würfel geschnitten · etwas Kümmel, gemahlen · 100 ml trockener Schilcher (ersatzweise kräftiger Roséwein) · 300 ml Gemüsefond · 2 EL Petersilie, fein geschnitten 40 g Butter, flüssig · 100 ml Fisch-Butter-Sauce (s. S. 127) · 300 g Erdäpfelpüree (s. S. 100) · 1 EL Kren, fein gerieben · Salz · Pfeffer aus der Mühle · 40 ml Olivenöl

SÜSSWASSERFISCHE

ZUBEREITUNG

Die Forellen waschen, trockentupfen und mit einem kleinen spitzen Messer vom Rücken her so auslösen, dass das Rückgrat entfernt und die Forelle hohl ist. Backpapier mit flüssiger Butter bestreichen und die Forelle darauf setzen. Für die Fülle gehackte Schalotten und Erdäpfelwürferl in heißem Olivenöl anschwitzen. Mit Schilcher ablöschen und fast zur Gänze einkochen lassen. Fond zugießen und Erdäpfel weich dünsten. (Flüssigkeit muss völlig verdampft sein, bei Bedarf etwas Fond zugießen.) Geputzte Pilze in mundgerechte Stücke schneiden und in einer anderen Pfanne in Olivenöl rösten. Gemeinsam mit den Tomatenwürfeln und Petersilie zugeben. Mit Salz, Pfeffer und Kümmel gut abschmecken. Abkühlen lassen.

Masse in die entgräteten Forellen füllen und mit gekochten Erdäpfelscheiben belegen (s. Foto). Mit Butter gut bestreichen und im vorgeheizten Backrohr bei 220 °C Umluft ca. 15 Minuten garen. Eventuell bei maximaler Oberhitze (Grillschlange) noch hellbraun gratinieren lassen. Währenddessen das vorbereitete Erdäpfelpüree mit Kren vermengen. Forellen auf vorgewärmten Tellern anrichten, mit der vorbereiteten Fisch-Butter-Sauce übergießen und mit Erdäpfel-Kren-Püree servieren.

GARUNGSDAUER: 15 Minuten
BACKROHRTEMPERATUR: 220 °C
GARNITUREMPFEHLUNG: Kerbel, Erdäpfelchips, in Butter geschwenkte Pilze

Gefüllte Regenbogenforelle mit Kren-Erdäpfel-Püree und Waldpilzen

GEFÄHRLICHER KORKENZIEHER

Dass ein Korkenzieher Fluggäste verdächtig machen kann, weiß jeder, der einmal mit einem solchen Instrument im Handgepäck durch die Security-Kontrolle gegangen ist. Für Oberkellner Rudolf Reisinger war es in den 70er Jahren dennoch eine neue Erfahrung, als, nachdem ein Herr namens Kissinger persönlich angerufen und einen Tisch reserviert hatte, plötzlich ein Sonderkommando vom Maria-Theresia-Salon Besitz ergriff und auch Herrn Reisinger einer hochnotpeinlichen Untersuchung mittels eines Metalldetektors unterzog. „Einer der Sicherheitsbeamten wollte mir damals tatsächlich meinen Stoppelzieher abnehmen", erinnert sich Reisinger. „Doch es ist mir, ich weiß nicht mehr genau wie, dann doch gelungen, ihn davon zu überzeugen, dass ein Kellner so ein Gerät einfach braucht."
Was manchen Security-Guards von heute oft nicht mehr so leicht klar zu machen ist.

BACHSAIBLING IN PERGAMENT MIT JUNGEM GARTENGEMÜSE

ZUTATEN

1 Bachsaibling (ca. 1 kg) oder 4 kleinere Saiblinge à 250 g, küchenfertig
geröstete, gemahlene Korianderkörner · weißer Pfeffer aus der Mühle
4 Wacholderbeeren, zerdrückt · 8 Jungzwiebeln (ohne Grün) · 8 kl. junge Karotten (ohne Grün) · 12 Stangen weißer, dünner Spargel · 1/4 Stangensellerie (mit Grün)
2 kl. gelbe Rüben · 1 kl. Fenchelknolle (mit Grün) · 8 cl Noilly-Prat · Saft und Schale von 1 Zitrone · 100 g Butterflocken · Salz · Eiklar für das Pergamentpapier

ZUBEREITUNG

Den küchenfertig vorbereiteten Bachsaibling waschen und trockentupfen. Spargel schälen und holzige Teile wegschneiden. Sellerie (ohne Grün) in kleine Würfel, gelbe Rüben in Scheiben und Fenchelknolle (ohne Grün) der Länge nach in Scheiben schneiden. Sämtliches Gemüse in Salzwasser kurz blanchieren (überbrühen) und in Eiswasser abschrecken, abtropfen lassen. Zitrone mit einem Zestenreißer schälen, Schale in feine Streifen schneiden und kurz in Salzwasser blanchieren. Zitrone auspressen. Den Fisch mit Salz, Koriander, Pfeffer, Wacholder sowie Zitronenschale und -saft einreiben. (Dafür sämtliche Gewürze sowie etwas Salz mit den Zitronenschalen am besten im Mörser zerstoßen).
Dann Back- oder Pergamentpapier mit Eiklar so zusammenkleben, dass eine etwa 60 x 60 cm große Fläche entsteht (oder vier kleinere). Auf ein Backblech legen und mit Wasser befeuchten. Gemüse auf dem Pergament ausbreiten. Den Bauchraum des Fisches mit Fenchel- und Selleriegrün füllen und den Fisch auf das Gemüse setzen. Noilly-Prat und Zitronensaft darüber träufeln und mit Butterflocken belegen. Pergament fest verschließen und dafür den Falz gut mit Eiklar bestreichen. Im vorgeheizten Backrohr ca. 30 Minuten garen. Herausnehmen, in der Hülle servieren und erst bei Tisch öffnen.

GARUNGSDAUER: ca. 30 Minuten
BACKROHRTEMPERATUR: 220 °C
BEILAGENEMPFEHLUNG: mit Fontina gefüllte Ofenerdäpfel (s. S. 103) oder mit frisch geriebenem Kren vermengtes Erdäpfelpüree

SÜSSWASSERFISCHE

Bachsaibling in Pergament mit jungem Gartengemüse

BÖHMISCHER SCHWARZBIERKARPFEN

ZUTATEN
4 Karpfenfilets à 150–200 g · 125 ml Essig · einige Pfefferkörner · 1 Lorbeerblatt
1 kleine Zwiebel · Salz

FÜR DIE SAUCE
125 ml dunkles Bier · 80 g Lebkuchenbrösel · 60 g Mandeln, stiftelig geschnitten
1 EL Nüsse, gehackt · 1 EL Dörrzwetschken, gehackt · 2 KL Rosinen, in etwas Bier eingeweicht · 2 EL Honig · Fischsud · 2 EL Butterschmalz · Powidl nach Belieben

ZUBEREITUNG
In einem großen Topf etwa 750 ml Wasser mit Essig, einer kräftigen Prise Salz, Pfefferkörnern, Lorbeerblatt und grob gehackter Zwiebel zum Kochen bringen. Etwa 5 Minuten lang kräftig aufkochen lassen und dann bei reduzierter Hitze die Karpfenfilets einlegen. Filets je nach Größe 8–10 Minuten ziehen lassen, herausnehmen und warm stellen. Sud abseihen und aufbewahren. Für die Sauce Schmalz in einer Pfanne erhitzen, Lebkuchenbrösel auf kleiner Flamme anrösten, Mandeln, Nüsse, Dörrzwetschken sowie Rosinen hinzufügen und Honig einrühren. Löffelweise etwas Fischsud zugießen, bis die Sauce schön mollig ist. Bier dazugießen und alles nochmals einkochen lassen, bis die Sauce richtig sämig ist. Powidl nach Geschmack einrühren. Karpfenfilets zurück in die Sauce legen, einmal wenden und noch kurz auf kleiner Flamme erwärmen.

GARUNGSDAUER: ca. 20 Minuten
BEILAGENEMPFEHLUNG: Böhmische Erdäpfel- oder Mehlknöderl (s. S. 106 bzw. 107)

STEIRISCHER WURZELKARPFEN MIT KÜMMELERDÄPFELN

ZUTATEN

1 Spiegelkarpfen mit ca. 1,5–1,8 kg, küchenfertig · 500 g kl. Erdäpfel · Salz
Pfefferkörner · 2 Lorbeerblätter · 2 Wacholderbeeren, leicht zerdrückt
3 Knoblauchzehen · 10 Korianderkörner, geröstet · 6 cl Apfelessig
200 ml trockener Weißwein · 2 Karotten · 1 gelbe Rübe · 1 Stange Sellerie
1 Petersilwurzel · 4 Jungzwiebeln mit Grün · 4 EL Kren, gerieben · 1 Zweigerl
Liebstöckel · Fleur de sel · Kümmel, ganz · Pfeffer aus der Mühle

ZUBEREITUNG

Wurzelgemüse schälen und die Schalen für den Sud aufbewahren. Erdäpfel schälen und in mit Kümmel versetztem Salzwasser weich kochen. Den Karpfen waschen, trockentupfen und vom Rücken her filetieren. Die Haut mit einer Rasierklinge oder scharfem Messer fein einschneiden, Filets in 2 cm breite Streifen schneiden und beiseite stellen. Die Karkassen (ohne Kopf) 1 Stunde lang wässern und dann mit ca. 1,5 Liter Wasser zum Kochen bringen. Dabei aufsteigenden Schaum immer wieder abschöpfen. Gewürze, Knoblauch sowie Gemüseschalen zugeben und weitere 20 Minuten köcheln lassen. Essig hinzufügen und Sud abseihen.

Weißwein auf 50 ml einkochen und in einem Topf mit etwa 500 ml Kochsud vermengen. Das geschälte Gemüse mit einem Sparschäler der Länge nach zu feinnudeligen Streifen abziehen (oder fein schneiden). Jungzwiebeln halbieren, das Grün fein schneiden. Fischfilets mit Gemüse in den gut gewürzten Fond einlegen und 5 Minuten wallend ziehen lassen. Karpfen mit dem Gemüse in heißen, tiefen Tellern anrichten. Mit Kren bestreuen und die Kümmelerdäpfel dazulegen. Mit geschnittenem Liebstöckel garnieren, mit Fleur de sel und frisch gemahlenem Pfeffer bestreuen.

GARUNGSDAUER: Karpfenfilets 5 Minuten

TIPP: Bevorzugt man das Gemüse etwas sämiger, so rührt man abschließend etwa einen Esslöffel Maisstärke ein, die vorher mit wenig Wasser angerührt wurde.

SÜSSWASSERFISCHE

DONAUWALLER MIT KIPFLERN UND SAUBOHNEN

ZUTATEN

**600 g Wallerfilet (Welsfilet) mit Haut
1 KL Wasabipaste (oder Tafelkren)
8 Kipflererdäpfel (oder sehr kleine Erdäpfel mit Schale) · Kümmel, ganz
2 EL Butterschmalz · 4 EL orangefarbene Linsen · 4 EL Beluga- oder Berglinsen (schwarze, kleine Linsen)
1 Zweiglein Bohnenkraut · 1 EL gerissener Kren · Olivenöl · Meersalz
Pfeffer aus der Mühle · 100 g Saubohnen (Flageolets, ersatzweise Erbsenschoten)**

FÜR DIE KNOBLAUCHSAUCE

**100 ml Kalbsjus · 1 Knoblauchzehe
100 ml Fischfond · Spritzer Limettensaft · 1 EL kalte Butter · Schmalz zum Anbraten**

ZUBEREITUNG

Linsen getrennt 2 Stunden einweichen und getrennt in Wasser al dente kochen (s. Garzeit). Geschälte Erdäpfel in Salz-Kümmel-Wasser ca. 15 Minuten weich kochen und warm stellen. Abgetropfte Linsen mit den geputzten Saubohnen in etwas Olivenöl mit fein geschnittenem Bohnenkraut, Salz sowie Pfeffer kurz anrösten und ebenfalls warm stellen. Waller in Portionsstücke schneiden und die Haut mit einer Rasierklinge oder scharfem Messer fein einschneiden, die untere Seite gut mit Salz, Pfeffer und Wasabipaste würzen und in Olivenöl zuerst auf dieser Seite scharf anbraten.

Parallel dazu die gekochten Kipfler mit der Handfläche grob zerdrücken und in heißem Butterschmalz knusprig braten. Zu den Fischfilets geben und kurz mitbraten, bis die Filets gegart, aber innen noch schön saftig sind. (Oder im vorgeheizten Backrohr bei 200 °C ca. 3 Minuten fertig garen, währenddessen wiederholt mit Olivenöl übergießen.)

Alles herausheben, auf Küchenkrepp abtropfen lassen und warm stellen.

Für die Sauce den Knoblauch feinblättrig schneiden und in etwas Schmalz leicht bräunen. Mit Fond sowie Jus ablöschen und auf die Hälfte einkochen lassen. Mit Limettensaft abschmecken und die kalte Butter in die Sauce einrühren, aber nicht mehr kochen. Kipfler auf vorgewärm-

te Teller geben, mit dem Linsengemüse bestreuen und die Fischfilets mit der Hautseite nach oben darauf anrichten. Mit Sauce beträufeln und den Kren darüber streuen.

GARUNGSDAUER: Erdäpfel ca. 15 Minuten, orangefarbene Linsen 1–2 Minuten, Beluga-Linsen 5–8 Minuten, Fischfilets ca. 5–7 Minuten

TIPPS: Waller, auch Wels genannt, zeichnet sich durch sein kerniges, aromatisches Fleisch aus, das mitunter allerdings auch recht fett sein kann. Daher ist es ratsam, den Fisch stets pikant und scharf zu würzen.

Einfach, aber gut ist diesbezüglich auch die Dampfgarung: Wallerfilets in den Dämpfeinsatz setzen, Wasser mit Apfelessig aufkochen und dämpfen.

SÜSSWASSERFISCHE

PIKANTER WALLER AUF WURZELGEMÜSE

ZUTATEN FÜR 6 PORTIONEN
1 kg Wallerfilet (Welsfilet), ohne Gräten · 1 Karotte · 1/2 Lauchstange · 100 g Sellerie
100 ml Weißwein · 100 ml Weißweinessig · 200 ml Fischfond · 1 TL Kristallzucker
1/2 Zwiebel · Saft von 1/2 Zitrone · 2 Gewürznelken · 1 Lorbeerblatt · 1 Thymianzweig
Salz · 1 EL Butter zum Binden · Kren, frisch gerieben · Schnittlauch zum Bestreuen

ZUBEREITUNG
In einem großen Topf Weißwein mit Zucker, Salz, Weißweinessig und Fischfond aufkochen lassen. Lorbeerblatt, Thymian und Nelken zugeben. Zwiebel fein, Gemüse kleinwürfelig schneiden, in den Sud geben und nochmals aufkochen lassen. Gut entgrätetes Wallerfilet mit dem Sud übergießen und auf kleiner Hitze ca. 15 Minuten ziehen lassen. Filet herausheben und warm stellen. Fond abseihen (Gemüse warm stellen), aufkochen und kalte Butter einrühren, aber nicht mehr kochen. Mit Zitronensaft abschmecken. Gemüsestreifen auf vorgewärmten Tellern anrichten, Waller portionieren, auf das Gemüse setzen und mit Sauce begießen. Mit frisch gerissenem Kren und gehacktem Schnittlauch bestreuen.

GARUNGSDAUER: ca. 15 Minuten
GARNITUREMPFEHLUNG: Salzerdäpfel

ZANDER IN DER KÜRBISKERNKRUSTE

ZUTATEN
4 Zanderfilets zu je ca. 150 g · 80 g Weißbrot, ohne Rinde, frisch gerieben
30 g Kürbiskerne, geröstet · 80 g Butter · 1 Eidotter · etwas Zitronensaft
1–2 Knoblauchzehen, zerdrückt · Salz · Pfeffer aus der Mühle
Butter oder Öl zum Anbraten

ZUBEREITUNG
Für die Kruste die Butter mit dem Eidotter schaumig rühren. Mit Knoblauch, Pfeffer und Salz würzen. Kürbiskerne fein hacken und mit den Weißbrotbröseln zugeben. Gründlich verrühren. Zander mit Salz sowie Pfeffer würzen und mit Zitronensaft beträufeln. In einer Pfanne Öl oder Butter erhitzen und die Zanderfilets auf beiden Seiten insgesamt 4–5 Minuten anbraten. Mit Küchenkrepp abtupfen und Filets auf einen feuerfesten Teller legen. Kürbiskernmasse auftragen und im vorgeheizten Backrohr bei maximaler Oberhitze (oder unter dem Grill) hellbraun gratinieren.

GARUNGSDAUER: 4–5 Minuten braten, wenige Minuten gratinieren
BACKROHRTEMPERATUR: maximale Oberhitze
BEILAGENEMPFEHLUNG: Brennnessel-Ziegenkäse-Tascherln (s. S. 114)

ZANDERFILET MIT KRAUT UND RÜBEN

ZUTATEN

ca. 600 g Zanderfilet mit Haut · 200 g Kohlrabi · 200 g frisches Kraut · 2 EL Butter
ca. 60 ml trockener Weißwein · 250 ml Gemüsefond · 1–2 EL Sauerrahm
1 Thymianzweig · bestes Olivenöl zum Anbraten · Salz · Pfeffer aus der Mühle
Muskatnuss, gemahlen · Wasabipaste (oder Tafelkren) · Prise Kümmel, gemahlen
etwas Zitronensaft · 2 EL Petersilie, frisch gehackt

ZUBEREITUNG

Kraut fein raspeln und Kohlrabi in etwa 1/2 cm große Würferl schneiden. In einem Topf Butter schmelzen und Kraut mit Kohlrabi darin anschwitzen. Mit Weißwein ablöschen und Gemüsefond zugießen. Mit Salz, Pfeffer sowie Muskatnuss würzen und ca. 5 Minuten köcheln lassen. Sauerrahm einrühren und Gemüse sämig einkochen lassen. Abschließend mit Kümmel sowie Zitronensaft abschmecken und warm stellen.

Die sorgfältig entgräteten Zanderfilets in Stücke schneiden. Mit Salz sowie Pfeffer würzen und kräftig mit Wasabipaste einreiben. In einer Pfanne Olivenöl erhitzen und die Filets mit der Hautseite nach unten kräftig anbraten. Dabei wiederholt mit Bratrückstand übergießen. Thymianzweig zugeben und die Filets wenden. Das Kraut-Rüben-Gemüse auf vorgewärmten Tellern anrichten. Die Zanderfilets auf das Gemüse setzen und mit frischer Petersilie bestreuen.

GARUNGSDAUER: je nach Stärke der Filets 7–12 Minuten
BEILAGENEMPFEHLUNG: Braterdäpfel oder Erdäpfelpüree (s. S. 99 bzw. 100)
TIPP: Sind die Kohlrabiblätter schön jung und zart, so können sie kurz in Salzwasser blanchiert, dann in Butter geschwenkt und als Garnitur mitserviert werden.

SÜSSWASSERFISCHE

ZANDER SERBISCH AUF NEUE ART MIT BOHNEN-PAPRIKA-SALAT

ZUTATEN

700 g Zanderfilet · 150 g Mehl · 4 große Erdäpfel · Erdnussöl zum Herausbacken
Zitronenspalten zum Garnieren · Bohnen-Paprika-Salat s. S. 97

FÜR DIE WÜRZPASTE

1 EL Paprikapulver · 1 EL Tomatenmark · 1 EL Chilipaste · 1 EL Salz · Pfeffer aus der Mühle
Saft von 1 Zitrone · 3 cl Worcestershiresauce · 1 Knoblauchzehe

ZUBEREITUNG

Für die Würzpaste alle Zutaten im Mörser zu einer sämigen Masse verarbeiten. Zanderfilet waschen, mit Küchenkrepp trockentupfen, in Stücke teilen und auf der Hautseite mit einer Rasierklinge fein ca. 5 mm tief einschneiden. Filets mit der vorbereiteten Würzpaste kräftig einreiben. Erdäpfel schälen und in längliche Stifte schneiden. Erdnussöl erhitzen (auf ca. 170 °C) und die Erdäpfelstifte darin goldgelb frittieren. Herausheben, auf Küchenkrepp abtropfen lassen und warm stellen. Gewürzte Fischfilets in Mehl wenden, überschüssiges Mehl abklopfen und ebenfalls ca. 5–6 Minuten goldbraun frittieren. Herausnehmen, gut abtropfen und mit den Erdäpfelstangerln auf vorgewärmten Tellern anrichten. Mit Zitronenspalten garnieren. Den Bohnen-Paprika-Salat extra dazuservieren.

GARUNGSDAUER: Bohnen 40–60 Minuten, Fischfilet und Erdäpfel einige Minuten
GARNITUREMPFEHLUNG: Rouille (Pfefferoni-Aïoli s. S. 124)
TIPP: Dieses für die südostungarische Küche typische Gericht schmeckt durch die – in diesem Fall bewusst gewählte – Schärfe der Würzpaste und die Verwendung von Erdnussöl weniger deftig, als man auf den ersten Blick vermuten würde. In Ungarn wird der frittierte Zander nicht selten im Ganzen serviert.

DER KOCH ALS KUPPLER

„Ein Küchenchef vom Sacher kommt leicht mit Leuten ins Reden, von deren Bekanntschaft er in anderen Berufen nicht einmal träumen könnte", preist Ex-Küchenchef Jaroslav Müller die Freuden seiner Profession. „Und manchmal", so fügt er hinzu, „kann man sogar tatsächlich etwas Gutes tun: Da hatte ich beispielsweise einmal die Lennon-Witwe Yoko Ono und Placido Domingo einsam an zwei verschiedenen Tischen sitzen und brauchte ganz dringend noch einen freien Tisch für einen unangemeldet aufgetauchten Stammgast. Plötzlich kam mir die Königsidee. Die Ono und der Domingo, das sind doch beide Künstler, dachte ich, die müssen sich doch was zu sagen haben. Also habe ich die beiden kurzerhand vorgestellt und miteinander ‚verkuppelt'. Der Plan ging auf, ich hatte meinen freien Tisch – und die beiden haben miteinander sichtlich einen angenehmen Abend verbracht."

Was weiter aus dieser „Liaison" geworden ist, weiß freilich niemand. Nicht einmal der Küchenchef des Hotel Sacher.

MEERESFISCHE

ROTBARBENFILET MIT HUMMER UND MUSCHELN AUF BASILIKUM-LINGUINE

ZUTATEN

400 g Rotbarbenfilet · 1 gekochter Hummer (s. S. 208) · 16 Miesmuscheln
4 EL Olivenöl · 2 EL flüssige Butter zum Übergießen · Salz · weißer Pfeffer aus der Mühle
1 Zweiglein Rosmarin · 100 ml stark reduzierte Hummersauce (s. Hummerfond S. 89),
mit 1 EL Butter montiert · Basilikum zum Garnieren

FÜR DIE BASILIKUM-LINGUINE

Linguine (s. Bandnudeln S. 112) oder Fertigware · 20 g weiche Butter
einige Stängel Basilikum · je 1/2 rote, gelbe und grüne Paprikaschote, in sehr kleine
Würfelchen geschnitten · 3 EL Olivenöl · Salz

ZUBEREITUNG

Die Fischfilets in vier Stücke teilen, salzen und pfeffern. Hummer nach Anleitung kochen, ausbrechen und in gefällige Medaillons teilen. In einem kleinen Topf 2 Esslöffel Olivenöl stark erhitzen. Geputzte Muscheln in der Schale hineingeben, Rosmarin dazulegen, mit Deckel verschließen und 2 Minuten kräftig kochen. Geöffnete Muscheln herausnehmen und auskühlen lassen. Muscheln bis auf 4 Stück auslösen. Restliches Öl zugießen und Fischfilets auf der Hautseite kurz knusprig braten, sodass das Fleisch noch schön glasig ist. Währenddessen wiederholt mit Butter übergießen. Zum Schluss Hummermedaillons und Muscheln in der Schale zugeben und kurz erwärmen. Mit Salz sowie Pfeffer würzen.

Vorbereitete Linguine in kochendem Salzwasser al dente garen. Für die Basilikumbutter Basilikum waschen und trockenschleudern. Butter schaumig schlagen, mit Basilikum vermengen und mit etwas Salz würzen. Linguine abseihen und noch heiß in einer Pfanne mit Basilikumbutter und Salz durchschwenken. Paprikawürfel in Olivenöl bissfest braten und auf vorgewärmten Tellern anrichten. Linguine darauf anrichten, Rotbarbenfilets, Hummermedaillons und Muschel in Schale daneben drapieren. Die restlichen ausgelösten Muscheln kurz in der mit Butter montierten Hummersauce erhitzen, aber nicht mehr kochen. Darüber träufeln und mit frischem Basilikum garnieren.

GARUNGSDAUER: Rotbarbe wenige Minuten, frische Nudeln je nach Stärke 2–4 Minuten, Fertigware nach Anleitung

TIPP: Erhöht man die Menge an Rotbarbenfilets, so kann der „Kostenfaktor Hummer" freilich auch entfallen.

HERRN REISINGERS SCHATZKÄSTLEIN

Eine der liebsten Tätigkeiten mancher Sacher-Mitarbeiter ist das Sammeln von „Reliquien", die prominente Gäste hinterlassen haben. Dazu zählen neben handsignierten Speisekarten, die Unterschriften wie jene von Königin Elisabeth, Farah Diva oder Wilhelm Furtwängler tragen, auch Dinge des täglichen Gebrauchs, die berühmte Gäste einfach liegen ließen.

Oberkellner Rudolf Reisinger besitzt davon eine kleine, aber wahrlich feine Sammlung, die freilich bequem in einer Sachertorten-Holzkiste Platz findet. Die beiden Prunkstücke in diesem Promi-Reliquiar sind das Schminkzeug von Catherine Deneuve und der Lippenstift von Zarah Leander. Außerdem glitzert darin noch ein güldener Orden von den Vereinigten Arabischen Emiraten. Der allerdings ist Herrn Reisinger nicht einfach zugefallen, sondern wurde ihm von einem arabischen Scheich höchstpersönlich für seinen verdienstvollen Service verliehen.

Rotbarbenfilet mit Hummer und Muscheln auf Basilikum-Linguine

STEINBUTT MIT APFELRAGOUT UND LAUCHFLECKERLN

ZUTATEN

1 Steinbutt mit ca. 2 kg (küchenfertig) · 1 Majoranzweig · Salz · Pfeffer aus der Mühle
2 EL süßer Senf · 100 ml Olivenöl · 1 ganze Knoblauchknolle, in der Schale quer
halbiert · 4 frische Lorbeerblätter · 1 Scheibe luftgetrockneter Bauchspeck (oder
1 Speckschwarte) · 200 g Mehl, griffig · Majoran und/oder Lauchstreifen zum
Garnieren · Lauchfleckerl s. S. 112

FÜR DAS APFELRAGOUT

3 Äpfel (Jonagold oder Golden Delicious) · 80 ml Apfelbalsamessig · 4 EL Butter
etwas Zucker · 125 ml Cidre (Apfelwein) · Prise Piment, gemahlen · Pfeffer aus der
Mühle · etwas Zitronensaft

ZUBEREITUNG

Den Steinbutt waschen, Schleim mit einer Bürste entfernen und trockentupfen. Seitenflossen, Kopf sowie Bauchhöhlenlappen (mit einer Geflügelschere) entfernen (Schwanzflosse lassen). Entlang des Rückgrats auf beiden Seiten bis zum Schwanzende so einschneiden, dass Taschen entstehen. Taschen mit Salz, Pfeffer, Majoranblättern und süßem Senf würzen. Olivenöl in einer passenden Bratenpfanne erhitzen und Knoblauchhälften mit der angeschnittenen Seite nach unten kurz anbraten. Steinbutt gut salzen, in Mehl wenden und zuerst auf der dunklen Seite im auf 220 °C vorgeheizten Backrohr 10–15 Minuten braten.

Währenddessen geschälte Äpfel in Spalten schneiden und entkernen, mit Zitronensaft beträufeln. Schalen und Kerne mit Cidre sowie Zucker aufkochen und auf 100 ml reduzieren. Abseihen. Butter schmelzen, Apfelspalten darin andünsten und Pfeffer sowie Piment zugeben. Mit Balsamessig sowie Cidrereduktion ablöschen und ca. 5 Minuten einkochen lassen. Zugedeckt warm halten. Steinbutt mit einer Palette vorsichtig wenden, Lorbeerblätter und Speck zugeben und weitere 10–15 Minuten braten. Dabei wiederholt mit dem Bratrückstand begießen. Nach insgesamt 20–30 Minuten den Steinbutt aus dem Ofen nehmen. Filets von der Karkasse lösen und mit der Haut auf vorgewärmte Teller setzen. Ein wenig vom Bratrückstand unter das warm gestellte Apfelragout rühren und den Steinbutt damit überziehen oder extra servieren. Vorbereitete Lauchfleckerl anrichten und nach Belieben mit Majoranblättern und/oder Lauchstreifen garnieren.

Steinbutt mit Apfelragout und Lauchfleckerln

GARUNGSDAUER: 20–30 Minuten
BACKROHRTEMPERATUR: 220 °C
TIPPS: Besonders dekorativ sieht das Gericht aus, wenn Sie den Steinbutt im Ganzen servieren. Die Taschen können ganz nach Lust und Laune auch mit Gemüse, etwa Karotten- und/oder Selleriestreifen, gefüllt werden.
Seeteufel lässt sich ebenso nach diesem Rezept zubereiten.

ANGLER IN BLAUBURGERBUTTER MIT SPECK-GRIESSDUKATEN

ZUTATEN
1 Angler (Seeteufel oder Lotte), ca. 1–1,5 kg · 1 Rosmarinzweig
10 Kapernbeeren mit Stiel · 100 ml Olivenöl · Salz · Pfeffer aus der Mühle
Speck-Grießdukaten (s. S. 110) · marinierte Rucola zum Garnieren nach Belieben

FÜR DIE BLAUBURGERBUTTER
500 ml Blauburger (mit nicht zuviel Tannin) · 100 ml roter Portwein · 1 KL Kristallzucker
2 Schalotten · 5 Pfefferkörner · 1 Lorbeerblatt · 2 Wacholderbeeren, zerdrückt
4 Kardamomsamen, geröstet · 300 ml Hühner- oder milder Fischfond von gut gewässerten Anglerkarkassen · 100 g Butter · Salz

ZUBEREITUNG
Angler waschen, trockentupfen und die Haut abziehen. Backrohr auf 200 °C Umluft vorheizen. Die Anglerfilets der Länge nach vom Knorpel ablösen, Sehnen und rötliche Stellen entfernen. Salzen, pfeffern und in einer Pfanne in heißem Olivenöl rundum scharf anbraten. Kapern und Rosmarinzweig zugeben und im heißen Backrohr ca. 10 Minuten auf den Punkt braten. Die Anglerfilets in Scheiben schneiden und auf vorgewärmten Tellern anrichten. Mit Blauburgersauce überziehen und die vorbereiteten Speck-Grießdukaten dazugeben. Nach Belieben mit Kapern und marinierter Rucola garnieren.

DES OBERKELLNERS ALPTRAUM

Auch Alpträume können, wie Sacher-Maître Rudolf Reisinger zu erzählen weiß, manchmal wahr werden: In seinem Fall geschah es auf einer jener großen „Außer-Haus-Parties", die das Sacher früher häufig für Privatgesellschaften auszurichten pflegte. „Es war ein schöner, großer, grüner englischer Rasen", erinnert sich Reisinger, „auf dem sich die Bankettgesellschaft in feinster Garderobe tummelte. Ich trat gerade aus einem der für den Service bereitgestellten weißen Zelte und hielt ein mit zwei Dutzend Aperitifs voll gestelltes Silbertablett in den Händen. Da stolperte von hinten eine elegante Dame in Stöckelschuhen mit geradezu sagenhaften Bleistiftabsätzen auf mich zu und sagte nur: ‚Pardon.' Ehe ich darauf auch nur im Geringsten reagieren konnte, plumpste sie dann mit einem heftigen Ruck nach vorne und hielt sich dabei an meinen Schultern fest."
Die Folgewirkungen kann man sich leicht vorstellen.

Für die Blauburgerbutter die Schalotten in feine Ringe schneiden. Zucker gemeinsam mit Schalotten und sämtlichen Gewürzen hell karamellisieren. Portwein und Blauburger zugießen und auf ein Drittel einkochen lassen. Fond zugießen und nochmals auf ca. 200 ml einkochen lassen. Abseihen, mit kalter Butter montieren (binden) und mit Salz abschmecken.

GARUNGSDAUER ca. 13–15 Minuten
BACKROHRTEMPERATUR: 200 °C Umluft
TIPP: Die Anglerfilets können freilich auch vor dem Braten in Medaillons geschnitten werden, im Ganzen gebraten bleibt das Filet allerdings wesentlich saftiger.

SEEZUNGE MIT TOPFENHALUSCHKA UND PAPRIKASPECK

ZUTATEN
**8 Seezungenfilets · 8 Nudelblätter 6 x 10 cm oder feine Lasagneblätter (s. S. 112)
150 g Fisolen · 9 Scheiben Paprika-Bauchspeck, hauchdünn geschnitten
2 rote Paprikaschoten · 1 EL Butter für die Nudelblätter · 200 ml Olivenöl
4 Knoblauchzehen, in der Schale zerdrückt · 1 Rosmarinzweig · 4 EL Topfen
2 cl Schlagobers, flüssig · Prise Muskatnuss, gerieben · Prise Salz · etwas Tabascosauce**

FÜR DIE SAUCE
**2 cl Noilly-Prat (oder anderer Wermut) · 150 ml trockener Weißwein · 150 ml Fischfond
50 g kalte Butter · Prise Meersalz**

ZUBEREITUNG
Zuerst die Paprikaschoten vorbereiten. Dafür Schoten vierteln, Stiele, Kerne sowie Häutchen entfernen. Olivenöl mit Knoblauch und Rosmarin erhitzen und Paprika darin langsam garen. Auf Küchenkrepp abtropfen lassen (Öl aufbewahren), Haut abziehen und in feine Streifen schneiden. Fisolen kurz in kochendem Wasser überbrühen, abtropfen lassen. Acht (!) Speckscheiben auf ein mit Backpapier belegtes Blech legen und im auf 180 °C vorgeheizten Backrohr knusprig braten (eine Scheibe beiseite legen). Für die Sauce Noilly-Prat gemeinsam mit Weißwein auf die Hälfte einreduzieren. Fischfond sowie den restlichen Speck zugeben und nochmals einkochen lassen. Speck entfernen und die Sauce mit kalter Butter binden. Mit Salz abschmecken und warm halten.
Reichlich Salzwasser aufkochen und Nudelblätter darin al dente kochen. Abseihen und in heißer

MEERESFISCHE

Butter schwenken. Mit Salz und Muskatnuss abschmecken. Währenddessen in einem Topf mit Dämpfeinsatz etwa 3 Finger hoch Wasser zustellen und zugedeckt zum Kochen bringen. Seezungenfilets salzen, in den Siebeinsatz legen und 2 Minuten dämpfen. Je ein Nudelblatt auf einem Teller anrichten, Seezungenfilets gemeinsam mit Paprikastreifen und je einer Speckscheibe darauf legen. Blanchierte Fisolen im beiseite gestellten Olivenöl sanft anbraten, salzen und auf dem Speck anrichten. Topfen mit flüssigem Obers, Salz sowie Tabascosauce vermengen und leicht erhitzen. Zweites Nudelblatt auflegen und mit Topfencreme überziehen. Restlichen knusprigen Speck auflegen. Noilly-Prat-Sauce schaumig mixen und darüber träufeln. Nach Belieben den geschmorten Knoblauch mitservieren.

GARUNGSDAUER: Seezungenfilets 2 Minuten dämpfen; frische Nudelblätter einige Minuten, fertige Nudeln nach Anleitung; Speckscheiben ca. 10 Minuten
BACKROHRTEMPERATUR: 180 °C
TIPPS: Statt Seezunge kann auch Seeteufel oder Zander verwendet werden.
Fügen Sie dem Nudelwasser niemals Öl zu und schrecken Sie die Nudeln nach dem Kochen nicht ab – nur so können sich die Nudeln dann mit Sauce oder Sugo optimal verbinden.

GEFÜLLTE SEEZUNGE MIT HUMMER UND TRÜFFELN

ZUTATEN FÜR 2 PORTIONEN

1 Seezunge mit ca. 600–700 g oder 2 kleinere mit 400–500 g · 1 Hummer, lebend
1 Wintertrüffel · 50 ml Olivenöl · 2 EL Mehl mit 4 EL Semmelbröseln vermengt
1 Stange Lauch · 150 ml Fisch-Butter-Sauce (s. S. 127) · etwas Tabascosauce
1 EL Estragon, geschnitten · 2 EL Butter zum Anbraten · Butter zum Übergießen
Salz · weißer Pfeffer aus der Mühle

ZUBEREITUNG

Die Seezunge waschen, mit Küchenkrepp trockentupfen und den Schwanz ganz kurz in heißes Wasser tauchen, damit sich die Haut besser ablösen lässt. Die Seezunge beim Schwanzende mit einem Stück Küchenkrepp festhalten und mit Hilfe eines kleinen Messers die Haut nach vorne hin locker losschaben. Sobald sich die Haut schön zu lösen beginnt, diese mit dem Küchenkrepp fest nach vorne Richtung Kopf abziehen. Unterseite ebenso abziehen. Kopf und Seitenflossen nach Belieben mit einer scharfen Küchenschere abtrennen. Seezunge nochmals waschen und trocken tupfen. Nun an der Oberseite zwei der Länge nach verlaufende Taschen einschneiden

EHRLICHE KÖCHE

Dass es zwischen Köchen und Kellnern mitunter berufsbedingt ziemlich knistert, weiß jeder, der einmal in der Gastronomie gearbeitet hat. Das war und ist im Hotel Sacher nicht anders. Als die Kellner, was in Zeiten des Tellerservice selten geworden ist, dem Gast noch Geflügel und Fische im Ganzen bei Tisch vorlegten, hatte es sich ein früherer Küchenchef zur Gewohnheit gemacht, die abservierten Vorlegeplatten genau unter die Lupe zu nehmen. Wenn er auch nur das geringste Stückchen Fleisch oder Fisch an den Karkassen fand, lag Ärger in der Luft: Dann stürzte er, das Corpus delicti pathetisch in der Hand schwenkend, auf den nächsten Kellner zu und rief: „Schauen Sie sich dieses Schlamassel an. Das fehlt ja dem Gast!"

Seezunge mit Topfenhaluschka und Paprikaspeck

Gefüllte Seezunge mit Hummer und Trüffeln

(s. Foto S. 206). Mit Salz sowie Pfeffer gut würzen. Den Hummer wie auf S. 208 beschrieben kochen, Schwanz auslösen und in Medaillons schneiden. Schere und Zwischenstücke der Gelenke ebenso auslösen. Trüffel in Scheiben schneiden.

Lauch in feine, längliche Streifen schneiden und kurz in Salzwasser blanchieren (überbrühen). Kalt abschrecken und abtropfen lassen. Rasch in etwas Butter anschwitzen und in die Taschen füllen. Dann abwechselnd Hummer und Trüffelscheiben einschichten und die Seezungen mit der Unterseite in das mit den Bröseln vermengte Mehl tauchen. Olivenöl in einer passenden feuerfesten Pfanne erhitzen und die Seezunge an der Unterseite scharf anbraten. Im vorgeheizten Backrohr bei 220 °C Umluft etwa 5 Minuten garen. Währenddessen wiederholt mit Butter übergießen. Aus dem Backrohr nehmen, gut abtropfen lassen und auf eine vorgewärmte Platte setzen. Mit flüssiger Butter überziehen. Die vorbereitete Buttersauce mit gehacktem Estragon und Tabascosauce aufschlagen und dazuservieren.

GARUNGSDAUER: 8–10 Minuten
BACKROHRTEMPERATUR: 220 °C Umluft
BEILAGENEMPFEHLUNG: Risotto (s. S. 122) oder al dente gekochte Pasta
TIPP: Der kostspielige Hummer kann freilich durch etwas preisgünstigere Garnelen oder Shrimps ersetzt werden.

JAKOBSMUSCHELN MIT TURMSCHINKEN UND WEISSER POLENTA

ZUTATEN
16 ausgelöste Jakobsmuscheln ohne Corail (Rogensack) · Fleur de sel oder Meersalz 1 frisches Lorbeerblatt · 2 EL Olivenöl · 2 EL braune Butter (s. Erdäpfelschnee S. 151) 8 Scheiben Turmschinken (s. Glossar S. 392) hauchfein geschnitten · zarte Löwenzahnblätter („Ruggerlsalat") · etwas Balsamessig, Olivenöl und Salz zum Marinieren

FÜR DIE WEIßE POLENTA
ca. 400 ml Hühnerfond · 130 g weiße Polenta (weißer Maisgrieß) · 2 EL Olivenöl 50–80 g Fontinakäse (oder anderer halbfester Schnittkäse), gerieben · Salz

ZUBEREITUNG
Für die Polenta den Maisgrieß leicht erhitzen, bis er duftet. Dann mit Fond aufgießen und so lange mit dem Kochlöffel rühren, bis eine zähe Masse entstanden ist. Olivenöl, Salz und Fontina einmengen.

Die ausgelösten, gut trockengetupften Jakobsmuscheln in einer beschichteten Pfanne in wenig Olivenöl mit dem Lorbeerblatt kurz, aber scharf auf beiden Seiten anbraten. Mit Fleur de sel bestreuen. Mit einem Löffel je drei bis vier Häufchen Polenta in warmen, tiefen Tellern anrichten, die Muscheln darauf setzen und je 2 Blatt Schinken in der Mitte platzieren. Löwenzahn mit Olivenöl, Balsamessig und Salz marinieren und dazulegen. Etwas braune Butter darüber träufeln.

GARUNGSDAUER: 3–5 Minuten
TIPP: Zur wahren Delikatesse wird dieses ohnehin schon edle Gericht, wenn man zum guten Schluss noch Trüffeln aus dem Piemont über die Jakobsmuscheln hobelt. Weitaus billiger ist die zusätzliche Garnitur mit etwas Tomaten-Joghurt. Dafür mixt man eine Tomate, lässt den Saft durch ein Küchentuch laufen, mischt ihn mit türkischem Joghurt und schmeckt mit Salz sowie etwas Gin ab.

SCHAL- UND KRUSTENTIERE

Jakobsmuscheln mit Turmschinken und weißer Polenta

KANADISCHER HUMMER MIT LAUCHSPÄTZLE UND RÄSS-KÄS

ZUTATEN

2 lebende kanadische Hummer zu je 400–500 g · Prise ganzer Kümmel · Salz
4 EL braun aufgeschäumte Butter · Spritzer Limettensaft · 4 EL Räss-Käs oder
reifer Bergkäse, gerieben · 2 EL Topfen · 6 Minzeblätter, fein geschnitten

FÜR DIE LAUCHSPÄTZLE

200 g Mehl · 2 Eier · 1 Eidotter · Milch nach Bedarf · Salz · Prise geriebene Muskatnuss
4 Stangen Junglauch (Jungzwiebel) · 1 EL Butter oder Öl

FÜR DIE SAUCE

200 ml konzentrierte Hummercremesuppe (Bisque s. S. 83 und Krebsfond S. 89)
3 EL kalte Butter

ZUBEREITUNG

Einen großen Topf mit Salzwasser zustellen und Kümmel beigeben. Sobald das Wasser brodelt, die Hummer schnell einlegen und zugedeckt 4 Minuten kochen. Hummer herausheben und in Eiswasser abschrecken. Den Schwanz ausdrehen und der Länge nach mit einem scharfen Messer halbieren. Fleisch aus der Schale lösen und auf ein feuchtes Tuch legen. Scheren ebenfalls abbrechen und Schalen mit Hilfe einer Hummerzange oder eines Nussknackers (notfalls auch Fleischklopfer) aufschlagen und Fleisch, auch aus den Gelenken, auslösen. Ebenfalls in das feuchte Tuch einschlagen. Für die Spätzle zunächst Mehl mit Eiern, Dotter, etwas Milch und Salz zu einem nicht zu festen Teig

Kanadischer Hummer mit Lauchspätzle und Räss-Käs

verrühren. Reichlich Wasser in einem großen Topf aufkochen und Teig mit einem Spätzlehobel direkt ins kochende Wasser tropfen lassen (oder einfach mit der Palette kleinweise vom Brett schaben). Einmal aufwallen, abseihen und in Eiswasser abschrecken. Vom Junglauch das Grün abschneiden und in Längsstreifen schneiden, die weißen Knollen kurz blanchieren (überbrühen) und kalt abschrecken. Den Topfen mit geriebenem Käse und Minze verrühren und jeweils auf einem feuerfesten Teller großflächig auftragen. Mit einer Lötlampe kurz goldbraun abflämmen oder unter dem Grill bei höchster Oberhitze gratinieren.

Butter oder Öl in einer Pfanne erhitzen und die abgetropften Spätzle darin goldgelb braten. Junglauchstreifen sowie halbierte Knollen zugeben, mit Salz und Muskat würzen. Lauchspätzle auf die gratinierte Topfencreme setzen. In einer Metallschüssel über einem heißen Wasserbad Hummerfleisch mit brauner Butter, Salz und Limettensaft zart erwärmen. Dann je eine Schere und einen halben Hummerschwanz auf die Spätzle setzen. Die Hummerbisque mit kalter Butter aufmixen, darüber träufeln und die Hummerkarkassen dekorativ anrichten.

GARUNGSDAUER: Hummer 4 Minuten; einige Minuten gratinieren

BACKROHRTEMPERATUR: höchste Grillstufe

TIPPS: Beim Auslösen des Hummers ist es ratsam, den Hummer mit einem feuchten Tuch zu bedecken und erst dann gegebenenfalls die Schalen mit dem Fleischklopfer zu zerschlagen. So arbeiten Sie nicht nur sicher, sondern auch sauber!

Steht kein Hummer zur Verfügung, so eignen sich für diese Kreation durchaus auch Flusskrebse oder Riesengarnelen.

SCHAL- UND KRUSTENTIERE

SACHER-AUSTERNVARIATIONEN

ZUTATEN
1–2 Dutzend topfrische Austern (z. B. Sylter Royale, irische Galway, Marennes vertes o. ä.)

VARIANTE 1
2 Tomaten · Meersalz · etwas Tabascosauce · Olivenöl

VARIANTE 2
Saft von 2 Roten Rüben · Traubenkernöl

VARIANTE 3
100 g bester Rohschinken, in feine Scheiben geschnitten · etwas Kren, sehr fein gerieben · Pfeffer aus der Mühle

VARIANTE 4
Beluga Kaviar · Limettensaft nach Belieben

ZUBEREITUNG
Die Austern mit Hilfe eines feuchten Tuches fest umfassen und mit einem Austernmesser vorsichtig öffnen (Messer am dunkel gefärbten Scharnier zwischen den beiden Hälften ansetzen und

mit einer Drehbewegung die Schalen auseinander drücken). Das Wasser sollte dabei in der Austernschale erhalten bleiben. Schalenreste mit einem kleinen Pinsel entfernen und die Auster mit einem Messer vom Ansatz trennen. Je nach Belieben in der Austernschale servieren oder auf dekorativ mit Algen ausgelegten Platten anrichten. Nach einer oder mehreren der folgenden Varianten garnieren.

VARIANTE 1
Tomaten einige Sekunden in siedendem Wasser blanchieren, enthäuten und in feine Würfel schneiden. Über Nacht bei 80 °C im Backrohr trocknen. Mit Meersalz sowie Tabascosauce würzen und mit etwas Olivenöl verrühren.

VARIANTE 2
Den Rote-Rüben-Saft auf 6 cl einkochen lassen und kalt stellen. Den reduzierten Saft mit etwas Traubenkernöl vermischen.

VARIANTE 3
Schinken auf einem mit Backpapier ausgelegten Backblech ausbreiten und im Backrohr bei 120 °C trocknen. Auskühlen lassen und sehr fein reiben oder hacken. Mit frisch geriebenem Kren und Pfeffer aromatisieren.

VARIANTE 4
Beluga-Kaviar pur dazu reichen und nach Belieben Austern mit etwas Limettensaft beträufeln.

BEILAGENEMPFEHLUNG: mehrere übereinander gelegte, mit Butter bestrichene Pumpernickelscheiben

TIPPS: Da Austern rasch verderben, müssen sie stets kühl und feucht gelagert werden. Am besten in Algen oder feuchtes Papier wickeln und bei 4 °C im Kühlschrank möglichst kurz lagern. Damit sich das zarte Austernaroma auch gut entfalten kann, sollten Austern nicht direkt kühlschrankkalt serviert werden. Die Idealtemperatur für den Austerngenuss liegt bei 16–20 °C.

GRATINIERTE AUSTERN

ZUTATEN
1 Dutzend Austern · 2 Eidotter · 3 EL Crème fraîche · Salz · Pfeffer aus der Mühle frisch gehackte Kräuter

ZUBEREITUNG
Austern wie auf S. 210 beschrieben öffnen und das Austernwasser durch einen Kaffeefilter laufen lassen. In eine Schüssel geben und mit Dottern sowie Crème fraîche über Dampf mit einem Schneebesen schaumig aufschlagen. Salzen, pfeffern und gehackte Kräuter zugeben. Austern mit der Creme überziehen und im vorgeheizten Backrohr bei 250 °C Oberhitze maximal 5 Minuten goldbraun gratinieren.

GARUNGSDAUER: 3–5 Minuten
BACKROHRTEMPERATUR: 250 °C
TIPP: Dazu trinkt man idealerweise einen feinen Blanc de blancs oder einen anderen echten französischen Champagner.

ALLES WAS

FLIEGT
VOM BACKHENDERL BIS ZUR WILDENTENBRUST

HAUSGEFLÜGEL

Haus- und Wildgeflügel hat in der österreichischen Küche gleichermaßen Tradition. Populäre Alt-Wiener Gerichte wie Back- und Paprikahenderl sind in der Sacherküche daher ebenso gut aufgehoben wie edles Wildgeflügel, das früher fast ausschließlich Fürstenhöfen und großbürgerlichen Haushalten vorbehalten war. Es ist jedoch keineswegs nur die große Palastküche alten Stils, die mit zahlreichen klassischen Geflügelgerichten zu beeindrucken weiß. Abseits davon pflegen junge Köche wie Sacher-Küchenchef Hans Peter Fink mit Geflügel einen erfrischend leichten und unverkrampften Umgang, der, wie die folgenden Rezepte beweisen, auch zahlreiche Anregungen für den häuslichen Kochalltag, aber auch für große Feste bereithält.

BACKHENDERL „ANNA SACHER"

ZUTATEN
2 kleinere Hühner zu je 1–1,2 kg (mit Leber) · 200 g Mehl · 300 g Semmelbrösel
5 Eier, verquirlt · Erdnussöl zum Ausbacken · 1 Bund Petersilie · Salz

ZUBEREITUNG
Das Henderl zunächst in mehrere Stücke zerteilen. Dafür die Flügerl und Haxerl abtrennen, Brust vom Rücken ebenfalls trennen und längs halbieren (Hals und Rücken für Hühnersuppe verwenden). An Flügerln und Bruststücken die Knochen belassen, Haxerl mit einem scharfen, kleinen Messer auslösen. Haut überall abziehen. Hühnerstücke rundum gut salzen und zuerst in Mehl, dann in verquirlten Eiern und zuletzt in Semmelbröseln panieren. In einer tiefen Pfanne reichlich Öl erhitzen, dabei warten, bis es wirklich heiß ist. Hühnerteile einlegen und schwimmend (bei ca. 160 °C) 20–30 Minuten herausbacken. Währenddessen einmal wenden. Hühnerleber salzen, ebenfalls panieren und nach ca. 15 Minuten hinzufügen. Hühnerstücke herausheben, auf Küchenkrepp gut abtropfen lassen und nochmals mit Salz bestreuen. Petersilie rasch frittieren und Backhenderl damit garnieren.

GARUNGSDAUER: 20–30 Minuten
BEILAGENEMPFEHLUNG: Erdäpfel-Vogerlsalat mit Kernöl (s. S. 95)
TIPPS: Das an sich dezente Hühnerfleisch sollte gründlich gesalzen werden, damit sich sein Geschmack optimal entfalten kann. Ersetzt man die Hälfte des Öls durch Schweine- oder Butterschmalz, so schmeckt das Henderl einfach noch besser.
Wer sich die Mühe des Auslösens ersparen möchte, kann die Haxerl freilich auch ganz lassen – was im Übrigen von wahrhaftigen Backhendl-Puristen ohnehin gefordert wird.

PAPRIKAHENDERL

ZUTATEN
1 großes Huhn oder 2 Junghühner, küchenfertig · 125 ml Weißwein
1/2 Apfel, säuerlich · ca. 300 ml Hühnerfond · 150 g Zwiebeln, gehackt
2 EL Paprikapulver, edelsüß · 200 ml Sauerrahm · 40 g Mehl, glatt
150 ml Schlagobers · etwas Tomatenmark · Saft und Schale von 1/2 Zitrone
1/2 Chilischote, ohne Kerne, klein geschnitten · 1 Lorbeerblatt · 2 EL Butter
4 EL Öl · Salz · Pfeffer aus der Mühle · Sauerrahm zum Garnieren

Paprikahenderl

ZUBEREITUNG

Huhn waschen und mit der Geflügelschere in vier Teile teilen. Rückgrat sowie Hals abtrennen. Alles waschen und gut mit Küchenkrepp trockentupfen. (Bei fetten Hühnern die Haut abziehen). Mit Salz und Pfeffer rundum würzen. Öl und Butter in einem Topf erhitzen und Hühnerteile darin hell anbraten. Wieder herausnehmen und gehackte Zwiebeln in der Pfanne hell anrösten. Tomatenmark einmengen, Paprikapulver einstreuen, kurz durchrühren und mit Wein ablöschen. Hühnerfond zugießen und mit Zitronenschale, Lorbeerblatt und Chilischote würzen. Einmal aufkochen lassen, die Hühnerkeulen, Hals sowie Rückgrat wieder einlegen und zugedeckt 20–25 Minuten dünsten. Dann Hühnerbruststücke zugeben und weitere 20 Minuten zugedeckt dünsten lassen. Währenddessen wiederholt umrühren und bei Bedarf noch etwas Hühnerfond zugießen, sodass die Hühnerstücke gerade mit Flüssigkeit bedeckt sind. Alle Hühnerstücke und das Lorbeerblatt wieder herausnehmen und warm halten. Mehl in Sauerrahm glatt rühren und gemeinsam mit dem Schlagobers in die Sauce einrühren. Apfel klein schneiden und kurz mitkochen. Mit Zitronensaft abschmecken. Mit einem Stabmixer pürieren und Sauce durch ein Sieb passieren. Hühnerstücke (ohne Hals und Rückgrat) wieder in die Sauce geben und nochmals kurz erwärmen. Auf vorgewärmten Tellern anrichten und jeweils mit einem Tupfen Sauerrahm garnieren.

GARUNGSDAUER: 40–45 Minuten
BEILAGENEMPFEHLUNG: Zupfnockerln (s. S. 105), Nockerln (s. S. 105 f.) oder knuspriges Baguette
TIPPS: Zur Intensivierung des Geschmacks können auch Paprika- oder Pfefferonischoten mitgedünstet werden.
Löst man die Hühnerbrüste vor dem Anbraten vom Knochen ab und gibt sie erst knapp vor Ende der Garzeit wieder dazu, so bleiben sie saftiger und zarter.

„FRÜHER HAT EIN GAST ALLES GEKRIEGT ..."

... erinnert sich Sacher-Langzeitküchenchef Jaroslav Müller. „Da hat man als Koch keine Fragen gestellt, ob das jetzt gerade modern, Nouvelle Cuisine oder sonst was ist, man hat es einfach gemacht. Da war zum Beispiel ein russischer Minister da, der ein Hühnerkotelett Kiew wollte. Er hat es bekommen, auch wenn es nicht auf der Speisekarte stand. Dann kam der Raoul Castro aus Kuba und wollte was Kubanisches. Also hab ich extra für ihn eine marinierte kreolische Hühnerbrust erfunden, mit Bitterorangen und schwarzen Bohnen. Und was war? – Er war begeistert. Haben sich die Japaner zum Frühstück ein Congee mit Lachs gewünscht, natürlich: Sie haben es gekriegt, mitsamt der Misosuppe. Oder die Kinder vom Dirigenten Lorin Maazel. Die wollten ihren Hamburger immer in einer Semmel, die so weich wie bei McDonald's schmeckt. Was hab ich gemacht? Ich hab bei McDonald's halt a paar solcher Semmeln holen lassen."

„Es gab Zeiten, da haben sich die Gäste von Küche und Service nichts vorschreiben, ja nicht einmal etwas vorschlagen lassen, wie das heute oft der Fall ist", gibt Oberkellner Reisinger seinem alten Kollegen völlig Recht. „Hat einer gesagt, er will an Elefantenschenkel haben, hab ich geantwortet: ‚Ich ruf an in Schönbrunn und frag, ob sie welche haben.' Also hab ich angerufen und bin zurückgekommen: ‚Leider haben sie keine.'"

KREOLISCHES MOJITO-HUHN MIT SCHWARZEM REIS

ZUTATEN FÜR 6–8 PORTIONEN
8 Hühnerhaxerl, in 2 Teile geschnitten · 800 g speckige Erdäpfel · 2 Zwiebeln
2 EL Petersilie, gehackt · 2 EL Olivenöl

FÜR DIE MARINADE
4 EL Knoblauch, gehackt · 8 EL Zwiebeln, gehackt · 500 ml frisch gepresster Orangensaft · 8 EL Limettensaft · 8 EL Olivenöl · 1 TL Salz · 1 TL Pfeffer aus der Mühle
4 frische Lorbeerblätter · 2 TL Kreuzkümmel, gemahlen · 2 EL frische Pfefferminzblätter · 1 EL frische Korianderblätter · 1 Chilischote, gehackt

FÜR DEN SCHWARZEN REIS
250 g schwarze Bohnen, über Nacht eingeweicht · 250 g Langkornreis · 4 EL Olivenöl
2 Zwiebeln, fein geschnitten · 2 EL Knoblauch, gehackt · 1 Zimtstange
1 TL Kreuzkümmel, gemahlen · Salz · Pfeffer aus der Mühle · 2 Tomaten

ZUBEREITUNG
Zuerst für die Marinade Olivenöl erwärmen. Gehackten Knoblauch, Zwiebeln, Limetten- und Orangensaft beigeben und auf kleiner Hitze so lange erwärmen, bis die Zwiebeln weich sind. Restliche Gewürze zugeben, nochmals kurz erwärmen und mit dem Stabmixer aufmixen. Eine Tasse Marinade für das Huhn bereitstellen, den Rest im Kühlschrank kühl stellen und anderweitig verwenden (die Marinade hält sich 2 Wochen lang).

Hühnerhaxerl in eine Schüssel geben und mit der Marinade übergießen. Abgedeckt über Nacht kühl stellen. Am nächsten Tag Erdäpfel und Zwiebeln blättrig schneiden und in eine feuerfeste Form legen. Hühnerhaxerl aus der Marinade heben, abtupfen und in heißem Olivenöl beidseitig anbraten. Auf die Erdäpfel-Zwiebel-Mischung legen, mit restlicher Marinade übergießen und im vorgeheizten Backrohr bei 180 °C ca. 1 Stunde braten. Währenddessen die Hühnerstücke wiederholt wenden und bei Bedarf begießen.

HAUSGEFLÜGEL

Für den schwarzen Reis die eingeweichten Bohnen mit frischem Wasser und 1 EL Knoblauch, Zimtstange, Kreuzkümmel, Pfeffer und Salz etwa 1 Stunde kochen. Dann abseihen und Wasser aufbewahren. In einer feuerfesten Kasserolle Olivenöl erhitzen und die Zwiebeln sowie den restlichen Knoblauch anschwitzen. Reis zugeben, kurz andünsten und mit ca. 500 ml Bohnenfond aufgießen. Aufkochen lassen, Bohnen zugeben und zugedeckt im Backrohr ca. 20 Minuten al dente dünsten. Dabei bei Bedarf noch etwas Fond nachgießen. Währenddessen Tomaten kurz heiß überbrühen, schälen und in Würfel schneiden. Unter den fertigen Reis mischen, nochmals abschmecken und mit dem mit gehackter Petersilie bestreuten Huhn auftragen.

GARUNGSDAUER: Huhn ca. 1 Stunde, Reis ca. 20 Minuten
BACKROHRTEMPERATUR: 180 °C
TIPP: Die raffinierte Mojito-Marinade, die dem Fleisch ein ganz besonderes Aroma verleiht, eignet sich auch besonders gut zum Marinieren von Schweine- und Truthahnfleisch.

EINGEMACHTES HENDERL MIT STEINPILZEN

ZUTATEN
2 kl. Hühner à ca. 900 g · 4 schöne, kleine Steinpilze · 800 ml kräftiger Hühner- oder Gemüsefond · 100 ml Süßwein · 200 g Erbsenschoten · 150 g Erbsen
2 Lorbeerblätter · 2 Wacholderbeeren, zerdrückt · 3 Schalotten, fein gehackt
2 Knoblauchzehen · etwas Kümmel, gemahlen · 1 Zweigerl Thymian
Schale von 1 unbehandelten Zitrone · 2 EL Minze und Kresse, frisch geschnitten
1 KL Currypulver · 125 ml Crème fraîche · 2 EL Butter · 2 EL Mehl   4 EL Olivenöl
4 EL Butterschmalz · Salz · Pfeffer aus der Mühle

ZUBEREITUNG
Die Henderl waschen, trockentupfen, Brüste und Haxerl abtrennen. Ober- und Unterkeulen nach Belieben jeweils auslösen und Fleisch längs in zwei Teile schneiden. Die Flügerlknochen entfernen und ausgelöstes Brustfleisch mit der Haut quer halbieren (Karkassen für Fond verwenden). Hühnerfleisch mit Salz und Pfeffer würzen und in einem geräumigen Topf in Olivenöl scharf anbraten. Fleisch wieder herausnehmen und beiseite stellen.
Frische Butter in den Topf geben und Schalotten gemeinsam mit Mehl anschwitzen. Curry zugeben und mit Süßwein sowie Hühnerfond ablöschen. Gewürze (ohne die frischen Kräuter) beigeben und ca. 10 Minuten köcheln lassen. Thymian und Lorbeerblatt wieder entfernen, mit einem Stabmixer aufmixen und das Hühnerfleisch wieder einlegen. Würzen und Zitronenschale beigeben. Etwa 5–8 Minuten leicht köcheln lassen. Erbsenschoten und Erbsen kurz blanchieren (überbrühen) und zugeben. Mit Crème fraîche montieren (binden) und frisch gehackte Kräuter einrühren. Geputzte Steinpilze in Butterschmalz braten und ebenfalls zugeben.

GARUNGSZEIT: 10–15 Minuten
TIPP: Nach demselben Rezept lassen sich auch zarte Kaninchenkeulen zubereiten.

Eingemachtes Henderl mit Steinpilzen

HÜHNERFRIKASSEE

ZUTATEN
**600 g Hühnerfleisch, ohne Knochen (ausgelöste Brust und/oder Keule)
100 g Zwiebeln · 60 g Sellerie · 80 g Lauch · 500–700 ml Hühnerfond
125 ml Weißwein · 1 Eidotter · 120 g Eierschwammerl oder Pilze
250 ml Schlagobers · Petersilie, gehackt · etwas abgeriebene Zitronenschale
Prise Cayennepfeffer · Prise Muskatnuss, gemahlen · Pfeffer aus der Mühle
Salz · Mehl zum Wenden · Butterschmalz oder Öl zum Andünsten
Butter für die Schwammerl · Maisstärke oder Mehl zum Binden**

ZUBEREITUNG
Hühnerfleisch enthäuten, in mundgerechte Stücke schneiden und mit Salz sowie Pfeffer würzen. In Mehl wälzen und überschüssiges Mehl abschütteln. Zwiebeln kleinwürfelig, Sellerie und Lauch in größere Würfel schneiden. Schwammerl putzen und gegebenenfalls zerkleinern. Etwas Butterschmalz oder Öl in einer Kasserolle erhitzen und Zwiebeln hell anschwitzen. Sellerie und Lauch zugeben, kurz mitanschwitzen und dann Hühnerfleisch zufügen. Kurz rundum kräftig anbraten und mit Wein ablöschen. So viel Hühnerfond zugießen, dass das Fleisch gerade bedeckt ist. Fleisch ca. 10 Minuten (je nach Größe der Stücke) weich dünsten.
Fleisch mit einem Schaumlöffel wieder herausheben und den Fond passieren. Erneut aufkochen, Schlagobers zugießen, nochmals sämig einreduzieren lassen und mit Eidotter binden (aber nicht mehr kochen). Sollte die Sauce nicht sämig genug sein, mit etwas in Wasser angerührter Maisstärke oder Mehl binden. Mit Zitronenschale, Cayennepfeffer, Muskatnuss, Salz und Pfeffer abschmecken. Währenddessen Schwammerl rasch in etwas Butter anrösten. Gemeinsam mit dem Fleisch in die Sauce geben und noch kurz erwärmen. Mit gehackter Petersilie bestreuen.

GARUNGSDAUER: 10–15 Minuten
BEILAGENEMPFEHLUNG: Grießknöderl (s. S. 107) oder Speck-Grießdukaten (s. S. 110)

MAISHENDERLBRUST MIT EISWEINRISOTTO

ZUTATEN

4 Maishenderlbrüste mit Haut, je ca. 120 g · 12 Shiitakepilze (nur die Kappen)
4 Salbeiblätter · 2 EL Olivenöl zum Braten · 100 ml Hühnerfond
4 Streifen rote Chilischote · 1 Zweigerl Rosmarin · 2 EL Erdnussöl
4 EL halbierte, kernlose Trauben · 2 EL Pinienkerne, geröstet · Butter zum Binden und Anbraten · Prise Zucker · Salz · Pfeffer aus der Mühle

FÜR DEN RISOTTO

120 g Risottoreis · 1 EL Butter zum Andünsten · 1 Schalotte, gehackt
100 ml Eiswein (ersatzweise weißer Süß- oder Portwein) · 400 ml Hühnerfond
Salz · Prise Ras el Hanut (marokk. Gewürzmischung; ersatzweise je 1 Prise Kardamom, Nelken, Zimt, Koriander, Muskatnuss und Kreuzkümmel) · 1 EL Parmesan, gerieben
1 EL Butter zum Binden · 1/2 Vanilleschote

ZUBEREITUNG

Für den Risotto die gehackte Schalotte in Butter anschwitzen. Reis zugeben, kurz andünsten und mit Eiswein aufgießen. Dann etwa 200 ml Fond zugießen und bei nicht zu großer Hitze unter wiederholtem Umrühren 10 Minuten köcheln lassen. Mit Salz, Gewürzmischung und Vanilleschote aromatisieren und bei schwacher Hitze und langsamem Zugießen des restlichen Fonds weitere 8–10 Minuten al dente dünsten. Vanilleschote wieder entfernen und mit geriebenem Parmesan sowie Butter binden.

COMMENDATORE PRAWY

Einer der letzten „Dauergäste" des Hotel Sacher war, neben der legendären Gräfin Batthyány und Ernst Waldbrunn, der populäre Staatsoperndramaturg und „Opernführer" Prof. Marcel Prawy, der von seinen zahlreichen Freunden, Kollegen und Schülern kurz „Marcello" genannt, im Sacher aber immer als „Commendatore" angesprochen wurde.

Professor Prawy lebte ein Leben zwischen zwei Portierlogen. Der Staatsopernportier fungierte als sein persönlicher Assistent, und der jeweils Dienst habende Portier des Hotel Sacher firmierte als Kammerdiener. Mit seinem mit Lammfell gefütterten Burberrymantel und dem unvermeidlichen Baseball-Kapperl ist Prawy im Laufe der Jahre selbst zu einer Ikone des Hotel Sacher geworden.

Die Portiers liebte der Commendatore, doch gegenüber Pagen hegte er ein tiefes Misstrauen. Wenn er etwas aus dem Hotelsafe brauchte, musste der diensthabende Portier ihm stets persönlich öffnen, denn der Commendatore pflegte zu sagen: „Ich traue keinem unter dreißig. Daher kann ein Page auch nie und nimmer einen Hotelsafe öffnen."

Währenddessen die Haut der Hühnerbrüste leicht untergreifen, d. h. mit dem Zeigefinger unter die Haut fahren und diese leicht vom Fleisch lösen. Je ein Salbeiblatt zwischen Haut und Fleisch stecken und glatt streichen. Mit Salz sowie Pfeffer würzen und in heißem Olivenöl zuerst auf der Hautseite anbraten. Umdrehen, Shiitakepilze, Chili sowie Rosmarinzweig zugeben und die Brüste in 3–4 Minuten so fertig braten, dass sie innen noch zart und saftig sind. Pilze herausnehmen, mit etwas Erdnussöl beträufeln und gemeinsam mit den Brüsten warm stellen.

Bratenrückstand mit Fond ablöschen und auf die Hälfte einkochen lassen. Etwas eiskalte Butter einrühren und die Sauce damit binden. In einer kleinen Pfanne etwas Butter schmelzen und die Trauben mit einer Prise Zucker kurz andünsten. Risotto jeweils in der Tellermitte anrichten, die Hühnerbrüste einmal halbieren und auflegen. Mit Pilzkappen und Trauben belegen, mit Sauce beträufeln und mit gerösteten Pinienkernen bestreuen. Nach Belieben noch mit Rosmarinnadeln und Vanillestiften garnieren.

GARUNGSDAUER: Risotto 18–20 Minuten, Hühnerbrust 5–7 Minuten

STUBENKÜKEN IM KOHLMANTEL MIT GÄNSELEBERSAUCE

ZUTATEN

4 Brüste von Stubenküken zu je ca. 120 g · 100 g Kalbfleisch, mager
200 g Haxerlfleisch vom Stubenküken oder Huhn, ausgelöst · 100 g Gänseleber
1 Schweinsnetz, gut gewässert · 4 schöne grüne Kohlblätter · 120 ml Schlagobers, flüssig · 3 EL Schlagobers, geschlagen · Schuss Cognac · 2 EL Pistazien · Salz
Pfeffer aus der Mühle · Butter- oder Gänseschmalz zum Anbraten

FÜR DIE GÄNSELEBERSAUCE

60 g Gänseleberterrine (s. S. 45 oder fertig gekauft) · 50 ml Portwein
2 cl Cognac oder Weinbrand · 1 Schalotte, fein geschnitten · 3 Champignons, blättrig geschnitten · 300 ml Hühnerfond · weißer Pfeffer aus der Mühle · Salz

HAUSGEFLÜGEL

ZUBEREITUNG

Gut gekühltes Kalbfleisch in kleine Würfel schneiden und gemeinsam mit Haxerlfleisch, Cognac, dem flüssigen Obers sowie den Pistazien in der Küchenmaschine mixen. Mit Salz und Pfeffer würzen. Gut zugeputzte Gänseleber in Butter- oder Gänseschmalz rosa anbraten, wieder auskühlen lassen und in Würfel schneiden. Unter die Farce mengen und geschlagenes Obers unterziehen. Kohlblätter kurz blanchieren (überbrühen), kalt abschrecken und gut mit Küchenkrepp abtupfen. Stubenkükenbrüste mit Salz und Pfeffer würzen und in etwas Butterschmalz scharf anbraten. Kohlblätter aufbreiten, je eine Brust darauf legen, diese mit Farce bestreichen und einrollen. Gewässertes Schweinsnetz gut trockentupfen und so zuschneiden, dass je eine Roulade darin eingerollt werden kann. Rouladen mit dem Netz gut umwickeln und im vorgeheizten Backrohr bei 180 °C ca. 15 Minuten braten.

Für die Gänselebersauce den Portwein mit Cognac auf die Hälfte einkochen lassen. Champignons sowie Schalotten zugeben und mit Hühnerfond aufgießen. Abermals auf 150 ml einkochen. Mit eiskalter Gänseleberterrine aufmixen und abschließend mit etwas Salz und weißem Pfeffer abschmecken. Rouladen herausnehmen, Schweinsnetz wieder entfernen und Stubenkükenbrust in Scheiben schneiden. Auf vorgewärmten Tellern anrichten und mit der Gänselebersauce garnieren.

GARUNGSDAUER: ca. 15 Minuten
BACKROHRTEMPERATUR: 180 °C
BEILAGENEMPFEHLUNG: mit Kalbsjus verfeinertes Erdäpfelpüree

BAUERNENTE MIT GRIESSKNÖDERLN UND QUITTEN-ROTKRAUT

ZUTATEN
1 Ente, ca. 2–2,3 kg schwer · 1 Zwiebel für die Fülle · 1 Zwiebel, in Scheiben geschnitten, zum Braten · 1 Apfel · je 1 Zweig Majoran und Bohnenkraut, gezupft Prise gemahlener Kümmel · 300 ml Hühnerfond · 50 ml Beerenauslese (oder anderer Süßwein) · Salz · Pfeffer aus der Mühle · Maisstärke nach Bedarf · Trauben nach Belieben als Garnitur
Quitten-Rotkraut (s. S. 116 f.)
Grießknöderl (s. S. 107)

ZUBEREITUNG

Küchenfertige Ente außen und innen gut salzen. Für die Fülle Zwiebel und Apfel in Würfel schneiden und mit Pfeffer, Kümmel sowie den Kräutern vermischen. Ente damit füllen und Öffnung mit einem Holzspießchen gut verschließen. In eine Bratenpfanne etwa 1 cm hoch Wasser eingießen, Zwiebelscheiben zugeben und die Ente mit der Brust nach oben einlegen. Ins vorgeheizte Backrohr schieben und bei 180 °C zunächst 30 Minuten braten. Dann die Ente wiederholt übergießen und nach 10 Minuten herausnehmen. Mit Alufolie bedecken und nun bei 90 °C und leicht geöffneter Backrohrtür noch 50 Minuten im Rohr ziehen lassen. (Das Fleisch entspannt sich, bleibt saftig zart und leicht rosa.)

Ente tranchieren und nochmals kurz unter der Grillschlange knusprig werden lassen. Das ausgebratene Fett abschöpfen und in einer Pfanne die klein gehackten Knochenreste gemeinsam mit der Fülle darin anrösten. Mit Beerenauslese sowie Fond ablöschen und auf die Hälfte einkochen lassen. Bratenrückstand gut aufkratzen, zugießen und mit ca. 300 ml Wasser aufgießen und weitere

10 Minuten köcheln lassen. Abseihen, Saft abschmecken und bei Bedarf mit etwas in Wasser angerührter Maisstärke binden. Die Entenstücke mit Rotkraut und Knöderln auf vorgewärmten Tellern anrichten. Nach Belieben mit kurz in etwas Fett angedünsteten kernlosen Trauben garnieren.

GARUNGSDAUER: Ente 40 Minuten braten, 50 Minuten ziehen lassen, einige Minuten unter der Grillschlange

BEILAGENEMPFEHLUNG: außer den erwähnten, im Sacher gerne servierten Beilagen, empfehlen sich auch Erdäpfelknödel (s. S. 106), Apfel-Most-Kraut (s. S. 117) oder warmer Krautsalat (s. S. 116)

TIPPS: Qualitativ hochwertige Enten erkennt man an Fettansatz und Brustbein: Das Fett sollte durchgehend ansehnlich und nicht schneeweiß, das Brustbein nicht erhaben sein.

Vermeiden Sie es, die Ente ganz durchzubraten. Das Fleisch wird trocken, schmeckt fad und bekommt eine graue Farbe!

DER PAGENTEST

Dr. Hans Gürtler, der legendäre Hotelier, der das Sacher in den so genannten „Wirtschaftswunderjahren" leitete, war ein außerordentlich pünktlicher Mann und erwartete entsprechende Pünktlichkeit auch von seinen Mitarbeitern. So konnte man die Uhr danach stellen, dass er das Hotel Punkt 12 Uhr betrat und den Mantel, den er – unabhängig von der Witterung – immer umgehängt hatte, ohne sich weiter umzusehen, fallen ließ. War kein Page in der Nähe, der ihn auffing, so fiel der Mantel zu Boden und die Kritik des Chefs an seiner Empfangs-Equipe wäre entsprechend massiv ausgefallen. Peter Wanninger, verdienter Sacher-Portier, erinnert sich allerdings: „Es ist immer ein Page dagestanden, so sicher, wie der Zeiger auf zwölf vorrückte."

HAUSGEFLÜGEL · WILDGEFLÜGEL

PUTENBRUST MIT SCHINKEN UND GEMÜSE GEFÜLLT

ZUTATEN FÜR 6 PORTIONEN
1 Putenbrust (ca. 1,3 kg) · 100 g Beinschinken · 100 g Erbsen · 50 g Karotten
50 g gelbe Rüben · 1 TL Petersilie, gehackt · 4 Eier · 50 g kalte Butter zum Montieren
je 1 Zweig Rosmarin und Thymian · Fond oder Wasser zum Aufgießen · Salz
weißer Pfeffer aus der Mühle · Butter zum Andünsten

ZUBEREITUNG
Putenbrust von der Schmalseite her mit einem langen, spitzen Messer so einschneiden, dass eine Tasche entsteht. Karotten und gelbe Rüben kleinwürfelig schneiden und ebenso wie die Erbsen in Salzwasser bissfest kochen. Beinschinken in Würfel schneiden und in etwas heißer Butter anschwitzen. Gemüse beigeben, durchrühren und die verschlagenen Eier eingießen. Masse unter ständigem Rühren halb stocken lassen und mit Salz, Pfeffer sowie gehackter Petersilie würzen. Putenbrust mit der Masse füllen und Öffnung mit Küchengarn vernähen. Brust außen gut mit Salz und Pfeffer würzen. Rundum in heißer Butter anbraten, in eine Bratenpfanne setzen, Kräuter beigeben und im vorgeheizten Backrohr bei 150 °C 1 1/2 Stunden braten. Währenddessen wiederholt begießen und ab und an etwas Fond oder Wasser zugießen. Herausnehmen und in Alufolie gehüllt rasten lassen. Bratenrückstand lösen und mit etwas Fond aufgießen. Kräftig aufkochen und einkochen lassen. Abseihen und mit der kalten Butter binden. Putenbrust aufschneiden, auf vorgewärmten Tellern anrichten und mit der Sauce umgießen.

GARUNGSDAUER: 1 1/2 Stunden
BACKROHRTEMPERATUR: 150 °C
BEILAGENEMPFEHLUNG: Petersilerdäpfel
TIPP: Die Zusammensetzung der Fülle lässt sich je nach Saison auch beliebig, etwa mit Schwammerln oder frischem Spargel, variieren.

MARTINIGANSL MIT APFEL-MOST-KRAUT

ZUTATEN
1 küchenfertiges Gansl (ca. 4 kg) · 2 Zwiebeln · 2 Knoblauchzehen
2 Äpfel (am besten rote, säuerliche Sorte) · 2 TL Liebstöckel, frisch gehackt
2 TL Majoran, frisch gehackt · 1 TL Maisstärke (Maizena) · Salz · Pfeffer aus der Mühle
4 kleine Äpfel und Preiselbeerkompott für die Garnitur · Saft von 2 Orangen
Apfel-Most-Kraut (s. S. 117)

ZUBEREITUNG
Küchenfertiges Gansl innen und außen gut waschen, trockentupfen. Hals und die letzten Glieder der Flügerl abschneiden, in Stücke hacken und in eine große, eckige Bratenpfanne legen. Knoblauch andrücken. Zwiebeln vierteln und ebenso wie die Äpfel in 2–3 cm große Würfel schneiden. Mit Knoblauch, Majoran, Liebstöckel, Salz und Pfeffer vermischen. Gans innen und außen salzen, mit der Apfel-Mischung füllen und mit Spagat binden, oder mit einem Holzspießchen reißverschlussartig verschließen. Flügerl und Haxerl mit Alufolie umwickeln, damit sie nicht verbrennen und austrocknen.
Backrohr auf 160 °C vorheizen und etwa 1 Liter Wasser in die Bratenpfanne eingießen. Gans mit der Brust nach unten einlegen und nach 30 Minuten immer wieder mit eigenem Bratenfett

übergießen. Falls nötig, Wasser nachgießen. Nach etwa 2 1/2–3 Stunden die Gans umdrehen, Alufolie entfernen, Temperatur auf 220 °C erhöhen und noch 30 Minuten knusprig braten. (Sollte das Fleisch noch nicht weich sein, mit Backpapier abdecken und 1 Stunde bei 90 °C ziehen lassen.) Für die Garnitur Äpfel halbieren, Kerngehäuse so ausstechen, dass eine Mulde entsteht. Äpfel in wenig Bratenfett beidseitig kurz braten und mit Preiselbeerkompott füllen. Gansl herausheben und 10 Minuten warm rasten lassen. Etwa 2/3 des Fettes vom Bratensaft abschöpfen und den verbliebenen Bratensaft mit Orangensaft auf etwa 200 ml einkochen. Durch ein Sieb gießen. Stärke mit 2 Teelöffeln Wasser glatt rühren und Saft damit binden. Gansl tranchieren, portionieren und mit dem fertigen Saft, den gefüllten Äpfeln und Apfel-Most-Kraut anrichten.

GARUNGSDAUER: 3–3 1/2 Stunden,
BACKROHRTEMPERATUR: 160 °C, dann 220 °C
BEILAGENEMPFEHLUNG: Böhmische Erdäpfelknödel (s. S. 106), statt Apfel-Most-Kraut auch Rotkraut oder Quitten-Rotkraut (s. S. 116 f.)
TIPP: Achten Sie beim Einkauf der Gans auf beste Qualität. Die Gans sollte nicht zu blass aussehen und keinerlei Druckstellen oder blutunterlaufene Stellen aufweisen.

WILDENTENBRUST MIT „ZOTTOLADENSAUCE"

ZUTATEN
4 Wildentenbrüste mit Haut (möglichst unversehrt) · 1 Zweig Thymian
3 EL Butterschmalz · 50 ml Banyuls (oder nicht zu süßer roter Portwein)
50 ml Blauburgunder · 200 ml dunkler Geflügelfond oder Kalbsjus
1/2 Tafel Zotter-Chilischokolade (oder 40 g Bitterkuvertüre) · 1 EL Butter
8 Mispeln (südeurop. Kernobst) oder Marillen · Spritzer Zitronensaft
1 EL brauner Zucker · 1 EL Marillen- oder weißer Balsamessig · Salz
Pfeffer aus der Mühle · Prise fein geschnittener Rosmarin · etwas Maisstärke

ZUBEREITUNG
Die Wildentenbrüste salzen, pfeffern und in Butterschmalz goldgelb anbraten. Thymianzweigerl zugeben und im vorgeheizten Backrohr bei 90 °C ca.10–15 Minuten rosa ziehen lassen. Inzwischen Banyuls und Burgunder auf ein Drittel einreduzieren lassen, mit Jus auffüllen und wiederum auf die Hälfte einkochen. Schokolade in kleinen Stücken beigeben und bei Bedarf salzen. Kalte Butter einrühren und die Sauce damit binden.

Für die Mispeln etwas Wasser aufkochen und die Mispeln darin kurz blanchieren (überbrühen). In Eiswasser abschrecken, Haut abziehen, halbieren und Kern entfernen. Zucker mit 100 ml Wasser aufkochen. Zitronensaft, Essig und Rosmarin zugeben. Mispelhälften einlegen, einmal aufkochen, kräftig pfeffern und Saft bis auf ca. 6 Esslöffel abgießen. Etwas Maisstärke mit wenig Wasser anrühren, zugeben und Saft damit binden. Mispeln auf vorgewärmte Teller verteilen. Die Wildentenbrust mit einem scharfen Messer der Länge nach in ca. 5 Scheiben schneiden und auflegen. Mit der Sauce überziehen.

GARUNGSDAUER: 10–15 Minuten
BACKROHRTEMPERATUR: 90 °C
BEILAGENEMPFEHLUNG: Gnocchi (s. S. 103 f.) oder marinierter Chicorée

FASAN IM SPECKMANTEL MIT MARONI-ERDÄPFEL-NOCKERLN

ZUTATEN
2 Fasane mit je ca. 1 kg (makelloses Hautbild und sorgfältig gerupft)
4 kl. säuerliche Äpfel · 20 Scheiben kalt geräucherter Bauchspeck, hauchdünn geschnitten · 2 altbackene Schwarzbrotscheiben · 5 Wacholderbeeren, zerdrückt
2 kl. Zweigerl Latschenkiefer · 200 ml Gewürztraminer (oder anderer leicht süßlicher, kräftiger Weißwein) · ca. 400 ml Hühnerfond · 2 kl. Zwiebeln, in 1 cm dicke Scheiben geschnitten · 1 Knoblauchknolle, in der Schale quer halbiert · 80 g Butter, kalt
Salz · Pfeffer aus der Mühle · etwas Kümmel, gemahlen · Olivenöl zum Anbraten
Maroni-Erdäpfel-Nockerln (s. S. 104)

ZUBEREITUNG
Die gut gesäuberten Fasane innen und außen mit Salz, Pfeffer und Kümmel maßvoll würzen (Speck ist intensiv genug) und mit Latschenkiefer und Wacholderbeeren füllen. Fasane gut mit Speck umwickeln und bei Bedarf mit Küchengarn fixieren. Mit der Brust nach unten auf die Schwarzbrotscheiben setzen. In einem schweren (am besten gusseisernen) Bräter etwas Olivenöl erhitzen und Zwiebeln, Knoblauch und die halbierten Äpfel darin goldbraun anbraten. Fasane mit den Brotscheiben hineinsetzen und im vorgeheizten Backrohr bei 190 °C braten, dabei ständig mit Fond übergießen. Fasane nach ca. 40 Minuten wenden, Traminer zugießen und noch 20–30 Minuten fertig braten. Währenddessen Maroni-Erdäpfel-Nockerln wie auf S. 104 beschrieben zubereiten und warm stellen. Fasane aus dem Backrohr nehmen und Speck entfernen. Äpfel durch ein Sieb streichen. Aus der Creme mit zwei Löffeln kleine Nockerln formen und diese extra servieren. Fasane tranchieren und auf vorgewärmten Tellern anrichten. Bratensatz gegebenenfalls noch mit Fond aufgießen und einmal aufkochen lassen. Passieren und mit kalter Butter montieren (binden). Etwas Sauce über die Fasane gießen und restliche Sauce in einer vorgewärmten Sauciere servieren. Mit vorbereiteten Maroni-Erdäpfel-Nockerln auftragen.

GARUNGSDAUER: 60–70 Minuten
BACKROHRTEMPERATUR: 190 °C Umluft
TIPPS: Wenn Sie zufällig im Besitz einer Weinkiste aus Zedernholz sind, so brechen Sie ein Stück Holz heraus und braten es mit den Fasanen mit. Es entwickelt sich dabei ein unwiderstehliches Aroma! Sollte die Sauce zu dünn geraten, so reiben Sie vor dem Passieren einen Erdapfel hinein und lassen Sie die Sauce nochmals kräftig aufkochen.

Sacher

WILDGEFLÜGEL

WACHTELN MIT BREINWURSTFÜLLE

ZUTATEN
4 große Wachteln · 1 KL englischer Senf
4 EL Olivenöl · ca. 100 ml Hühnerfond
200 g Breinwurstfülle, aus dem Darm genommen (ersatzweise: mit gekochter Rollgerste vermengtes Bratwurstbrät)
1 Ei · Pfeffer aus der Mühle · Salz
Böhmische Mehlknöderl (s. S. 107)

FÜR DIE SAUCE
200 ml Hühnerfond · 100 ml Kalbsjus
2 cl Apfelbalsamessig · 1 Scheibe Räucherspeck · 2 EL Butter, kalt · Salz

ZUBEREITUNG
Die Wachteln innen völlig aushöhlen, also Knochen auslösen, ohne die Form der Wachteln dabei zu zerstören (s. Fotos), Flügerl entfernen. (So kann die fertige Wachtel einfach wie ein Braten aufgeschnitten werden.) Wachteln salzen, pfeffern und die Öffnung beim Hals mit Zahnstochern verschließen. Innen mit Senf bestreichen. Die Breinwurstfülle mit Ei vermischen und die Wachteln damit füllen. Öffnungen wieder mit Zahnstochern verschließen. Ausgelöste Wachteln bei Bedarf mit Küchengarn in Form binden. In einer feuerfesten

Pfanne in heißem Olivenöl rundum anbraten. Etwas Fond zugießen und im vorgeheizten Backrohr bei 200 °C 15–20 Minuten goldbraun braten. Dabei immer wieder begießen und bei Bedarf etwas Fond oder Wasser zugießen. Die gebratenen Wachteln warm kurz rasten lassen.
Vorbereitete Knödel in heißer Butter schwenken.
Für die Sauce den Balsamessig mit Fond, Jus und Speck auf 150 ml einkochen lassen. Speckscheibe entfernen, Bratrückstand zugießen und mit kalter Butter montieren (binden, aber nicht mehr kochen). Mit Salz abschmecken. Zahnstocher entfernen, mit einem scharfen Messer der Länge nach halbieren und auf vorgewärmte Teller setzen. Mit der Sauce begießen und auftragen.

GARUNGSDAUER: 15–20 Minuten
BACKROHRTEMPERATUR: 200 °C
BEILAGENEMPFEHLUNG: Blattspinat
TIPPS: Die Wachtel kann auch ohne das aufwendige Auslösen der Knochen gefüllt werden. Die fertig gebratene Wachtel wird dann mit einem scharfen Messer der Länge nach aufgeschnitten (die dünnen Knochen lassen sich relativ leicht zerteilen).
Diese Zubereitungsart eignet sich auch für Stubenküken oder Tauben.

WILDGEFLÜGEL

FASANENBRUST-WIRSINGROULADE MIT GÄNSELEBER UND SCHLEHEN

ZUTATEN

4 Fasanenbrustfilets à 150 g · 1 Wirsingkohl mit schönen grünen Blättern
100 g Hühnerbrust · 100 g Schlagobers · 1 Eidotter · 200 g Gänseleber
300 g Schweinsnetz, gewässert · 2 EL Butterschmalz · 4 EL eingelegte Schlehen oder Vogelbeeren (ersatzweise Preiselbeeren) · 3 EL Schlehenmark
Butter zum Übergießen · Salz · Pfeffer aus der Mühle · Fleur de sel (oder Meersalz)

FÜR DAS LINSENGEMÜSE

150 g Berglinsen, über Nacht eingeweicht (oder Beluga-Linsen) · 1 Speckschwarte
2 EL Olivenöl · 2 Schalotten, fein gehackt · 1 Msp. Knoblauch, gehackt
Prise Zucker · 50 ml roter Portwein · 2 EL Balsamapfelessig · 200 ml Kalbsjus
Salz · Pfeffer aus der Mühle · Prise Kümmel, gemahlen · etwas Bohnenkraut, fein geschnitten · 2 EL kalte Butter

ZUBEREITUNG

Die Wirsingblätter vom Strunk lösen und die vier schönsten in viel Salzwasser ca. 2 Minuten lang blanchieren (überbrühen). Kalt abschrecken und trockentupfen. Hühnerbrust kleinwürfelig schneiden und mit eiskaltem Obers sowie Dotter in der Küchenmaschine cuttern. Mit Salz und Pfeffer abschmecken. In die Fasanenbrüste mit einem spitzen Messer kleine, fingerdicke Taschen schneiden und diese gut würzen. Aus der Gänseleber 4 fingerdicke Stifte und 8 schöne, hauchdünne Scheiben schneiden. Scheiben mit Fleur de sel sowie Pfeffer bestreuen und kalt stellen. Etwas Farce in die Öffnung streichen und Gänseleberstifte hineinstecken. Getrocknete Wirsingblätter auflegen und jeweils mit Farce bestreichen, Brüste darauf setzen und das Ganze straff einrollen. Gut gewässertes Schweinsnetz zurechtschneiden und jedes Röllchen darin gut einschlagen. Enden abschneiden und in heißem Butterschmalz von allen Seiten her zart anbraten. Im vorgeheizten Backrohr bei 200 °C Umluft 8 Minuten garen. Währenddessen mit Butter übergießen und wenden. Herausnehmen, mit Alufolie bedecken und rasten lassen.

Für das Linsengemüse die Schalotten in Olivenöl mit Knoblauch und Zucker anschwitzen. Mit Essig und Portwein auffüllen und zur Gänze einkochen lassen. Mit Kalbsjus aufgießen, Linsen sowie Speckschwarterl zugeben und 3–6 Minuten köcheln. Mit Salz, Pfeffer, Kümmel und Bohnenkraut würzig abschmecken. Kalte Butter einrühren, aber nicht mehr kochen, Speck entfernen. Die Rouladen aufschneiden und mit den Linsen auf heiße Teller setzen. Mit etwas Linsensaft überziehen. Schlehen leicht erwärmen, Mark zugeben und daneben anrichten. Rohe Gänseleber dekorativ einrollen, zugeben und sofort servieren.

GARUNGSDAUER: ca. 8 Minuten
BACKROHRTEMPERATUR: 200 °C Umluft
TIPP: Betten Sie die Fasanenbrüstchen auf etwas in Butter geschwenktem Wirsingkohl. So wird der übrig bleibende Wirsing gleichermaßen optisch attraktiv und wohlschmeckend verwertet.

NACKT IM SACHER

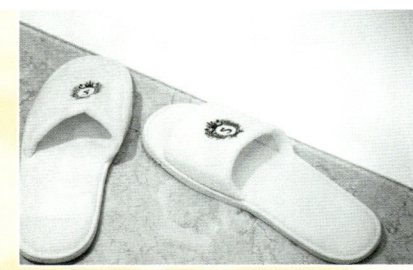

Zu jenen „Sternstunden", die das Foyer des Hotel Sacher in die Schlagzeilen der Weltpresse brachten, zählt ohne Zweifel die berühmtberüchtigte Pressekonferenz, die John Lennon und Yoko Ono vom Bett aus „nackt" gaben. Die Direktion hatte sicherheitshalber alle wertvollen Gemälde, darunter auch einen echten Defregger, aus dem Raum entfernen lassen, damit diese bei einem allfälligen Happening nicht in Mitleidenschaft gezogen werden würden. „Ganz so wild, wie es überall zu lesen stand", erinnert sich Sacher-Portier Peter Wanninger, „war die Angelegenheit aber in Wahrheit auch wieder nicht. John und Yoko kamen bis unters Kinn in Leintücher gehüllt ins Bett, das in der Hotelhalle aufgestellt worden war. Und ob sie unter den Leintüchern tatsächlich nackt waren, das weiß bis heute kein Mensch." Im Übrigen waren die Lennons „hochanständige Gäste" – ganz im Gegensatz zur Rockband „Bee Gees", die, so Wanninger, „im Sacher eine Spur der Verwüstung hinterließ".

WILDGEFLÜGEL

GETRÜFFELTES PERLHUHN MIT FENCHEL-COUSCOUS GEFÜLLT

ZUTATEN
1 Perlhuhn mit ca. 1,6–1,8 kg, küchenfertig · 100 g Butter · Salz · Pfeffer aus der Mühle · etwas Muskatnuss, gemahlen · 50 g Périgord- oder Sommertrüffeln 300 ml Hühnerfond · 8 schöne, bauchige Jungzwiebeln (ohne grünen Teil) 1 Speckschwarte · einige kalte Butterflocken zum Montieren

FÜR DEN FENCHEL-COUSCOUS
120 g Couscous · 300 ml Hühnerfond · 1 Lorbeerblatt · Salz · weißer Pfeffer 3 cl Noilly-Prat · 80 ml Muskateller, halbsüß (oder anderer halbsüßer Weißwein) 4 EL Olivenöl · 3 EL Schalotten, gehackt · 1 Fenchelknolle, in kleine Würferl geschnitten · Schale von 1/2 Orange, abgerieben · 1 Ei · 2 Eidotter · 100 g Joghurt 60 g Parmesan, frisch gerieben · Prise Garam Masala (ind. Gewürzmischung)

ZUBEREITUNG
Das Perlhuhn beim Hals zunähen oder mit einem Holzspießchen bzw. Zahnstocher verschließen. Die Haut auf der Brustseite vom Fleisch lösen und fein gehobelte Trüffeln zwischen Haut und Fleisch schieben.

Für den Couscous die Schalotten und Fenchelwürferl in Olivenöl anschwitzen. Orangenschale und Lorbeerblatt zugeben, Couscous einrieseln lassen, kurz andünsten und mit Noilly-Prat und Muskateller auffüllen. Nur so viel Fond zugießen, wie gerade nötig ist, und ca. 3 Minuten köcheln lassen. Währenddessen ab und an wenig Fond nachgießen. Al dente gekochten Cous-cous mit Salz, Pfeffer und Garam Masala würzig abschmecken. Parmesan und Joghurt einrühren und etwas auskühlen lassen. Dotter und Ei einmengen, Lorbeerblatt entfernen und Perlhuhn mit der Masse füllen. Öffnung verschließen und Perlhuhn außen mit Muskatnuss, Salz sowie Pfeffer würzen.

In einem Bräter Butter aufschäumen und das gefüllte Perlhuhn mit der Hautseite nach unten einlegen. Im auf 190 °C vorgeheizten Backrohr 30–40 Minuten braten und dabei immer wieder mit Fond begießen. Vorsichtig umdrehen. Jungzwiebeln und Speckscheibe beigeben und weitere 30 Minuten braten. Aus dem Ofen nehmen und zugedeckt ca. 10 Minuten rasten lassen. Jungzwieberl auf vorgewärmte Teller verteilen, Perlhuhn tranchieren und mit der Fülle auf Teller geben. Den Bratenrückstand aufkochen, abschmecken und bei Bedarf noch etwas Fond zugeben. Mit kalter Butter montieren (binden) und das Perlhuhn mit der Sauce überziehen.

GARUNGSDAUER: ca. 60–70 Minuten
BACKROHRTEMPERATUR: 190 °C Umluft
TIPPS: Ambitionierte Hobbyköche entfernen vor dem Füllen die Karkassen des Perlhuhns, d. h. das Perlhuhn wird innen völlig ausgehöhlt. In diesem Fall muss das Perlhuhn nach dem Füllen mit einem Küchengarn in eine runde Form gebracht werden, wodurch es sich nach dem Braten in schöne Scheiben aufschneiden lässt. Die Garungszeit reduziert sich dabei auf ca. 50 Minuten. Weniger kostspielig wird dieses Gericht, wenn statt der Trüffeln schwarze Nüsse oder Oliven unter die Haut gesteckt werden. Und auch das Perlhuhn lässt sich durch eine schwere Poularde ersetzen.

BERNSTEIN UND DIE ZWEI GRAZIEN

„Einer der kompliziertesten Gäste, die wir je hatten", erinnert sich ein Mitarbeiter des Sacher-Housekeeping, „das war der Herr, der an einer ‚Gemäldeallergie' litt. Sobald er eincheckte, bestand er darauf, dass während seiner Anwesenheit alle Gemälde aus seinem Zimmer abgehängt wurden. Er duldete nicht die kleinste Miniatur."

Das Gegenteil traf indessen auf Leonard Bernstein zu, der nicht zuletzt deshalb das Sacher so liebte, weil er hier von schönen Gemälden aus dem Wien Mahlers und Klimts umgeben war.

Bernstein war allerdings kein Freund von Veränderungen. In der bis heute nach ihm benannten Suite musste, sobald er einzog, stets derselbe minutiös gestimmte Bösendorfer-Flügel stehen. Der Maestro bestand auch sonst darauf, dass sich in dieser Suite nicht die geringste Kleinigkeit änderte und er immer den Eindruck hatte, er beträte sein Wiener Wohnzimmer.

Eines Tages erschien der sonst so freundliche „Lenny", der dafür berühmt war, dass er jeden, der ihm begegnete, abbusselte, erzürnt wie Raimunds Herr Rappelkopf an der Portiersloge und sagte: „Ich ziehe aus, ich will ein anderes Hotel." Der Portier hatte allerdings schnell geklärt, was den Zorn des Maestro erregt hatte: Ein Gemälde, das zwei schöne Damen, eine ganz blond und eine tief schwarz, zeigte, war aus Bernsteins Suite verschwunden.

Sofortige Recherchen der Portiersloge ergaben, dass sich das Gemälde gerade „auf Kur" bei einem Restaurator befand. Die Kur wurde sofort unterbrochen, das Gemälde hing binnen zwei Stunden wieder auf seinem Platz, der Maestro blieb, und die zwei Grazien wurden später renoviert.

  WILDGEFLÜGEL

TAUBE ROYALE MIT MOSCHUSKÜRBIS UND BRENNNESSEL-ZIEGENKÄSE-TASCHERLN

ZUTATEN

2 Bresse-Tauben mit je 500–600 g · 500 g Moschus- oder Muskatkürbis
1 Zweig Zitronenthymian · 2 frische Lorbeerblätter · etwas Kreuzkümmel
1 Zweig Rosmarin · 3 EL Olivenöl · 200 ml Schlagobers · 2 Scheiben altbackenes Schwarzbrot · Salz · Pfeffer aus der Mühle · etwas Muskatnuss, gemahlen
Fleur de sel (oder Meersalz) · frittierte Brennnesselblätter als Garnitur nach Belieben
Butter zum Anbraten · Brennnessel-Ziegenkäse-Tascherln (s. S. 114)

FÜR DIE SAUCE

200 ml Hühnerfond · 100 ml Kalbsjus · 100 ml Burgunder (oder anderer kräftiger Rotwein) · 3 EL kalte Butter · Kreuzkümmel

ZUBEREITUNG

Die Tauben waschen, trockentupfen und das erste Glied von den Flügeln abtrennen. Eventuell vorhandenes Fett entfernen und mit Salz sowie Pfeffer einreiben. Den Hohlraum mit Lorbeerblättern,

Kreuzkümmel und Zitronenthymian würzen. In einem schweren Bräter Olivenöl erhitzen und Tauben rundum anbraten. Jede Taube mit der Brustseite nach unten auf ein Stück Schwarzbrot setzen und im vorgeheizten Backrohr bei 190 °C Umluft ca. 12 Minuten braten. Wenden und noch weitere 5 Minuten fertig braten. Tauben noch ca. 10 Minuten bei geöffneter Backofentür rasten lassen. Brust ablösen, Haxerl abtrennen und alles in etwas Butter nochmals kurz anbraten. Mit Fleur de sel bestreuen. Die übrig gebliebenen Taubenkarkassen und den ausgetretenen Saft in einem Sieb auspressen und zur Sauce geben. (Dieser Saft bindet und verleiht noch zusätzlichen Geschmack.) Inzwischen Kürbis schälen, entkernen und mit einer Brotschneidemaschine in 1 mm feine Blätter schneiden. Schlagobers mit Rosmarin, Muskatnuss und Salz aufkochen. Kürbisscheiben einlegen und kurz ziehen lassen. Für die Sauce den Burgunder auf ein Drittel einreduzieren lassen. Fond und Jus zugießen und wiederum auf die Hälfte einkochen. Mit kalter Butter montieren (binden) und mit Kreuzkümmel abschmecken. Die Kürbisscheiben mit Hilfe einer Fleischgabel eindrehen und auf vorgewärmten Tellern anrichten. Die Haxerl und Brüste dazugeben, mit Sauce überziehen und mit den vorbereiteten Brennnessel-Ziegenkäse-Tascherln servieren. Nach Belieben vorher noch mit frittierten Brennnesselblättern garnieren.

GARUNGSDAUER: 15–18 Minuten braten, 10 Minuten rasten
BACKROHRTEMPERATUR: 190 °C Umluft

TAFELSILBER ALS KRONZEUGE

Könnten die silbernen Suppenterrinen, Kandelaber und Tafelaufsätze aus der Geschirrkammer des Hotel Sacher sprechen, so wüssten sie vermutlich allerhand zu erzählen – unter anderem sogar die Wahrheit über die Tragödie von Mayerling.

Kronprinz Rudolf war, ganz im Gegensatz zu seinem Vater, dem sittenstrengasketischen Kaiser, ein regelmäßiger Stammgast im Hotel Sacher, wenngleich er dort als ziemlich säumiger Zahler berüchtigt war. Nach seinem Selbstmord in Mayerling stellte Anna Sacher nach einer angemessenen Wartezeit dann doch einmal die längst fällige Rechnung an den Wiener Hof, ließ aber durchblicken, dass sie statt Bargeld auch gerne ein paar schöne Stücke des berühmten Tafelsilbers aus Mayerling „in Zahlung" nehmen würde, das ja nunmehr herrenlos sei.

Auf diese Weise wanderte das Tafelsilber aus dem verwunschenen Schloss im Wienerwald ins Nobelhotel hinter der Staatsoper, wo es bis heute in Ehren gehalten, aber auch ständig verwendet – und vor allem immer wieder aufs Neue geputzt – wird.

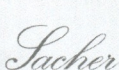 

AUS WEIDE

UND WALD
VOM TAFELSPITZ BIS ZUM HIRSCHKALBSRÜCKEN

KALB

Ob der Wiener in erster Linie ein Mehlspeis- oder doch eher ein Fleischtiger ist, darüber ließe sich trefflich streiten. Ein Tiger bleibt er allemal, und wenn es ums Wiener Schnitzel oder das gute alte Alt-Wiener Siedefleisch vom Beinfleisch bis zum Tafelspitz geht, so ist sein Appetit schier unstillbar. Dennoch wird in Österreich bis heute mehr Schweinefleisch als Rind- und Kalbfleisch gegessen. Länger als in anderen Ländern haben sich schließlich auch Innereiengerichte erhalten, wobei Leber, Herz und Kutteln heute gewiss keine Massennahrung mehr sind, sondern als besondere Spezialitäten für Gourmets gehandelt werden. Und dass die Sacherküche jeden Herbst während der Wildsaison zu ganz besonderer Form aufläuft, das versteht sich im waldreichen Österreich fast von selbst.

WIENER SCHNITZEL

ZUTATEN
8 Scheiben vom Kalbsrücken zu je ca. 90 g · 4 Eier · 200 g Semmelbrösel, sehr fein gerieben · 100 g Mehl, glatt · 300 ml Butterschmalz · 100 ml Pflanzen- oder Erdnussöl Salz · Zitronenscheiben und frittierte Petersilie als Garnitur

ZUBEREITUNG
Gut zugeputzte Schnitzel auf eine Stärke von etwa 2–4 mm klopfen und beidseitig salzen. In einem flachen Teller die Eier mit einer Gabel nur kurz verrühren. (Zu langes Schlagen macht das Ei dünn!) Fleisch zunächst in Mehl wenden, dann in verschlagenem Ei und zuletzt in den Bröseln wälzen. In einer großen Pfanne Butterschmalz und Öl erhitzen (Fett dabei wirklich heiß werden lassen) und die Schnitzel einlegen. Goldbraun backen, wenden und abermals goldbraun ausbacken. Dabei die Pfanne stets ein wenig schwenken, damit die Schnitzel rundum von Fett umgeben sind und die Panier schön soufflieren (aufgehen) kann. Herausheben und auf Küchenkrepp gut abtropfen lassen. Petersilie im verbliebenen Fett ebenfalls frittieren und abtropfen lassen. Wiener Schnitzel auf vorgewärmten Tellern anrichten und mit frittierter Petersilie sowie Zitronenscheiben garnieren.

GARUNGSDAUER: 3–5 Minuten
BEILAGENEMPFEHLUNG: Petersilerdäpfel und Salat nach Belieben (Gurken-, Tomaten-, Erdäpfel- oder Blattsalat)
TIPPS: Achten Sie darauf, sehr hochwertige, sprich sehr fein geriebene Brösel zu verwenden. Echte Wiener Schnitzel müssen immer im „Pfandl" und nicht in der Friteuse herausgebacken werden, wobei auch die Verwendung von Butterschmalz für den typisch „nussigen" Geschmack unerlässlich ist.

KALB

KALBSSCHNITZEL NACH EDUARD SACHER

ZUTATEN

8 Kalbsschnitzel (vom Kalbsrücken) à 80 g · 150 g Pilze (Eierschwammerl, Steinpilze, Champignons etc.) · 80 g Zwiebeln, fein gehackt · 100 g Selchspeck, feinwürfelig geschnitten · Spritzer Weißwein · 125 ml Kalbsjus · 125 ml Schlagobers
125 ml Sauerrahm · einige Kapern, gehackt · 1 Lorbeerblatt · Salz · Pfeffer aus der Mühle · Prise Rosmarin und Thymian · Petersilie, gehackt · 4 EL Öl · Mehl zum Wenden

ZUBEREITUNG

Kalbsschnitzel zart, aber nicht zu dünn klopfen. Salzen, pfeffern und in Mehl wenden. In einer Pfanne Öl erhitzen und die Schnitzel darin auf beiden Seiten rasch anbraten. Herausheben und mit Alufolie zugedeckt warm rasten lassen. Fein gehackten Speck in die Pfanne geben und auslassen. Gehackte Zwiebeln zugeben und hell anrösten. Schwammerl in mundgerechte Stücke schneiden und ebenfalls einmengen. Mit Salz, Pfeffer, Rosmarin, Thymian und Lorbeerblatt würzen. Gehackte Kapern zugeben und mit einem Spritzer Weißwein ablöschen. Aufkochen und Kalbsjus zugießen. Schlagobers und Rahm zugeben und alles zu einer sämigen Sauce einkochen lassen. Warm gehaltene Schnitzerl auf vorgewärmten Tellern anrichten, mit der Sauce überziehen und mit gehackter Petersilie bestreuen.

GARUNGSDAUER: 5–7 Minuten
BEILAGENEMPFEHLUNG: Reis, Spätzle, Rucola- oder Vogerlsalat

NATURSCHNITZEL MIT CREME-POLENTA

ZUTATEN

8 Kalbsschnitzel (vom Kalbsrücken oder Kaiserteil) à 80 g · 250 ml Kalbsfond oder gute Suppe · Salz · Pfeffer · etwas Muskatnuss · Olivenöl

FÜR DIE POLENTA

150 g Polenta (Maisgrieß), fein gemahlen · 300 ml Hühnerfond
3 EL geriebener Bergkäse · 2 EL kalte Butter · Salz · 1 kl. Bund Petersilie
Öl zum Frittieren

ZUBEREITUNG

Die Schnitzel mit Klarsichtfolie bedecken und 5 mm dünn klopfen. Mit Salz, Pfeffer und einer Prise Muskatnuss würzen. Olivenöl erhitzen und Schnitzel auf beiden Seiten nicht zu scharf anbraten. Fond langsam zugießen und einkochen lassen. Schnitzerl aus der Pfanne nehmen und warm stellen. Sauce durch kräftiges Rühren glatt machen.
Für die Polenta den Hühnerfond aufkochen. Polenta einrieseln lassen und 5 Minuten unter ständigem Rühren köcheln lassen. Geriebenen Käse und Butter unterrühren und gut abschmecken. Petersilienzweiglein in heißem Öl frittieren und abtupfen. Polenta auf vorgewärmten Tellern anrichten, je 2 Schnitzerl darauf platzieren, mit Sauce beträufeln und mit frittierter Petersilie garnieren.

GARUNGSDAUER: Schnitzerl einige Minuten, Polenta 5 Minuten

KAISERSCHNITZEL

ZUTATEN
8 kl. Kalbsschnitzel à 80 g · 200 ml brauner Kalbsfond · 200 ml Schlagobers
50 g Sauerrahm · 100 ml trockener Weißwein · 1 TL Kapern, gehackt · 1/2 TL Senf
1 EL Petersilie, gehackt · Saft und Schale von 1/2 Zitrone · Salz · Pfeffer aus der Mühle
2 EL Butter und Öl zum Anbraten · Mehl zum Wälzen

ZUBEREITUNG
Kalbsschnitzel mit Klarsichtfolie bedecken und dünn klopfen. Mit Salz sowie Pfeffer würzen und zart in Mehl wenden. Butter und Öl erhitzen, Schnitzel darin beidseitig kurz anbraten und wieder herausnehmen. Warm halten. Mit Weißwein aufgießen, Fond und Schlagobers zugießen und alles auf die Hälfte einkochen lassen. Mit Senf, gehackten Kapern, Zitronensaft und -schale sowie Petersilie aromatisieren, durchrühren und Sauerrahm einrühren. Sobald die Sauce die richtige sämige Konsistenz hat, Schnitzel wieder einlegen und kurz erwärmen.

GARUNGSDAUER: 5–7 Minuten
BEILAGENEMPFEHLUNG: Butternudeln oder Risipisi

ÜBERBACKENER KALBSLUNGENBRATEN
À LA ALEXANDRA GÜRTLER

ZUTATEN
700 g Kalbslungenbraten (Filet), gut zugeputzt · 2 EL englischer Senf
300 g Blattspinat, blanchiert (überbrüht) · 2 EL Basilikumblätter, fein geschnitten
2 EL Salbeiblätter, fein geschnitten · 600 g Pelati (Tomaten aus der Dose), gut abgetropft · Salz · Pfeffer aus der Mühle · Olivenöl zum Anbraten · Butter für die Form · Semmelbrösel zum Ausstreuen · 80 g kalte Butter, in Würferl geschnitten

FÜR DIE GORGONZOLASAUCE
300 g Gorgonzola · 200 ml Kaffeeobers · 125 g Crème fraîche · Salz
Pfeffer aus der Mühle

ZUBEREITUNG
Kalbsfilet in fingerdicke Scheiben schneiden. Kräftig mit Salz sowie Pfeffer würzen und in einer beschichteten Pfanne in etwas Öl beidseitig scharf, aber kurz anbraten, sodass die Filets innen noch ziemlich roh sind. Herausnehmen und auskühlen lassen. Eine feuerfeste Form mit Butter ausstreichen, mit Bröseln ausstreuen und überschüssige Brösel ausklopfen. Den kurz blanchierten Spinat darin verteilen, Tomaten in kleine Stücke schneiden und auf den Spinat geben. Mit gehackten Kräutern bestreuen. Die Kalbsfilets mit Senf bestreichen und einschichten.
Für die Gorgonzolasauce alle (raumtemperierten) Zutaten mit einem Stabmixer aufmixen und gleichmäßig über das Kalbfleisch verteilen. Mit Butterstückchen und wenig Semmelbröseln bestreuen. Im vorgeheizten Backrohr bei 220 °C Umluft ca. 20 Minuten braten, bis die Oberfläche schön goldbraun ist. In der Form auftragen und erst bei Tisch portionieren.

GARUNGSDAUER: ca. 20 Minuten
BACKROHRTEMPERATUR: 220 °C Umluft
BEILAGENEMPFEHLUNG: knuspriges Baguette, Ofenerdäpfel und Blattsalate
TIPP: Dieses Gericht eignet sich optimal für Gäste, da es sich bis zu einem Tag im Voraus vorbereiten lässt.

MILCHKALBSFILET IN DER KALBSKOPFKRUSTE MIT ARTISCHOCKENPILZ UND TRÜFFELSAUCE

ZUTATEN
600 g Kalbsfilet vom Milchkalb, pariert (am besten 2 Mittelstücke)
150 g Kalbskopf, gepresst · 120 g Hühnerbrust, ohne Haut · ca. 80 ml Schlagobers
2 EL Kräuter (Liebstöckel, Kerbel, Petersilie), gehackt · 1 EL Dijonsenf
4 Scheiben Tramezzinibrot (ersatzweise entrindetes Toastbrot) · etwas geriebene Muskatnuss · Salz · Pfeffer aus der Mühle · 3 EL Olivenöl für das Filet
150 ml Pflanzenöl zum Herausbacken

FÜR DIE ARTISCHOCKENPILZE
8 größere Champignonköpfe · 2 Artischockenböden, roh feinblättrig geschnitten
150 g Blattspinat · 2 EL gehackte Schalotten · 100 g fein geschnittene Gemüsejulienne (feine Streifen von Karotte, Sellerie, gelber Rübe), blanchiert · 2 EL Butter
1 EL Erdnussöl · 2 EL Olivenöl · Muskatnuss, gemahlen · Salz · Pfeffer aus der Mühle

FÜR DAS ERDÄPFELPÜREE
300 g mehlige Erdäpfel, geschält · ca. 100 ml Milch · 2 EL braune Butter · Salz
Muskatnuss

FÜR DIE TRÜFFELSAUCE
50 ml Portwein, weiß · 50 ml Madeira · 50 ml Banyuls (frz. Likörwein)
200 ml Kalbsjus · 1 kleine Cahors- oder Périgord-Trüffel (oder aus der Konserve mit Saft) · 2 EL kalte Butter · Salz nach Belieben

ZUBEREITUNG

Gut zugeputztes Kalbsfilet mit Salz und Pfeffer würzen und in einer beschichteten Pfanne in heißem Olivenöl scharf von allen Seiten anbraten. Kalt stellen. Inzwischen die gut gekühlte Hühnerbrust mit Muskatnuss, Salz und flüssigem Schlagobers zu einer feinen Farce cuttern (mixen). Kalbskopf in 2 mm große Würferl schneiden und mit den gehackten Kräutern unter die Farce mischen. Kalbfleisch mit Dijonsenf, Brote mit der Farce dünn bestreichen und (mit der Farce nach innen) um das Kalbsfilet wickeln (nach Bedarf mit Küchengarn fixieren). Pflanzenöl erhitzen und das eingepackte Filet darin rundum goldbraun anbraten. Filet in einer Bratenform auf ein Gitter setzen und im vorgeheizten Backrohr bei 90 °C Ober- und Unterhitze und leicht geöffneter Tür ca. 20 Minuten ziehen lassen.

Für die Artischockenpilze zunächst die Champignonköpfe 2 Minuten in Salzwasser blanchieren (überbrühen) und mit der Öffnung nach oben in eine ausgebutterte Pfanne setzen. Die rohen Artischockenstreifen in heißem Erdnussöl goldbraun rösten, mit Salz sowie Pfeffer würzen und in die Champignonköpfe füllen. Die Gemüsestreifen kurz in Salzwasser blanchieren, abtropfen lassen, dekorativ zusammendrehen und auf die Pilzköpfe setzen. Pilzköpfe warm stellen. Schalotten in Olivenöl anschwitzen, rohen Blattspinat zugeben und gut durchschwenken. Mit Salz sowie Muskatnuss würzen.

Für das Püree die geschälten Erdäpfel in Salzwasser weich kochen, abseihen und durch eine Erdäpfelpresse drücken. Mit brauner Butter und Milch vermengen, mit Salz sowie Muskatnuss abschmecken und warm stellen.

Für die Trüffelsauce sämtliche Alkoholika in einem Topf auf die Hälfte einreduzieren lassen. Kalbsjus zugießen und nochmals um die Hälfte einkochen. Trüffel hobeln oder kleinwürfelig schneiden und zugeben. Kalte Butter einrühren, Sauce damit binden und nach Belieben mit Salz abschmecken. Fleisch in 8 Scheiben schneiden und auf vorgewärmte Teller legen. Jeweils 2 Häufchen Blattspinat aufsetzen und die Pilzköpfe darauf geben. Püree anrichten und die Sauce angießen.

GARUNGSDAUER: Kalbsfilet: einige Minuten braten, 20 Minuten im Backrohr rasten lassen
BACKROHRTEMPERATUR: Filet: ca. 90 °C
TIPP: Das Gericht erhält noch eine zusätzliche Raffinesse, wenn Sie etwas frische Trüffeln darüber hobeln.

NACH DEM OPERNSTOSS

Wenn der so genannte „Opernstoß" – so nennt man im Sacher-Deutsch die Restaurantbelegung nach Opernschluss – nachlässt, die Küche allmählich an den Küchenschluss denkt und auch die Gäste des After-Opera-Dinners allmählich beim Digestif angelangt sind – dann kommen meist erst die schwierigsten Gäste: die Stars der gegenüberliegenden Staatsoper. Sowohl Dirigenten als auch Solisten brauchen nach der Aufführung meist eine gute Stunde zum Abschminken und Frischmachen. Zudem müssen sie sich den Weg ins Sacher dann oft obendrein durch Dutzende von Fans und Autogrammjägern bahnen. Die Küche ist freilich auf späte Gäste aus der Welt der Oper seit jeher eingestellt – sogar auf solche, die, wie etwa Giuseppe di Stefano in früheren Jahren, zum Abendessen nicht nur ihre Freunde, sondern auch ein Grammophon mitnahmen, um ihre neuesten Platten zu Gehör zu bringen.

„Wir haben den Herrn Kammersänger jedoch stets gebeten, das Grammophon unter den Tisch zu stellen, damit es nicht so laut war", erinnert sich ein pensionierter Sacher-Kellner, „und er hat dieser Bitte stets Folge geleistet, mitunter allerdings auch umso kräftiger mitgesungen."

KALB

GEFÜLLTER KALBSNIERENBRATEN

ZUTATEN FÜR 6–8 PORTIONEN
2 kg Kalbsnierenbraten · 1 Kalbsniere · 6 Eier · 500 g Blattspinat
100 g Champignons · 1 EL Petersilie, gehackt · je 1 Zweig Rosmarin und Thymian
etwas Mehl · 1 TL Tomatenmark · 1 EL Schlagobers · Muskatnuss, gemahlen
Salz · weißer Pfeffer aus der Mühle · Butter zum Anbraten

ZUBEREITUNG
Nierenbraten mit einem spitzen, scharfen Messer auslösen (von allen Knochen befreien) und auf der Innenseite so aufschneiden, dass er aufgeklappt werden kann. Knochen klein hacken und Fleischabschnitte fein faschieren. Aufgeklappten Braten zart klopfen. Fünf (!) Eier verschlagen, etwas Mehl einrühren, salzen, pfeffern und in heißer Butter nacheinander 3 Palatschinken backen. Den Blattspinat in Salzwasser kurz blanchieren (überbrühen), kalt abschrecken und gut ausdrücken. Mit Salz, Pfeffer und Muskatnuss würzen. Etwa die Hälfte des Nierenfettes entfernen (etwas Fett sollte an der Niere aber haften bleiben) und Niere vierteln. Champignons blättrig schneiden und mit dem Faschierten, dem restlichen Ei und gehackter Petersilie vermengen. Kalbsbraten zuerst mit Palatschinken belegen, dann Blattspinat, Nierenstücke sowie Faschiertes darauf auftragen. Fleisch einrollen und mit einem Küchenspagat straff binden. Kräftig mit Salz und Pfeffer einreiben.
In einer Bratenpfanne Butter erhitzen und Kalbsbraten rundum kräftig anbraten. Gehackte Knochen zugeben und unter wiederholtem Begießen im vorgeheizten Backrohr bei 200 °C zunächst 30–40 Minuten braten. Dann Hitze auf 140 °C reduzieren und noch weitere 2 Stunden braten. Braten herausheben und in Alufolie gewickelt 20 Minuten warm rasten lassen. Bratenpfanne mitsamt den Knochen auf die Flamme stellen, Tomatenmark und Schlagobers einrühren, kurz durchrösten und dann mit etwas Mehl stauben. Etwas Wasser zugießen und alles gut durchkochen. Abseihen und nochmals einkochen lassen, bis die Sauce schön sämig ist. Spagat entfernen, Braten tranchieren und auf vorgewärmten Tellern anrichten. Mit etwas Sauce untergießen und restliche Sauce extra auftragen.

GARUNGSDAUER: ca. 2 1/2 Stunden
BACKROHRTEMPERATUR: 200 °C auf 140 °C fallend
BEILAGENEMPFEHLUNG: Petersilerdäpfel, Reis und Blattsalate

KALBSMEDAILLONS MIT KALBSNIERE

ZUTATEN
4 Scheiben vom Kalbsrücken à 150 g · 1 Kalbsniere mit kleinem Fettrand
2 EL Semmelbrösel mit 1 EL Mehl vermischt · 1 KL Pommerysenf · 200 ml Kalbsjus
50 ml trockener Weißwein · 50 ml Madeira (oder anderer Dessertwein) · 1 EL Erdnüsse, gehackt · 8 schwarze Oliven, entkernt und fein gewürfelt · 100 g Kalbskopf, in Würferl geschnitten · Olivenöl zum Braten · Butter zum Schwenken · 2 EL kalte Butter zum Binden · Salz · Fleur de sel (oder Meersalz) · Pfeffer aus der Mühle · 50 g getrocknete Tomaten, bei Bedarf in etwas Gemüsefond eingeweicht · 100 g gekochte Erbsen oder Fisolen, in Butter geschwenkt, als Garnitur

ZUBEREITUNG

Die gut zugeputzten Kalbsmedaillons salzen, pfeffern und mit einem Küchengarn in Form binden. In heißem Olivenöl scharf anbraten und im vorgeheizten Backrohr bei 85 °C 10 Minuten rasten lassen. Kalbsniere zuputzen, aber einen kleinen Fettrand lassen. In 4 Scheiben schneiden, salzen, pfeffern und mit Senf bestreichen. In Mehlbröseln wenden und in heißem Öl auf beiden Seiten knusprig anbraten. Herausheben und warm stellen.

Für die Sauce den Weißwein mit Madeira auf die Hälfte einkochen lassen. Kalbsjus zugießen und abermals auf die Hälfte einkochen. Gehackte Erdnüsse, Oliven- sowie Kalbskopfwürferl einrühren und mit kalter Butter montieren (binden), aber nicht mehr kochen lassen. Die Kalbsrückenscheiben nochmals kurz in Butter schwenken und auf vorgewärmte Teller setzen. Kalbsniere und sautierte Erbsen oder Fisolen anrichten, mit Sauce überziehen und mit Fleur de sel sowie getrockneten Tomaten garnieren.

GARUNGSDAUER: ca. 15 Minuten
BEILAGENEMPFEHLUNG: Risotto (s. S. 112)

GEFÜLLTE KALBSBRUST AUF WIENER ART

ZUTATEN FÜR CA. 8–10 PORTIONEN
**1 Kalbsbrust mit ca. 3 kg, untergriffen · Kalbsbrustknochen, klein gehackt
500 ml Kalbsjus · 400 g Kaisersemmeln, würfelig geschnitten · 500 ml Milch
100 g flüssige Butter · 6 Eier · 1 EL Petersilie, gehackt · Muskatnuss, gemahlen
Pfeffer aus der Mühle · Salz · Butter zum Braten**

ZUBEREITUNG

Kalbsbrust innen und außen waschen, trockentupfen und bei Bedarf die taschenförmige Öffnung mit der Hand oder dem Kochlöffel noch etwas erweitern. Milch in eine Schüssel gießen und die Semmelwürfel darin einweichen. Semmeln ausdrücken und mit flüssiger Butter, Eiern und gehackter Petersilie gut vermengen. Mit Muskatnuss, Pfeffer und Salz würzen. Masse mit einem Löffel in die Kalbsbrust füllen. Mit der geballten Faust ab und an nachdrücken, damit die Fülle bis ganz nach hinten gelangt. Öffnung mit einem Küchengarn gut vernähen. Kalbsbrust gut mit Salz und Pfeffer einreiben.

Gehackte Knochen in eine Bratenform geben und die Kalbsbrust mit der Oberseite nach unten darauf legen. Einige Butterflocken darüber verteilen und im vorgeheizten Backrohr bei 200 °C etwa 15 Minuten braten. Dann Kalbsjus untergießen, Hitze auf ca. 160 °C reduzieren und 30 Minuten braten. Kalbsbrust wenden und 1 1/2–2 Stunden fertig braten. Währenddessen wiederholt begießen und bei Bedarf noch etwas Wasser zugießen. Kalbsbrust herausheben, in Butterpapier wickeln und mindestens 30 Minuten warm rasten lassen. Bratenrückstand mit etwa 250 ml Wasser aufgießen, Bratensatz lösen und alles gut durchkochen lassen. Saft abseihen. Kalbsbrust tranchieren, Scheiben auf vorgewärmte Teller legen und mit dem Bratensaft beträufeln.

GARUNGSDAUER: 2 1/2–3 Stunden
BACKROHRTEMPERATUR: 200 °C auf 160 °C fallend
BEILAGENEMPFEHLUNG: Tomaten-, Gurken- oder Blattsalate

KALB

DIE SCHATTEN DER PRIMADONNEN

Was den Tenören ihre Verehrerinnen, das sind den Primadonnen ihre „Schatten". Etliche davon, allen voran Birgit Nilsson und Anna Moffo, verfügten über solche „stille Fans": offenbar recht betuchte Herren, die für jeden Auftritt schon lange im Voraus ein Zimmer buchten, darauf Wert legten, in der Roten Bar immer am Nebentisch der Primadonna assoluta einen Platz zu bekommen und ihr vom Bell Captain nach der Aufführung fünfzig rote Rosen aufs Zimmer schicken ließen. Auch sonst hielten sich die „Schatten", vom Frühstück bis zur Abreise, stets in unmittelbarer Gegenwart ihrer „Angebeteten" auf, sprachen diese aber nicht ein einziges Mal an. „Zumindest", so schränkt ein „Zeitzeuge" aus der Portiersloge ein, „taten sie dies nicht in der Öffentlichkeit."

GEFÜLLTE KALBSBRUST MIT SAIBLINGSKAVIAR

ZUTATEN FÜR 4–6 PORTIONEN

1 kg Kalbsbrust (vom Milchkalb), gut abgelegen und ohne Knochen
200 ml Kalbs- oder Hühnerfond · 2 Scheiben Tramezzinibrot · 100 ml Schlagobers
Schale von 1/2 Zitrone, abgerieben · 2 Eier · 4 Schalotten, fein geschnitten
2 EL Turmschinkenchipspulver (s. S. 125) · 2 Sardellenfilets, gehackt · Salz
Pfeffer aus der Mühle · Muskatnuss, gerieben · 1 Zweiglein Rosmarin und frische
Lorbeerblätter zum Mitbraten · Olivenöl zum Anbraten · 6 EL Saiblingskaviar
2 Hand voll Blattsalate (Eichblatt, Rucola, Butterhäuptelherzen, Radicchio und Frisée)
Fleur de sel (oder Meersalz) · Hausdressing (s. S. 94)

ZUBEREITUNG

Die Kalbsbrust so einschneiden, dass sie flach aufgeklappt werden kann. Fein gehackte Schalotten in etwas Olivenöl hell anschwitzen. Mit den gehackten Sardellen und Schinkenchipspulver vermengen und überkühlen lassen. Schlagobers mit Eiern, Zitronenschale sowie Salz verschlagen und über die Tramezziniischeiben träufeln. Tramezziniischeiben in die Mitte der Kalbsbrust der Länge nach auflegen. Mit der Schalotten-Sardellen-Mischung bestreichen. Kalbsbrust wieder zusammenklappen und mit Zahnstochern fest verschließen. Mit Salz, Pfeffer und Muskatnuss nicht zu kräftig einreiben. In einem Bräter Olivenöl erhitzen und die Kalbsbrust gemeinsam mit Rosmarin und Lorbeerblättern bei mäßiger Hitze rundum anbraten. Fond zugießen, Kräuter hinzufügen, mit Alufolie bedecken und bei 90 °C ca. 8–10 Stunden garen. (Durch die Niedertemperaturgarung wird das Fleisch unglaublich zart!)

Dann das Fleisch herausnehmen und den Saft kräftig einkochen lassen. Die Brust in gleichmäßige Scheiben schneiden. Auf vorgewärmten Tellern anrichten, mit Bratensaft beträufeln und mit Fleur de sel würzen. Salat mit dem Hausdressing marinieren und als Garnitur neben das Fleisch drapieren. Kaviar darauf setzen und servieren.

GARUNGSDAUER: 8–10 Stunden
BACKROHRTEMPERATUR: 90 °C Ober- und Unterhitze
BEILAGENEMPFEHLUNG: in Ei-Obers-Mischung getauchte und in Öl herausgebackene Tramezziniischeiben sowie Blattsalate
TIPP: Die Kalbsbrust kann freilich auch auf konventionelle Art so eingeschnitten (untergriffen) werden, dass die Tramezziniischeiben hineingeschoben werden können.

Gefüllte Kalbsbrust mit Saiblingskaviar

FASCHIERTES KALBSBUTTERSCHNITZEL

NACH JAROSLAV MÜLLER

ZUTATEN

**600 g Kalbfleisch (auch Abschnitte möglich), ohne Sehnen · 3 Kaisersemmeln, entrindet
Milch zum Einweichen · ca. 200 ml Schlagobers · 3 Eidotter · 2 TL Weißbrotbrösel
Salz · weißer Pfeffer aus der Mühle · Muskatnuss, gerieben · etwas geriebene
Zitronenschale · 50 g Butter · 3 TL Öl · Kalbsjus zum Beträufeln**

ZUBEREITUNG

Entrindete Semmeln in Milch einweichen. Fleisch in grobe Würfel schneiden und mit den ausgedrückten Semmeln durch den Fleischwolf drehen. In einer Schüssel mit Eidottern vermengen, mit Salz, weißem Pfeffer, Muskatnuss und etwas Zitronenschale würzen. Schlagobers und Weißbrotbrösel einrühren und Masse kurz im Kühlschrank rasten lassen. Aus der Masse nicht zu große Laibchen formen. Öl in einer beschichteten, feuerfesten Pfanne erhitzen und Butterschnitzel auf beiden Seiten scharf anbraten. Butter zugeben und schmelzen lassen. Pfanne ins vorgeheizte Backrohr stellen und Butterschnitzel bei 160 °C ca. 10 Minuten ziehen lassen. Herausnehmen, auf vorgewärmten Tellern anrichten und mit warmem Kalbsjus beträufeln.

GARUNGSDAUER: je nach Stärke der Laibchen 10–12 Minuten
BEILAGENEMPFEHLUNG: Risipisi, Erdäpfelpüree und Gurkensalat

GERÖSTETE KALBSLEBER NACH WIENER ART

ZUTATEN

800 g Kalbsleber · 5–8 kl. Schalotten · 250 g kl. Champignons
3 EL fein gehackte Schalotten für die Leber · 200 g Bauchspeck, in feine Streifen
geschnitten · 400 ml brauner Fond · 30 ml Apfelessig · 40 g Butter zum Montieren
evtl. etwas Mehl mit Butter verknetet (zum Eindicken) · Pflanzenöl zum Braten
Salz · Pfeffer aus der Mühle · frischer Majoran, blättrig gezupft

ZUBEREITUNG

Geputzte Champignons in Spalten schneiden. Schalotten ebenfalls längs in Spalten schneiden und in heißem Pflanzenöl anschwitzen. Pilze hinzufügen und leicht bräunen. Speckstreifen zugeben und kurz mitrösten. Mit Salz sowie Pfeffer würzen und warm stellen.

Sauber zugeputzte Kalbsleber (ohne Häutchen und Adern) blättrig schneiden und in einer beschichteten Pfanne in heißem Öl unter ständigem Schwenken kurz anbraten, aber nicht durchbraten (Leber wird sonst hart). Fein gehackte Schalotten zugeben, kurz rösten und Leber auf einen Teller geben. Bratenrückstand mit Essig ablöschen, Fond zugießen und kräftig einkochen lassen. Leber wieder zugeben, salzen, pfeffern und unter kräftigem Schwenken mit kalter Butter binden. (Bei Bedarf zusätzlich noch ein wenig Mehl mit Butter verkneten, einrühren und die Sauce damit binden.) Auf vorgewärmten Tellern anrichten, mit der Pilz-Speck-Mischung bestreuen und mit gezupftem Majoran garnieren.

GARUNGSDAUER: 3–4 Minuten
GARNITUREMPFEHLUNG: blanchierte und dann mitgebratene Champignonköpfe
BEILAGENEMPFEHLUNG: Erdäpfelschmarren (s. S. 101) oder Rösterdäpfel (s. S. 99)

RAHMHERZ IN SARDELLEN-KAPERNSAUCE

ZUTATEN
ca. 750 g Kalbsherz · ca. 100 g Speck zum Spicken · 1 große Zwiebel
150 g Wurzelwerk (Karotten, Sellerie, Petersilienwurzel) · Schale und Saft von
1 Limette · 1 Lorbeerblatt · 10 Pfefferkörner · 5 Neugewürzkörner · 2 TL Kapern,
gehackt · 2 Sardellenfilets, gehackt · 1 TL Dijonsenf · 500 ml kräftige Rindsuppe
200 ml trockener Weißwein · 20 g Mehl, glatt · 200 ml Sauerrahm
200 ml Schlagobers · Salz · Pfeffer aus der Mühle · Öl zum Anbraten

ZUBEREITUNG
Kalbsherz der Länge nach halbieren, waschen und gut zuputzen. Mit dem in dünne Streifen geschnittenen Speck spicken und mit Pfeffer würzen. In einer feuerfesten Kasserolle in heißem Öl rundum anbraten, grobwürfelig geschnittenes Wurzelwerk und geviertelte Zwiebel zugeben und ebenfalls anrösten. Mit Weißwein ablöschen, aufkochen und Rindsuppe zugießen. Lorbeerblatt, Pfefferkörner, Neugewürz und abgeriebene Limettenschale hinzufügen und alles einmal kräftig aufkochen lassen.

Im vorgeheizten Backrohr bei 180 °C ca. 2 Stunden weich dünsten. Kalbsherz herausnehmen. Sauerrahm mit Mehl glatt rühren und gemeinsam mit Schlagobers unter kräftigem Rühren einmengen. Mit dem Stabmixer pürieren und passieren. Kalbsherz in dünne Scheiben oder Streifen schneiden, zugeben und nur noch leicht erwärmen. Gehackte Kapern, Sardellenfilets sowie Senf einmengen, mit Salz, Pfeffer und Limettensaft abschmecken.
Garungsdauer ca. 2 Stunden

BACKROHRTEMPERATUR: 180 °C
BEILAGENEMPFEHLUNG: Band- oder Butternudeln

KUTTELN IN PARMESAN-KRÄUTERRAHM

ZUTATEN FÜR 4–6 PORTIONEN
1 kg Kalbskutteln, geputzt und gewaschen · 150 g Wurzelwerk (Karotten, Sellerie, Petersilienwurzel) · 1 Zwiebel für den Sud · 2 Lorbeerblätter · 20 Pfefferkörner
10 Neugewürzkörner · 50 g Zwiebeln, gehackt · 150 ml Pinot bianco (oder anderer trockener Weißwein) · 100 ml trockener Sherry · 400 ml Schlagobers, flüssig
100 ml Schlagobers, geschlagen · 2–3 EL frisch geriebener Parmesan · Saft von
1/2 Zitrone · 2 EL gemischte Kräuter (Basilikum, Zitronenmelisse, Estragon, Thymian), gehackt · 50 g Butter · Speisestärke zum Binden nach Bedarf · weißer Pfeffer aus der Mühle · Salz

ZUBEREITUNG
Die gut geputzten und gewaschenen Kutteln in einem Topf mit reichlich Wasser aufstellen und aufkochen lassen. Abseihen, frisches Wasser nachfüllen und abermals aufkochen lassen. Diesen Vorgang noch dreimal wiederholen. Lorbeerblätter, Neugewürz- und Pfefferkörner in ein Leinen- oder Teesäckchen binden und dieses gemeinsam mit Wurzelwerk und Zwiebel beim letzten Wasserwechsel zugeben. Kutteln 3–4 Stunden kochen. Weich gegarte Kutteln herausheben, in feine Streifen schneiden und Fond aufbewahren. In einer Kasserolle Butter erhitzen und gehackte Zwiebeln darin hell anschwitzen. Mit Wein ablöschen und Sherry zugießen. Kräftig aufkochen lassen und flüssiges Schlagobers einrühren. Auf die Hälfte einkochen lassen. Fein geschnittene Kutteln zugeben. Nach Bedarf etwas Speisestärke mit wenig Wasser verrühren und in die Sauce

RIND

einmengen. Gut aufkochen lassen, bis die Sauce schön sämig ist. Gehackte Kräuter zugeben und mit Zitronensaft, Salz und Pfeffer abschmecken. Erst unmittelbar vor dem Servieren frisch geriebenen Parmesan und das geschlagene Obers unterziehen.

GARUNGSDAUER: 3–4 Stunden
BEILAGENEMPFEHLUNG: Creme-Polenta (s. S. 113) oder Risotto (s. S. 112)

TAFELSPITZ MIT KLASSISCHEN BEILAGEN

ZUTATEN FÜR 6 PORTIONEN
1 Tafelspitz, ca. 2 kg (mit heller Fetteindeckung) · ca. 750 g Rindsknochen
3 Karotten · 3 gelbe Rüben · 1 kl. Sellerie · 1 Zwiebel · 2 Lorbeerblätter
10 Pfefferkörner · 2 Wacholderbeeren · Salz · Schnittlauch zum Bestreuen
Rösterdäpfel (s. S. 99) · Schnittlauchsauce (s. S. 121) · Apfelkren (s. S. 120)

ZUBEREITUNG
In einem großen Topf etwa 5 Liter kaltes Wasser aufstellen. Knochen waschen, zugeben und aufkochen lassen. Tafelspitz von Sehnen und Häuten befreien, Fetteindeckung aber belassen. Fleisch mit Lorbeerblättern, Pfefferkörnern sowie Wacholderbeeren zugeben und 2–2 1/2 Stunden bei schwacher Hitze, knapp unter dem Siedepunkt, köcheln lassen. Währenddessen den Schaum wiederholt abschöpfen. Die ungeschälte Zwiebel halbieren und in einer (alten) Pfanne ohne Fett an den Schnittflächen dunkelbraun rösten. Gemüse in grobe Würfel schneiden und nun gemeinsam mit der Zwiebel zugeben. Noch etwa eine knappe Stunde weiterkochen, bis das Fleisch wirklich weich ist. (Stupft man das Fleisch mit einer Gabel an, so sollte sich die Gabel leicht in das Fleisch drücken lassen.) Fleisch herausheben, Suppe abseihen und das Fleisch in der Suppe noch etwas rasten lassen. Tafelspitz in Scheiben schneiden, auf vorgewärmten Tellern anrichten, etwas Suppe angießen und mit Salz sowie Schnittlauch bestreuen. Mit extra servierten knusprigen Rösterdäpfeln, Schnittlauchsauce und Apfelkren servieren.

GARUNGSDAUER: je nach Qualität 3–3 1/2 Stunden
BEILAGENEMPFEHLUNG: Außerdem passen auch Semmelkren (s. S. 126), Dillfisolen (s. S. 119), Cremespinat (s. S. 120), Kohlgemüse auf Alt-Wiener Art (s. S. 119), Stürzerdäpfel (s. S. 99) und mit Mark belegtes getoastetes Schwarzbrot ganz ausgezeichnet zu Tafelspitz.
TIPPS: Die feine Suppe, die dann noch mit Salz abgeschmeckt werden muss, kann vor dem Tafelspitz freilich auch mit klassischen Wiener Suppeneinlagen serviert werden.
Solange der Tafelspitz noch in der Suppe gart, darf diese keinesfalls gesalzen werden. Das Fleisch wird sonst rot und trocken.

TAFELSPITZ OHNE FLEISCH

Noch heute schwärmen altgediente Köche von den 700 bis 800 Kilo schweren Ochsen, die man in den 50er und 60er Jahren im Gegensatz zu heute noch problemlos erhielt und die dafür sorgten, dass der Tafelspitz nicht nur ein schmales Fettrandl, sondern eine veritable, zweifingerdicke Fetteindeckung besaß. Diese erfreute sich bei manchen Stammgästen besonderer Beliebtheit. Einer von ihnen war Fürst von Fürstenberg, der seinen Tafelspitz stets „ohne Fleisch" zu bestellen pflegte und lediglich die Fettschicht mit viel frisch geschrotetem Pfeffer verspeiste.

RIND

SCHULTERSCHERZL IN BLAUBURGUNDER

ZUTATEN

ca. **1 kg Schulterscherzl vom Rind** · **150 g Wurzelwerk** · **1 l Rindsuppe**
0,7 l Blauburgunder (oder anderer kräftiger Rotwein) · **100 g Zwiebeln,** fein gehackt
1 EL Tomatenmark · **1 Lorbeerblatt** · **1 Zweiglein Thymian** · **1 Msp. Korianderpulver**
1 EL Zucker · **3 EL Rotweinessig** · **4 EL Pflanzenöl** · **Salz** · **Pfeffer aus der Mühle**
evtl. wenig Mehl mit etwas Butter verknetet

ZUBEREITUNG

Schulterscherzl mit Salz, Pfeffer sowie Koriander würzen und in heißem Pflanzenöl rundum anbraten. Aus dem Topf nehmen. Zucker in den Bratrückstand einrühren und karamellisieren. Zwiebeln, Lorbeerblatt, Thymian und grob gewürfeltes Wurzelwerk hinzufügen, Tomatenmark einrühren und mit Essig ablöschen. Fleisch wieder zurück in den Topf geben, mit Suppe und Rotwein aufgießen und das Schulterscherzl ca. 2 1/2–3 Stunden lang weich garen. Fleisch herausnehmen und warm stellen. Sauce passieren, stark einkochen lassen und abschmecken. (Ist die Sauce zu dünn geraten, wenig Mehl mit etwas Butter zu einer Kugel verkneten und langsam in der Sauce auflösen. Noch 10 Minuten weiterköcheln lassen.) Schulterscherzl in Scheiben schneiden, auf vorgewärmten Tellern anrichten und mit der Sauce überziehen.

GARUNGSDAUER: ca. 2 1/2– 3 Stunden
BEILAGENEMPFEHLUNG: Creme-Polenta (s. S. 113), Fisolen mit Bröseln oder Speck

BEINFLEISCH MIT KOHLWICKELN

ZUTATEN FÜR 8 PORTIONEN

3,5–4 kg Beinfleisch (vom Rind) · **500 g Rindfleischknochen** · **500 g Markknochen**
1 Lorbeerblatt · **einige Gewürznelken** · **3 Zwiebeln** · **1 Zweigerl Liebstöckel**
1/2 Stangensellerie · **1/2 Stange Lauch** · **5 Karotten** · **1 kl. Sellerieknolle** · **Meersalz**

FÜR DIE KOHLWICKEL

1 Kohlkopf, schön grün und knackig · **20 g Butter** · **1 Zwiebel,** fein gewürfelt
800 g geräucherter Bauchspeck, fein gewürfelt · **1 kl. Bund Petersilie**
300 g Faschiertes vom Kalbfleisch · **50 g Nierenfett oder Schweineschmalz**
1 Semmel, in lauwarmer Milch eingeweicht · **1/2 Knoblauchzehe,** fein gehackt
Salz · **weißer Pfeffer aus der Mühle** · **etwas Majoran**

ZUBEREITUNG

Einen sehr voluminösen Topf gut zur Hälfte mit Wasser füllen, zum Kochen bringen und die Fleischknochen darin kurz blanchieren (überbrühen). In ein Sieb abschütten, erneut in kaltem Wasser ansetzen und zum Kochen bringen. Aufsteigenden Schaum abschöpfen und Beinfleisch mit Salz, Lorbeerblatt sowie Nelken zugeben. Ungeschälte Zwiebeln halbieren, in einer alten Pfanne an der Schnittseite ohne Fett bräunen und zum Fleisch geben. Hitze reduzieren und ohne Deckel 1 Stunde köcheln lassen. Markknochen sowie Liebstöckel zugeben und 1 1/2–2 Stunden weiterköcheln, bis das Fleisch fast weich ist. Grob geschnittenes Gemüse zugeben und knackig garen. Währenddessen Kohlstrunk gerade abschneiden, den Kohlkopf auf eine kräftige Gabel stecken und kurz in kochendes Wasser tauchen. Unter fließendem kalten Wasser abschrecken und nacheinander die Blätter ablösen. Zwischendurch immer wieder blanchieren. Blätter auf Küchenkrepp abtropfen lassen. Butter in einer kleinen Pfanne aufschäumen, Zwiebeln, Speck sowie die geschnittenen Petersilienstiele ganz langsam goldgelb braten und abkühlen lassen. Zusammen mit dem Faschierten, Nierenfett und der ausgedrückten Semmel durch den Fleischwolf drehen. Mit Gewürzen sowie Knoblauch abschmecken und die fein geschnittenen Petersilienblätter untermischen. Kohlblätter von Strünken befreien, Farce auftragen und zu straffen Wickeln einrollen. Enden dabei gut einschlagen und bei Bedarf mit Küchengarn fixieren. Wickel in den Sud einlegen und 30 Minuten mitgaren. Beinfleisch dünn schneiden und in einer Kasserolle gemeinsam mit Gemüse und Wickeln servieren.

GARUNGSDAUER: Beinfleisch 3–4 Stunden, Wickel 30 Minuten
BEILAGENEMPFEHLUNG: Erdäpfelschmarren (s. S. 101) und/oder Semmelkren, geröstete Schwarzbrotscheiben mit Markscheiben belegt

FLEDERMAUS-GRATIN

ZUTATEN
**800 g Fleisch vom Fledermausmuskel (Siedefleisch vom Schlussknochen)
1 Bund Suppengrün · 10 Pfefferkörner · 6 Neugewürzkörner · 1 Lorbeerblatt
1 EL Butter · 1 EL Mehl, glatt · 125 ml Schlagobers · Zitronensaft · Muskatnuss,
gerieben · Salz · Pfeffer aus der Mühle · 1–2 EL frisch geriebener Kren
1 Msp. scharfer Senf · 2 Eidotter · Schnittlauch für die Garnitur**

ZUM GRATINIEREN
80 g Käse, gerieben · Semmelbrösel · Butterflocken

ZUBEREITUNG
Die gut zugeputzten Fledermausmuskelstücke zunächst in Wasser aufstellen und mit Suppengrün, Pfeffer- und Neugewürzkörnern, Salz sowie Lorbeerblatt ca. 3–4 Stunden lang sanft wallend weich kochen. Herausheben und überkühlen lassen.
Für die Sauce Butter erhitzen, Mehl darin leicht anschwitzen und mit ca. 200 ml vom Fledermausfond aufgießen. Obers hinzufügen und Flüssigkeit mollig einkochen lassen. Mit Salz, Pfeffer, etwas Zitronensaft, Kren, Senf und Muskatnuss abschmecken. Vom Feuer nehmen und mit den Eidottern binden. Abgekühltes Fleisch in etwa 1 cm dicke Scheiben schneiden. In einer passenden Gratinierform flächendeckend auflegen und mit etwas Fledermausfond so übergießen, dass der Boden gerade bedeckt ist. Sauce auf das Fleisch auftragen, mit geriebenem Käse und Semmelbröseln bestreuen, einige Butterflocken darauf setzen und im auf 240 °C vorgeheizten Backrohr etwa 10–15 Minuten überbacken. Mit frisch gehacktem Schnittlauch bestreut servieren.

GARUNGSDAUER: 3–4 Stunden garen, 10–15 Minuten gratinieren
BACKROHRTEMPERATUR: 240 °C
BEILAGENEMPFEHLUNG: Petersilerdäpfel und grüner Blattsalat
TIPP: Wenn man das Suppengemüse nur ca. 15–20 Minuten kocht, ist es knackig genug, dass man es, in Streifen geschnitten, auch mitgratinieren kann.

RIND

OCHSENSCHLEPP IM RÖMERTOPF MIT ZERDRÜCKTEN SCHNAPSERDÄPFELN

ZUTATEN FÜR 6 PORTIONEN

1 Ochsenschlepp (ca. 1,5 kg und etwa 4 cm dick), in Scheiben gehackt
400 g Schalotten · 1 Knolle Knoblauch, quer halbiert · 500 ml Rindsuppe oder Gemüsefond · 0,7 l Burgunder (oder anderer kräftiger Rotwein) · 200 ml roter Portwein
1 KL Senfkörner · 1 Gewürznelke
4 Wacholderbeeren · 6 Pfefferkörner
2 frische Lorbeerblätter · Salz · Pfeffer aus der Mühle · Muskatnuss, gerieben etwas Kümmel, ganz · 5 EL Olivenöl
100 g Butter 6 EL gehobelter Pfeffer-Pecorino zum Garnieren · Mehl zum Wenden · frittierte Wurzelgemüsestreifen und Petersilie zum Garnieren (nach Belieben)

FÜR DIE SCHNAPS-ERDÄPFEL

18 kl. Erdäpfel, gekocht und geschält
2 EL Erdnussöl, kalt gepresst · Salz
etwas Muskatnuss · 4 cl Tresterbrand

ZUBEREITUNG

Den Römertopf über Nacht in Wasser einlegen. Ochsenschleppscheiben salzen, pfeffern und in Mehl wälzen. Olivenöl erhitzen und Ochsenschlepp darin beidseitig scharf anbraten. Währenddessen in einer anderen Pfanne Schalotten mit halbiertem Knoblauch in heißer Butter anbraten. Zum Ochsenschlepp geben, mit Portwein ablöschen, einkochen lassen und Rotwein zugießen. Sämtliche Gewürze hinzufügen und ca. 10 Minuten köcheln lassen. In den Römertopf umfüllen, Rindsuppe zugießen und im vorgeheizten Backrohr bei 200 °C 3–4 Stunden weich schmoren. (Das Fleisch ist wirklich weich, wenn es sich leicht vom Knochen lösen lässt.) Währenddessen wiederholt umrühren und bei Bedarf noch etwas Rindsuppe zugießen. Fleisch von den Knochen lösen. Sechs Kaffeetassen mit Klarsichtfolie auslegen, Fleisch hineingeben und fest andrücken. Mit Folie bedecken und die Tassen in den Kühlschrank stellen.

Inzwischen die verbliebene Flüssigkeit passieren, Sauce sämig einkochen lassen und bei

Bedarf noch etwas Suppe zugießen (die Sauce sollte eine klebrige Konsistenz aufweisen). Die gekochten Erdäpfel in Erdnussöl braten und mit Salz sowie Muskatnuss würzen. Mit Tresterbrand beträufeln und dann Erdäpfel mit einer Gabel leicht andrücken. Tassen mit Ochsenschlepp in ein heißes Wasserbad stellen, abdecken und Fleisch erwärmen. Ochsenschlepp auf vorgewärmte Teller stürzen, Erdäpfel rundum anrichten und mit der Sauce umgießen. Pecorino darüber hobeln und nach Belieben mit frittierten Wurzelgemüsestreifen sowie Petersilie garnieren.

GARUNGSDAUER: 3–4 Stunden

TIPP: Steht kein Römertopf zur Verfügung, so kann der Ochsenschlepp freilich auch in einer anderen Form geschmort werden, wenngleich sich der Römertopf speziell dadurch auszeichnet, dass er den Eigengeschmack der Gerichte besonders stark zur Geltung bringt.

RIND

ZWIEBELROSTBRATEN MIT BRATERDÄPFELN UND GURKERLSENF

ZUTATEN

4 Scheiben Rostbraten zu je ca. 180 g · 4 Schalotten · 400 ml Kalbsjus
200 ml Bouillon · 100 ml Pflanzenöl · 2 cl Apfelessig · kalte Butter zum Montieren
Mehl · englischer Senf · Salz · Pfeffer aus der Mühle · Braterdäpfel (s. S. 99)
Gurkerlsenf (s. S. 122)

ZUBEREITUNG

Rostbraten gut zuputzen, am Rand in regelmäßigen Abständen leicht einschneiden, damit sich das Fleisch beim Braten nicht wölbt, und mit dem Schnitzelklopfer plattieren. Mit Salz sowie Pfeffer würzen und mit Senf bestreichen. Rostbraten auf einer Seite in Mehl wenden. Öl in einer großen Pfanne erhitzen, Fleisch zuerst auf der bemehlten, dann auf der anderen Seite scharf anbraten und anschließend warm stellen. Schalotten in Streifen schneiden, zugeben und braun dünsten. Mit Jus, Apfelessig sowie Bouillon aufgießen und die Sauce gut einkochen lassen. Etwas kalte Butter einrühren und die Sauce damit montieren (binden). Rostbraten auf vorgewärmten Tellern anrichten, mit Sauce begießen und mit den Braterdäpfeln sowie dem extra gereichten Gurkerlsenf servieren.

GARUNGSDAUER: 3–4 Minuten
GARNITUREMPFEHLUNG: knusprig geröstete Zwiebel

DER OCHS IM DRITTEN SACKERL VON RECHTS

Neben dem großen Komiker und Kabarettisten Ernst Waldbrunn zählte „Opernführer" Professor Marcel Prawy zu den letzten „Dauergästen" des Hotel Sacher, von denen es früher etliche gab, während dieser Typus Gast heute so gut wie ausgestorben ist.

Dass der langjährige Chefdramaturg der Wiener Staatsoper, an den heute noch der „Salon Marcel Prawy" erinnert, im Sacher bis ans Ende seines erfüllten Lebens seinen Wohnsitz aufschlug, verdankte er einem gewissen, angesichts seiner ständigen Reisen durch die Welt der Opernhäuser verständlichen Hang zur Bequemlichkeit.

Begonnen hatte es bereits in den 70er Jahren, als Prawy, um sich vom Probenstress zu erholen, hin und wieder ein so genanntes „Tageszimmer" im Sacher buchte, wohin er sich seine geliebte Frittatensuppe servieren ließ und wo er sich anschließend ein, zwei Stunden hinlegen und ausrasten konnte. Da „Marcello", wie ihn seine Freunde nannten, jedoch stets seine berühmten „Sackerln" um sich haben musste, in denen sich seine wertvollen Materialien zur Operngeschichte befanden, verspürte er bald die Notwendigkeit, seine Sackerln auch im Sacher um sich zu wissen – und zog kurzerhand hierher.

„Ich hab ja nie wirklich geglaubt, dass er sich in diesem Sackerlberg wirklich auskennt", erinnert sich Oberkellner Rudolf Reisinger, wie Prawy selbst ein eifriger Autogramm- und Raritätensammler. „Aber dann hab ich ihn einmal auf die Probe gestellt. ‚Wo kann ich denn bei Ihnen etwas über die Darsteller des Ochs auf Lerchenau im ‚Rosenkavalier' erfahren, Herr Professor?', habe ich ihn gefragt. Prawy dachte keine Sekunde lang nach und sagte: ‚Holen S' ihn ruhig her, den Ochs. Er wohnt in der hintersten Reihe, gleich im dritten Sackerl von rechts.'"

Zwiebelrostbraten mit Braterdäpfeln und Gurkerlsenf

ESTERHÁZY-ROSTBRATEN

ZUTATEN
4 Scheiben Rostbraten (Beiried) zu je ca. 180–200 g · 1 Bund Wurzelwerk
1 gr. Zwiebel · 50 g Frühstücksspeck · 1 KL Kapern · Estragonsenf zum Bestreichen
125 ml Schlagobers · 125 g Sauerrahm · 100 ml Weißwein · 300 ml Rindsuppe
Schale von 1/2 Zitrone · 1 Lorbeerblatt · 20 g Mehl, glatt · Salz · Pfeffer aus der Mühle
Butter zum Andünsten · Öl zum Anbraten · Petersilie zum Bestreuen

ZUBEREITUNG
Zwiebel, Frühstücksspeck und geputztes Wurzelwerk in feine Streifen schneiden. Kapern fein hacken. Rostbraten zwischen Klarsichtfolie legen und dünn klopfen. Die Ränder mit einem scharfen Messer mehrmals einschneiden, damit sich das Fleisch später nicht aufwölbt. Fleisch mit Salz sowie Pfeffer würzen und mit Senf einstreichen. In einer großen Pfanne Öl wirklich heiß werden lassen, Rostbraten einlegen und auf beiden Seiten braun braten. Aus der Pfanne heben und nun Speck- und Zwiebelstreifen im verbliebenen Fett anrösten. Mit Weißwein ablöschen, kurz einkochen lassen und Rindsuppe zugießen. Aufkochen und Fleisch wieder zugeben. Mit Zitronenschale, Kapern und Lorbeerblatt aromatisieren und zugedeckt (am besten im Backrohr bei 180 °C) ca. 1 1/2 Stunden weich dünsten. Währenddessen wiederholt wenden.
In Streifen geschnittenes Wurzelwerk in etwas aufgeschäumter Butter kurz andünsten. Sobald das Fleisch schön weich ist, gemeinsam mit dem Lorbeerblatt aus der Pfanne heben und warm stellen.

  RIND

Esterházy-Rostbraten

Schlagobers mit Rahm und Mehl glatt rühren und in die Sauce einmengen. Aufkochen und sämig einreduzieren lassen. Wurzelstreifen in die Sauce einmengen, durchrühren und nochmals abschmecken. Rostbraten auf vorgewärmten Tellern anrichten, mit Sauce überziehen und mit Petersilie bestreuen.

GARUNGSDAUER: 1 1/2 Stunden
BACKROHRTEMPERATUR: 180 °C
BEILAGENEMPFEHLUNG: Erdäpfelkrapferl (s. S. 100) oder Topfen-Serviettenknödel (s. S. 106)
TIPP: Girardi-Rostbraten wird im Wesentlichen gleich zubereitet, allerdings wird das Wurzelgemüse durch eine feine Mischung aus Speck sowie Champignons ersetzt und die Sauce abschließend noch mit Senf verfeinert.

RINDSROULADEN VOM ALMOCHSEN

ZUTATEN FÜR 8 PORTIONEN
8 Rindsschnitzel à 150 g (Schale) · 2 EL scharfer englischer Senf · 3 Zwiebeln, in Spalten geschnitten · 2 Tomaten, vollreif · 200 ml Burgunder (oder anderer kräftiger Rotwein) · 1,2 l Gemüsefond, Rindsuppe oder Wasser · 2 Wacholderbeeren, leicht zerdrückt · 1 Lorbeerblatt · 1 Essiggurkerl, fein gehackt · etwas geriebene Zitronenschale · 40 ml Pflanzenöl zum Anbraten · Mehl zum Wenden · Salz Pfeffer aus der Mühle · ca. 800 g Erdäpfelpüree (s. S. 100) · Kapernbeeren und Thymianzweige zum Garnieren

FÜR DIE FÜLLE
2 Karotten · 1 gelbe Rübe · 1 Bund Petersilie, gezupft · 16 Wachteleier (ersatzweise 3 Eier) · 8 Scheiben Rohschinken (oder Schinkenspeck)

FÜR DIE RÖSTZWIEBELN
2 weiße Zwiebeln · Salz · Prise Paprikapulver · 50–100 g Mehl, griffig Erdnussöl zum Frittieren

ZUBEREITUNG
Karotten sowie Rübe schälen und in dünne längliche Scheiben schneiden. Kurz in Salzwasser blanchieren (überbrühen), kalt abschrecken und abtropfen lassen. Wachteleier 3 Minuten kochen, kalt abschrecken und vorsichtig schälen. (Hühnereier hart kochen, schälen und in Spalten schneiden.) Rindsschnitzerl jeweils zwischen Frischhaltefolie legen und etwas klopfen. Mit Salz sowie Pfeffer würzen und auf einer Seite mit Senf bestreichen. Zuerst mit Schinken, dann mit etwas Gemüse (einige Scheiben für die Sauce zur Seite legen) und Petersilie belegen. Wachtelei in die Mitte setzen und Fleisch zu einer straffen Roulade einwickeln. Mit Zahnstochern fixieren. Außen mit Salz sowie Pfeffer würzen, leicht bemehlen und in Pflanzenöl rundum scharf anbraten.

Wieder herausnehmen und im Bratensatz Zwiebeln sowie restliches Gemüse bräunen. Halbierte Tomaten zugeben, kurz mitrösten und mit Rotwein ablöschen. Zur Gänze einkochen lassen. Lorbeerblatt sowie Wacholderbeeren zugeben, mit Fond auffüllen und die Rouladen wieder einlegen. Im vorgeheizten Backrohr bei 180 °C ca. 50–90 Minuten (je nach Qualität des Fleisches) garen. Währenddessen wiederholt übergießen. Sobald die Rouladen weich sind, herausnehmen, in Alufolie wickeln und warm stellen. Fein gehacktes Gurkerl und Zitronenschale in die Sauce geben und am Herd kräftig einkochen lassen. Passieren und abschmecken. Bei Bedarf zu dünne Sauce mit etwas mit Wasser verrührtem Mehl binden. Rouladen noch 10 Minuten in der Sauce ziehen lassen. Vorbereitetes Püree auf heißen Tellern anrichten, die Rouladen darauf drapieren und mit Röstzwiebeln, Thymian sowie Kapern garnieren.

Für die Röstzwiebeln die Zwiebeln mit einer Brotschneidemaschine in dünne Scheiben schneiden. Leicht salzen, mit Paprika bestreuen und in Mehl wälzen. In ein großes Sieb geben und überschüssiges Mehl abschütteln. Öl in einer Pfanne erhitzen und Zwiebeln unter wiederholtem Wenden goldgelb frittieren. Herausheben und auf Küchenkrepp abtropfen lassen.

GARUNGSDAUER: 1–1 1/2 Stunden (je nach Qualität des Fleisches auch länger)
GARNITUREMPFEHLUNG: Gurkerlscheiben und Gemüsestreifen
TIPP: Wenn Sie die Rouladen aus Beiriedschnitten zubereiten, so sind sie rascher gegart und schmecken zudem zarter.

UHUDLER-ROSTBRATEN MIT POLENTASCHNITTEN

ZUTATEN

4 Scheiben Rostbraten (am besten vom Styria Beef), sehr gut abgelegen
12 kl. Champignons · 4 kl. Schalotten · ca. 80 ml Geflügelfond · 2 EL eingelegte Rosinen · Senf zum Bestreichen · 250 ml Kalbsjus · 1 Thymianzweig, gezupft
250 ml Uhudler (ersatzweise kräftiger Roséwein) · 125 ml Apfelsaft · Prise Zimt
Prise Piment · Salz · Pfeffer aus der Mühle · Mehl zum Wenden · Butter zum Andünsten
Erdnussöl zum Anbraten · 1 EL Pommerysenf mit 1 EL Sauerrahm verrührt
(für die Garnitur) · Polentaschnitten (s. S. 113)

ZUBEREITUNG

Rostbraten salzen und pfeffern. Ränder mehrmals einschneiden und nach Belieben zart klopfen. Eine Seite mit Senf bestreichen und in Mehl tauchen. Mit dieser Seite zuerst in wenig heißem Erdnussöl scharf anbraten. Wenden, kurz anbraten und das Fleisch wieder herausnehmen. Mit Alufolie bedeckt warm halten. Bratrückstand mit Uhudler sowie Apfelsaft ablöschen und auf ein Drittel einkochen lassen. Kalbsjus zugeben und die Sauce mit Zimt, Piment und Thymian würzen. Währenddessen in einer Kasserolle etwas Butter schmelzen und darin die geputzten Champignons mit den Schalotten andünsten. Salzen, pfeffern und Geflügelfond zugießen. Einkochen lassen und dann die eingelegten Rosinen einmengen. Kurz durchrühren und nochmals abschmecken.
Das Fleisch wieder in die Sauce einlegen, kurz erwärmen und abschmecken. Rostbraten auf vorgewärmten Tellern anrichten, mit Sauce übergießen und das Gemüse darauf anrichten. Die vorbereiteten Polentaschnitten seitlich platzieren. Sauerrahm mit Pommerysenf vermischen und Rostbraten damit garnieren.

GARUNGSDAUER: Rostbraten ca. 3–4 Minuten

RINDERFILET MIT SOLOSPARGEL NACH ANNA SACHER

ZUTATEN

600–700 g Rindslungenbraten (Rinderfilet), in 8 Medaillons geteilt
12 Solospargel-Spitzen · ca. 300 g Gänseleber von bester Qualität, in 8 Scheiben geschnitten · 4 Stangen junger Knoblauch · 200 ml Kalbsjus · 6 cl Portwein
4 cl Beerenauslese · 3 EL bestes Olivenöl · Fleur de sel (ersatzweise anderes hochwertiges Meersalz) · 2 EL Erdnussöl für den Spargel · 1 EL Butter für die Gänseleber · 1 cl Apfelbalsamessig · 2 EL kalte Butter zum Montieren · Salz
Pfeffer aus der Mühle · Mehl zum Wenden · Pimpernell, nach Belieben

ZUBEREITUNG

Für die Sauce Portwein, Beerenauslese und Balsamessig auf die Hälfte einreduzieren und mit Jus aufgießen. Auf ein Drittel einkochen lassen, eiskalte Butter einrühren und die Sauce damit montieren (binden). Rindermedaillons mit Salz sowie Pfeffer würzen und in Olivenöl auf beiden Seiten scharf anbraten. Aus der Pfanne nehmen und warm stellen.
Gänseleberscheiben zart mit Mehl bestauben und in heißer Butter auf beiden Seiten kurz, aber scharf anbraten. (Die Leber muss innen noch zartrosa sein.) Herausheben, mit Fleur de sel würzen und ebenfalls warm halten. Jungen Knoblauch kurz in heißem Wasser blanchieren (überbrühen). Spargelspitzen in mit etwas Essig vermengtem Salzwasser bissfest, aber keinesfalls zu weich kochen. Herausheben, abtropfen lassen und gemeinsam mit dem blanchierten jungen Knoblauch in heißem Erdnussöl hellbraun rösten.
Rindermedaillons auf vorgewärmten Tellern anrichten, Gänseleberscheiben darauf setzen und Spargelspitzen sowie Knoblauch rundum legen. Mit Sauce beträufeln und nach Belieben mit frisch geschnittenem Pimpernell und Pfeffer aus der Mühle bestreuen.

GARUNGSDAUER: Gänseleber und Medaillons jeweils nur einige Minuten, je nach gewünschtem Garungsgrad
BEILAGENEMPFEHLUNG: Erdäpfelkrapferl (s. S. 108) oder Erdäpfelschmarren (s. S. 101)

RIND

IM GANZEN GEBRATENER RINDSLUNGENBRATEN MIT SCHWARZEN NÜSSEN

ZUTATEN

800 g Rindsfilet (vom Mittelstück und mindestens 2 Wochen abgelegen), zugeputzt
2 altbackene Schwarzbrotscheiben · 4 Pimentkörner, zerstoßen · 1 EL Dijonsenf
8 Knoblauchzehen, in der Schale leicht angedrückt · 8 kl. Schalotten, geschält
ca. 100 g Turmschinkenchipspulver (s. S. 125) · 150 g Butter · 80 ml Apfelbalsamessig
1 Zweig Rosmarin · 2 Schwarze Nüsse, in 2 mm dicke Scheiben geschnitten
6 EL Olivenöl · Salz · geschroteter schwarzer Pfeffer · Gemüsefond zum Aufgießen nach Bedarf

ZUBEREITUNG

Das Fleisch rechtzeitig aus dem Kühlschrank nehmen und Zimmertemperatur annehmen lassen. Salzen, mit geschrotetem Pfeffer, Piment und Senf einreiben und mit einem Küchengarn in Form binden. In einem Bräter Olivenöl erhitzen und Filet gemeinsam mit Schalotten und Knoblauch rundum scharf anbraten. Das Fleisch auf Schwarzbrotscheiben setzen und im vorgeheizten Backrohr bei 190 °C ca. 15 Minuten braten. Dabei immer wieder mit Bratenfett übergießen und wenden.

Bräter herausnehmen, Brotscheiben entfernen und Filet in Alufolie gepackt im ausgeschalteten Backrohr bei offener Ofentür 10 Minuten rasten lassen. In der Bratenpfanne Butter mit Rosmarinzweigerl aufschäumen. Schwarze Nüsse sowie Balsamessig zugeben und einkochen, bis die Sauce leicht karamellisiert. Eventuell noch etwas Gemüsefond untergießen. Küchengarn vom Filet entfernen und im Schinkenchipspulver rollen. In 8 Scheiben schneiden, auf vorgewärmten Tellern anrichten und mit der Nusssauce überziehen. Den Knoblauch aus der Schale lösen und ebenso wie die Schalotten mitservieren.

GARUNGSDAUER: ca. 15 Minuten
BACKROHRTEMPERATUR: 190 °C
BEILAGENEMPFEHLUNG: Ofenerdäpfel (s. S. 103) oder Erdäpfelkrapferl (s. S. 100) sowie geröstetes Nussbrot, sautierter grüner Spargel

PAS DE BLEU

An den großen russischen Tänzer und Choreographen Rudolf Nurejew erinnert sich die Brigade des Sacher nur mit gemischten Gefühlen: „Das war ein ganz ein schwieriger Gast. Es hat lange gebraucht, bis jeder wusste, dass er, wenn er Tee bestellte, eine klare Consommé haben wollte. Und seinen häufig geäußerten Lieblingswunsch, dass sein Steak sowohl glühend heiß als auch ‚bleu' (roh) sein sollte, den konnte ihm die Küche auch beim besten Willen einfach nicht erfüllen."

SCHWEIN

KÜMMEL-SCHOPFBRATEN MIT MITGEBRATENEN ERDÄPFELN

ZUTATEN FÜR 8 PORTIONEN

1 Schweinsschopfbraten mit ca. 2 kg (am besten vom Wollschwein) · 8 Schalotten, halbiert · 16 mittelgroße Erdäpfel, halbiert · 1–1,5 l Gemüsefond oder Wasser
24 Knoblauchzehen, in der Schale zerdrückt · 8 Karotten, der Länge nach halbiert

FÜR DIE GEWÜRZPASTE

3 EL Steinsalz · 2 Knoblauchzehen, blanchiert · 2 EL geschroteter Pfeffer
1 KL Kümmel (ganz) · Schale von 1/2 unbehandelten Zitrone, abgerieben
4 Wacholderbeeren · 2 EL flüssiges Schweineschmalz oder Pflanzenöl

ZUBEREITUNG

Zuerst für die Gewürzpaste alle Zutaten in einem Mörser fein zerstoßen.
Schopfbraten mit der Gewürzpaste gut einreiben. In einen schweren (gusseisernen) Bräter legen und mit den Schalotten sowie Knoblauch im vorgeheizten Backrohr bei 220 °C etwa 20 Minuten braten. Dabei wiederholt wenden. Karotten und Erdäpfel kurz blanchieren (überbrühen), abschrecken und zum Braten geben. Nach 20 Minuten mit 400 ml Fond untergießen und weitere 40 Minuten garen. Währenddessen immer wieder mit Bratensaft übergießen (sollte zu wenig Saft im Bräter vorhanden sein, Fond nachgießen). Sobald die Karotten, Erdäpfel und Knoblauchzehen weich sind, aus dem Bräter nehmen und mit Folie abdecken. Nach insgesamt 90–100 Minuten sollte auch der Braten weich und gar sein. Zur Überprüfung mit Nadel anstechen und darauf achten, dass nur klarer Saft, aber kein Blut mehr austritt.
Dann aus dem Backofen nehmen und zugedeckt 20 Minuten rasten lassen. Gemüse und Erdäpfel nochmals mit etwas Bratensatz in einer Pfanne durchschwenken. Braten tranchieren und mit Gemüse und Erdäpfeln auf den Tellern anrichten. Den Bratensatz noch mit etwas Fond aufgießen, fein passieren und etwas einkochen lassen. Würzig abschmecken und den Braten damit überziehen.

GARUNGSDAUER: 90–100 Minuten
BACKROHRTEMPERATUR: 220 °C
TIPP: Gießen Sie kurz vor Ende der Garzeit mit dunklem Bier auf! Der so gewonnene Bratensaft besticht durch sein würziges Aroma.

BEEFSTEAK-CLUB

Dass Rotarier und Mitglieder des Lions-Clubs ihre Treffen gerne in einem der zahlreichen Salons des Hotel Sacher organisieren, ist keine besondere Neuigkeit. Wer aber weiß schon, dass hier bis heute auch „Vienna's First Beefsteak-Club" tagt, ein Club, der nach dem Ersten Weltkrieg von englischen Offizieren ins Leben gerufen wurde, mittlerweile allerdings vorzugsweise von leidenschaftlichen Golfern frequentiert wird, die nicht zwangsläufig nach ihrer britischen Herkunft gefragt werden?

Kümmel-Schopfbraten mit mitgebratenen Erdäpfeln

SCHWEINSKOTELETT MIT SAUERKRAUT GEFÜLLT

ZUTATEN
4 Schweinskoteletts à 200 g (Rückgratknochen ausgehackt) · 200 g Sauerkraut
80 g Selchspeck · ca. 300 ml brauner Fond · 2 Zwiebeln · 2 Knoblauchzehen, gehackt
Kümmel · 3 EL Öl · Salz · Pfeffer aus der Mühle · Mehl zum Bestauben

ZUBEREITUNG
Speck kleinwürfelig schneiden und in einer heißen Pfanne auslassen. Sauerkraut einige Male durchschneiden, gut auspressen und mit der Hälfte der kleinwürfelig geschnittenen Zwiebeln zugeben. Kurz durchrösten und mit Kümmel würzen. Jedes Schweinskotelett mit einem spitzen Messer so einschneiden, dass eine Tasche entsteht. Knochen blank putzen. Sauerkraut in die Taschen füllen und diese nach Belieben mit einem Zahnstocher verschließen (oder vernähen). Koteletts salzen, pfeffern und in Mehl wenden. Öl in einer feuerfesten Kasserolle erhitzen und Koteletts darin beidseitig anbraten. Restliche Zwiebeln und Knoblauch zugeben und mitrösten. Mit Fond aufgießen und im vorgeheizten Backrohr bei 180 °C etwa 30 Minuten braten. Währenddessen wiederholt wenden und bei Bedarf noch etwas Fond zugießen. Koteletts herausheben, Sauce nochmals kurz aufkochen und abschmecken. Koteletts auf vorgewärmten Tellern anrichten und mit der Sauce übergießen.

GARUNGSDAUER: ca. 30 Minuten
BACKROHRTEMPERATUR: 180 °C
BEILAGENEMPFEHLUNG: böhmische Erdäpfelknödel (s. S. 106)

SCHWEIN

SPANFERKELRÜCKEN MIT SÜSS-SAUREN MOHNNUDELN

ZUTATEN FÜR 6 PORTIONEN

ca. 1 kg Spanferkelrücken mit Schwarte · 50 ml Apfelessig
1 Lauchstange (nur weißer Teil) · 300 g Schweinshaxln, gehackt · 2 Zwiebeln
50 ml Cola · 2 EL Honig · 4 Knoblauchzehen, in der Schale leicht zerdrückt
1 l Gemüsefond oder Wasser · Prise Kümmel · Prise Muskatnuss, gemahlen
6 Pfefferkörner · 2 Lorbeerblätter · 2 EL Schweineschmalz · Salz · weißer Pfeffer
Warmer Bierrettich s. S. 118

FÜR DIE SÜSS-SAUREN MOHNNUDELN

300 g Fleckerl · 4 EL Weißmohn · 2 EL Butterschmalz · Salz

ZUBEREITUNG

Den Spanferkelrücken waschen und trockentupfen. In einen Bräter Wasser zwei Finger hoch einfüllen und mit Apfelessig zum Kochen bringen. Den Rücken mit der Schwarte nach unten einlegen und die Schwarte ca. 10 Minuten kochen (den Rücken dabei fest nach unten drücken, da er sich aufwölbt). Aus dem Bräter nehmen, Kochwasser abschütten und in die Schwarte mit einer Rasierklinge der Länge und der Breite nach in einem Abstand von 3 mm Linien einschneiden (schröpfen). Dabei darauf achten, dass nur die Schwarte, aber nicht das Fleisch eingeschnitten wird. Mit Salz, Kümmel und Pfeffer einreiben.

Den Bräter auf der Herdplatte mit Schmalz erhitzen und die Schweinshaxln darin anrösten. Grob geschnittenen Lauch, Knoblauch und geschnittene Zwiebeln zugeben und braun rösten. Mit Cola sowie etwas Fond aufgießen, restliche Gewürze und Honig zugeben. Im vorgeheizten Backrohr bei 220 °C ca. 50 Minuten schmoren und dabei immer wieder mit frischem Fond aufgießen. Danach Bräter herausnehmen und den Rücken mit der Schwarte nach oben hineinlegen und bei 220 °C etwa 30–40 Minuten garen. Rücken wiederholt mit Bratensaft übergießen.

Währenddessen die Fleckerl in Salzwasser al dente kochen und abseihen. Den Weißmohn trocken rösten, Butterschmalz zugeben und die Fleckerl mitschwenken. Warm stellen. Warmen Bierrettich vorbereiten. Sobald die Schwarte knusprig ist, Spanferkel aus dem Ofen nehmen und 10 Minuten rasten lassen. Währenddessen den Bratensatz aufkochen, abseihen, bei Bedarf nochmals mit Fond aufgießen und wieder einkochen lassen. Abschmecken. Den Spanferkelrücken in Scheiben schneiden und mit Mohnnudeln und Bierrettich auf heißen Tellern anrichten. Mit der Sauce überziehen.

GARUNGSDAUER: 30–40 Minuten
BACKROHRTEMPERATUR: 220 °C

TIPP: Sollte die Schwarte nicht knusprig genug sein, mit etwas mit Honig vermischtem Cola bestreichen und im Backrohr auf der Grillstufe „nachbehandeln". Die Fleckerl können auch durch Erdäpfelnudeln oder Gnocchi ersetzt werden.

LAVANTTALER MOSTBRATEN

ZUTATEN
1 kg Schweinsschopfbraten · 750 ml Most · 4 gr. Zwiebeln · Thymian · Majoran Kümmel, ganz · 1 Lorbeerblatt · 4 Gewürznelken · 2 Knoblauchzehen, zerdrückt Pfeffer aus der Mühle · 1 TL Salz · 1 EL Schmalz

ZUBEREITUNG
Den Schopfbraten mit Salz, Pfeffer, Thymian, Majoran, Kümmel und zerdrücktem Knoblauch rundum gut einreiben, mit Klarsichtfolie abdecken und über Nacht rasten lassen. Am nächsten Tag Schmalz in einer Bratenpfanne zerlassen, Braten mit Gewürznelken, Lorbeerblatt und den in grobe Stücke geteilten Zwiebeln hineinsetzen und im vorgeheizten Backrohr bei 200 °C 1 1/2–2 Stunden unter einmaligem Wenden braten. Währenddessen wiederholt mit Most und eigenem Bratensaft begießen. Sobald der Braten durchgebraten ist (beim Einstechen mit einem Metallspießchen darf nur mehr klarer Saft austreten), herausheben, in Alufolie hüllen und noch etwas rasten lassen. Währenddessen den Bratensaft abseihen und auf die gewünschte Konsistenz einkochen lassen. Braten in Scheiben schneiden und mit dem Bratensaft auftragen.

GARUNGSDAUER: 1 1/2–2 Stunden
BACKROHRTEMPERATUR: 200 °C
BEILAGENEMPFEHLUNG: Semmelknödel (s. S. 107) und Sauerkraut

SCHWEIN

SALZBURGER BRATEN

ZUTATEN
1 kg Jungschweinsbrust mit Schwarte, untergriffen · ca. 500 ml Rindsuppe
1 KL Mehl · Salz · Kümmel, ganz · Pfeffer aus der Mühle · ca. 1/2 Bund Wurzelgemüse
200 g Erdäpfel, feinwürfelig geschnitten

FÜR DIE FÜLLE
300 g Bratwurstbrät · 100 g Schinken · 50 g Speck · 100 g Kürbiskerne, geröstet

ZUBEREITUNG
Die Schweinsbrust so einschneiden, dass – wie bei der Kalbsbrust – eine Tasche entsteht, die gefüllt werden kann (oder vom Fleischhauer vorbereiten lassen). Die Brust außen sowie innen kräftig mit Salz, Pfeffer und Kümmel würzen. Für die Fülle Speck und Schinken kleinwürfelig schneiden und mit dem Bratwurstbrät gut vermengen. Kürbiskerne hacken und untermischen. Brust mit der Masse füllen und die Öffnung mit Küchengarn vernähen.
Eine Bratenpfanne etwa fingerhoch mit heißem Wasser füllen, Brust mit der Schwartenseite nach unten einlegen und im vorgeheizten Backrohr bei 200 °C zugedeckt 30 Minuten dünsten lassen. Dann Brust wenden, Deckel entfernen und die Schweinsbrust ca. 50–70 Minuten knusprig braten. Dabei wiederholt mit Rindsuppe aufgießen und mit eigenem Bratensaft begießen. Nach der halben Garzeit das kleinwürfelig geschnittene Wurzelgemüse sowie die Erdäpfelwürfel zugeben und mitgaren. Schweinsbraten herausheben, mit Alufolie abdecken und rasten lassen. Bratensaft entfetten, aufkochen und mit etwas Mehl stauben. Nochmals kräftig aufkochen, nach Bedarf mit etwas Suppe aufgießen und einkochen lassen. Braten tranchieren, auf vorgewärmten Tellern anrichten und mit etwas Saft übergießen. Den restlichen Saft extra servieren.

GARUNGSDAUER: 80–100 Minuten
BACKROHRTEMPERATUR: 200 °C
BEILAGENEMPFEHLUNG: Böhmische Mehl-, Semmel- oder Erdäpfelknöderl (s. S. 106 bzw. 107) und Sauerkraut

EINE KLEINE OPERNBALLBOUTIQUE …

… gehört seit jeher zum selbstverständlichen Sacher-Opernballservice. „Man glaubt gar nicht, was die Leute alles vergessen können", erzählt der langjährige Chefportier Wanninger. „Bei manchen war es das ganze Ballkleid, bei anderen sind es nur ein paar Knöpfe."
In jedem Fall ist die Sacher Portiersloge auf Eventualitäten aller Art bis heute vorbereitet. Das Hauspersonal erhält sogar eine spezielle Schulung im Frackanlegen, das, so Wanninger, „nicht jeder Opernballgast ohne fremde Hilfe zustande bringt". So ist es auch gottlob noch nie vorgekommen, dass ein Sachergast, der eine Ballkarte besaß, aus Mangel an passender Garderobe nicht am Ball teilnehmen konnte. „Da ist uns noch immer was eingefallen", erinnert sich ein Portier. „Und wenn es ein Anruf im Kostümverleih war."

STEIRISCHES WURZELFLEISCH NACH HANS PETER FINK

ZUTATEN

4 kl. Milchferkelstelzen (ersatzweise ca. 800 g Schweinsschulter) · 125 ml Apfelessig
3 Knoblauchzehen, zerdrückt · 2 Lorbeerblätter · 2 Pimentkörner · 2 Wacholderbeeren, zerdrückt · 4 Pfefferkörner · 2 Karotten, geschält · 2 gelbe Rüben, geschält
1/2 Stangensellerie · 1 Petersilienwurzel · 4 mittelgroße Schalotten, geschält
1 Bund Jungzwiebeln · 1 Zweig Liebstöckel, geschnitten · 100 g Kren, frisch gerissen
Salz · Pfeffer aus der Mühle · Fleur de sel (oder Meersalz) · Maisstärke nach Belieben
16 kl. Erdäpfel (am besten Kipfler)

ZUBEREITUNG

Stelzen 5 Stunden wässern. Ausreichend Salzwasser mit Essig, Knoblauch, Gewürzen und den Stelzen aufstellen und köcheln lassen. Dabei immer wieder den aufsteigenden Schaum abschöpfen. Währenddessen Gemüse putzen, das in Ringe geschnittene Selleriegrün als Garnitur aufbewahren. Schalotten und Jungzwiebeln ebenfalls in Ringe schneiden. Gelbe Rüben, Karotten und Petersilienwurzel nach 20 Minuten Garzeit zur Stelze geben und ca. 20 Minuten weich kochen. Dann Schalotten und Sellerie zugeben und weitere 20 Minuten köcheln. Inzwischen geschälte Erdäpfel separat weich kochen. Gemüse herausheben, in feine Scheiben schneiden und wieder zurück in den Topf geben. Fleisch herausheben, in heißen Suppentellern anrichten und mit etwas Sud übergießen. Den verbleibenden Sud nach Belieben mit etwas mit Maisstärke verrührtem Wasser binden und abschmecken. Stelzen mit Gemüse belegen und mit frisch gerissenem Kren bestreuen. Jungzwiebeln, Selleriegrün sowie Liebstöckel darüber verteilen und kräftig mit Fleur de sel und frisch gemahlenem Pfeffer bestreuen. Mit den gekochten, mit etwas Kümmel gewürzten Salzerdäpfeln servieren.

GARUNGSDAUER: Stelzen 60 Minuten (Schweinsschulter 80–90 Minuten)
TIPP: Noch feiner schmecken die Stelzen, wenn man sie vor dem Kochen 5 Tage lang surt. Dafür 3 Liter Wasser mit 60 g braunem Zucker, 100 g Pökelsalz und 125 ml Apfelessig vermengen und Stelzen einlegen.

WIESENLAMMRÜCKEN MIT OLIVEN UND SCHAFKÄSEKRUSTELN

ZUTATEN
ca. 750 g Lammrücken, ausgelöst und ohne Silberhaut · 1 Zweig Zitronenthymian
ca. 32 kl. Kalamata-Oliven, in Öl eingelegt und entkernt · 2 EL gehackte Kräuter
(Kerbel, Estragon, Petersilie, Salbei) · Schale und Saft von 1/2 Zitrone · 10 Kapernblüten, fein gehackt · etwas Fleur de sel (oder Meersalz) · 300 g milder Schafkäse,
schnittfest (nicht zu bröckelig und trocken) · etwas Mehl · 2 Eier, verschlagen
100 g weißer Maisgrieß · 2 rote Paprikaschoten, entsaftet · 5 EL Olivenöl für das
Paprikaöl · Tabascosauce · 2 EL Olivenöl zum Anbraten · Salz · Pfeffer aus der Mühle
Pflanzenöl zum Ausbacken

ZUBEREITUNG
Den Lammrücken mit Salz sowie Pfeffer würzen und in Olivenöl rundum scharf anbraten. Thymian-
zweigerl zugeben und Pfanne halb zugedeckt auf die Seite stellen. Den Schafkäse in 8 gleichmäßige Stäbchen schneiden und in Mehl, verschlagenen Eiern und Maisgrieß panieren. In einer
Pfanne in wenig Pflanzenöl goldgelb herausbacken. Auf Kückenkrepp abtropfen lassen und im
Backrohr bei 80 °C warm stellen. Von den Oliven etwa 20 Stück ganz fein hacken und mit etwas Öl
aus dem Olivenglas, Kräutern, Kapernblüten, Zitronenschale und -saft vermischen.
Den Paprikasaft abschäumen und mit dem Olivenöl vermischen. Mit etwas Tabascosauce aromatisieren. Den Lammrücken aus der Pfanne nehmen und in einer frischen Pfanne in heißem Öl
nochmals scharf anbraten. Der Länge nach in dünne Streifen schneiden. Je zwei Schafkäse-
Stäbchen auf einen vorgewärmten Teller legen, Lammrücken dazugeben und mit Oliven-Pesto und
den ganze Oliven garnieren. Paprikaöl darüber träufeln und mit Fleur de sel bestreuen.

GARUNGSDAUER: einige Minuten, je nach gewünschtem Garungsgrad
BEILAGENEMPFEHLUNG: Rucola oder Wildkräutersalat und knuspriges Knoblauchbaguette

LAMMRÜCKEN IN DER BRÖSEL-GEMÜSE-KRUSTE

ZUTATEN
1 Lammsattel mit langen Rippenknochen · Salz · Pfeffer aus der Mühle
5 EL Olivenöl zum Braten · Lammfond oder Wasser zum Aufgießen

FÜR DIE KRUSTE
80 g Butter · 60 g Weißbrotbrösel · 1 Eidotter · 1 Ei · 1 Schalotte, fein gehackt
2 EL Olivenöl · 2 cl Pernod (Anislikör) · 1 EL Zucchini, fein gewürfelt
1 EL rote Paprikaschote, fein gewürfelt · 4 getrocknete Tomaten, gehackt
1 Knoblauchzehe, fein gehackt · 2 EL sehr fein gehackter Rosmarin, Salbei,
Estragon und Thymian · 1 KL englischer Senf · Salz · Pfeffer aus der Mühle
etwas Kreuzkümmel, gemahlen

ZUBEREITUNG
Den Lammsattel sauber zuputzen, Fleisch und Sehnen von den Knochen abschaben und den
Rücken beim Rückgrat einschneiden. Die Rückenstränge bis zum Knochen trennen, sodass das
Fleisch noch am Rücken haften bleibt. Rückgrat mit einem Fleischbeil abtrennen oder alles bereits
vom Fleischhauer vorbereiten lassen. Salzen, pfeffern und die Oberseite des Rückens in einem
Bräter in Olivenöl scharf anbraten. Für 10–15 Minuten (je nach gewünschtem Garungsgrad) in

LAMM

das auf 200 °C vorgeheizte Backrohr schieben und rosa braten. Danach herausnehmen und warm stellen. Für die Kruste die gehackte Schalotte mit Knoblauch in heißem Olivenöl anschwitzen. Getrocknete Tomaten, Paprika- sowie Zucchiniwürfel zugeben und mit Pernod ablöschen. Kurz anschwitzen und mit Salz, Kreuzkümmel und Pfeffer würzen. Auf einem Küchenkrepp abtropfen lassen und kalt stellen. Inzwischen Butter schaumig rühren und mit Ei, Eidotter, Bröseln, Kräutern, Senf und dem abgekühlten Gemüse verrühren. Die Masse gleichmäßig auf den Rücken auftragen und im Backrohr bei voller Grillstufe schön braun gratinieren. Vor dem Tranchieren noch 5 Minuten rasten lassen. Bratenrückstand mit Lammfond oder Wasser lösen, aufkochen und einreduzieren lassen. Lammrücken portionieren, auf vorgewärmten Tellern anrichten und mit Lammsaftl übergießen.

GARUNGSZEIT: 10–15 Minuten
BACKROHRTEMPERATUR: 200 °C
BEILAGENEMPFEHLUNG: mitgebratenes mediterranes Gemüse, Erbsenschoten sowie mitgebratene Erdäpfel

LAMM IM RÖSTIMANTEL

ZUTATEN
400–600 g Lammfilet · 500 g mehlige Erdäpfel · 150 g Hühnerbrust
2 rote Paprikaschoten, entsaftet (ersatzweise in Öl geschmort und püriert)
300 g Fisolen · etwas Tabascosauce · Prise Zucker · 1 EL Maisstärke (Maizena)
100 g Schlagobers, kalt · 1 Ei · 1 EL Basilikum-Pesto (s. S. 123) · 1 EL Butter
Pflanzenöl zum Ausbacken · Salz · Muskatnuss, gerieben · Pfeffer aus der Mühle
Thymian zum Garnieren

ZUBEREITUNG
Geschälte Erdäpfel der Länge nach in feine Streifen raspeln oder schneiden. Einsalzen und nach 5 Minuten gut ausdrücken. Muskatnuss sowie Maisstärke zugeben und aus der Masse 8 dünne Puffer (ca. 12 cm Ø) formen. Reichlich Pflanzenöl erhitzen, Rösti einlegen, flach drücken und beidseitig goldbraun backen. Auf Küchenkrepp gut abtropfen lassen und mit einem runden Ausstecher (10 cm Ø) sauber ausstechen. Abkühlen lassen. Für die Farce die kalte Hühnerbrust in kleine Würferl schneiden und mit kaltem Obers, Salz und Ei cuttern (mixen). Durch ein Sieb streichen und etwas Farce auf 4 Puffer dünn aufstreichen. Lammfilet ca. 1 cm dick schneiden und mit Pesto, Salz sowie Pfeffer würzen. Filets auf die Farce legen und mit Farce dünn bestreichen. Die restlichen Rösti ebenfalls bestreichen und mit der bestrichenen Seite nach unten aufsetzen. Gut andrücken und zu schönen Krapferln formen.
In einer beschichteten Pfanne Pflanzenöl erhitzen und Rösti beidseitig kurz anbraten. In eine Bratenpfanne auf ein Gitter setzen und im vorgeheizten Backrohr 10 Minuten bei 165 °C Umluft garen. Herausnehmen und mit Alufolie zugedeckt 8 Minuten rasten lassen. Inzwischen Paprikasaft auf ein Drittel einkochen und mit 4 Esslöffeln Olivenöl, Salz, Tabascosauce und Zucker zu einer zähflüssigen Sauce verrühren. Fisolen in Salzwasser al dente kochen und in Butter schwenken. Salzen, pfeffern und auf vorgewärmte Teller verteilen. Rösti halbieren, anrichten und mit der Sauce überziehen. Mit Thymian garnieren.

GARUNGSDAUER: ca. 10 Minuten im Rohr
BACKROHRTEMPERATUR: 165 °C Umluft

Bild rechts: Lammrücken in der Brösel-Gemüse-Kruste

ZIEGE · WILD

Lamm im Röstimantel

GESCHMORTES ZICKLEIN MIT MALZBIERSAUCE UND SCHMORGEMÜSE

ZUTATEN

4 Zickleinhaxerln (ersatzweise Junglammstelzen) · 1/2 Stangensellerie · 8 Jungzwiebeln (oder 4 halbierte Schalotten) · 4 kleine, junge Karotten · 1 Knolle junger Knoblauch 500 ml Malz- oder Weizenbier · 500 ml Lamm- oder Kalbsfond · 3 EL Butterschmalz 16 Kipfler (oder sehr kleine Erdäpfel) · nach Bedarf 1 Erdapfel zum Binden · Salz Kümmel (ganz) · Muskatnuss, gemahlen · Pfeffer aus der Mühle · frische Kräuter (z. B. Thymian und/oder Oregano) zum Garnieren

ZUBEREITUNG

Zuerst die ungeschälten Kipfler in mit Kümmel versetztem Salzwasser etwa 6–8 Minuten halb weich kochen. Zickleinhaxerln mit Salz, Muskatnuss sowie Pfeffer einreiben und in heißem Butterschmalz rundum anbraten. Knoblauchknolle der Breite nach halbieren, Stangensellerie stiftelig schneiden,

Karotten der Länge nach halbieren und gemeinsam mit den Jungzwiebeln (ohne Grün) hinzufügen. Kurz mitbraten. Mit Malzbier sowie Lammfond ablöschen und im vorgeheizten Backrohr bei 180 °C nicht zugedeckt 30 Minuten schmoren. Erdäpfel zugeben und weitere 40–50 Minuten garen. Währenddessen ab und an wenden und durchrühren. Fleisch und Gemüse herausnehmen und mit Alufolie bedeckt warm halten. Fond durch ein Sieb seihen und auf die gewünschte Sämigkeit einkochen lassen. Sauce nach Bedarf mit einem roh geriebenen Erdapfel binden und abschmecken. Gemüse in der Tellermitte anrichten. Zickleinhaxerln darauf setzen und alles mit heißer Sauce begießen. Mit frisch gehackten Kräutern garnieren.

GARUNGSDAUER: 70–80 Minuten
BACKROHRTEMPERATUR: 180 °C
TIPP: Verwendet man statt Malzbier Eiswein oder Auslese, so schmecken die Haxerln noch finessenreicher.

WILDSCHWEINSCHLEGEL IN HAGEBUTTENSAUCE

ZUTATEN FÜR 6 PORTIONEN
1 Wildschweinschlegel (Keule) mit ca. 1,5 kg · 1 mit Nelken gespickte Zwiebel
Butter zum Anbraten · 1–2 EL Hagebuttenmarmelade

FÜR DIE BEIZE
500 ml kräftiger Rotwein · 125 ml Rotweinessig · 1 Karotte · 1 gelbe Rübe
1/2 Stange Lauch · 1/2 Knolle Sellerie · 2 Schalotten · 2 Lorbeerblätter
6 Wacholderbeeren, zerdrückt · 8 Pfefferkörner · 1 EL Salz

ZUBEREITUNG
Wildschweinschlegel gut zuputzen (Häutchen entfernen), waschen und trockentupfen. Gespickte Zwiebel in zerlassener Butter rundum anbräunen. Etwa 400 ml Wasser mit Rotwein, Essig, der gespickten Zwiebel und den restlichen Zutaten zu einer Beize aufkochen und den Schlegel in die kochende Beize einlegen. Über Nacht marinieren. Am nächsten Tag in der Beize etwa 1 1/2–2 Stunden lang weich kochen. Keule in der Beize erkalten lassen.

Beize abseihen, entfetten und bis auf etwa 200 ml einreduzieren lassen. Währenddessen Wildschweinfleisch vom Knochen lösen, in mundgerechte Stücke schneiden und in den reduzierten Fond geben. Fleisch erwärmen und die Sauce mit Hagebuttenmarmelade binden.

GARUNGSDAUER: ca. 1 1/2–2 Stunden
BEILAGENEMPFEHLUNG: Quitten-Rotkraut (s. S. 116 f.), Böhmische Erdäpfelknödel (s. S. 106)

EIN KATZENTISCH FÜR DEN MAESTRO

Auch Dirigenten sollten rechtzeitig reservieren. Als sich Hans Knappertsbusch nach einer Vorstellung von Richard Wagners „Meistersingern" spät, aber doch entschloss, noch eine kleine Abendmahlzeit im Sacher einzunehmen, war die Rote Bar bis auf den letzten Platz besetzt. Man wollte den Maestro aber auch nicht ziehen lassen, sondern stellte mitten im Saal ein kleines Zweiertischchen auf, das man Knappertsbusch unter zahlreichen Entschuldigungen anbot. „Sie brauchen sich nicht zu entschuldigen", erwiderte der Maestro und schnalzte dazu wie im Takt mit seinen Hosenträgern. „Ich bin es gewohnt, zwischen den Künstlern und dem Publikum zu stehen. Und jetzt sitze ich immerhin."

WILD

HIRSCHKALBSRÜCKEN MIT VOGELBEEREN UND MARONIBIRNE

ZUTATEN

600 g Filet vom Hirschkalbsrücken, in 8 Medaillons geschnitten · 50 ml Madeira
50 ml Weinbrand · 1 kl. Rippe Bitterschokolade · 400 ml Wildjus (ersatzweise Kalbsjus)
etwas getrockneter Beifuß, gerebelt · 4 EL Vogelbeeren, in Zuckersirup eingelegt
2 cl Tresterschnaps oder Vogelbeerbrand · 2 Williamsbirnen, nicht zu reif
2 EL kalte Butter für die Sauce · 2 EL Butter für die Birnen · 2 EL brauner Zucker
etwas Zitronensaft · 12 Maroni, gebraten und geschält · Salz · Pfeffer aus der Mühle
2 EL Olivenöl · 1 EL Butter für die Medaillons

ZUBEREITUNG

Die Medaillons mit einem Küchengarn in Form binden. Salzen, pfeffern, in Olivenöl scharf anbraten und im vorgeheizten Backrohr bei 80 °C warm stellen. Für die Sauce Madeira und Weinbrand auf die Hälfte einkochen lassen, mit Jus auffüllen und auf 200 ml einkochen. Beifuß zugeben und gegebenenfalls nachsalzen. Schokolade sowie kalte Butter einrühren und die Sauce damit binden.

Warm stellen. Birnen schälen, halbieren und mit einem Parisienneausstecher entkernen. Aus den Birnen der Länge nach je zwei schöne Mittelstücke schneiden und mit Zucker in Butter goldbraun braten. Mit Zitronensaft beträufeln, gebratene Maroni zugeben und gut durchschwenken.

Die Vogelbeeren mit etwas Sirup und Tresterschnaps erwärmen. Die Medaillons nochmals in Butter kurz anbraten und auf vorgewärmte Teller setzen. Birne dazulegen und Maroni auf der Birne platzieren. Mit Sauce überziehen und die Vogelbeeren darüber streuen. Mit Beifuß dekorieren.

GARUNGSDAUER: wenige Minuten braten, 8–10 Minuten ziehen
BACKROHRTEMPERATUR: 80 °C
BEILAGENEMPFEHLUNG: Sellerie- oder Topinamburpüree sowie gedünstete Kohlsprossenblätter

WILD

HASENPFEFFER IN BOCKBIERSAUCE

ZUTATEN

800 g ausgelöstes Wildhasenfleisch (vorzugsweise von Hals, Vorderläufen und Brust)
500 ml Bock- oder Schwarzbier · 250 ml Wildfond · Nelkenpulver · 1/2 Zimtstange
2 EL Mehl · 1–2 EL Powidl · 20 ml Bockbierbrand · 150 g Räucherspeck
Butter zum Anbraten · Salz · Pfeffer aus der Mühle

ZUBEREITUNG

Hasenfleisch zuputzen, mit Salz, Pfeffer sowie Nelkenpulver würzen und in mundgerechte Stücke teilen. Räucherspeck feinwürfelig schneiden und in einer Kasserolle mit sehr wenig Butter zart anbraten. Hasenfleisch hinzufügen und rundum anbräunen lassen. Mit Bier ablöschen, etwas einreduzieren und Fond zugießen. Zimtstange zugeben und zugedeckt auf kleinster Flamme 1 1/2 Stunden schmoren lassen. Saft abseihen und Zimtstange entfernen.

Dann in einer anderen Kasserolle etwa 2 Esslöffel Butter zerlassen und Mehl darin unter ständigem Rühren bräunen. Nach und nach mit dem passierten Saft aufgießen und dazwischen immer wieder einkochen lassen, bis eine sämige Sauce entsteht. Noch weitere 15 Minuten leise dahin köcheln lassen. Hasenfleisch zugeben, Powidl einrühren und mit Bockbierbrand verfeinern. Abschließend abschmecken.

GARUNGSDAUER: ca. 2 Stunden
BEILAGENEMPFEHLUNG: Topfen-Serviettenknödel (s. S. 106), Semmel- oder Grießknöderl (s. S. 107), Quitten-Rotkraut (s. S. 116 f.)

REHFILET MIT KÜRBISKERNKRUSTE UND PFEFFER-MARILLEN

ZUTATEN

600 g Rehrückenfilet, gut zugeputzt · 3 EL Butterschmalz oder Öl · 250 ml Wildjus
4 cl weißer Portwein · 4 cl Banyuls (frz. Likörwein; oder etwas Madeira)
1 EL kalte Butterstücke · Pfeffer aus der Mühle · Salz · 8 Kohlsprosserl und Butter für die Garnitur

FÜR DIE KÜRBISKERNKRUSTE

70 g Kürbiskerne, geröstet und fein gehackt · 50 g Weißbrot ohne Rinde, gerieben
80 g zimmerwarme Butter · 2 Eidotter · Salz · gemischte Gewürze (wie etwa Kardamom, Koriander, Piment, Wacholder und etwas Zimt), im Mörser zerstoßen oder gemahlen

FÜR DIE PFEFFER-MARILLEN

6 kleine Marillen · 2 cl weißer Balsamessig · 6 cl Marillensaft · 1–2 EL Kristallzucker
Msp. geschroteter Pfeffer · 2 Stangen langer Pfeffer (ersatzweise mehr geschroteter Pfeffer) · Salz

FÜR DAS SELLERIEPÜREE

600 g Knollensellerie · 100 g Crème fraîche · etwas Tabascosauce · 250 ml Milch
Pfeffer aus der Mühle · Salz

ZUBEREITUNG

Für die Pfeffer-Marillen die Marillen entkernen und vierteln. Zucker in einer Pfanne erhitzen, karamellisieren und mit Marillensaft sowie Essig ablöschen. Gewürze zugeben und ca. 2 Minuten

Rehfilet mit Kürbiskernkruste und Pfeffer-Marillen

einkochen lassen. Die Marillen zugeben und einmal aufkochen. Vom Feuer nehmen und warm stellen.

Für das Selleriepüree Salzwasser mit Milch zum Kochen bringen. Sellerie schälen, in kleine Stücke schneiden und darin gut weich kochen. Sellerie in einem feinen Sieb sehr gut abtropfen lassen oder in einem Zellstofftuch behutsam ausdrücken. Crème fraîche zugeben und pürieren. Mit Salz, Pfeffer und Tabascosauce würzen. Warm stellen.

Rehfilet in 4 gleich schwere Stücke schneiden, mit Salz und Pfeffer würzen. In einer Pfanne ein wenig Schmalz oder Öl erhitzen und Fleischstücke darin rundherum anbraten. Ins vorgeheizte Backrohr geben und bei 200 °C ca. 6 Minuten braten, dabei nach halber Garzeit wenden.

Inzwischen für die Kruste Kürbiskerne, Brösel und Gewürze vermischen.

Butter mit einer Prise Salz schaumig schlagen, Dotter einrühren und die Bröselmischung zugeben. Filets aus der Pfanne nehmen, auf einen feuerfesten Teller oder Platte legen und die Kürbiskruste darauf verteilen. Bei maximaler Oberhitze (Grillschlange) einige Minuten goldbraun überbacken. Währenddessen Bratfett aus der Pfanne abgießen, Bratrückstand mit Fond, Portwein und Banyuls aufgießen und kräftig einkochen lassen. Kalte Butter einrühren und die Sauce damit binden, aber nicht mehr kochen. Fleisch aus dem Rohr nehmen und mit Alufolie abgedeckt noch kurz warm stellen. Pfeffer-Marillen auf vorgewärmte Teller verteilen. Fleisch in Scheiben schneiden und daneben anrichten. Mit Selleriepüree und Sauce garnieren. Für die Garnitur von den Kohlsprossen die Blätter abzupfen, kurz in Salzwasser blanchieren (überbrühen) und in wenig Butter schwenken. Salzen und dekorativ anrichten.

GARUNGSDAUER: Rehfilet ca. 8 Minuten braten, einige Minuten überbacken
BACKROHRTEMPERATUR: 200 °C
BEILAGENEMPFEHLUNG: Erdäpfelkrapferl (s. S. 100)
TIPP: Träufeln Sie noch etwas braune Butter über das Selleriepüree. So schmeckt das Püree noch runder. Frittiertes Selleriegrün oder Selleriechips verleihen den letzten optischen Schliff.

DIE SEELE DES REHS

Erwin Ringel, der große Therapeut der „österreichischen Seele", speiste als großer Opernfreund nach der Vorstellung immer wieder gerne im Sacher. Seine Lieblingsspeise war ein „Rehrücken auf Försterin Art" mit Champignons und Speck, den er exakt 45 Minuten lang gebraten haben wollte. „Ist die Bratzeit zu kurz", pflegte Ringel zu sagen, „so schmeckt man nur das Blut, und ist sie länger als 45 Minuten, dann verliert das Reh seine Seele."

Sacher

SACHER, TORTE

UND NOCH VIEL MEHR

DIE BESTEN KALTEN DESSERTS
DER SACHER-PATISSERIE

GUGELHUPF

Wenn ein Patissier erzählen kann, dass er im Sacher gelernt hat, so steht ihm die ganze süße Welt der großen Küchen offen. Und das hat auch seinen Grund: Denn das „Hotel Sacher" gilt, nicht zuletzt dank des weltweiten Ruhmes der Original Sacher-Torte, als eine Art Vatikan der süßen Genüsse.

MARMORGUGELHUPF

ZUTATEN

200 g Butter · 100 g Staubzucker · 100 g Kristallzucker · 4 Eidotter · 4 Eiklar · 230 g Mehl, glatt · 20 g Kakaopulver · etwas Vanillezucker · Prise Salz · Butter und Mehl für die Form · Staubzucker zum Bestreuen

ZUBEREITUNG

Butter mit Staub- und Vanillezucker sowie einer Prise Salz schaumig rühren. Eidotter nach und nach einrühren. Eiklar mit Kristallzucker steif schlagen und unter die Dottermasse ziehen. Mehl einmengen. Etwa ein Drittel der Masse mit Kakao einfärben. Eine Gugelhupfform gut mit Butter ausstreichen und mit Mehl ausstreuen. Nun kleine Mengen von lichter und dunkler Masse abwechselnd einfüllen und im vorgeheizten Backrohr bei 180 °C ca. 1 Stunde backen. Nach dem Backen auf ein Kuchengitter stürzen, überkühlen lassen und mit Staubzucker bestreuen.

BACKZEIT: ca. 1 Stunde
BACKROHRTEMPERATUR: 180 °C

Gugelhupf mit Schwarzen Nüssen

GUGELHUPF MIT SCHWARZEN NÜSSEN

ZUTATEN FÜR 2 GUGELHUPFFORMEN ZU JE 1 LITER

250 g Butter · 220 g Staubzucker · Mark von 1 Vanilleschote · 7 Eidotter
7 Eiklar · 6 cl Grappa oder Tresterbrand · 200 g Schwarze Nüsse · Prise Salz
Schalen von je 1 abgeriebenen Orange und Zitrone · 100 g Kristallzucker
300 g Mehl, glatt · 100 g Walnüsse, sehr fein gerieben · 8 g Backpulver
100 g Bitterkuvertüre oder Kochschokolade, klein gehackt · 50 g flüssige Butter
und 100 g Semmelbrösel für die Form · Marillenmarmelade zum Einstreichen
geröstete Mandelblättchen und geriebene Pistazien zum Bestreuen

FÜR DIE GLASUR

300 g Fondant · 20 g Glucosesirup (zähflüssiger Zuckersirup) · 15 ml Grand Marnier

ZUBEREITUNG

Butter mit Staubzucker, Vanillemark, Orangen- und Zitronenschale schaumig schlagen. Nach und nach Eidotter zugeben und Grappa einrühren. Eiklar mit Kristallzucker sowie einer Prise Salz halbsteif schlagen. Schwarze Nüsse in sehr feine Würfelchen hacken. Mehl mit geriebenen Walnüssen, Schwarzen Nüssen, Backpulver und Schokolade mischen und abwechselnd mit dem Schnee unter die Dottermasse mengen. Form mit flüssiger Butter ausstreichen und mit Bröseln ausstreuen. Masse einfüllen, im vorgeheizten Backrohr bei 180 °C 45–55 Minuten backen. Überkühlen lassen. Für die Glasur Fondant mit etwa 2 cl Wasser verkneten und auf Körpertemperatur erwärmen. Glucosesirup sowie Grand Marnier unterrühren und auf ca. 50 °C erhitzen. Überkühlten Gugelhupf auf ein Gitter stürzen und mit erwärmter Marmelade bestreichen. Mit Glasur überziehen, mit gerösteten Mandelblättchen und geriebenen Pistazien bestreuen und ca. 2 Stunden antrocknen lassen.

BACKZEIT: 45–55 Minuten

BACKROHRTEMPERATUR: 180 °C

TIPP: Wenn Sie Kuchen oder Gugelhupf unmittelbar nach dem Backen mit Marmelade bestreichen und sofort tiefkühlen, schmeckt der Kuchen noch saftiger.

GLÜHWEINGUGELHUPF

ZUTATEN

250 g Butter · 100 g Staubzucker · 5 Eidotter · 5 Eiklar · 200 g Kochschokolade,
geschmolzen · 125 ml Glühwein, kalt · 100 g Kristallzucker · 250 g Mehl, glatt
Prise Salz · 1 Pkt. Vanillezucker · 1/2 Pkt. Backpulver · Prise Piment
Prise Zimt, gemahlen · 1 KL Ingwer, fein geraspelt · Butter für die Form
Staubzucker zum Bestreuen

ZUBEREITUNG

Butter mit Staubzucker und Eidottern schaumig rühren. Im Wasserbad geschmolzene Schokolade sowie den kalten Glühwein untermengen. Mit Piment, Zimt und Ingwer aromatisieren. Eiklar mit Kristallzucker steif schlagen und unter die Masse heben. Zum Schluss Mehl und Backpulver vorsichtig einarbeiten. Eine Gugelhupfform mit Butter ausstreichen und die Masse einfüllen. Im vorgeheizten Backrohr bei 180 °C ca. 50 Minuten backen. Nach dem Backen auf ein Kuchengitter stürzen, überkühlen lassen und mit Staubzucker bestreuen.

BACKZEIT: ca. 50 Minuten

BACKROHRTEMPERATUR: 180 °C

TORTEN

DIE SACHERTORTE: EIN STÜCK WIENER LEBENSART

„Sie ist unser Door Opener, denn man kennt sie auf der ganzen Welt", sagt Elisabeth Gürtler. Tatsächlich erzielt, abgesehen von Donauwalzer, Amadeus, Lipizzanern, Sisi und Sängerknaben, kaum eine andere heimische Trademark weltweit auch nur annähernd ähnliche Bekanntheitswerte. „Das Schöne daran ist", so Elisabeth Gürtler, „dass man diese Torte jedem schenken und dazu sagen kann, dass das Sacher viel mehr als nur eine Torte ist."
Längst ist die Sachertorte nämlich ein Symbol für Wiener Lebensart und Lebenslust geworden, das in aller Welt verstanden wird. Begonnen hat diese Erfolgsstory ohnegleichen damit, dass der Erfinder der Sachertorte, Franz Sacher, in der Biedermeierzeit als Kocheleve in Diensten des Fürsten Metternich den erkrankten Küchenchef vertreten musste, als es darum ging, ein neues Dessert zu kreieren. „Dass er mir aber keine Schand' macht heut' Abend", soll Staatskanzler Klemens Fürst Metternich damals, im Jahr 1832, den jungen Mann noch ermahnt haben.
Seither ranken sich viele Legenden um die Original Sacher-Torte. Über einige – etwa darüber, dass Franz Sacher sich in seiner Not bei der Kreation der Torte von seiner Schwester, der späteren Wendel-Wirtin vom Nußdorfer Spitz, beraten ließ – lässt sich streiten. Andere Gerüchte wie etwa die Fama, Franz Sacher sei Lehrling in der Zuckerbäckerei Dehne (dem nachmaligen Demel) gewesen, lassen sich aus historischer Sicht indessen nicht aufrechterhalten.
In den Bereich der Geschichte sind mittlerweile jedoch auch die Umstände zu verweisen, unter denen die Original Sacher-Torte bis 1998 Tag für Tag gebacken wurde. Als Backstube diente nämlich ein Kellergewölbe des Hotels, das den Tortenbäckern, wie sich Elisabeth Gürtler erinnert, „eine geradezu abenteuerliche Improvisationskunst" abverlangte. Zuckersäcke und Schokoladenblöcke mussten über eine Wendeltreppe in die tageslicht- und lüftungslose Tortenküche im Keller geschafft werden. Und die fertigen Torten – heute immerhin 350.000 pro Jahr – mussten verpackt und über die nämliche Wendeltreppe wieder hinaufgetragen werden.
Mittlerweile wird die Original Sacher-Torte in einer eigens dafür gebauten Produktionsstätte unweit des Hotels gebacken. Das Originalrezept von Urahn Franz Sacher ist jedoch seit 1832, von kleinen, notwendigen Anpassungen an das moderne Ernährungsbewusstsein abgesehen, bis heute das Gleiche geblieben.

SACHERTORTE

Das Originalrezept für diese berühmte Original Sacher-Torte wird im Sacher in einem Safe unter Verschluss gehalten und wie ein Schatz gehütet. Das folgende Rezept vom Sacher-Chefkonditor ist eine etwas vereinfachte Variante, die dem Original, wenn man es richtig macht, geschmacklich schon ziemlich nahe kommt.

ZUTATEN FÜR EINE SPRINGFORM MIT 22–24 CM Ø
140 g zimmerwarme Butter · 110 g Staubzucker · ausgekratztes Mark von 1/2 Vanilleschote · 6 Eidotter · 6 Eiklar · 130 g Speiseschokolade · 110 g Kristallzucker · 140 g Mehl, glatt · ca. 200 g Marillenmarmelade · Butter und Mehl für die Form · Schlagobers als Garnitur

FÜR DIE GLASUR
200 g Kristallzucker · 125 ml Wasser · 150 g Schokolade

Die Original Sacher-Torte, wie sie im Hotel Sacher serviert wird.

ZUBEREITUNG

In einer Schüssel weiche Butter mit Staubzucker und Vanillemark cremig rühren. Eidotter nacheinander langsam einrühren und alles zu einer dickschaumigen Masse schlagen. Schokolade im Wasserbad schmelzen lassen und unterrühren. Eiklar steif schlagen, dabei den Kristallzucker einrieseln lassen und so lange weiterschlagen, bis der Schnee schnittfest und glänzend ist. Schnee auf die Dottermasse häufen, das Mehl darüber sieben und mit einem Kochlöffel alles vorsichtig vermengen.

Den Boden einer Springform mit Backpapier auslegen und den Tortenrand mit Butter ausstreichen sowie mit Mehl ausstreuen. Masse einfüllen, glatt streichen und im vorgeheizten Backrohr bei 170 °C 55–60 Minuten backen. Dabei die ersten 10–15 Minuten die Backrohrtür einen Finger breit offen lassen, dann schließen. (Der Kuchen ist richtig durchgebacken, wenn ein leichter Fingerdruck sanft erwidert wird.) Torte mit der Form auf ein Kuchengitter stürzen und etwa 20 Minuten überkühlen lassen. Dann Papier abziehen, Torte umdrehen und in der Form völlig erkalten lassen, um die Unebenheiten der Oberfläche zu glätten. Aus der Form lösen und mit einem scharfen Messer waagrecht halbieren. Marmelade leicht erwärmen, glatt rühren, beide Tortenböden damit bestreichen und wieder zusammensetzen. Rundherum ebenfalls mit Marmelade bestreichen und etwas antrocknen lassen.

Für die Glasur Zucker und Wasser 5–6 Minuten sprudelnd aufkochen, dann leicht überkühlen lassen. Schokolade im Wasserbad schmelzen und unter Rühren nach und nach mit der Zuckerlösung vermischen, bis eine dickflüssige, glatte Glasur entsteht (s. Tipp). Lippenwarme Glasur auf einmal, d. h. in einem einzigen raschen Guss, über die Torte gießen und mit so wenigen Strichen wie möglich mit einer Palette rundum glatt verstreichen. Einige Stunden trocknen lassen, bis die Glasur wirklich erstarrt ist. Portionieren und mit geschlagenem Obers servieren.

TORTEN

BACKZEIT: 55–60 Minuten
BACKROHRTEMPERATUR: 170 °C
GARNITUREMPFEHLUNG: In der Regel wird die Sachertorte nicht verziert, nur im Hause Sacher wird sie mit dem berühmten „Tortensiegel" belegt.
TIPP: Um die richtige Konsistenz der Glasur zu überprüfen, lassen Sie die Glasur über einen Holzkochlöffel laufen. Dieser sollte dann von einer etwa 4 mm dicken Glasurschicht bedeckt bleiben. Gerät die Glasur zu dick, so kann sie durch einige Tropfen Läuterzucker (Zuckerrückstände im Topf nochmals mit wenig heißem Wasser lösen) verdünnt werden. Achten Sie auch darauf, dass die Glasur nicht zu heiß wird – sie bleibt sonst nach dem Trocknen stumpf und keinesfalls glänzend.

TORTENLOB

Zu den lange Zeit lieb gewonnenen, aber mittlerweile fast schon ausgestorbenen Bräuchen im Hotel Sacher zählte es, dass der Bankettchef bei Hochzeiten, Promotionsfeiern oder ähnlichen Festivitäten auch ein passendes Gedicht zum Besten gab. Als am besten dafür geeigneter Zeitpunkt erwies sich zumeist jener Moment, in dem die obligatorische Original Sacher-Torte serviert wurde. An das dazugehörige Gedicht können sich altgediente Mitarbeiter des Hotel Sacher heute noch erinnern:
Überall an allen Orten / Serviert man wunderbare Torten / Doch heute hier, zu Ihrem Feste / Gibt's wirklich nur die Allerbeste / Sozusagen mit einem Worte: / Die weltberühmte Sachertorte.

Esterházytorte

ESTERHÁZYTORTE

ZUTATEN FÜR 1 TORTE MIT 24 CM Ø
8 Eiklar · 200 g Staubzucker · abgeriebene Schale von 1 unbehandelten Zitrone
1 Msp. gemahlener Zimt · 150 g Mandeln, ungeschält fein gerieben · 40 g Mehl, glatt
300 ml Milch · 150 g Kristallzucker · Mark von 1 ausgekratzten Vanilleschote
40 g Vanillepuddingpulver · 3 Eidotter · 2 cl Kirschbrand · 300 g Butter
80 g Marillenmarmelade · 2 cl Rum · 300 g Fondant (dicke, weiße Zuckerglasur)
etwas Kakaopulver · 2–3 EL gehobelte, geröstete Mandeln

ZUBEREITUNG
Backrohr auf 180 °C Ober- und Unterhitze vorheizen. Eiklar mit 2/3 des Staubzuckers halbsteif schlagen, Zitronenschale, Zimt sowie restlichen Zucker beigeben und weiterschlagen, bis der Schnee schnittfest und glänzend ist. Mandeln und das gesiebte Mehl sorgfältig unterheben. Auf Backpapier 6 Kreise à 24 cm Ø aufzeichnen und jeweils dünn mit Teig bestreichen. Partienweise im heißen Backrohr bei leicht geöffneter Backrohrtür 8–10 Minuten hellbraun backen. Die Böden sofort mit einer Palette vom Papier lösen und auskühlen lassen.

Für die Füllcreme Butter cremig rühren. Etwa 2/3 der Milch mit Zucker und Vanillemark aufkochen. Restliche Milch mit Puddingpulver, Eidottern und Kirschbrand glatt rühren, einmengen und dann abkühlen lassen. Abgekühlten Pudding löffelweise in die schaumige Butter einmengen und rühren, bis eine glatte Buttercreme entsteht. Fünf Böden mit der Creme bestreichen und aufeinander setzen, dabei etwas Creme für den Rand aufbewahren. Den 6. Tortenboden mit der Unterseite nach oben auf die Arbeitsfläche legen. Marmelade mit Rum leicht erwärmen und Tortenboden damit bestreichen. Fondant auf Körpertemperatur erwärmen (keinesfalls heißer als 40 °C) und lippenwarm über den mit Marmelade bestrichenen Boden gießen, dabei vorher etwa 2–3 EL Fondant für das Muster aufbewahren. Rasch mit einer Palette glatt streichen. Tortenboden aufsetzen, den Tortenrand mit restlicher Buttercreme bestreichen und mit gerösteten Mandelblättchen bestreuen. Für das typische Esterházy-Muster Fondant mit etwas Kakao verrühren und in ein Papierstanitzel füllen. Damit im Abstand von 2 cm konzentrische Kreise ziehen. Mit einem Messerrücken sofort im gleichen Abstand wechselseitig zueinander Querstreifen ziehen. Vor dem Anschneiden gut durchziehen lassen.

BACKZEIT: 8–10 Minuten
BACKROHRTEMPERATUR: 180 °C Ober- und Unterhitze
TIPP: Nicht ganz so üppig mundet die Buttercreme, wenn man etwa ein Drittel Butter durch Kokosfett ersetzt.

GEBACKENE TOPFENTORTE

ZUTATEN FÜR 1 TORTE MIT 24 CM Ø
1 KL Vanillezucker · 1 Ei · 400 g Butter · 200 g Staubzucker · 550 g Mehl, glatt
Prise Salz · Marillenmarmelade zum Überziehen

FÜR DIE TOPFENMASSE
7 Eiklar · 5 Eidotter · 100 g Kristallzucker · 400 ml Milch · 500 g Topfen
(20 % Fettgehalt), passiert · 100 g Sauerrahm · 70 g Butter · Saft von 1 Zitrone
1 EL Vanillezucker · Schale von 1 unbehandelten Zitrone, abgerieben
Prise Salz · 80 g Mehl, glatt

ZUBEREITUNG

Ei mit Vanillezucker und Salz verrühren. Mit Mehl, Butter und Staubzucker rasch zu einem Mürbteig verkneten. Kühl rasten lassen.

Den Boden der Tortenform mit Backpapier auslegen und einen Papierstreifen zum Auslegen des Randes vorbereiten. Mürbteig 2–3 mm dick ausrollen, auf die Größe der Form ausstechen und Boden in die Form legen. Mit einer Gabel mehrmals einstechen und im vorgeheizten Backrohr bei 180 °C 7–10 Minuten hellbraun backen, den vorbereiteten Papierstreifen einlegen.

Für die Topfenmasse Eiklar mit Kristallzucker zu halbsteifem Schnee schlagen. Die Hälfte der Milch mit Sauerrahm, Topfen, Butter, Vanillezucker, Zitronenschale sowie Salz mischen und aufkochen. Restliche Milch mit Eidottern und Mehl verrühren und in die kochende Masse einarbeiten. Unter ständigem Rühren gut kochen, anschließend etwas überkühlen lassen. Ein Viertel des Schnees mit der Topfenmasse und Zitronensaft mischen und das Ganze mit dem restlichen Schnee vorsichtig vermengen. In die Form füllen, glatt streichen und bei 180 °C ca. 30 Minuten backen. Dann auf 120 °C reduzieren und noch 15–20 Minuten ziehen lassen. Herausnehmen und kurz überkühlen lassen. Marillenmarmelade erwärmen und Torte damit überziehen.

BACKZEIT: 50–60 Minuten

BACKROHRTEMPERATUR: 180 °C auf 120 °C fallend

TIPPS: Wird die Masse zu lange gebacken, so gerinnt sie zu stark und ist nicht mehr schön flaumig. Ein Gefäß mit etwas Wasser im Backrohr verhindert das Austrocknen des Randes und lässt die Torte saftiger werden.

LINZER TORTE

ZUTATEN FÜR 1 TORTE MIT 26 CM Ø

300 g Mehl, glatt · 300 g Haselnüsse, gerieben · 220 g Kristallzucker
1/2 TL Nelkenpulver · 1 TL Zimtpulver · Saft und Schale von 1/2 unbehandelten Zitrone · 2 EL Vanillezucker · 1 Ei · 1 Eidotter · 300 g kalte Butter
Mehl für die Arbeitsfläche

FÜR DEN BELAG

1 große weiße Tortenoblate oder 1 Päckchen kleine Oblaten
1 Glas Ribiselmarmelade · 1 Eidotter · 2–3 EL Schlagobers
40 g Mandeln, gestiftelt · Staubzucker zum Bestreuen

ZUBEREITUNG

Für den Teig Mehl, Nüsse und Kristallzucker mit Nelkenpulver, Vanillezucker und Zimt vermischt auf ein Backbrett häufen. In die Mitte eine Mulde drücken und Ei, Eidotter sowie Zitronensaft und -schale hineingeben. Die kalte Butter in kleinen Flocken auf dem Mehlrand verteilen und alles mit einem breiten Messer zerhacken. Mit möglichst kalten Händen rasch zu einem glatten Teig verkneten. Mit Klarsichtfolie bedecken und im Kühlschrank 30 Minuten rasten lassen.

Etwa zwei Drittel des Teiges auf die Größe einer Springform mit 26 cm Durchmesser ausrollen und damit auslegen. Oblate so auf den Teig legen, dass ein fingerbreiter Außenrand bleibt. Oblate großzügig mit Ribiselmarmelade bestreichen. Aus dem restlichen Teig bleistiftdicke Rollen formen und diese gitterförmig auflegen. Eine etwas dickere Rolle als Rand rundum legen und gut festdrücken. Eidotter mit Obers verquirlen und das Teiggitter damit bestreichen. Die Zwischenräume mit den Mandelstiften bestreuen. Im vorgeheizten Backrohr bei 170 °C etwa 50 Minuten backen. Überkühlen lassen und mit Staubzucker bestreuen.

Linzer Torte

BACKZEIT: ca. 50 Minuten
BACKROHRTEMPERATUR: 170 °C
TIPP: Es ist ratsam, die Linzer Torte im Voraus zu backen, da sie bei kühler Lagerung besser und saftiger wird.

KÜRBISKERNTORTE NACH HANS PETER FINK

ZUTATEN FÜR 1 TORTE MIT 28 CM Ø
80 g Haselnüsse, gerieben · 40 g Kürbiskerne, gerieben · 100 g Kürbisfleisch (Hokkaido- oder Moschuskürbis), geraspelt · 3 Eidotter · 50 g Staubzucker
2 cl Rum · Prise Salz · Schale von 1 Zitrone · 1 KL geriebener Ingwer · 3 Eiklar
60 g Kristallzucker für den Schnee · 2 EL Maisstärke (Maizena)
3 EL fein geriebene Biskotten · Butter für die Form · 4 cl schwarzer Nusslikör (oder Quittenbrand) und 5 cl Läuterzucker zum Tränken

FÜR DIE KÜRBISGRILLAGE
100 g Kürbiskerne, grob gehackt · 100 g Staubzucker · Öl für das Backblech

FÜR DIE KÜRBISKERNCREME
6 Blätter Gelatine · 4 cl Eierlikör · 1 Ei · 2 Eidotter · 30 g Kristallzucker
1 KL Vanillezucker · Prise Salz · 50 g helles Nougat, geschmolzen
50 g Kürbisgrillage, gerieben (s. o.) · 400 ml Schlagobers, geschlagen

FÜR DIE SCHOKOLADEGLASUR
1 Blatt Gelatine · 150 ml Schlagobers · 2 EL Kakao (am besten belgischer, stark entölter Kakao) · 100 g Zartbitterkuvertüre, geschmolzen · 1 EL Butter
100 g Kristallzucker

ZUBEREITUNG

Für den Teig Eidotter mit geriebenen Haselnüssen, Kürbiskernen und geraspeltem Kürbisfleisch kurz vermischen. Mit Staubzucker, Rum, Zitronenschale, Ingwer und einer Prise Salz schaumig rühren. Eiklar mit Kristallzucker und Maisstärke zu Schnee schlagen. Biskottenbrösel in die Dottermasse rühren und diese in den Schnee einmengen. Masse in eine gut ausgefettete Springform (oder Tortenring) füllen und im vorgeheizten Backrohr bei 180 °C etwa 20 Minuten backen. Auskühlen lassen.

Für die Kürbisgrillage den Zucker mit 2 Esslöffeln Wasser hell karamellisieren. Gehackte Kürbiskerne zugeben und gut durchrösten. Masse auf ein mit Öl bestrichenes Backblech geben und abkühlen lassen. Danach fein reiben.

Für die Creme Gelatine in kaltem Wasser einweichen, ausdrücken und in leicht erwärmtem Eierlikör auflösen. Ei, Eidotter, Kristall- und Vanillezucker sowie Salz schaumig rühren. Gelatine zugeben und mit dem geschmolzenen Nougat vermengen. Geriebene Kürbisgrillage (nur 50 g!) gemeinsam mit der Dottermasse unter das geschlagene Obers rühren.

Creme in einen Tortenring füllen, glatt streichen und den Tortenboden darauf legen. Nusslikör mit Läuterzucker mischen und den Tortenboden damit beträufeln. Etwa 2 Stunden lang tiefkühlen. Währenddessen für die Glasur Gelatine in kaltem Wasser einweichen, ausdrücken und in wenig erwärmtem Wasser (ca. 4 cl) auflösen.

Schlagobers erhitzen, Gelatine zugeben und gut verrühren. Kakao, geschmolzene Kuvertüre und Butter einmengen. Etwa 5 cl Wasser mit dem Zucker aufkochen (bis 125 °C) und mit der Schokolademasse mischen. Mit dem Stabmixer zu einer homogenen Glasur mixen, ohne dabei Luft einzuschlagen (Mixstab stets in der Flüssigkeit lassen).

Gekühlte Torte umdrehen und den Ring abziehen. Auf ein Kuchengitter stellen und mit der Schokoladeglasur dünn überziehen. Tortenrand gut mit restlicher Kürbisgrillage bestreuen.

BACKZEIT: ca. 20 Minuten
BACKROHRTEMPERATUR: 180 °C
TIPP: Noch attraktiver sieht die Fink'sche Kürbistorte aus, wenn man sie mit kandierten Kürbisblüten oder mit kandierten Kürbisscheiben dekoriert.

MANDEL-KAROTTEN-TORTE

ZUTATEN FÜR 1 TORTE MIT 22 CM Ø
3 Eier · 2 Eidotter · 120 g Kristallzucker · 220 g Karotten, fein geraspelt
60 g Staubzucker · abgeriebene Schale von 1 unbehandelten Limette
2 cl Tresterbrand · 170 g Mandeln, gerieben · 90 g Mehl, glatt · 40 g Maisstärke
5 g Backpulver · 100 g geschmolzene Butter für den Teig · 50 g flüssige Butter
und geriebene Biskotten für die Form · Staubzucker zum Bestreuen

ZUBEREITUNG

Eier mit Eidottern und Kristallzucker in einer Metallschüssel über einem heißen Wasserbad schaumig aufschlagen, bis die Masse etwa Körpertemperatur hat. Danach aus dem Wasserbad nehmen und mit dem Handmixer kalt, fest und schaumig schlagen. Karotten mit Staubzucker, Tresterbrand, Limettenschale und Mandeln unterheben. Mehl, Maisstärke und Backpulver vermischen und in die Masse einarbeiten. Abschließend die geschmolzene Butter untermengen. Form mit flüssiger Butter ausstreichen und mit Biskottenbröseln ausstreuen. Teig einfüllen und im vor-

geheizten Backrohr etwa 30 Minuten auf der mittleren Schiene bei 175 °C Umluft backen. Torte aus der Form nehmen, auskühlen lassen und mit Staubzucker bestreuen.

BACKZEIT: ca. 30 Minuten
BACKROHRTEMPERATUR: 175 °C Umluft
TIPP: Wenn Sie die noch heiße Torte mit temperierter Marillenmarmelade überziehen, so schmeckt sie noch saftiger!

CURD JÜRGENS' KLEINE NACHTMUSIK

Curd Jürgens wohnte, wenn er in Wien war, stets im Sacher und unterhielt zum damaligen Chefportier Wanninger ein fast freundschaftliches Verhältnis. „Einmal ist er um drei Uhr nachts mit seiner dritten Frau nach Hause gekommen", erinnert sich Wanninger. „Während seine Frau schon ins Zimmer vorging, blieb er noch an der Portiersloge stehen und sagte: ‚Herr Wanninger, ich brauche eine Kapelle!'"

„Eine was?", fragte Wanninger. „Eine Kapelle. Nein, keine zum Heiraten, eine Musikkapelle! Meine Frau hat Geburtstag." „Wie stellen Sie sich das denn vor, um drei in der Nacht?" „Na, Ihnen wird schon was einfallen."

Peter Wanninger ging im Geiste alle Wiener Musiklokale durch, die um diese Zeit noch offen hatten, doch es fiel ihm nur die „Csárdásfürstin" jenseits der Kärntner Straße ein. „Ihr habt doch eine Kapelle?", fragte Wanninger telefonisch an.

„Ja, a Zigeunerkapelle. Aber die gengan grad", lautete die Antwort. „Halten Sie's auf und sagen S' ihnen, sie haben in einer halben Stunde im Sacher einen Auftritt." Kurz darauf formierte sich die Band aus dem Ungarnland vor der Suite des Hollywoodstars und spielte zuerst „Happy Birthday" und dann, aus nicht ganz erklärlichen Gründen, den „Traurigen Sonntag".

Curd Jürgens und seine Frau Gemahlin waren entzückt. „Und zu meiner Überraschung", fügt Wanninger hinzu, „hat sich kein einziger Gast beschwert. Im Gegenteil: Die anderen Gäste aus dem Stockwerk sind alle in ihren Nachthemden und Pyjamas aus den Zimmern gekommen und haben am Gang applaudiert."

TORTEN

DOBOSTORTE

ZUTATEN FÜR 1 TORTE MIT 24 CM Ø
6 Eier · 150 g Kristallzucker für den Teig · Mark von 1 ausgekratzten Vanilleschote
150 g Mehl, glatt · 80 g Butter, flüssig · Prise Salz · 400 ml Milch
150 g Kristallzucker für den Pudding · 40 g Vanillepuddingpulver · 3 Eidotter
100 g Zartbitterschokolade · 80 g Nougat · 50 g Kokosfett · 300 g Butter
Schokoladespäne zum Bestreuen · Öl für die Arbeitsplatte

FÜR DIE GLASUR
300 g Staubzucker · 40 g Butter

ZUBEREITUNG

Das Backrohr auf 200 °C Ober- und Unterhitze vorheizen. Auf Backpapier 8 Kreise à 24 cm Ø aufzeichnen. Eier, Kristallzucker, Prise Salz und Vanillemark über einem heißen Wasserbad dickschaumig aufschlagen. Schüssel aus dem Wasserbad nehmen und kalt schlagen. Abwechselnd Mehl und flüssige Butter einrühren. Den Teig mit einer Palette etwa 5 mm dick auf jede der 8 Kreisflächen auftragen und partienweise 7–10 Minuten goldbraun backen. Auskühlen lassen. Für die Buttercreme 2/3 der Milch erhitzen. Restliche Milch mit Kristallzucker, Puddingpulver sowie Eidottern verrühren und langsam zur kochenden Milch hinzu-

fügen. Unter kräftigem Rühren etwas aufwallen lassen, dann kalt stellen. Schokolade und Nougat in Stücke brechen und im Wasserbad erwärmen. Kokosfett separat schmelzen lassen. Butter in einer Schüssel cremig rühren. Erst das flüssige Kokosfett dazugeben, dann löffelweise abwechselnd den Pudding und die lippenwarme Schokolademasse unterrühren. Sieben der abgekühlten Tortenböden mit der Creme bestreichen und zusammensetzen. Den achten Boden auf eine geölte Marmorplatte oder eine Silikon-Backmatte legen.
Für die Glasur Staubzucker mit 3 Esslöffel Wasser bei schwacher Hitze goldbraun karamellisieren lassen. Butter unterrühren und die Masse auf das vorbereitete Tortenblatt gießen. Mit einer geölten Palette in wenigen Strichen verteilen, wobei die Glasur nicht über den Rand laufen sollte.

Mit einem geölten Messer in 14 Stücke schneiden und erkalten lassen. Die Tortenstücke leicht schräg versetzt, möglichst exakt auf die letzte Buttercremeschicht setzen und den Tortenrand mit Schokospänen bestreuen. Kühl stellen.

BACKZEIT: 7–10 Minuten
BACKROHRTEMPERATUR: 200 °C Ober- und Unterhitze
TIPP: Wenn man Staubzucker karamellisiert, immer Wasser beigeben. Der Zucker brennt dann nicht so schnell an!

HOLLERBLÜTEN-GRIESS-TORTE MIT HERZKIRSCHEN

ZUTATEN FÜR 1 TORTE MIT 22 CM Ø
FÜR DEN „KNUSPERBODEN"

100 g Haselnüsse, geröstet und gehackt · 100 g Butterkekse, zerbröselt
100 g Bitterkuvertüre, gehackt · 100 g Butter, zimmertemperiert
50 g Vollmilchschokolade, geschmolzen

FÜR DIE GRIESSFÜLLE

60 g Kristallzucker · 80 ml Hollerblütensirup · 200 ml Milch · 100 ml Weißwein
ausgekratztes Mark von 1 Vanilleschote · Prise Salz · 100 g Grieß (am besten
Hartweizengrieß oder Goldgrieß) · Saft von 1 Zitrone · 400 ml Schlagobers,
geschlagen · 3 Blätter Gelatine · 3 Eiklar und 2 EL Vanillezucker für den Schnee
300 g Herzkirschen, entkernt für die Fülle · frische Kirschen oder Walderdbeeren
als Garnitur

FÜR DAS HOLLERBLÜTENGELEE

100 ml Hollerblütensirup · 100 ml Wasser · 3 Blätter Gelatine · Saft von 1/2 Zitrone

ZUBEREITUNG

Für den „Knusperboden" alle Zutaten miteinander gut verkneten. Tortenring auf ein Backpapier setzen und die Masse darin etwa 5 mm hoch auftragen und alles glatt verstreichen. Für 5 Minuten in den Kühlschrank stellen.

Für die Grießfülle zunächst Gelatine in kaltem Wasser einweichen. Milch, Wein, Hollersirup, Zucker, Vanillemark und Salz in einem geräumigen Kochtopf zum Kochen bringen. Grieß einrieseln lassen und so lange rühren, bis eine zähe Masse entsteht. Topf vom Feuer nehmen, ausgedrückte Gelatine und Zitronensaft einrühren und etwa 10 Minuten auskühlen lassen. Währenddessen wiederholt umrühren. Eiklar mit Vanillezucker zu Schnee schlagen, unterziehen und abschließend das geschlagene Obers unterheben.

Masse etwa 1 cm hoch in die Tortenform einstreichen. Kirschen darüber streuen und mit restlicher Masse auffüllen. Etwa 30 Minuten kalt stellen. Währenddessen für das Gelee die Gelatine einweichen, ausdrücken und in lauwarmem Wasser auflösen. Mit Hollersirup und Zitronensaft vermengen und etwas abkühlen lassen. Sobald die Grießmasse zu stocken beginnt, Hollergelee eingießen und nochmals für 2 Stunden kalt stellen. Dann den Ring abziehen, Torte portionieren und nach Belieben mit frischen Kirschen oder Walderdbeeren garniert servieren.

TIPP: Eine angenehm säuerliche Geschmacksnote erhält diese Torte, wenn man sie – bevor man das Gelee eingießt – mit hauchdünn geschnittenen und in Läuterzucker kurz aufgekochten Limetten- oder Zitronenscheiben belegt.

MALAKOFF-SCHOKOLADE-TORTE

ZUTATEN FÜR 1 TORTE MIT 24 CM Ø
ca. 50 Biskotten

FÜR DEN TORTENBODEN
1/2 Becher (= 125 g) Sauerrahm · 1/2 Becher Kristallzucker · 1/2 Becher Walnüsse, gemahlen · 1/2 Becher Kakao · 1/2 Becher Mehl, glatt · 1/2 KL Backpulver
65 ml Rapsöl · 1 Ei · 1 Eidotter · Butter für die Form

FÜR DIE VANILLECREME
350 ml Milch · 60 g Kristallzucker · 30 g Vanillepuddingpulver · 300 ml Schlagobers, halbsteif geschlagen · 4 Blätter Gelatine · Mark von 1 ausgekratzten Vanilleschote
Prise Salz

FÜR DIE SCHOKOLADECREME
200 g Bitterkuvertüre (mind. 60 % Kakaoanteil) · 180 ml Milch · 3 Blätter Gelatine
300 ml Schlagobers, halbsteif geschlagen

ZUM TRÄNKEN
250 ml Läuterzucker (Wasser und Zucker 1:1 aufgekocht) · 100 ml Rum

FÜR DIE GARNITUR
200 ml Schlagobers, steif geschlagen · ca. 150 g Mandelblättchen, geröstet
100 g Orangen- oder Marillenmarmelade · Makronen oder halbierte Biskotten

ZUBEREITUNG
Für den Tortenboden alle Zutaten gemeinsam mit der Schneerute glatt rühren. Eine Springform gut mit Butter ausstreichen, Masse einfüllen und im vorgeheizten Backrohr bei 180 °C ca. 10–12 Minuten backen. Abkühlen lassen.

Für die Vanillecreme 3–4 Esslöffel kalte Milch mit Puddingpulver verrühren. Gelatine in kaltem Wasser einweichen. Restliche Milch mit Vanillemark, Zucker und einer Prise Salz aufkochen, Puddingmasse einmengen und so lange rühren, bis die Masse fest wird. Vom Feuer nehmen und

ausgedrückte Gelatine mit einem Stabmixer einrühren. Auf Zimmertemperatur abkühlen lassen und dann halbsteif geschlagenes Obers unterziehen.

Für die Schokoladecreme Gelatine einweichen, Kuvertüre zerkleinern und in eine Schüssel geben. Milch aufkochen und über die Kuvertüre gießen. Ausgedrückte Gelatine mit einem Stabmixer einarbeiten, bis die Masse eine elastische Konsistenz bekommt. Auf Körpertemperatur abkühlen lassen und dann halbsteif geschlagenes Obers unterziehen.

Tortenboden in die passende Ringform einlegen. Zum Tränken Läuterzucker mit Rum vermengen und Tortenboden mit etwas Flüssigkeit beträufeln. Marmelade leicht erhitzen und Boden damit bestreichen. Dann zuerst Schokoladecreme etwa 2 cm hoch auftragen, Biskotten kurz in die Tränkflüssigkeit tauchen und auflegen. Nun Vanillecreme etwa 2 cm hoch einfüllen und wiederum mit getränkten Biskotten bedecken. Vorgang wiederholen und mit Vanillecreme abschließen. Glatt streichen und mindestens 3 Stunden gut durchkühlen.

Tortenring vorsichtig abheben und Torte mit geschlagenem Obers hauchdünn bestreichen. Tortenrand mit Mandelblättchen einstreuen. Tortenoberfläche mit Schlagobersrosetten und – nach Belieben – mit Makronen oder halbierten Biskotten verzieren.

BACKZEIT: 10–12 Minuten
BACKROHRTEMPERATUR: 180 °C

BISKUITROULADE

ZUTATEN FÜR 8 PORTIONEN
5 Eiklar · 4 Eidotter · 20 g Butter, geschmolzen · 70 g Kristallzucker · 40 g Mehl, glatt 40 g Stärkemehl · 1 TL Vanillezucker · Prise Salz · 250 g Marillenmarmelade 4 cl Marillenbrand · Staubzucker zum Bestreuen

ZUBEREITUNG
Kaltes Eiklar in einer ebenfalls kalten Schüssel mit Kristall- und Vanillezucker sowie Salz bei mittlerer Drehzahl zu einem cremigen, keinesfalls flockigen Schnee schlagen. Eidotter untermengen, Butter einrühren und mit Stärkemehl versiebtes Mehl vorsichtig unter den Schnee ziehen. Masse auf ein mit Backpapier ausgelegtes Backblech etwa fingerhoch aufstreichen. Zu einem gleichmäßigen Rechteck glatt streichen. Im vorgeheizten Backrohr bei 220 °C 8–10 Minuten backen, bis die Oberfläche gerade angetrocknet ist. Herausnehmen und auf ein mit Staubzucker bestreutes Küchentuch oder Backpapier stürzen. Backpapier vorsichtig abziehen. Marmelade kurz erhitzen, mit Marillenbrand verrühren und Teig damit bestreichen. Roulade straff einrollen, in Backpapier wickeln und darin auskühlen lassen. Papier entfernen und großzügig mit Staubzucker bestreuen.

BACKZEIT: 8–10 Minuten
BACKROHRTEMPERATUR: 220 °C

TIPPS: Die Marmelade muss keineswegs immer passiert werden. Im Gegenteil: Marmeladen mit Fruchtstückchen schmecken besonders gut als Fülle.
Da sich Biskuitroulade gut zum Tiefkühlen eignet, kann sie auch im Voraus gebacken werden.

MARMORKUCHEN À LA „ELFRADL SCHNECK"

ZUTATEN FÜR 1 KASTENFORM MIT 1 LITER VOLUMEN
5 Eidotter · 5 Eiklar · 300 g Kristallzucker · 300 g Mehl, glatt · 125 ml Wasser
Mark von 1 ausgekratzten Vanilleschote · Schale von 1 unbehandelten Zitronenschale, abgerieben · 125 ml Rapsöl · 1 KL Backpulver · 2 EL Kakaopulver · Prise Salz
Butter und Mehl für die Form · Staubzucker zum Bestreuen

ZUBEREITUNG
In einer Schüssel über heißem Dampf Dotter mit Zucker, Wasser, Vanillemark, Zitronenschale und einer Prise Salz schaumig schlagen. Aus dem Wasserbad heben und kalt schlagen. Öl langsam einfließen lassen. Eiklar zu steifem Schnee schlagen und abwechselnd mit dem mit Backpulver vermengten Mehl unterheben. Eine Kastenform mit Butter ausstreichen, mit Mehl ausstreuen und etwa 1/3 der Masse mit gesiebtem Kakaopulver einfärben.

Zuerst etwa 1/3 der hellen Masse einfüllen, dann ca. 4 Esslöffel Kakaomasse, dann die restliche helle Masse und wiederum die restliche Kakaomasse auftragen. Mit einem Kochlöffel ganz behutsam mit einer leichten Drehbewegung durch die Masse fahren, um die typische Marmorierung zu erzielen. Im vorgeheizten Backrohr bei 170 °C Ober- und Unterhitze ca. 40 Minuten backen. Stürzen und mit Staubzucker bestreuen.

BACKZEIT: ca. 40 Minuten
BACKROHRTEMPERATUR: 170 °C Ober- und Unterhitze
TIPP: Wenn Sie das Glück haben, belgischen Kakao zur Verfügung zu haben – er verfügt über eine bessere Saugfähigkeit –, so können Sie die Menge halbieren.

DIE SCHNECKISCHE HANDSCHRIFT

Elfradl Schneck – so lautete der Spitzname der Köchin des obenstehenden Rezepts – heißt in Wahrheit Elfriede Weinzettl und ist die „gute Küchenfee", der Sacher-Küchenchef Hans Peter Fink, wie er sagt, „in kulinarischen Dingen fast alles verdankt". Sie unterrichtete früher in der Gleichenberger Berufsschule für das Gastgewerbe und war lange Jahre als Küchenmeisterin in Finks väterlichem Gasthaus „Zur Riegersburg" tätig. „Bei ihr", so erinnert sich Hans Peter Fink heute, „erlernte ich nicht nur das heutzutage oft so schmerzlich fehlende Gefühl zum Produkt, sondern auch unzählige kochtechnische Tricks." Den Kniff, wie richtiger Butterabtrieb (laut Fink der „Schlüssel zu jeder Mehlspeiskunst") gemacht wird, verdankt Fink, der als kleiner Bub sogar öfter bei ihr übernachten durfte, ebenso der Frau Elfradl Schneck wie die Einführung in die „Geheimwissenschaft" des Eischneeschlagens. Heute lebt Frau Weinzettel als Bürgermeistersgattin in einem kleinen steirischen Ort namens Ranning und widmet all ihre Liebe und kulinarische Fürsorge ihrer Familie. Viele Gerichte in diesem Kochbuch tragen, auf dem Umweg über Hans Peter Fink, die typisch „schneckische" Handschrift. Darunter auch der sehr einfach mit Rapsöl herzustellende Marmorkuchen, den „Mehlspeistiger" unbedingt einmal probiert haben sollten. Es wird mit ziemlicher Sicherheit nicht der letzte gewesen sein.

KUCHEN

WEINTRAUBENSTRUDEL

ZUTATEN

**Strudelteig s. Millirahmstrudel S. 352 oder Fertigteig · 150 g weiche Butter
150 g Haselnüsse, geröstet und gerieben · 80 g Staubzucker · 1 EL Vanillezucker
3 Eidotter · 3 Eiklar · 80 g Kristallzucker · 500 g kernlose, dünnschalige Weintrauben
Prise Salz · etwas geriebene Zitronenschale · flüssige Butter zum Bestreichen
Staubzucker zum Bestreuen · Mehl für die Arbeitsfläche**

ZUBEREITUNG

Die zimmerwarme Butter mit Haselnüssen, Staubzucker, Vanillezucker, einer Prise Salz und Zitronenschale schaumig rühren. Eidotter nach und nach einrühren. Eiklar mit Kristallzucker zu halbsteifem Schnee schlagen und unter die Buttermasse heben.

Den vorbereiteten Strudelteig auf ein bemehltes Küchentuch legen. Mit Butter bestreichen, Fülle auftragen und die Weintrauben darüber verteilen. Unregelmäßige Teigränder abschneiden und vorsichtig zu einem Strudel einrollen. Enden gut verschließen und mit der „Naht" nach unten auf ein mit Backpapier belegtes Blech setzen. Großzügig mit Butter bestreichen und bei 170 °C 30–40 Minuten backen. Herausnehmen, abkühlen lassen und vor dem Servieren mit Staubzucker bestreuen.

BACKZEIT: 30–40 Minuten
BACKROHRTEMPERATUR: 170 °C
TIPPS: Was die Fülle angeht, so sind der Phantasie keine Grenzen gesetzt. Die geriebenen Nüsse können durch Mandeln, die Weintrauben etwa durch Kirschen oder Heidelbeeren ersetzt werden. Zum Tiefkühlen ist dieser Strudel allerdings in keinem Fall geeignet.

KARDINALSCHNITTEN

ZUTATEN FÜR 8 PORTIONEN
FÜR MASSE I
350 g Eiklar · 240 g Staubzucker · 1 TL Vanillezucker · Prise Salz
Staubzucker zum Bestreuen
FÜR MASSE II
3 Eier · 4 Eidotter · 80 g Staubzucker · Zitronenschale, gerieben · 75 g Mehl, glatt
FÜR MASSE III
400 ml Schlagobers · 2 Blätter Gelatine · 40 g Staubzucker · 2 EL Löskaffeepulver
2 cl Eierlikör · Prise Salz · 300 g frische Himbeeren · 3 cl Himbeerbrand
1 Hand voll Mandelblättchen, geröstet

ZUBEREITUNG
Für Masse I aus Eiklar, Staubzucker, Vanillezucker und Salz einen „schmierig-festen" Schnee schlagen. Für Masse II die Eier mit Dottern, Staubzucker und Zitronenschale schaumig rühren und Mehl einmengen. Zwei je 14 x 35 cm große Backpapierstreifen zuschneiden und auf ein Backblech legen. Schnee mit einem Dressiersack mit großer runder Tülle auf jedes Backpapier in je 3 Streifen mit jeweils 2 cm Zwischenraum spritzen. Dottermasse ebenfalls mit Hilfe des Dressiersacks in die Zwischenräume einspritzen und alles dick mit Staubzucker bestreuen. Im vorgeheizten Backrohr bei 180 °C und leicht geöffneter Backofentür backen (die Masse sollte eher trocknen). Abkühlen lassen, auf eine Platte stürzen und Papier abziehen.
Für Masse III die Himbeeren mit Himbeerbrand marinieren. Obers mit Löskaffee steif schlagen. Gelatine einweichen, ausdrücken und in erhitztem Eierlikör auflösen. Gemeinsam mit Staubzucker und Salz in das Obers einrühren und kühl etwas stocken lassen. Die Hälfte davon mit Hilfe des Dressiersacks auf eine Schicht aufspritzen, mit den marinierten Himbeeren belegen und restliche Masse aufspritzen. Zweite Schicht auf die Creme legen, mit gerösteten Mandelblättchen und zum Schluss mit Staubzucker bestreuen. Mit einem scharfen Messer portionieren.

BACKZEIT: 20–25 Minuten
BACKROHRTEMPERATUR: 180 °C
TIPP: Die Füllcreme kann man durch eine kalorienärmere Topfen- oder Joghurtcreme ersetzen.

ZWETSCHKENFLECK MIT HASELNUSSSTREUSEL

ZUTATEN
300 g Mehl, glatt · 25 g Germ · Salz · 3 Eidotter · 1 KL Vanillezucker
30 g Kristallzucker · 100 ml Milch · Schale von 1/2 Zitrone, gerieben
40 g flüssige Butter · 20–25 kl. Zwetschken, geviertelt und ohne Kern
150 g Zwetschken- oder Marillenmarmelade · 4 cl Rum oder Alter Zwetschkenbrand
Staubzucker zum Bestreuen · Mehl für die Arbeitsfläche
FÜR DEN STREUSEL
120 g Mehl · 100 g Kristallzucker · 100 g Butter · 60 g Rohmarzipan
60 g Haselnüsse, geröstet und gerieben · Salz · 1 KL Vanillezucker · Prise Zimt

ZUBEREITUNG
Milch auf 30 °C erwärmen. Germ einbröseln und gut verrühren. Eidotter, Vanille- sowie Kristallzucker, Mehl, Prise Salz und Zitronenschale zugeben. Zum Schluss flüssige Butter einrühren und

KUCHEN

am besten mit einer Küchenmaschine zu einem glatten Teig kneten. Zugedeckt 40 Minuten gehen lassen. Dann auf einer bemehlten Arbeitsplatte zusammenschlagen und nochmals 30 Minuten zugedeckt gehen lassen.

Für den Streusel alle Zutaten miteinander gut verkneten, zu einer Rolle formen und in Folie gewickelt 1 Stunde kalt rasten lassen. Ein Backblech mit Backpapier auslegen. Den Teig ca. 8 mm dick und auf eine Größe von ca. 30 x 50 cm ausrollen. Auf das Backblech legen, mit erwärmter Marmelade bestreichen und die zimmertemperierten Zwetschken mit der Schnittseite nach oben sehr dicht auf den Teig legen. Etwas andrücken und mit Rum oder Zwetschkenbrand beträufeln. Streusel mit einer Gemüsereibe grob darüber reiben und Teig nochmals 20 Minuten gehen lassen. Im vorgeheizten Backrohr bei 190 °C Umluft ca. 30–40 Minuten goldbraun backen. Noch warm mit Staubzucker bestreuen.

BACKZEIT: 30–40 Minuten
BACKROHRTEMPERATUR: 190 °C Umluft

TIPPS: Sollte etwas Streusel übrig bleiben, so lässt sich dieser problemlos tiefkühlen und bei Bedarf wieder verwenden.

Im gut sortierten Fachhandel ist auch „süßer Schnee" erhältlich. Er ist dem Staubzucker ähnlich, wird aber mit Pflanzenfett versetzt, wodurch eine zu rasche Feuchtigkeitsaufnahme verhindert wird. Der Zucker „verschwindet" auf fetten Mehlspeisen also nicht.

CREMESCHNITTEN

ZUTATEN FÜR CA. 12 SCHNITTEN
400 g Blätterteig (selbst gemacht oder fertig) · 6 Blätter Gelatine · 5 Eidotter
3 Eier · 80 g Kristallzucker · 1 EL Vanillezucker · 4 cl Rum · Prise Salz
500 ml Schlagobers, geschlagen · Mark von 1 Vanilleschote · Marillenmarmelade
Fondant zum Glasieren · Mehl für die Arbeitsfläche

ZUBEREITUNG
Gelatine in kaltem Wasser einweichen. Vanillemark, Eidotter, Eier, Kristall- und Vanillezucker, Rum sowie Salz über Wasserdampf zuerst heiß, dann kalt schaumig rühren. Gelatine ausdrücken, in etwa 50 ml Wasser erhitzen und zugeben. Geschlagenes Obers behutsam einrühren. Vanilleoberscreme in eine etwa 30 x 20 cm große rechteckige Form füllen und gut durchkühlen.

Blätterteig auf einer bemehlten Arbeitsfläche messerrückendick ausrollen und in 2 Teigblätter zu je 30 x 20 cm schneiden. Auf ein mit Backpapier belegtes Backblech geben, mit einer Gabel mehrmals stupfen (anstechen) und rasten lassen. Im vorgeheizten Backrohr bei 180 °C 15–20 Minuten backen. Auskühlen lassen. Teigblätter auf der glatten Seite mit erwärmter Marillenmarmelade bestreichen. Fondant auf etwa 40 °C erwärmen und ein Teigblatt damit dünn glasieren. Bei etwa 60 °C trocknen lassen. Creme aus der Form direkt auf das unglasierte Teigblatt stürzen, glasiertes Oberteil auflegen und in Schnitten teilen.

BACKZEIT: 15–20 Minuten
BACKROHRTEMPERATUR: 180 °C

TIPP: Man kann der Einfachheit halber auch das bereits gebackene Teigblatt in die Form (in diesem Fall am besten in eine Rahmenform) legen, die Creme einfüllen und diese dann stocken lassen. Danach einfach den Rahmen abziehen und zweites, glasiertes Teigblatt auflegen.

Steirischer Kletzen-Rehrücken

STEIRISCHER KLETZEN-REHRÜCKEN

ZUTATEN
6 Kletzen (gedörrte Birnen), 2 Tage in Apfel- oder Traubensaft eingeweicht
100 g Mehl, glatt · 80 g Maisstärke (Maizena) · 5 Eier · 2 Eidotter
150 g Staubzucker · 1 EL Vanillezucker · Schale von 1/2 unbehandelten Zitrone, abgerieben · 100 g Kürbiskerne, gehackt und geröstet · 70 g Butter
150 g Ribiselmarmelade · 30 g Kuvertüre · 10 g Pinienkerne
Butter und Mehl für die Form

ZUBEREITUNG
Eingeweichte Kletzen abseihen, trockentupfen und in kleine Würfel schneiden, dabei Kerne und Stiele beiseite geben. Mehl mit Maisstärke versieben. Eier, Dotter, Staubzucker, Vanillezucker und geriebene Zitronenschale cremig rühren. Dann zuerst Kürbiskerne sowie Kletzen einrühren, Mehl und warme Butter unterheben. Eine Rehrückenform mit Butter ausstreichen und mit Mehl ausstreuen. Masse einfüllen und im vorgeheizten Backrohr bei 180 °C ca. 45 Minuten backen. Stürzen, 10 Minuten rasten lassen und dann die Form abheben. Marmelade erhitzen, durch ein Sieb drücken und den Kuchen damit bestreichen. Kuvertüre im Wasserbad schmelzen und den Kuchen damit in feinen Streifen überziehen. Einen Metallspieß erwärmen, Glasur damit anstechen und Pinienkerne in die Löcher setzen.

BACKZEIT: ca. 45 Minuten
BACKROHRTEMPERATUR: 180 °C

KUCHEN · STÜCKDESSERTS

CHRISTSTOLLEN

ZUTATEN FÜR 2 STOLLEN
40 g Germ · 250 ml Milch · 280 g Mehl für das Dampfl · 50 g Staubzucker · 50 g Glucosesirup (zähflüssiger Zuckersirup) · 1 KL Stollengewürz oder etwas Kardamom · 2 Eidotter · 1 EL Vanillezucker · 2 cl Rum · Schale von 1/2 unbehandelten Zitrone, abgerieben · 380 g Mehl für den Teig · 300 g weiches Butterschmalz Prise Salz · ausreichend flüssige Butter zum Eintauchen · Staubzucker zum Wälzen süßer Schnee (Mischung aus Staubzucker und Pflanzenfett) nach Belieben, zum Wälzen

FÜR DIE FRÜCHTEMISCHUNG
300 g Rosinen, in Rum mariniert · 100 g Marzipan, gerieben · 150 g Aranzini, kleinwürfelig geschnitten · 150 g Zitronat, kleinwürfelig geschnitten 40 g Mandeln, geschält, frisch geröstet und gehackt · 1 EL geriebener Ingwer

ZUBEREITUNG
Für das Dampfl Germ in lauwarmer Milch auflösen und mit dem Mehl gründlich mischen. Zugedeckt bei Raumtemperatur gehen lassen, bis sich das Volumen deutlich vergrößert hat. Staubzucker mit Eidottern, Vanillezucker, Rum, Glucose, Zitronenschalen und Stollengewürz schaumig rühren. Dampfl, Mehl und gerade so viel Butterschmalz einarbeiten, dass der Teig schön bindet. Weiterkneten und dann Salz sowie restliches Butterschmalz nach und nach einarbeiten. Für die Früchtemischung alle Zutaten vermengen, zugeben und nochmals (am besten mit der Rührmaschine) gut durchkneten.

Teig teilen und kräftig „aufschleifen" (mit beiden Handballen tüchtig bearbeiten). Ausrollen, wieder zusammenklappen und die typische Stollenform herstellen (der Oberteil sollte etwas schmäler und kürzer geformt sein). Auf ein mit Backpapier belegtes Backblech setzen und ca. 30 Minuten bei Zimmertemperatur gehen lassen. Im vorgeheizten Backrohr bei 160 °C ca. 50 Minuten backen. Kurz überkühlen lassen, in flüssige Butter tauchen und zum Abtropfen kurz auf ein Gitter legen. Rundum in Staubzucker wenden, gut durchkühlen lassen und nochmals in Staubzucker (oder süßem Schnee) wenden.

BACKZEIT: ca. 50 Minuten
BACKROHRTEMPERATUR: 160 °C

SÜSSES GIFT

Reiner Heilmann, als Sacher-Direktor auch für die Torten-Produktion zuständig, ist auch Adressat jener – seltenen – Briefe, in denen eine Original Sacher-Torte reklamiert wird. „Der denkwürdigste Beschwerdebrief meiner Sacherzeit", erinnert sich Heilmann, „war ziemlich geharnischt. Er kam von einem Auslandsösterreicher, der sich darüber beschwerte, dass auf seinem Paket der Vermerk Gift Parcel *zu lesen war. So etwas, meinte er, könne er doch keinesfalls weiterschenken."*

Wie das Rezept für die Sachertorte ist auch das folgende Rezept nicht jenes für den Original-Sacherwürfel, sondern eine vereinfachte Variante, die im süßen Alltag jedoch ausgezeichnet funktioniert.

SACHERWÜRFEL

ZUTATEN FÜR 28 STÜCK
Teig s. Sachertorte S. 284 ff. · Butterschmalz und Mehl für das Blech
ca. 300 g passierte Marillenmarmelade zum Bestreichen

FÜR DIE GLASUR
300 g Kristallzucker · 180 ml Wasser · 220 g Schokolade · 2 EL Marillenmarmelade

ZUBEREITUNG
Den Teig wie bei der Sachertorte beschrieben zubereiten. Backrohr auf 200 °C Umluft vorheizen. Ein Backblech gut mit Butterschmalz ausstreichen und mit Mehl ausstreuen. Überschüssiges Mehl ausklopfen und die Masse auf eine Fläche von ca. 30 x 24 cm etwa 2 cm hoch aufstreichen. (Dafür die Fläche mit doppelt oder dreifach gefalteter Alufolie begrenzen.) Ins Rohr schieben und ca. 10–15 Minuten backen. Herausnehmen und kurz überkühlen lassen. Währenddessen passierte Marmelade kräftig erhitzen und glatt streichen. Biskuitboden dick mit Marmelade bestreichen, der Breite nach halbieren und auf der Marmeladeseite zusammenklappen. Sofort in den Kühlschrank (oder am besten in den Tiefkühler) stellen, damit die Masse wirklich saftig bleibt.
In ca. 3 x 3 cm große Würfel schneiden, dabei den Rand vorher rundum schön zurechtschneiden. Nun jeden Würfel in heiße Marmelade tauchen (oder bestreichen), auf ein Kuchengitter setzen und 1 Stunde trocknen lassen. Inzwischen für die Glasur Zucker und Wasser 5–6 Minuten sprudelnd aufkochen, dann leicht überkühlen lassen. Schokolade im Wasserbad schmelzen und unter Rühren nach und nach mit der Zuckerlösung vermischen, bis eine dickflüssige, glatte Glasur entsteht. Erwärmte Marmelade einrühren. Würfel mit der Glasur überziehen und wiederum vorsichtig und rasch mit einer Palette glatt streichen. Trocknen lassen und in dekorative Papiermanschetten setzen.

BACKZEIT: ca. 10–15 Minuten
BACKROHRTEMPERATUR: 200 °C Umluft
TIPP: Am besten schmeckt diese süße Delikatesse mit geschlagenem Schlagobers!

APFEL-MOHN-TÜRMCHEN

ZUTATEN
20 kreisrunde Strudelteigblätter mit je 10 cm Ø · 4–5 EL Rosinen · Rum zum Marinieren
2 Äpfel · einige Safranfäden · 50 g Kristallzucker · 250 ml gewässerter Weißwein
(im Verhältnis 1:1) · 1 Zimtstange · Schale von 1/2 unbehandelten Orange
Butter zum Bestreichen · Minzeblätter zum Garnieren · Staubzucker zum Bestreuen

FÜR DIE MOHNCREME
50 g Weiß- oder Blaumohn, gemahlen · 80 g weiße Kuvertüre · 300 ml Schlagobers
150 ml Milch · 1 KL Vanillezucker · 2 EL Kristallzucker · 2 cl Rum · 3 Blätter Gelatine
Prise Salz · etwas Zitronen- und Orangenschale, abgerieben

ZUBEREITUNG
Zunächst die Rosinen mit Rum beträufeln und einige Stunden marinieren. Währenddessen aus Strudelteig 20 Kreise mit je 10 cm Ø ausschneiden, beidseitig mit Butter bestreichen und auf ein mit Backpapier ausgelegtes Backblech legen. Im vorgeheizten Backrohr bei 180 °C 3–5 Minuten goldgelb backen.

Sacher

Apfel-Mohn-Türmchen

Äpfel schälen, in Spalten schneiden und die Schalen (ohne Spalten) gemeinsam mit dem gewässerten Wein, Zucker, Safranfäden, Zimtstange und abgeriebener Orangenschale aufkochen. Abseihen und die Apfelspalten in diesem Sud bissfest, aber nicht zu weich dünsten.

Für die Mohncreme Milch mit Mohn, Vanille- sowie Kristallzucker, Rum, Salz, Zitronen- und Orangenschale aufkochen. Gelatine einweichen, ausdrücken und in der Milch auflösen. Mit dem Stabmixer aufmixen und bis kurz vor dem Stocken abkühlen lassen. Kuvertüre im Wasserbad schmelzen und unterrühren. Schlagobers steif schlagen und abschließend einrühren. Für etwa 3 Stunden kalt stellen. Dann je ein Teigblatt auflegen, mit den gedämpften Äpfeln belegen, mit einem Teigblatt bedecken und mit Mohnfülle bestreichen (oder aus der Creme Nockerln stechen). Diesen Vorgang wiederholen, bis alles – bis auf etwas Mohncreme als Garnitur – verbraucht ist und auf diese Weise 4 „Strudelteig-Türmchen" entstanden sind. Mit einem Teigblatt abschließen und dieses mit Staubzucker bestreuen. Türmchen anrichten, mit marinierten Rosinen, Minzeblättern und einigen Tupfern Mohncreme attraktiv garnieren.

BACKZEIT: 3–5 Minuten
BACKROHRTEMPERATUR: 180 °C
TIPPS: Diese Türmchen lassen sich ganz nach Lust und Laune variieren, wobei sowohl die Äpfel durch andere Früchte, wie etwa marinierte Marillen oder Beeren, als auch die Mohncreme beispielsweise durch Topfencreme oder Eis ersetzt werden können.
Wenn Sie die Teigblätter vor dem Backen mit Läuterzucker bestreichen, so werden sie noch knuspriger.

PUNSCHKRAPFERL

ZUTATEN FÜR CA. 12 KLEINE KRAPFERL
5 Eier · 150 g Kristallzucker · 1 KL Vanillezucker · 70 g Mehl, glatt · 90 g Maisstärke (Maizena) · 60 g flüssige Butter · Salz · Schale von 1/2 Zitrone, gerieben · ca. 150 g Marillenmarmelade für die Fülle · 6 cl Rum · 200 ml frisch gepresster Orangensaft 100 g Zucker · Schale von 1 Orange, abgerieben · passierte Marillenmarmelade zum Bestreichen · Cocktailkirsche und Kuvertüre nach Belieben zum Garnieren

FÜR DIE GLASUR
ca. 300 g Fondant · Saft von 1/2 Zitrone · 3 EL stark eingekochter Kirschensaft oder rosa Lebensmittelfarbe

ZUBEREITUNG

Für das Biskuit Zucker mit Vanillezucker, einer Prise Salz, abgeriebener Zitronenschale und Eiern schaumig schlagen. Mehl gemeinsam mit Maisstärke darüber sieben und vorsichtig einmengen. Flüssige Butter einrühren und etwa 1/3 der Masse auf ein mit Backpapier ausgelegtes Backblech 3 mm hoch aufstreichen. Im vorgeheizten Backrohr bei 220 °C Umluft ca. 8–10 Minuten backen und wieder herausnehmen. Restliche Masse in einen mit Backpapier umwickelten Tortenreifen (oder ausgebutterte Springform mit 24 cm Ø) füllen und bei 170 °C ca. 15 Minuten backen. Ebenfalls abkühlen lassen.

Für die Fülle den Biskuit-Tortenboden in 1 x 1 cm große Würferl schneiden. Marillenmarmelade mit Rum, Orangensaft und -schale sowie Zucker vermengen, aufkochen und wieder abkühlen lassen. Vorsichtig unter die Biskuitwürfel mischen und 30 Minuten ziehen lassen, bis die Masse eine teigartige Konsistenz aufweist. Inzwischen mit einem Ausstecher mit 3 cm Durchmesser 24 Biskuitscheiben ausstechen und diese mit passierter, leicht erwärmter Marillenmarmelade bestreichen. Den Ausstecher jeweils auf jede Scheibe aufsetzen und die Punschmasse etwa 2,5 cm hoch einfüllen. Gut andrücken, Ausstecher abziehen und eine zweite Biskuitscheibe darauf setzen. Krapferl auf ein Glasiergitter setzen und 1 Stunde lang tiefkühlen. Mit heißer Marmelade bestreichen und 20 Minuten trocknen lassen.

Für die Glasur Fondant im Wasserbad maximal auf 40 °C erhitzen, Zitronensaft zugeben und mit Kirschensaft oder Lebensmittelfarbe rosa färben. Auf etwa 30 °C abkühlen lassen und die Krapferl damit zügig überziehen. Nach Belieben mit je einer Cocktailkirsche und dünnen Streifen aus geschmolzener Kuvertüre garnieren. Mindestens 30 Minuten trocknen lassen und in passende Manschetten setzen.

BACKZEIT: ca. 8–10 Minuten bzw. ca. 15 Minuten
BACKROHRTEMPERATUR: 220 °C Umluft und 170 °C

SAVARIN MIT GLÜHMOSTSCHAUM UND MUSKATTRAUBENRAGOUT

ZUTATEN FÜR 10 KLEINE PORTIONEN

FÜR DIE SAVARINS
10 g Germ · 60 ml Milch, lauwarm · 150 g Mehl, glatt · 2 Eier · 1 Eidotter
1 EL Vanillezucker · abgeriebene Schale von 1/2 unbehandelten Zitrone
50 g Butter, flüssig · Prise Salz · 20 g weiche Butter für die Förmchen
60 g Mandeln, gemahlen · 150 g Marillenmarmelade

ZUM TRÄNKEN
125 g Kristallzucker · abgeriebene Schale von 1/2 unbehandelten Orange
1/2 Vanilleschote · je 120 ml Wasser, Rum und Muskateller (oder anderer kräftiger Weißwein)

FÜR DAS MUSKATTRAUBENRAGOUT
300 g Muskattrauben · 200 ml Muskateller · 2 cl Zitronensaft · 50 g Kristallzucker
ca. 1 TL Maisstärke

FÜR DEN GLÜHMOSTSCHAUM
200 ml Traubenmost · 4 Eidotter · 100 g Kristallzucker · 2 cl Tresterbrand · Zitronensaft

Savarin mit Glühmostschaum und Muskattraubenragout

ZUBEREITUNG

Für die Savarins Germ in der warmen Milch auflösen. Mehl in eine Schüssel sieben, Germ-Milch unterrühren, mit einem feuchten Tuch zudecken und an einem warmen Ort gehen lassen, bis sich das Teigvolumen verdoppelt hat. Dann Eier, Eidotter, Vanillezucker und Zitronenschale schaumig schlagen und gemeinsam mit der flüssigen Butter und einer Prise Salz in das Dampfl einarbeiten. Zudecken und erneut gehen lassen, bis sich das Teigvolumen verdoppelt hat. Backrohr auf 200 °C vorheizen. Förmchen mit Butter ausstreichen und mit Mandeln ausstreuen. Teig einfüllen und auf der mittleren Schiene 12–18 Minuten backen.

Währenddessen für die Tränkflüssigkeit Wasser mit Zucker, Vanilleschote und Orangenschale aufkochen. Rum und Wein zugießen und alles erkalten lassen.

Gebackene Savarins aus den Förmchen nehmen und noch heiß in die Tränkflüssigkeit tauchen. Mit der aufgekochten, passierten Marmelade bestreichen und trocknen lassen.

Für das Traubenragout Wein, Zitronensaft und Zucker aufkochen. Maisstärke mit einigen Tropfen Wasser anrühren und die kochende Flüssigkeit damit binden. Durchkochen, bis die Sauce klar wird, und dann abkühlen lassen. Trauben einmengen.

Für den Glühmostschaum alle Zutaten über Dampf so lange schlagen, bis die Masse schön schaumig wird.

Nun die Savarins auf Tellern anrichten, jeweils etwas von den Muskattrauben dazugeben und mit Glühmostschaum garnieren.

BACKZEIT: 12–18 Minuten
BACKROHRTEMPERATUR: 200 °C
TIPP: Statt der Muskattrauben können freilich auch andere Früchte, Kompotte, aber auch feine Rumfrüchte, etwa mit geschlagenem Obers, dazu serviert werden.

NUSS- UND MOHNBEUGERL

ZUTATEN
200 g Mehl, glatt · ca. 70 ml Milch, lauwarm · 80 g Butter · 30 g Kristallzucker
10 g Germ · Prise Salz · Schale von 1/2 unbehandelten Zitrone, abgerieben
Dotter zum Bestreichen

FÜR DIE NUSSFÜLLE
150 g Walnüsse, gerieben · 50 g Biskuitbrösel · 50 g Rohmarzipan · Vanillezucker
2 cl Rum · Prise Zimtpulver · ca. 200 ml Milch

FÜR DIE MOHNFÜLLE
200 g Mohn (oder Weißmohn), gemahlen · ca. 100 ml Milch, lauwarm · 50 ml Süßwein
40 g Honig · 1 KL Vanillezucker · Schale von 1/2 unbehandelten Zitrone, abgerieben
2 cl Rum

ZUBEREITUNG
Germ fein zerbröckeln und mit der lauwarmen Milch sowie allen anderen Zutaten zu einem Teig verarbeiten. Etwa 20 Minuten rasten lassen. Teig in mehr oder weniger große Stücke teilen, gut ausrollen und Vierecke schneiden. Jeweils etwas Nuss- oder Mohnfüllung in die Mitte geben. Teig übereinander schlagen, zu Hörnchen formen und auf ein mit Backpapier belegtes Backblech setzen. Mit Dotter bestreichen und warm gestellt trocknen lassen, bis das Dotter eingetrocknet ist. Abermals mit Dotter bestreichen und im vorgeheizten Backrohr bei 175 °C ca. 20 Minuten backen.

Für die Nussfülle die Milch aufkochen, Marzipan in Würfel schneiden und gemeinsam mit den Walnüssen und Aromaten zugeben. Brösel einrieseln lassen und alles zu einer festen Masse kochen. Abkühlen lassen. Für die Mohnfülle ebenfalls Milch erwärmen, Mohn zugeben und mit den restlichen Zutaten zu einer kompakten Masse kochen. Abkühlen lassen.

BACKZEIT: ca. 20 Minuten
BACKROHRTEMPERATUR: 175 °C
TIPP: Der Teig kann in beliebige Formen wie etwa Schnecken oder Zöpfe verändert werden.

POLSTERZIPFE

ZUTATEN
500 g Mehl, glatt · 250 g Butter · 3 Eidotter · 125 g Sauerrahm · 125 ml Weißwein
1 Pkt. Vanillezucker · etwas Zitronensaft · Rum · Prise Salz · Ribiselmarmelade zum
Füllen · Ei zum Bestreichen · Staubzucker zum Bestreuen

ZUBEREITUNG
Mehl auf eine Arbeitsplatte häufen, in die Mitte eine Mulde eindrücken und mit sämtlichen Zutaten zu einem geschmeidigen Teig verarbeiten. Mindestens 30 Minuten rasten lassen. Den Teig ausrollen und in gleichmäßige, 8 x 8 cm große Quadrate schneiden. Jeweils etwas Marmelade auftragen und den Teig zu einem Dreieck zusammenschlagen. Ränder gut festdrücken, die Täschchen mit verschlagenem Ei bestreichen und etwa 10 Minuten rasten lassen. Auf ein mit Backpapier ausgelegtes Backblech setzen und im vorgeheizten Backrohr bei 180 °C 15–20 Minuten backen. Herausnehmen, leicht überkühlen lassen und mit Staubzucker bestreuen.

BACKZEIT: 15–20 Minuten
BACKROHRTEMPERATUR: 180 °C

STÜCKDESSERTS

VON ROSEGGER ZU HANS PETER FINK

Nein, ein Waldbauernbub ist Hans Peter Fink, der amtierende Küchenchef des Hotel Sacher, niemals gewesen. Die steirischen Wurzeln hat der Wirtssohn und junge Aufsteiger aus Riegersburg freilich mit dem berühmten Heimatdichter gemeinsam. Wie Peter Rosegger ist auch Hans Peter Fink tief mit der Landschaft seiner Heimat verbunden – Letzterer schöpft viele seiner kulinarischen Ideen und Visionen aus Kochtraditionen, Ingredienzien und typischen Gerichten seiner Heimat im oststeirischen Vulkanland. Wer also den Eindruck gewinnt, dass die steirische Küche in diesem Sacher-Kochbuch eine besonders stilbildende Rolle spielt, der liegt vielleicht gar nicht so falsch.

STRAUBEN NACH ROSEGGER-ART

ZUTATEN FÜR 6 PORTIONEN

180 ml Milch · 150 g Butter · 4 Eier · 150 g Mehl, glatt · 1 EL Vanillezucker
Prise Salz · 2 cl Rum · Butterschmalz oder Erdnussöl zum Herausbacken
Staubzucker, mit etwas Zimt vermischt, zum Bestreuen

ZUBEREITUNG

Milch mit Butter, Rum, Vanillezucker und Salz aufkochen. Mehl untermischen und mit dem Kochlöffel so lange kräftig rühren, bis sich der Teig von Topf und Löffel löst. Vom Herd nehmen und etwas überkühlen lassen. Eier einarbeiten und Masse in einen Spritzsack mit Lochtülle (5 mm große runde Öffnung) füllen. In einer tiefen Pfanne ausreichend Fett erhitzen und den Straubenteig in sehr engen Kreisen schneckenförmig direkt in das heiße Fett spritzen. Anbacken, wenden und fertig backen. Herausheben, auf Küchenkrepp gut abtropfen lassen und mit Zimtzucker bestreuen.

GARNITUREMPFEHLUNG: Hollerkoch und Buttermilch- oder Topfeneis

TIPPS: In den steirischen Buschenschanken werden Strauben gerne zu einem Gläschen feinen Wein serviert.

Auch wenn die Strauben freilich am besten frisch gemacht schmecken, so kann man sie auch ohne großen Qualitätsverlust im Voraus backen.

SACHER-FASCHINGSKRAPFEN

ZUTATEN FÜR CA. 16 KRAPFEN

**330 g Mehl, glatt · 80 ml Milch · 30 g Germ · 1 Ei · 3 Eidotter · Prise Salz
40 g Staubzucker · 1/2 Pkt. Vanillezucker · Schale von 1 unbehandelten Zitrone
2 cl Rum · 80 g Butter · mit etwas Rum vermengte Marillenmarmelade für die Fülle
Mehl für die Arbeitsfläche · Pflanzenöl, am besten Erdnussöl, zum Herausbacken
Staubzucker zum Bestreuen**

ZUBEREITUNG

Etwa 2 Esslöffel Milch lippenwarm erwärmen und Germ darin auflösen. Mit wenig Mehl zu einem dickflüssigen Dampfl verrühren. Mit etwas Mehl bestreuen, einem Tuch bedecken und an einem warmen Ort (am besten bei 28–30 °C) ca. 15 Minuten aufgehen lassen, bis sich das Teigvolumen deutlich vergrößert hat und die Oberfläche Risse zeigt. Ei, Eidotter, Salz, Staubzucker, Vanillezucker, abgeriebene Zitronenschale, restliche lauwarme Milch und Rum verrühren und mit der flüssigen Butter verquirlen. Mit restlichem Mehl und dem Dampfl zu einem glatten Teig abschlagen (am besten in der Küchenmaschine mit Knethaken). Mit einem Küchentuch zudecken und bei Zimmertemperatur ca. 1 Stunde gut aufgehen lassen.

Teig nochmals kurz durchkneten, auf einer leicht bemehlten Arbeitsfläche zu einer Rolle formen und davon nussgroße, ca. 20 g schwere Stücke abschneiden. Diese mit festem Druck in den Handflächen zu schönen Kugeln formen. Mit Mehl bestauben und mit einem Backblech sanft niederdrücken. Auf ein Backblech setzen und zugedeckt an einem warmen Ort nochmals gehen lassen. Dann in einer tiefen Pfanne oder Topf ausreichend Öl erhitzen (160 °C) und auf beiden Seiten schön goldbraun herausbacken. Herausheben und auf einem Gitter abtropfen lassen. Mit Rum vermengte und leicht erwärmte Marmelade in einen Spritzsack füllen und die Krapfen damit füllen. Mit Staubzucker bestreuen.

KEKSE

VANILLEKIPFERL

ZUTATEN
300 g Mehl, glatt · 80 g Staubzucker · Prise Salz · 80 g Walnüsse, geschält und gerieben · 2 Eidotter · 200 g Butter, kalt · Mark von 1 Vanilleschote 100 g Staubzucker zum Wälzen · Mehl für die Arbeitsfläche

ZUBEREITUNG
Mehl mit Staubzucker, geriebenen Walnüssen und einer Prise Salz vermischen und auf ein Backbrett häufen. In die Mitte eine Mulde drücken und Eidotter hineinschlagen. Die kalte Butter in kleinen Stückchen auf dem Mehlrand verteilen und zuerst mit einem Messer zerkleinern, dann mit möglichst kalten Händen rasch zu einem glatten Teig verkneten. (Schneller und einfacher geht es mit dem Knethaken einer Küchenmaschine.) Den Teig zu einer Kugel formen und mit Folie umhüllt ca. 30 Minuten im Kühlschrank rasten lassen. Das Backrohr auf 170 °C vorheizen. Aus dem Teig kleine, fingerdicke Röllchen formen und von diesen etwa 1 cm dicke Scheiben abstechen. Zu Kugerln rollen und diese auf einer leicht bemehlten Arbeitsfläche zu Kipferln formen. Nebeneinander auf ein mit Backpapier ausgelegtes Blech legen und im heißen Backrohr 12–15 Minuten backen. Die gebackenen Kipferl sofort mit einer Palette vom Papier lösen, ein wenig überkühlen lassen und dann in dem mit Vanillemark vermengten Staubzucker vorsichtig wälzen. Auf einem Kuchengitter völlig erkalten lassen und behutsam in eine Blechdose schichten.

BACKZEIT: 12–15 Minuten
BACKROHRTEMPERATUR: 170 °C

TIPP: Wenn Sie die Kipferl – statt sie in Zucker zu wälzen – nur beidseitig mit Zucker bestreuen, so brechen sie nicht so leicht.

KOKOSBUSSERL

ZUTATEN
150 g Kokosraspel · 300 g Kristallzucker · 5 Eiklar · 2 EL Orangeat, gehackt Schale von 1/2 Zitrone, abgerieben · 1 EL Mehl, glatt · etwa 30 Backoblaten (3 cm Ø) Bitterkuvertüre zum Eintauchen

ZUBEREITUNG
Kokosraspel mit Kristallzucker, Eiklar, Orangeat und Zitronenschale vermischen und unter ständigem Rühren im Wasserbad bis auf ca. 80 °C erhitzen. Die Masse darf aber nicht kochen! Vom Feuer nehmen und auf etwa 45 °C abkühlen lassen. Währenddessen das Backrohr auf 165 °C vorheizen. Mehl in die abgekühlte Masse einrühren. Kokosmasse in einen Spritzbeutel mit Lochtülle füllen und auf die Oblaten Kekse aufspritzen. Leicht antrocknen lassen und dann ca. 15 Minuten backen. Kokosbusserl auskühlen lassen. Kuvertüre im Wasserbad schmelzen lassen und den Boden der ausgekühlten Busserl darin eintauchen. Abstreifen und zum Trocknen umgekehrt auf Backpapier setzen.

BACKZEIT: ca. 15 Minuten
BACKROHRTEMPERATUR: 165 °C

TIPP: Kokosbusserl müssen in gut verschließbaren Keksdosen aufbewahrt werden.

LINZER BÄCKEREI

ZUTATEN
400 g Mehl, glatt · 3 Eier · 300 g Butter · 120 g Staubzucker · 2 EL Vanillezucker Prise Salz · Schale von 1 unbehandelten Zitrone, abgerieben · 300 g Ribisel- oder Marillenmarmelade, passiert und aufgekocht · Kuvertüre zum Eintauchen

ZUBEREITUNG
Butter mit Staubzucker, Vanillezucker, Salz und Zitronenschale schaumig rühren. Eier nach und nach zugeben und abschließend das Mehl einmengen. Masse in einen Spritzsack mit Sterntülle füllen und auf ein mit Backpapier ausgelegtes Backblech verschiedene Formen wie kleine Bögen, Stangerln etc. aufspritzen (jeweils in einer geraden Anzahl, damit man die Kekse nachher zusammensetzen kann). Im vorgeheizten Backrohr bei 180–200 °C etwa 10 Minuten backen. Abgekühlte Kekse an der Unterseite mit Marmelade bestreichen, zusammensetzen und zur Hälfte in die temperierte Kuvertüre tauchen. Trocknen lassen.

BACKZEIT: ca. 10 Minuten
BACKROHRTEMPERATUR: 180–200 °C
TIPP: Die Kuvertüre kann auch in ein Pergamentstanitzel mit ganz dünner Öffnung gefüllt werden, womit man dann Ornamente auf die Kekse aufspritzt.

SÜSSE SCHWEINSOHREN

ZUTATEN
300 g Blätterteig · 150 g Feinkristall- oder Backzucker · 200 g Zartbitterschokolade Zucker für die Arbeitsfläche

ZUBEREITUNG
Blätterteig auf einer angezuckerten Arbeitsfläche ca. 2 mm dünn ausrollen. Mit reichlich Backzucker bestreuen und in zwei 25 x 14 cm große Rechtecke teilen. Jedes Teigblatt von beiden Längsseiten her gegenläufig einrollen und die Doppelrollen 20 Minuten im Tiefkühlfach rasten lassen. In 7 mm dicke Scheiben schneiden und die Schweinsohren auf ein mit Backpapier ausgelegtes Backblech legen. Im vorgeheizten Backrohr bei 200 °C backen, bis sie auf der Oberseite braun sind. Umdrehen und den Zucker auch auf der anderen Seite goldbraun schmelzen lassen. Aus dem Rohr nehmen und auskühlen lassen. Schokolade in einem Wasserbad schmelzen lassen. Die Schweinsohren bis zur Hälfte eintauchen und auf Backpapier trocknen lassen.

BACKZEIT: 10–15 Minuten
BACKROHRTEMPERATUR: 200 °C

KEKSE · PETITS FOURS

TRÜFFEL-ORANGEN-KUGELN
NACH ALEXANDRA GÜRTLER

ZUTATEN

350 g Staubzucker · 20 Biskotten · 150 g Kokosfett, zimmerwarm
150 g Zartbitterkuvertüre · 50 g bestes Olivenöl, kalt gepresst · 1 kleine Chilischote
50 g Kakaopulver (am besten belgisches) · 50 g Mandeln, geröstet und gerieben
4 cl Kaluha (Kaffeelikör) · Schale von 2 unbehandelten Orangen, abgerieben
gehackte Pistazien oder ungesalzene, geriebene Erdnüsse zum Wälzen

ZUBEREITUNG

Biskotten reiben, Kuvertüre in einem Wasserbad schmelzen, Kerne der Chilischote auskratzen und Schote fein schneiden. In einer Schüssel alle Zutaten zu einer kompakten Masse verarbeiten. Kalt stellen. Aus der Masse kleine Kugerln formen und diese in gehackten Pistazien oder ungesalzenen, geriebenen Erdnüssen wälzen. In kleine Papiermanschetten setzen.

MANDEL-KIRSCHEN-PETITS-FOURS

ZUTATEN

300 g Mandeln, gerieben · Prise Tonkabohnenpulver (im Gewürz-Fachhandel erhältlich, ersatzweise Lebkuchengewürz oder etwas Bittermandellikör) · 300 g Kristallzucker
3 Eiklar · ca. 50 Amarenakirschen, gut abgetropft (ersatzweise andere in Alkohol eingelegte Kirschen) · Staubzucker zum Bestreuen

ZUBEREITUNG

Geriebene Mandeln mit Zucker, Tonkabohnenpulver sowie Eiklar gut vermengen und mindestens 1 Stunde stehen lassen. Mit einem kleinen Löffel etwas von der Masse abstechen, jeweils eine Kirsche in die Mitte drücken, rundum gut verschließen und auf ein Backpapier setzen. Etwa 1 Tag bei Zimmertemperatur trocknen lassen. Mit Staubzucker bestreuen und mit den Fingern leicht seitlich zusammendrücken. Im vorgeheizten Backrohr bei 220 °C etwa 7–8 Minuten goldbraun backen. Die Petits fours sollten in der Mitte noch weich sein.

BACKZEIT: 7–8 Minuten
BACKROHRTEMPERATUR: 220 °C
TIPP: Nach demselben Rezept lassen sich auch aus anderen marinierten Trockenfrüchten, wie etwa Zwetschken oder Mandeln, feine Petits fours zubereiten.

„A BRAVA BUA"

Eine ältere amerikanische Lady, die inkognito im Sacher abgestiegen war, erfreute sich, da sehr leutselig, bei den Kellnern des Sacher besonderer Beliebtheit. Sie pflegte sich auch nach den Familienangehörigen des Personals zu erkundigen und erfuhr auf diese Weise von Oberkellner Herbert Müller, dass dieser stolz auf seine „zwa braven Buam" war. „Ich habe auch brave Buben", erwiderte sie, nicht minder stolz. „Einer von ihnen arbeitet sogar in der Regierung." Nachdem die Dame wieder ausgecheckt hatte, erkundigte sich Herbert Müller, wer die liebenswürdige Lady denn gewesen sei. Es handelte sich um Ruth Kennedy, und der „brave Bua in der Regierung" war kein Geringerer als der damalige US-Präsident John F. Kennedy.

Ein Potpourri von Petits fours aus der Sacher-Patisserie

SCHOKOLADEMOUSSE

ZUTATEN FÜR 4–6 PORTIONEN
**100 g beste Zartbitterschokolade · 3 Eidotter · 3 Eiklar · 1 Tasse Espresso
1 EL Vanillezucker · 2 cl Armagnac · 1 Prise Salz · 1 EL Kristallzucker
200 ml Schlagobers**

ZUBEREITUNG
Die Schokolade in kleine Stücke brechen und mit dem Espresso im Wasserbad schmelzen lassen. Eidotter, Vanillezucker und Armagnac schaumig schlagen und flüssige Schokolade unterrühren. Eiklar mit einer Prise Salz und Zucker steif schlagen, Obers ebenfalls steif schlagen und beides locker und gleichmäßig mit dem Schneebesen unter die Schokolademischung ziehen. Die Masse in eine große Schüssel füllen oder auf Gläser verteilen und gut abgedeckt in den Kühlschrank stellen. Mit zwei Esslöffeln Nockerln abstechen und auf großen Tellern anrichten.

GARNITUREMPFEHLUNG: Cognacweichseln oder eingelegte Früchte
TIPP: Stellen Sie die Mousse am besten über Nacht kühl. So kann sich das Aroma noch besser entfalten.

DESSERT-KREATIONEN

WEISSE SCHOKOLADEMOUSSE

ZUTATEN FÜR 6 PORTIONEN
150 g weiße Kuvertüre · 1 1/2 Blätter Gelatine · 4 Eiklar · 1 TL Kristallzucker
250 ml Schlagobers · 6 Eidotter · ausgekratztes Mark von 1/2 Vanilleschote
Saft von 1/2 Zitrone · 6 cl Bacardi · 4 cl Eierlikör · Salz · Minzeblätter zum Garnieren

ZUBEREITUNG
Kuvertüre im Wasserbad schmelzen lassen. Gelatine in kaltem Wasser einweichen. Währenddessen Eiklar steif schlagen, Obers ebenfalls steif schlagen und beides kalt stellen. Eidotter mit Zucker über Dampf schaumig schlagen. Die gut ausgedrückte Gelatine mit dem Alkohol, Vanille, Zitronensaft und Salz unter die noch warme Eier-Masse rühren und darin auflösen. Nun die geschmolzene Kuvertüre mit einem Schneebesen unterrühren und Masse etwas abkühlen lassen. Schnee sowie geschlagenes Obers locker und gleichmäßig unter die Schokolademasse ziehen. In eine große, möglichst flache Schale füllen und mit Folie abgedeckt im Kühlschrank 2–3 Stunden, am besten aber über Nacht, kalt werden lassen. Mit zwei Esslöffeln Nockerln abstechen und auf großen Tellern anrichten. Mit Minzeblättern garnieren.

BITTERSCHOKOLADEMOUSSE MIT MANDEL-ORANGEN-HIPPEN

ZUTATEN FÜR 6–8 PORTIONEN
8 Eidotter · 100 g Kristallzucker · 250 g Bitterschokolade (60 % Kakaoanteil)
1 Tasse Espresso · 500 ml Schlagobers, geschlagen · 2 cl Cognac · Prise Salz

FÜR DIE HIMBEERSAUCE
300 g Himbeeren · 50 g Staubzucker · 2 cl Himbeerbrand

FÜR DIE MANDEL-ORANGEN-HIPPEN
80 ml Schlagobers · 85 g Kristallzucker · 1 EL Butter · 1 EL Honig
150 g Haselnüsse, gerieben

ZUBEREITUNG
Bitterschokolade in einem Wasserbad schmelzen lassen. In einer Schüssel die Eidotter mit Zucker schaumig aufschlagen und mit der Schokolademasse verrühren. Espresso, Cognac und eine Prise Salz einrühren. Abschließend das geschlagene Obers vorsichtig unterheben. Mousse in geeignete Gläser oder Schüsseln füllen und kalt stellen.

Für die Himbeersauce die Himbeeren mit Zucker und Himbeerbrand einmal aufkochen lassen, passieren und kalt stellen.

Für die Hippen Schlagobers mit Zucker, Butter und Honig aufkochen. Haselnüsse zugeben, Masse glatt rühren und 1 Stunde kalt stellen. Gekühlte Masse in gewünschter Form (am besten mit einer Schablone als Rechteck) dünn auf eine Silikonmatte oder ein befettetes Backblech aufstreichen und im vorgeheizten Backrohr bei 200 °C ca. 5 Minuten goldgelb backen. Vorsichtig lösen und noch warm über einen Kochlöffel biegen oder einfach erkalten lassen. Aus der Mousse mit einem in heißes Wasser getauchten Löffel Nocken stechen und auf gekühlten Tellern anrichten. Mit Himbeersauce umgießen und mit Hippen garnieren.

BACKZEIT: Hippen ca. 5 Minuten
BACKROHRTEMPERATUR: 200 °C
GARNITUREMPFEHLUNG: frische Früchte mit pikanter Säure, etwa Kiwi oder Karambole

PANNA COTTA MIT PASSIONSFRUCHTSORBET

ZUTATEN
250 ml Schlagobers · 250 ml Milch · 60 g Kristallzucker · 4 Blätter Gelatine
1/2 Vanilleschote · Prise Salz · 1 EL Kristallzucker zum Bestreuen

FÜR DAS PASSIONSFRUCHTSORBET
150 g Läuterzucker (1 Teil Wasser, 1 Teil Zucker) · 300 g Passionsfruchtmark
Saft von 1/2 Zitrone · Minzeblätter zum Dekorieren

ZUBEREITUNG
Gelatine in kaltem Wasser einweichen. Obers mit Milch, einer Prise Salz und der aufgeschnittenen Vanilleschote aufkochen. Gelatine ausdrücken und gemeinsam mit Zucker hinzugeben und auflösen. Die Masse abseihen und bei mehrmaligem Durchrühren kalt stellen. Unmittelbar vor dem Gelieren die Masse in kleine Formen oder Gläser füllen. Mit etwas Zucker bestreuen (das verhindert die Bildung von unerwünschten Häutchen), mit Klarsichtfolie bedecken und ca. 2 Stunden kalt stellen.

Für das Sorbet Läuterzucker mit Fruchtmark sowie Zitronensaft vermengen und in der Eismaschine frieren. (Steht keine Eismaschine zur Verfügung, Masse in eine flache Wanne füllen und unter wiederholtem Umrühren frieren.) Sorbet mit zwei in heißes Wasser getauchten Löffeln zu Nocken formen und mit der gestürzten Panna Cotta anrichten. Mit Minzeblättern garnieren.

TIPP: Stehen frische Passionsfrüchte als Garnitur zur Verfügung, so können diese ausgekratzt und kurz erhitzt werden. Die Kerne werden dadurch attraktiv schwarz gefärbt und verleihen dem Sorbet einen optisch markanten Eindruck.

BAILEYS-MOCCA-TÖRTCHEN MIT KAHLUA-BANANEN

ZUTATEN
FÜR DAS PISTAZIEN-BISKUIT
6 Eidotter · 20 g Staubzucker · 30 g Mehl, glatt · 20 g Maisstärke
50 g Mandeln, abgezogen und sehr fein gerieben · 60 g Pistazien, fein gerieben
25 g Butter, flüssig · 2 Eiklar · 80 g Kristallzucker · Prise Salz

FÜR DIE MOCCACREME
2 Eidotter · 2 Eiklar · 4 Blätter Gelatine · Prise Salz · 200 g weiße Kuvertüre
500 ml Schlagobers · 8 cl Baileys (Irish-Cream-Likör) · 1 KL Löskaffeepulver

FÜR DIE KAHLUA-BANANEN
2–3 Bananen · 100 g Kristallzucker · Schale von 1 Limette · 50 g Butter
Saft von 1/2 Zitrone · 4 cl Kahlua (Kaffeelikör)

FÜR DEN MOCCA-ÜBERZUG
150 ml Schlagobers · 200 g weiße Kuvertüre · 1 KL Löskaffeepulver · 1 Blatt Gelatine
gehackte Pistazien und Löskaffeepulver zum Garnieren

ZUBEREITUNG
Für das Biskuit Dotter und Staubzucker nur leicht schaumig rühren. Eiklar mit Kristallzucker sowie einer Prise Salz zu steifem Schnee schlagen und die Hälfte davon unter die Dottermasse ziehen. Mehl mit Maisstärke, geriebenen Mandeln und Pistazien vermischen und unter die Dottermasse mengen. Abschließend restlichen Schnee und zuletzt die flüssige Butter unterheben. Auf ein mit Backpapier belegtes Backblech ca. 2 mm dick gleichmäßig aufstreichen und im vorgeheizten Backrohr bei 210 °C etwa 7 Minuten backen.

Für die Moccacreme zunächst Gelatine in kaltem Wasser einweichen, Obers steif schlagen und Kuvertüre im Wasserbad schmelzen. Eidotter aufschlagen. Gelatine ausdrücken und gemeinsam mit Baileys sowie Löskaffeepulver erwärmen und in die Dotter einrühren. Geschmolzene Kuvertüre hinzufügen. Eiklar mit einer Prise Salz zu Schnee schlagen und gemeinsam mit geschlagenem Obers leicht unterziehen. In kleine Törtchen-Formen füllen, ausgekühlten Biskuitboden so zuschneiden, dass die Creme abgedeckt werden kann und ca. 4 Stunden im Kühlschrank kalt stellen.

Für die Kahlua-Bananen den Zucker erhitzen und zu Karamell mit leicht bräunlicher Farbe schmelzen lassen. Butter hinzufügen und den Zitronensaft sowie Limettenschale zugeben. Die in Scheiben oder der Länge nach geschnittenen Bananen unter ständigem Rühren beimengen und mit Kahlua ablöschen.

Für den Überzug Obers aufkochen. Löskaffeepulver beimengen und zerkleinerte Kuvertüre sowie die eingeweichte und ausgedrückte Gelatine einrühren. Auf Körpertemperatur abkühlen lassen und die Törtchen damit glasieren. Trocknen lassen. Dann je ein Törtchen auf einen Teller platzieren, mit lauwarmen Kahlua-Bananen umlegen und mit gehackten Pistazien und etwas Löskaffeepulver bestreuen.

BACKZEIT: ca. 7 Minuten
BACKROHRTEMPERATUR: 210 °C
TIPP: Das Cremetörtchen lässt sich leichter aus der Form lösen, wenn man dieselbe zuvor mit Öl auspinselt und kurz in heißes Wasser stellt.

WILLIAMS-NOUGAT-BIRNE MIT MARONIMOUSSE

ZUTATEN FÜR 6 PORTIONEN
**6 mittelgroße, reife Birnen, leicht säuerlich · 250 ml trockener Weißwein
Saft von 2 Orangen · 250 ml Mineralwasser · 100 g Demerara- oder brauner Zucker
Mark von 1/2 ausgekratzten Vanilleschote · 4 cl Williamsbrand**

FÜR DIE KARAMELLSAUCE
**125 ml Milch · 125 ml Schlagobers · 60 g Kristallzucker · 1 Eidotter
50 g helles Mandelnougat · Nusslikör nach Belieben**

FÜR DIE MARONIMOUSSE
150 g Maronipüree · 1 EL Vanillezucker · 1 EL Crème fraîche · 50 g weiße Kuvertüre, geschmolzen · 200 ml Schlagobers, halbsteif geschlagen · 2 cl Rum · 2 Blätter Gelatine

FÜR DIE MANDELHIPPEN
**200 g brauner Zucker · 160 g Mehl, glatt · 200 g Kristallzucker · 1 EL Vanillezucker
200 g Mandeln, abgezogen und sehr fein gerieben · 200 g Butter, zimmertemperiert
Schale von 2 unbehandelten Orangen, abgerieben**

FÜR DIE GARNITUR
**3 EL passierte, in Apfelsaft weich gekochte Kletzen (getrocknete Birnen) mit
1 cl Williamsbrand verrührt · 1 EL Pistazienkerne, gehackt
2 EL Mascarpone, mit Vanillemark und etwas Eierlikör verrührt**

ZUBEREITUNG
Zuerst die Hippen vorbereiten. Dafür den braunen Zucker mit ca. 200 ml Wasser aufkochen und wieder abkühlen lassen. Mit den restlichen Zutaten gut verrühren und am besten über Nacht bei Zimmertemperatur rasten lassen. Mit Hilfe einer Schablone (aus dicker Folie oder Karton) die Masse in beliebiger Form (rund, eckig etc.) auf eine Silikonmatte oder ein befettetes Backblech hauchdünn auftragen und im vorgeheizten Backrohr bei 190 °C ca. 5 Minuten goldgelb backen. Noch warm in die gewünschte Form bringen (etwa um einen Kochlöffel wickeln).

Die Birnen schälen, Kerngehäuse von unten so aushöhlen, dass die ganze Birne stehen kann. Stiele nicht entfernen. Schalen und Kerne mit Weißwein, Zucker, Orangensaft, Vanillemark, Williamsbrand und Mineralwasser ca. 10 Minuten köcheln lassen. Fond abseihen und in einen möglichst

Sacher

hohen, schmalen Topf geben. Birnen einlegen und 10 Minuten bei schwacher Hitze köcheln lassen. (Sollte der Fond zu wenig sein, einfach die Menge der Zutaten erhöhen.) Vom Feuer nehmen und auskühlen lassen.

Für die Mousse Gelatine in kaltem Wasser einweichen, ausdrücken und in leicht erwärmtem Rum auflösen. Kuvertüre im Wasserbad schmelzen. Aufgelöste Gelatine gemeinsam mit Vanillezucker und Crème fraîche unter das Maronipüree mengen und geschmolzene Kuvertüre rasch einrühren. Nicht ganz fest geschlagenes Obers unterziehen. Mousse etwa 2 Stunden kalt stellen.

Für die Karamellsauce den Zucker hellbraun schmelzen. Mit Obers und Milch ablöschen und so lange kochen, bis sich der Zucker aufgelöst hat. Nougat rasch einrühren, erst dann Dotter ebenfalls rasch hinzufügen und eventuell mit etwas Nusslikör abschmecken.

Je eine Birne auf einen Teller setzen und mit Karamellsauce überziehen. Kletzenmasse, Mascarponecreme, Pistazien und Hippe rundum dekorativ anrichten. Mit einem in heißes Wasser getauchten Löffel aus der Mousse Nocken stechen und diese in einem extra Schälchen servieren.

BACKZEIT: Hippen ca. 5 Minuten
BACKROHRTEMPERATUR: 190 °C

TIPPS: Glacierte Maroni, die man zur Maronimousse reicht, krönen dieses ohnehin schon recht delikate Dessert.

Dieses Dessert lässt sich gut vorbereiten und eignet sich daher ausgezeichnet für größere Anlässe.

GRIESSFLAMMERI MIT BOCKBIER-SABAYON

ZUTATEN FÜR 6–8 PORTIONEN

500 ml Milch · 50 g Weizengrieß · 5 Eidotter · 125 g Kristallzucker
8 Blätter Gelatine · 400 ml Schlagobers, geschlagen · 1 Pkt. Vanillezucker
Saft von 1 Orange · Prise Salz · 1 Vanilleschote

FÜR DAS BOCKBIER-SABAYON

200 ml dunkles Bockbier · 2 cl Bockbierbrand · 4 Eidotter · 100 g Kristallzucker
etwas Zitronenschale, abgerieben · Prise Kardamom · Prise Lebkuchengewürz

ZUBEREITUNG

Milch mit einer Prise Salz und der Vanilleschote aufkochen lassen. Vanilleschote wieder entfernen, Grieß beigeben und ca. 5 Minuten zu einer cremigen Masse kochen. Gelatine in kaltem Wasser einweichen, ausdrücken und in die noch heiße Grießmasse einrühren. Dann auskühlen lassen. Eidotter mit Zucker schaumig schlagen und gemeinsam mit Vanillezucker und Orangensaft in die Grießmasse mischen. Abschließend geschlagenes Obers untermengen. Die Masse in passende Formen oder Moccatassen füllen und einige Stunden kalt stellen. Für das Bockbier-Sabayon alle Zutaten in einem Kessel über heißem Dampf schaumig aufschlagen. Grießflammeri vor dem Servieren stürzen und mit dem vorbereiteten Bockbier-Sabayon auftragen.

TIPP: Statt Grieß kann für dieses Flammeri auch Polentagrieß verwendet werden, wobei man in diesem Fall die Menge auf ca. 80 g erhöhen muss.

ZITRONENTÖRTCHEN MIT KUMQUATSRAGOUT

ZUTATEN

200 g Ricotta · 200 g Sauerrahm · 4 Blätter Gelatine · 3 EL Kristallzucker
2 TL abgeriebene Zitronenschale · Saft von 1 Zitrone

FÜR DAS KUMQUATSRAGOUT

200 g Kumquats (Zwergorangen) · 50 g Zucker · 2 EL Maisstärke (Maizena)
1/2 Vanilleschote · 125 ml Orangensaft · Prise Salz · 8 Minzeblätter

ZUBEREITUNG

Gelatine in kaltem Wasser einweichen, ausdrücken und in wenig heißem Wasser auflösen. Ricotta mit Rahm, Zucker, Zitronensaft und -schale sowie der aufgelösten Gelatine gut verrühren. Die Creme in kleine Metallringe von 8 cm Durchmesser und 4 cm Höhe füllen und ca. 2 Stunden kalt stellen.

Kumquats kurz in kochendem Salzwasser blanchieren, damit die Bitterstoffe verloren gehen. Abschrecken, halbieren, entkernen und mit Orangensaft, Zucker und Vanilleschote ca. 5 Minuten köcheln lassen. Maisstärke in wenig Wasser glatt rühren und in das Ragout mischen. Vanilleschote entfernen und Ragout abkühlen lassen. Die Ringe von den Ricottatörtchen abziehen. Die Törtchen auf Desserttellern anrichten und mit dem Kumquatsragout sowie Minzeblättern garnieren.

TIPP: Komplettieren Sie dieses Dessert durch dekorativ zugeschnittene Strudelteigblätter, die mit Staubzucker bestreut und dann im Backrohr bei 200 °C karamellisiert werden.

Zitronentörtchen mit Kumquatsragout

„SCHOKOLADE-BIERAMISU"

ZUTATEN

**4 Tassen Espresso · 200 ml Weißbier (am besten dunkles Weizenbier)
6 cl Tia Maria (Kaffeelikör) · 4 Eidotter · 60 g Kristallzucker · ausgekratztes Mark von 1/2 Vanilleschote · Prise Salz · 300 g Mascarpone · 1 Blatt Gelatine · 1 Packung Biskotten (ca. 20–25 Stk.) · Kakaopulver zum Bestreuen · 6 Scheiben Pumpernickel**

FÜR DIE SCHOKOLADEMOUSSE

**100 g Bitterkuvertüre · 50 ml Schlagobers, flüssig · 50 ml Milch
100 ml Schlagobers, halbsteif geschlagen**

ZUBEREITUNG

Eidotter, Zucker, Salz und Vanillemark über Dampf schaumig rühren. Sobald sich der Zucker vollständig aufgelöst hat, die in kaltem Wasser eingeweichte Gelatine ausdrücken, zugeben und auflösen. Schüssel in ein kaltes Wasserbad stellen und Masse kalt rühren. Zum Schluss Mascarpone löffelweise unterrühren.

Für die Schokolademousse Milch mit flüssigem Obers aufkochen und die Kuvertüre zugeben. Unter ständigem Rühren schmelzen und dann wieder abkühlen lassen. Halbsteif geschlagenes Obers unterziehen. Frisch zubereiteten Espresso mit Kaffeelikör und Weißbier vermischen. Biskotten kurz darin tränken und kleine Auflaufförmchen oder Glasschüsseln damit auslegen. Dann abwechselnd Mascarponecreme und Schokolademousse darüber auftragen, glatt streichen und mit getränkten Biskotten belegen. So lange wiederholen, bis alles verbraucht ist. Die oberste Lage sollte Mousse sein. Oberfläche glatt streichen und abgedeckt, am besten über Nacht, kalt stellen. Vor dem Servieren die Oberfläche dick mit geriebenem, geröstetem Pumpernickel bestreuen und Kakaopulver darüber sieben.

GARNITUREMPFEHLUNG: frische Kirschen, Kirschragout oder Vanilleweichseln (s. Grießschmarren S. 355)

„Schokolade-Bieramisu"

KALTER MILCHREIS MIT GEFÜLLTEN HIMBEEREN

ZUTATEN
300 ml Milch · 60 g Rundkornreis · 2 Blätter Gelatine · Saft von 1/2 Zitrone
Saft und Schale von 1/2 Orange · 8 Safranfäden · Mark von 1/2 Vanilleschote,
ausgekratzt · Prise Salz · 1/2 Zimtstange · 2 cl Grand Marnier
100 g Joghurt · 2 Eiklar mit 1 EL Vanillezucker steif geschlagen

FÜR DIE GEFÜLLTEN HIMBEEREN
20 schöne Himbeeren · 50 ml Apfelbalsamessig · 50 g brauner Zucker
20 g Milchschokolade

FÜR DAS HIMBEERMARK
200 g Himbeeren · etwas Kristallzucker

ZUBEREITUNG
Reis mit etwas Wasser einmal aufkochen, abseihen und dann mit Milch, Orangensaft, Vanillemark, Salz und Zimtstange ca. 20 Minuten weich kochen. Gelatine in kaltem Wasser einweichen, ausdrücken und mit Zitronensaft, Orangenschale, Safran und Grand Marnier einrühren. Joghurt unterheben und das mit Vanillezucker steif geschlagene Eiklar unterziehen. Masse in Metallringe (8–10 cm Ø) füllen und kalt stellen.
Für die gefüllten Himbeeren zunächst Apfelbalsamessig und Zucker zusammen aufkochen. Kurz abkühlen lassen und die Schokolade einrühren. Die Himbeeren auf den Kopf stellen und die Masse mit Hilfe eines Dressiersacks einfüllen. Kalt stellen. Für das Himbeermark Zucker mit Himbeeren mixen und passieren. Die Reistörtchen auf flache Teller setzen, den Metallring abziehen und die gefüllten Himbeeren dazulegen. Mit Himbeermark garnieren.

GARUNGSDAUER: ca. 20 Minuten
GARNITUREMPFEHLUNG: Hippen und Schokospäne

DESSERT-KREATIONEN

SACHERPARFAIT MIT MARINIERTEN ERDBEEREN UND HASELNUSSHIPPEN

ZUTATEN FÜR 8–10 PORTIONEN

FÜR DAS PARFAIT
3 Eier · 100 g Kristallzucker · 100 g Kochschokolade · 100 g Nougat
500 ml Schlagobers, geschlagen · je ein Schuss Milch und Weinbrand

FÜR DIE GLASUR (für eine Tafel 30 x 8 cm)
200 g Kuvertüre · 200 ml Schlagobers · 1 Blatt Gelatine · 2 cl Rum

FÜR DIE MARINIERTEN ERDBEEREN
ca. 500 g Erdbeeren · 2 cl Grand Marnier · 2 EL Staubzucker

FÜR DIE HASELNUSSHIPPEN
200 g Haselnüsse, gerieben · 180 g Kristallzucker · 70 g Mehl, glatt · 100 g Butter, flüssig · Prise Salz · Schale von 2 Orangen, abgerieben · Saft von 1/2 Orange

ZUBEREITUNG

Für das Parfait die Eier mit Kristallzucker in einer Schüssel über Dampf warm schlagen, bis die Masse schaumig ist. In eine Schüssel mit eiskaltem Wasser setzen und Masse kalt schlagen. Kochschokolade ebenfalls in einem heißen Wasserbad erweichen. Nougat sowie je einen Schuss Milch und Weinbrand zugeben und alles glatt rühren. Nun Eiermasse unterheben und zum Schluss das geschlagene Obers vorsichtig unterziehen. In kleine Portionsformen einfüllen und im Tiefkühler ca. 4 Stunden gefrieren lassen.

Für die Glasur Obers aufkochen und Kuvertüre, Rum sowie eingeweichte und ausgedrückte Gelatine zugeben. Unter ständigem Rühren schmelzen lassen. Dann über eiskaltem Wasser so lange rühren, bis die Masse lippenwarm ist. Gut durchgefrorenes Parfait auf ein Gitterblech stürzen (eventuell vorher kurz in heißes Wasser stellen) und mit der temperierten Schokoladeglasur dünn überziehen. (Restliche Glasur erkalten lassen und bei Bedarf leicht erwärmen.) Glasierte Parfaits wieder gefrieren lassen.

Währenddessen für die marinierten Erdbeeren die Hälfte der Erdbeeren mit Staubzucker und Grand Marnier mit dem Stabmixer mixen und durch ein Teesieb streichen. Restliche Erdbeeren vierteln und unter die Sauce mengen.

Für die Hippen alle Zutaten miteinander verrühren und 1 Stunde kühl stellen. Aus der Masse kleine Kugerln formen und diese dann auf einer Silikonmatte oder einem befetteten Backblech im vorgeheizten Backrohr bei 190 °C ca. 6–8 Minuten goldgelb backen (die Masse zerläuft beim Backen von alleine zu dünnen Hippenblättchen). Auskühlen lassen. Parfait auf Tellern anrichten, mit marinierten Erdbeeren umgießen und mit Hippen dekorieren.

BACKZEIT: Hippen: 6–8 Minuten
BACKROHRTEMPERATUR: 190 °C

TIPP: Noch attraktiver sehen die Hippen aus, wenn man sie noch warm um einen Kochlöffel wickelt oder über einer umgedrehten Terrinenform in Form bringt.

PARFAIT ST. SYLVESTRE

Bevor die Nouvelle Cuisine seligen Angedenkens den opulenten Servierplatten und den klassischen Gerichten wie Tournedos Rossini, Seezunge Colbert oder Entrecôte auf Weinhändlerart in den 80er Jahren des 20. Jahrhunderts wohl für immerdar den Garaus machte, war die genaue Kenntnis der Garnituren das Einmaleins der Gastronomie. Jeder Kellner musste es beherrschen, um mit den Köchen wie auch mit den Gästen kommunizieren zu können. Manche dieser Garnituren waren – wie etwa der „Fogasch Siririkit", der mit Rosinen, Mandeln und Currysauce gratiniert wurde – in der Sacher-Küche selbst erfunden worden. Von anderen „Erfindungen" wie etwa dem am Vorabend des Neujahrskonzerts servierten „Parfait St. Sylvestre" berichten altgediente Köche: „Da hamma einfach g'mocht, was ma woll'n ha'm."

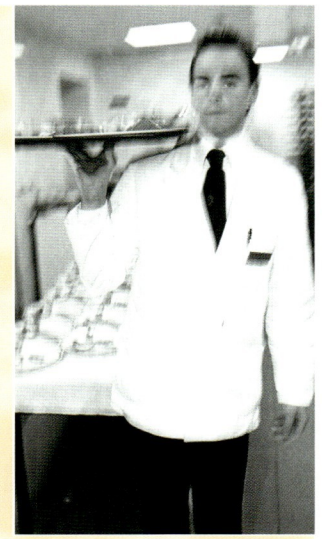

Die meisten Garnituren standen damals jedoch von Monte Carlo bis Miami international im Gebrauch aller Grand Hotels: „Alexandra" etwa bedeutete eine gebundene Suppe mit Kalbsbries, glacierten Karotten und Perlzwiebeln, „Egyptienne" Safranreis und Tomaten, „Otello" ein Beefsteak mit pochiertem Ei und Champignonpüree, oder „Parisienne" eine Garnitur mit Spargel und Pariser Erdäpfelchen. Etwa zweihundert solcher Garnituren hatte jeder Sacher-Kellner in einem kleinen Notizbuch stehen, dessen Inhalt vom Oberkellner täglich vor Dienstbeginn abgeprüft wurde. Und da die Sitten damals strenger als heute waren, gab's für jeden, der eine Garnitur nicht wusste, den ganzen Tag lang als Strafe kein Trinkgeld.

GEEISTE SACHERMELANGE MIT MARILLEN UND MANDELSCHAUM

ZUTATEN FÜR 4 GLÄSER (am besten Sektflöten oder edle Wassergläser)

FÜR DIE 1. SCHICHT: 150 ml Milch · 100 g Bitterschokolade (mind. 70 % Kakaoanteil) · 2 cl Marillenbrand · Prise Salz

FÜR DIE 2. SCHICHT (Sacherbiskuit): 40 g Butter · 2 Eidotter · Vanillezucker 30 g Staubzucker · 40 g Kuvertüre · 40 g Mehl · 40 g Kristallzucker · 2 Eiklar · Salz · starker Espresso zum Tränken

FÜR DIE 3. SCHICHT: 2 Eidotter · 4 cl Tia Maria (Kaffeelikör) · 2 EL Kristallzucker für die Dottermasse · 2 cl Rum · 1 EL Löskaffeepulver · Prise Salz · 200 ml Schlagobers, geschlagen · 100 g Milchschokolade · 2 Eiklar · 1 EL Kristallzucker für den Schnee 1 1/2 Blätter Gelatine

FÜR DIE 4. SCHICHT: 2 Tassen Espresso · 1 Blatt Gelatine

FÜR DIE 5. SCHICHT: eingelegte oder frisch gedämpfte Marillen

FÜR DEN MANDELSCHAUM: 150 ml Milch · 50 g Mandelblättchen, geröstet 1 Blatt Gelatine · Kakao zum Bestreuen

ZUBEREITUNG

Zunächst das Sacherbiskuit (wie bei der Sachertorte auf S. 285 beschrieben) vorbereiten. Masse ca. 3 mm hoch auf ein mit Backpapier ausgelegtes Backblech streichen und im vorgeheizten Backrohr bei 200 °C ca. 8 Minuten backen. Mit einem runden Ausstecher oder Glas runde Scheiben in der Größe des später verwendeten Glases ausstechen.

Für die 1. Schicht Milch in einem Topf aufkochen, zerkleinerte Schokolade zugeben und mit Marillenbrand und einer Prise Salz zu einer glatten Masse verrühren.

Für die 3. Schicht die Dotter in einem heißen Wasserbad mit Kaffeelikör, Rum, Zucker, Löskaffeepulver sowie einer Prise Salz schaumig rühren. Aus dem Wasserbad nehmen und kalt schlagen. Schokolade im Wasserbad schmelzen und mit der Dottermasse vermischen. Gelatine in kaltem Wasser einweichen, ausdrücken und zugeben. Geschlagenes Obers unterziehen und abschließend das mit Zucker steif geschlagene Eiklar untermischen.

Für die 4. Schicht Gelatine einweichen, ausdrücken und in wenig erwärmtem Espresso auflösen, einrühren und abkühlen lassen.

Für die Endfertigung nun in jedes Glas zunächst die 1. Schicht (Schokomasse) etwa einen Finger hoch einfüllen und tiefkühlen. Dann etwa 1 cm hoch mit in Kaffee getränktem Biskuit bedecken und etwa 3 Finger hoch mit Moccacreme (3. Schicht) auffüllen. Kurz tiefkühlen und mit dem Espressogelee (4. Schicht) hauchdünn überziehen. Etwa 2 Stunden kalt stellen. Währenddessen für den Mandelschaum die Milch aufkochen und mit den frisch gerösteten Mandeln 5 Minuten ziehen lassen. Abseihen und eingeweichte, ausgedrückte Gelatine in die Milch einrühren. In eine ISI-Flasche füllen, 2 Kapseln eindrehen und 2 Stunden kalt stellen. Gläser aus dem Kühlschrank nehmen, eingelegte Marillen auflegen und mit dem Mandelschaum aus der ISI-Flasche auffüllen. Mit Kakao bestreuen.

BACKZEIT: ca. 8 Minuten
BACKROHRTEMPERATUR: 200 °C

Bild links: Weinbergpfirsich in Sacher-Cuvée-Gelee und geeiste Sachermelange

DESSERT-KREATIONEN

STEIRISCHES KÜRBISKERNPARFAIT

ZUTATEN
2 Eier · 2 Eidotter · 1 KL Vanillezucker · 3 EL Demerarazucker (oder brauner Zucker)
2 EL Honig · Saft von 1 Orange · 350 ml Schlagobers · 50 g Kristallzucker
50 g Kürbiskerne, geröstet · 40 g Vollmilchschokolade, gerieben
2 cl Nussschnaps · Prise Salz · Öl für die Arbeitsfläche

FÜR DAS SÜSSE KÜRBISKERNPESTO
2 EL Kürbiskernöl · 2 EL Kürbiskerne, gehackt · etwas abgeriebene Orangenschale
1 Biskotte, zerbröselt · etwas geriebener Ingwer

ZUBEREITUNG
Kleine Portionsförmchen oder eine mit Folie ausgekleidete Terrinenform im Tiefkühlfach gut vorkühlen. Eier, Dotter, Salz und Vanillezucker zu einer schaumigen Masse schlagen. Demerarazucker mit Honig und Orangensaft so lange kochen, bis die Flüssigkeit etwas zähflüssig über einen Löffelrücken hinunterrinnt. Sofort in die Eiermasse einrühren und so lange im Eiswasserbad kräftig schlagen, bis die Masse wieder Zimmertemperatur angenommen hat. Schlagobers steif schlagen. Kristallzucker in einer Pfanne karamellisieren und geröstete Kürbiskerne zugeben. Gut durchrühren und auf einer mit Öl bestrichenen Metallplatte abkühlen lassen.
Diese Masse in einem Mörser oder Mixer fein zerstoßen und mit der geriebenen Schokolade unter die Eiermasse rühren. Schlagobers unterheben und mit Nussschnaps abschmecken. Masse in vorgekühlte Formen einfüllen und für mindestens 4 Stunden tiefkühlen. Währenddessen für das Pesto alle angeführten Zutaten vermengen. Förmchen vor dem Servieren kurz in heißes Wasser halten und anschließend stürzen. Parfait jeweils mit einem Esslöffel von süßem Kürbiskernpesto überziehen.

GARNITUREMPFEHLUNG: Glühmostschaum (s. Savarin S. 305 f.)
TIPP: Für eine Kinderparty ersetzen Sie die Schokolade noch besser durch geriebene Smarties!

ERDBEER-MINZE-SORBET

ZUTATEN
250 g frische Erdbeeren · 120 ml Läuterzucker (1 Teil Wasser mit 1 Teil Zucker eingekocht) · Saft und Schale von 1/2 Orange · Saft von 1/2 Zitrone
15 Minzeblätter · Melissen- oder Minzeblätter zum Garnieren

ZUBEREITUNG
Die Erdbeeren waschen, putzen und Stiele entfernen. Minzeblätter hacken und mit allen anderen Zutaten fein mixen. Masse in der Eismaschine frieren oder in eine flache Wanne füllen und unter wiederholtem Umrühren tiefkühlen. Mit einem in heißes Wasser getauchten Löffel aus der Masse Nocken stechen und in kleinen Glasschüsseln oder passenden Gläsern anrichten. Mit Minze- oder Melissenblättern garnieren.

TIPP: Dieses Sorbet eignet sich hervorragend als Begleitung für zahlreiche Desserts, etwa für duftige kleine Buchteln mit Vanillesauce.

KUKURUZ- UND KAKAOSORBET MIT SCHOKOLADECREME

ZUTATEN
FÜR DAS KUKURUZSORBET
100 g Kristallzucker · 150 g Maiskörner, gekocht (aus der Dose oder tiefgekühlt)
30 g Glucosesirup (zäher Zuckersirup) · 50 ml Schlagobers · 200 ml Wasser
1 Eiklar

FÜR DAS KAKAOSORBET
150 g Kakaopulver · 50 g Glucosesirup (zäher Zuckersirup) · 200 g Kristallzucker
1 Eiklar · 500 ml Wasser · 150 ml magere Haltbarmilch (1 % Fettgehalt)

FÜR DIE SCHOKOLADECREME
125 ml Milch · 125 ml Schlagobers · 25 g Kristallzucker · 3 Eidotter
125 g Zartbitterkuvertüre

FÜR DEN MANDEL-POLENTA-KROKANT
125 g Butter · 170 g Mehl, glatt · 2 EL Staubzucker · 2 EL Mandeln, gemahlen
3 Eidotter · 2 EL feine weiße Polenta (Maisgrieß) · Zitronenmarmelade
nach Belieben · Kakaopulver und Zitronenschalen zum Garnieren

ZUBEREITUNG
Für das Kukuruzsorbet sämtliche Zutaten miteinander vermengen und 2 Stunden ruhen lassen. Die Zutaten (am besten in einem Standmixer) sehr sorgfältig mixen, damit die Maiskörner auch wirklich gut püriert werden. Durchpassieren und in der Eismaschine (oder im Tiefkühlfach unter gelegentlichem Umrühren) gefrieren.

Für das Kakaosorbet Glucosesirup, Kristallzucker, Wasser und Haltbarmilch erhitzen. Temperatur auf ca. 85 °C erhöhen. Vom Feuer nehmen, Kakaopulver und Eiklar hinzufügen und sehr gut vermischen. Etwa 2 Stunden ruhen lassen. Dann im Standmixer mixen, durchseihen und in der Eismaschine (oder im Tiefkühlfach unter gelegentlichem Umrühren) gefrieren.

Für die Schokoladecreme Milch mit Zucker und Obers zum Kochen bringen. Vom Feuer nehmen, Eidotter mit etwas Milch vermengen, in die warme Milch einrühren und über die Schokolade gießen. Behutsam zu einer homogenen Emulsion (Masse) schlagen und kalt stellen.

Für den Krokant die Butter mit gesiebtem Mehl, Zucker und Mandeln vermischen, bis die Masse bröselig wird. Eidotter untermischen und zu einem Teig kneten. In Klarsichtfolie einschlagen und mindestens 1 Stunde rasten lassen. Durch die Nudelmaschine (mit Einsatz Nr. 2) drehen (oder sehr dünn ausrollen) und in 3 x 7 cm große Rechtecke schneiden. Mit etwas Wasser bestreichen und mit der feinen Polenta bestreuen. Auf ein mit Backpapier ausgelegtes Backblech legen und im vorgeheizten Backrohr bei 190 °C ca. 4 Minuten hell backen.

Schokoladecreme in einen Dressiersack mit großer, glatter Tülle (große, runde Öffnung) füllen und in die Mitte der Teller tupfenartig aufspritzen (oder Nockerl ausstechen). Krokantblätter darauf legen und nach Belieben jeweils etwas Zitronenmarmelade auftragen. Mit einem in heißes Wasser getauchten Löffel jeweils ein Nockerl von Kakao- und Kukuruzsorbet abstechen und darauf anrichten. Als Abschluss nochmals ein Krokantblatt auflegen und mit Kakaopulver sowie dekorativ geschnittenen Zitronenschalen garnieren.

BACKZEIT: Krokantblätter ca. 4 Minuten
BACKROHRTEMPERATUR: 190 °C

ZITRONEN-WODKA-SORBETTO

ZUTATEN
200 g Kristallzucker · Saft von 4 Zitronen · Schale von 1 Zitrone, abgerieben
4 cl Wodka · 100 ml Weißwein · 2 Eiklar, mit 2 EL Zucker sämig geschlagen

ZUBEREITUNG
Etwa 400 ml Wasser mit Zucker und Zitronenschale aufkochen. Zitronensaft, Wodka und Weißwein zugeben und in der Eismaschine frieren. Oder Masse in eine flache Wanne füllen und unter wiederholtem Umrühren mit dem Schneebesen tiefkühlen. Kurz vor dem Servieren mit Zucker sämig aufgeschlagenes Eiklar unterrühren. Das Sorbetto sollte schön cremig und locker sein.

WEINBERGPFIRSICH IN SACHER-CUVÉE-GELEE

ZUTATEN
3 Weinbergpfirsiche (ca. 400 g), vollreif, nicht zu weich · 500 ml Sacher-Cuvée (ersatzweise anderer Champagner oder Sekt) · 100 g Kristallzucker · Mark von 1 ausgekratzten Vanilleschote · Schale und Saft von 1/2 Limette · 10 cl Pfirsichlikör 8 Blätter Gelatine, eingeweicht und ausgedrückt · 50 g Himbeeren · 2 TL Staubzucker 1 TL Zitronensaft · Melisse- und Minzeblätter zum Garnieren

ZUBEREITUNG
Die Pfirsiche blanchieren (mit siedendem Wasser kurz überbrühen), kalt abschrecken und halbieren. Haut abziehen und Kerne entfernen. Pfirsiche in einer Kasserolle gemeinsam mit Champagner, Zucker, Vanille, Limettenschalen und -saft bei milder Hitze dünsten, bis sie weich sind, aber nicht zerfallen. Saft durch ein Sieb passieren (3–4 Esslöffel davon beiseite stellen), die Hälfte des Pfirsichlikörs dazugießen und die eingeweichte, ausgedrückte Gelatine darin auflösen. Zwei Pfirsichhälften klein würfeln, unter das Gelee ziehen und im Tiefkühler abkühlen. Bevor das Gelee zu stocken beginnt, 4 dekorative Gläser zu 3/4 damit füllen und kalt stellen.

Die verlesenen Himbeeren mit einigen Tropfen Zitronensaft aromatisieren und behutsam mit Staubzucker vermengen. Die Gläser aus dem Kühlschrank nehmen und so viel erstarrtes Gelee ausstechen, dass die Himbeeren in der frei gewordenen Mulde Platz haben. Ausgestochenes

Gefüllter Apfel
mit Sauerrahmmousse

FRUCHTDESSERTS

CHAMPAGNER NACH DEM DESSERT

Als Erich Maria Remarque, der berühmte Autor von „Im Westen nichts Neues", im Sacher abstieg und im Maria-Theresien-Salon dinierte und nach dem Dessert noch ein Glas Champagner bestellte, meinte er begeistert: „Am liebsten würde ich meine Füße in Champagner baden!" Und da im Sacher bekanntlich alle Wünsche erfüllt werden, dauerte es, nachdem Remarque sein Zimmer wieder betreten hatte, keine fünf Minuten, bis man dem Dichter einen Weidling voll Schampus brachte – und er zögerte auch nicht, seine geheime Sehnsucht darin zu stillen.

Gelee mit dem beiseite gestellten Saft leicht erwärmen und die Himbeeren damit überziehen. Die restlichen 4 Pfirsichhälften zu einer Creme mixen. Mit restlichem Pfirsichlikör abschmecken und über das Gelee verteilen, mit Melissen- und Minzeblättern garnieren.

GEFÜLLTE ÄPFEL MIT SAUERRAHMMOUSSE

ZUTATEN
4 Äpfel (am besten Idared) · Saft von 1 Zitrone · 100 ml Cidre (Apfelwein)
FÜR DIE MOUSSE
250 ml Sauerrahm · 2 Blätter Gelatine · 3 Eiklar · 40 g Kristallzucker · Saft von 1 Zitrone
ZUBEREITUNG
Oberes Drittel der Äpfel abkappen, sodass das Innere ausgehöhlt werden kann und die Äpfel noch stehen. Fruchtfleisch mit Cidre sowie Zitronensaft mixen und kalt stellen.
Für die Mousse Sauerrahm mit Zitronensaft verrühren. Gelatine einweichen. Eiklar mit Kristallzucker zu steifem Schnee schlagen. Gelatine in wenig warmem Wasser auflösen und unter den Sauerrahm rühren. Schnee vorsichtig unterheben und in einer Metallschüssel etwa 4 Stunden kühlen.
Aus der gekühlten Masse Nockerln stechen und diese in die halbierten Äpfel setzen. Obere Hälfte dazulegen, mit Apfelsuppe umgießen und eiskalt servieren.

HOLLER-ZWETSCHKEN-KOCH

ZUTATEN
300 g Hollerbeeren · 100 ml Rotwein (Burgunder) · 100 g Kristallzucker · 8 Zwetschken, in Spalten geschnitten · 200 ml Apfelsaft · 1 Apfel, geschält und geraspelt · 1 Gewürznelke · 1/2 Sternanis · 2 EL Apfelessig · 1 KL Ingwer, gerieben Schale und Saft von 1/2 Orange · Evt. 1 EL Maisstärke, mit 4 EL Wasser verrührt, zum Binden
ZUBEREITUNG
Den Zucker in einer Kasserolle karamellisieren. Mit Rotwein, Apfelsaft sowie Essig ablöschen und 5 Minuten einkochen lassen. Sobald sich der Karamell aufgelöst hat, Orangensaft und -schale, Zwetschkenspalten, Hollerbeeren, geraspelten Apfel sowie Gewürze zugeben und 10–15 Minuten köcheln lassen. Ist der Röster noch zu dünnflüssig, etwas Maisstärke mit Wasser verrühren und damit binden. Kalt stellen.

GARUNGSDAUER: 10–15 Minuten

ZWETSCHKENRÖSTER

ZUTATEN
**500 g Zwetschken, klein und nicht zu weich · 100 g Zucker · 100 ml Rotwein
Prise Zimt · Schale von 1/2 Orange, in größere Streifen geschnitten · Saft von 1 Zitrone**

ZUBEREITUNG
Die Zwetschken halbieren und entkernen. Den Zucker hell karamellisieren, mit Rotwein ablöschen und auf die Hälfte einkochen lassen. Zwetschken, Prise Zimt, Orangenschalenstücke zugeben und ca. 8–10 Minuten köcheln lassen. Mit Zitronensaft abschmecken und Orangenschale wieder entfernen. Kalt stellen.

GARUNGSDAUER: 8–10 Minuten

TIPP: Wird der Zwetschkenröster nicht sofort verwendet, so füllt man ihn in heiß ausgespülte Gläser, flambiert die Oberfläche mit 1 EL Weinbrand und verschließt das Glas gut. So kann der Röster bis zu 14 Tagen kühl aufbewahrt werden.

MARILLENRÖSTER

ZUTATEN FÜR CA. 2 GLÄSER MIT JE 500 G
**1 kg Marillen, geviertelt und ohne Kerne · 300 g Kristallzucker
1/2 Vanilleschote · Saft von 1/2 Zitrone**

ZUBEREITUNG
In einem Topf alle Zutaten miteinander ca. 5–8 Minuten köcheln lassen. Vanilleschote entfernen, Einmachgläser sorgfältig heiß ausspülen und Marillen sofort einfüllen. Gläser gut verschließen. Bei Zimmertemperatur abkühlen lassen und dann gut gekühlt – bis zu 10 Tagen – lagern.

GARUNGSDAUER: 5–8 Minuten

TIPP: Dieser Marillenröster ist eine erfrischende, vielfach verwendbare Zutat, die nicht nur zu kalten Desserts und Cremen ganz hervorragend passt, sondern auch Gerichte aus der warmen süßen Küche, etwa Knödel oder Topfennudeln, vorzüglich ergänzt.

GRANATAPFELSIRUP MIT AMARETTO UND SPUMANTE

ZUTATEN
**2 reife rote Granatäpfel · 5 EL Wasser · 2 EL Grenadine (Granatapfelsirup)
5 EL Amaretto (Mandellikör) · 2 Tropfen Angostura (Bitterlikör)
1 Flasche Spumante (ital. Schaumwein)**

ZUBEREITUNG
Um die Granatapfelkerne auszulösen, die Granatäpfel in Spalten schneiden und diese über einer Schüssel auseinander brechen. Die Kerne von den bitteren Zwischenhäuten lösen und zuletzt mit einem Kochlöffel etwas zerdrücken. Mit Wasser und Grenadine etwa 2 Minuten kochen lassen. Kurz mixen und durch ein feines Sieb streichen. Nach dem Erkalten mit Amaretto und Angostura aromatisieren. Jeweils etwa 1–2 Esslöffel Granatapfelsirup in ein Sektglas geben und mit eiskaltem Spumante aufgießen.

TIPP: Angostura wird auch zum Aromatisieren von Cocktails verwendet. Da er jedoch sehr geschmacksintensiv ist, sollte er nur in kleinen Mengen eingesetzt werden.

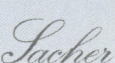 

WILLKOMMEN

IM MEHLSPEISHIMMEL!
WARME DESSERTS VON KAISERSCHMARREN BIS TOPFENKNÖDEL

WARME MEHLSPEISEN

Dass die Engerln aus dem gleichnamigen Lied nur deshalb „auf Urlaub nach Wien" kommen, weil es hier so gute warme Mehlspeisen gibt, lässt sich zwar nicht nachweisen. Fest steht jedoch, dass süße Gerichte wie Powidltascherl, Buchteln mit Vanillesauce, Germknödel oder Millirahmstrudel sehr wohl verführerisch genug sind, um Gäste aus aller Welt in die Donaumetropole – und natürlich ins Sacher – zu locken.

MOHNNUDELN

ZUTATEN FÜR 6–8 PORTIONEN
500 g mehlige Erdäpfel · 40 g Butter · 100 g Mehl · 50 g Hartweizengrieß
50 g Maisstärke (Maizena) · 100 g Topfen (20 % Fettgehalt) · 1 Ei · 1 Eidotter
Muskatnuss, gerieben · Salz · Mehl und Grieß für die Arbeitsfläche

FÜR DIE MOHNBRÖSEL
150 g Mohn, fein gerieben · 80 g Butter · 4 cl Rum · 4 EL Staubzucker
2 EL Semmelbrösel · Staubzucker zum Bestreuen

ZUBEREITUNG
Die geschälten Erdäpfel in leicht gesalzenem Wasser weich kochen. Gut ausdampfen lassen und noch heiß durch eine Erdäpfelpresse drücken. Auf einer Arbeitsfläche mit Butter, Mehl, Maisstärke, Topfen, Ei, Eidotter, Grieß, Salz und Muskatnuss zu einem geschmeidigen Teig verarbeiten. Eine 3 cm dicke Rolle formen und mit einer Teigkarte daumendicke Stücke abstechen. Auf einer bemehlten Arbeitsfläche mit der Handfläche zu kleinen Nudeln „wutzeln" (formen).
Auf ein mit Grieß bestreutes Blech setzen. Einen großen Kochtopf mit Backpapier auslegen und noch Papier zum Abdecken überstehen lassen. Wasser einfüllen, aufkochen und Nudeln einlegen. Mit Backpapier bedecken und leicht wallend ca. 5 Minuten ziehen lassen. (Die Nudeln bleiben so stets unter Wasser und können sich nicht anlegen!) Mit einem Schaumlöffel herausheben und abtropfen lassen. Für die Mohnbrösel die Butter aufschäumen und mit den restlichen Zutaten gut vermengen. Nudeln einlegen und gut durchschwenken. Mohnnudeln auf vorgewärmten Tellern anrichten und mit Staubzucker bestreuen.

GARUNGSDAUER: ca. 5 Minuten
BEILAGENEMPFEHLUNG: Zwetschkenröster (s. S. 331), Holler-Zwetschken-Koch (s. S. 330) oder Marillenröster (s. S. 331).

POWIDLTASCHERL

ZUTATEN
300 ml Milch · 2 EL Butter · ca. 150 g Mehl, glatt · 2 Eidotter · Prise Salz
Mehl für die Arbeitsfläche · 150 g Powidl, mit 2 cl Rum oder Zwetschkenschnaps verrührt · Staubzucker

FÜR DIE BUTTERBRÖSEL
100 g Butter · 100 g Semmelbrösel · 50 g Walnüsse, gerieben · Prise Zimt
2 EL Kristallzucker · 1 EL Vanillezucker

Powidltascherl

ZUBEREITUNG

Milch mit Butter und einer Prise Salz aufkochen. Mehl bei kleiner Hitze in die Milch einrühren und so lange rühren, bis ein glatter Teig entsteht, der sich von Kochlöffel und Geschirr löst. Teig in eine Rührschüssel umfüllen und Dotter schnell in den Teig einarbeiten. Teig auf ein bemehltes Brett legen und auskühlen lassen.

Teig mit Mehl stauben und auf einer bemehlten Arbeitsfläche ca. 2 mm dick ausrollen. Mit einem runden Ausstecher 12 Scheiben von ca. 8 cm Durchmesser ausstechen und Teigränder mit Wasser bestreichen. Den mit Rum verrührten Powidl in kleinen Häufchen etwas außerhalb der Mitte auf die Teigscheiben setzen. Unbelegte Teighälften über die Fülle klappen und Ränder gut festdrücken. Reichlich Salzwasser aufkochen, Powidltascherl einlegen und bei kleiner Hitze ca. 5 Minuten ziehen lassen. Währenddessen für die Butterbrösel Butter in einer Pfanne schmelzen lassen und Brösel, Zimt, Nüsse, Vanille- und Kristallzucker darin goldgelb rösten. Fertige Tascherl mit einem Schaumlöffel aus dem Wasser heben, abtropfen lassen und in den vorbereiteten Butterbröseln schwenken. Powidltascherl anrichten und leicht gezuckert servieren.

GARUNGSDAUER: ca. 5 Minuten
GARNITUREMPFEHLUNG: Zwetschkenröster (s. S. 331)
TIPP: Powidltascherl lassen sich problemlos auf Vorrat zubereiten, da sie sich gut zum Tiefkühlen eignen und bei Bedarf einfach in sprudelnd heißem Wasser gekocht werden.

WARME MEHLSPEISEN

HANDGEWUTZELTE GRIESSNUDELN

ZUTATEN FÜR 6 PORTIONEN
200 ml Milch · 100 g Butter · 120 g Weizengrieß · 6 Eidotter · 6 Eiklar
40 g Kristallzucker · 200 g Weißbrotwürfel, klein geschnitten · 1/2 Pkt. Vanillezucker
Zitronensaft · Prise Salz · Butter, Brösel und Zucker für die Butterbrösel
Staubzucker zum Bestreuen

ZUTATEN

Milch mit Butter und einer Prise Salz aufkochen lassen. Dann den Grieß unter ständigem Rühren einmengen und so lange rühren, bis sich der Teig vom Topf löst. Vom Feuer nehmen, etwas überkühlen lassen und nach und nach die Eidotter einrühren. Eiklar mit Kristallzucker steif schlagen und abwechselnd mit den Weißbrotwürfeln einarbeiten. Mit Vanillezucker und Zitronensaft aromatisieren. Aus dem Teig kleinere oder größere Nudeln formen, in siedendes Wasser einlegen und je nach Größe 6–10 Minuten kochen. Herausheben und abtropfen lassen. In einer Pfanne ausreichend Butter schmelzen, Brösel und Zucker zugeben und knusprig rösten. Grießnudeln darin wälzen und vor dem Servieren mit Staubzucker anzuckern.

GARUNGSDAUER: je nach Größe 6–10 Minuten
GARNITUREMPFEHLUNG: Holler-Zwetschken-Koch (s. S. 330)
TIPP: Die Butterbrösel schmecken noch raffinierter, wenn man sie mit gemahlenem Mohn und/oder Zimt verfeinert.

NUSSNUDELN MIT BRATAPFELCREME

ZUTATEN
250 g Topfen (20 % Fettgehalt) · 80 g frische Weißbrotwürfel · 3 EL Sauerrahm
2 EL Butter, flüssig · 2 EL Staubzucker · Schale von 1/2 unbehandelten Zitrone, abgerieben · 1 Eidotter · 1 Ei · 30 g Mehl, glatt · 40 g Grieß (am besten Hartweizengrieß)
1 EL Maisstärke (Maizena) · Mehl für die Arbeitsfläche · Salz für das Kochwasser

FÜR DIE NUSSBRÖSEL
80 g Semmelbrösel · 2 EL Vanillezucker · 2 EL Kristallzucker · 50 g Walnüsse, gerieben
80 g Butter

FÜR DIE BRATAPFELCREME
4 rote Äpfel, möglichst säuerlich · 3 EL Kristallzucker · 2 EL Butter · etwas Zimtpulver
Saft von 1/2 Zitrone nach Belieben · Apfelsaft nach Bedarf

ZUBEREITUNG

Für die Creme die Äpfel waschen, die Schale längs einschneiden und mit Butter bepinseln. In Zucker wälzen und im vorgeheizten Backrohr ca. 40 Minuten bei 180 °C weich schmoren. Eventuell etwas Apfelsaft zugießen. Auskühlen lassen und durch ein Sieb drücken. Nach Belieben mit Zitronensaft und Zimt abschmecken.
Für den Teig Topfen in einer Schüssel mit allen Zutaten gut verkneten und 2 Stunden an einem kühlen Ort rasten lassen. In einem Topf Salzwasser zum Kochen bringen. Auf einer bemehlten Arbeitsfläche aus dem Teig kleine Rollen formen, kleine Stücke abschneiden und diese zwischen den Handflächen zu Nudeln formen. In kochendem Wasser 5–8 Minuten ziehen lassen, bis die Nudeln aufsteigen.

Für die Nussbrösel Butter in einer Pfanne aufschäumen, restliche Zutaten zugeben und rösten. Die Nudeln aus dem Wasser heben, gut abtropfen lassen und in den Bröseln schwenken. Bratapfelcreme in der Mitte der Teller verteilen, die Nudeln darauf legen und mit Staubzucker anzuckern.

GARUNGSDAUER: Nudeln 5–8 Minuten, Bratäpfel 40 Minuten
BACKROHRTEMPERATUR: 180 °C
TIPPS: Ein Schuss Apfelbrand oder Calvados sowie gehackte Schwarze Nüsse verfeinern die Nussbrösel noch zusätzlich. Die Nudeln können roh tiefgekühlt und erst bei Bedarf gekocht werden.

TOPFENKNÖDEL I — TRADITIONELL UND SCHNELL

ZUTATEN
300 g Topfen (20 % Fettgehalt), passiert · 60 g Butter, flüssig · 60 g Semmelwürfel
2 Eier · 3 EL Sauerrahm · 80 g Grieß (Hartweizen- oder Goldgrieß) · Prise Salz
Schale und Saft von 1/2 Zitrone · 1 EL Vanillezucker

FÜR DIE ZUCKERBRÖSEL
100 g Butter · 2 EL Vanillezucker · 100 g Brösel · Prise Zimtpulver

ZUBEREITUNG
Die flüssige Butter gut mit den Semmelwürfeln vermengen und die restlichen Zutaten gründlich untermischen. Für 2 Stunden kalt stellen. Aus der Masse 12 gleich große Knöderl formen und in gesalzenem Wasser leicht wallend ca. 8 Minuten ziehen lassen. Aus dem Topf heben, auf Küchenkrepp gut abtropfen lassen und in Zuckerbröseln schwenken. Auf vorgewärmten Tellern anrichten. Für die Zuckerbrösel die Butter in einer großen Pfanne schmelzen. Brösel zugeben und goldbraun rösten. Vanillezucker und Zimt beimengen und eventuell im Backrohr bei 170 °C nachrösten.

GARUNGSDAUER: ca. 8 Minuten

TOPFENKNÖDEL II — EXTRA FLAUMIG

ZUTATEN
2 Eier · 2 Eidotter · 500 g Topfen (20 % Fettgehalt), passiert · 180 g Toastbrot, entrindet und getrocknet · Prise Salz · 80 g Butter · 1 EL Maisstärke (Maizena)
Saft und Schale von 1/2 Zitrone · 1 EL Vanillezucker · 1 EL Zucker · Zuckerbrösel
s. Topfenknödel I

FÜR DAS KOCHWASSER
1 Vanilleschote · etwas Zucker · Saft von 1/2 Orange

ZUBEREITUNG
Den Topfen in ein Küchentuch binden und über einer Schüssel über Nacht abtropfen lassen. Entrindetes, getrocknetes Toastbrot fein reiben. Alle Zutaten gut miteinander vermischen und 1 Stunde kalt stellen. Aus der Masse 12–16 Miniknöderl formen. Ausreichend Salzwasser mit etwas Zucker, Orangensaft und der Vanilleschote aufkochen. Knöderl einlegen und in kochendem Salzwasser 6–8 Minuten ziehen lassen. Herausheben und in den vorbereiteten Zuckerbröseln wälzen.

GARUNGSDAUER: 7–8 Minuten
GARNITUREMPFEHLUNG: Zwetschken-, Marillen-, Beeren- oder Hollerröster (s. S. 331), Vanille- oder Marilleneis, Vanille-, Himbeer- oder Erdbeersauce

WARME MEHLSPEISEN

WACHAUER MARILLENKNÖDEL

ZUTATEN FÜR 12 KNÖDEL
3 Eidotter · 3 Eiklar · 120 g Butter · 150 g feiner Hartweizengrieß · 150 g Mehl
500 g Topfen (20 % Fettgehalt), passiert · Mark von 1 ausgekratzten Vanilleschote
Prise Salz · 4 cl Marillenbrand und 2 EL Kristallzucker für das Kochwasser

FÜR DIE FÜLLE
12 kleine, reife Marillen · 12 ganze Mandeln, geschält und geröstet
80 g Marzipan, mit etwas Amaretto verknetet

FÜR DIE BUTTERBRÖSEL
150 g Butter · 60 g Kristallzucker · 20 g Vanillezucker · 300 g Semmelbrösel
Zimt nach Belieben · Staubzucker zum Bestreuen

ZUBEREITUNG
Für den Teig Butter schaumig rühren. Zuerst Dotter, dann nach und nach Grieß, Eiklar, Vanillemark und eine Prise Salz unterrühren. Abwechselnd Mehl und Topfen zugeben und so lange rühren, bis ein glatter Teig entsteht. Zu einer Rolle formen, in Frischhaltefolie wickeln und ca. 1 Stunde kühl rasten lassen.

Kerne aus den Früchten drücken, ohne die Marillen dabei aufzuschneiden. Je eine mit Marzipan umwickelte Mandel in die Öffnung schieben. Teig in 12 Scheiben schneiden, ein wenig flach drücken und je eine Marille darauf legen. Früchte mit Teig gut umhüllen und zu glatten Knödeln formen. In einem großen Topf ausreichend Wasser mit einer Prise Salz, Zucker und Marillenbrand zustellen. Knödel in kochendes Wasser einlegen, Hitze reduzieren und ca. 20 Minuten leicht köcheln lassen, bis sie aufsteigen.

Inzwischen Butter in einer Pfanne erhitzen, Zucker, Vanillezucker sowie Brösel zugeben und bei schwacher Hitze unter ständigem Rühren goldbraun rösten. Nach Belieben mit einer Prise Zimt verfeinern. Fertige Knödel herausheben, gut abtropfen lassen und behutsam in den Bröseln wälzen. Knödel anrichten, mit den restlichen Bröseln aus der Pfanne sowie etwas Staubzucker bestreuen und rasch servieren.

GARUNGSDAUER: ca. 20 Minuten

TIPPS: Wenn Sie die Knödel besonders knusprig bevorzugen, so sollten diese im heißen Backrohr bei 180 °C noch kurz nachgeröstet werden. Ist gerade kein Marzipan zur Hand, so kann der Kern auch durch ein Stück Würfelzucker ersetzt werden.

WACHS AUF DEN FINGERN

In jenen Zeiten, in denen das Rauchen noch nicht verpönt war, sondern als selbstverständlicher Ausdruck von Lebenskultur galt, war es für einen Kellner im Sacher auch selbstverständlich, nach dem Dessert an jedem Tisch Zigaretten und Zigarren anzubieten. In der Linken hielt er zu diesem Zweck eine brennende Kerze, in der Rechten das Tablett mit den vorbereiteten Rauchwaren.

Wenn eine Tischgesellschaft zu sehr ins Gespräch vertieft war und das Rauchwerk weder ablehnte noch sich davon bediente, konnte das für den Kellner unangenehme Folgen haben. Denn brennende Kerzen tropfen schnell auf den Handrücken, und, so erinnert sich einer der altgedienten „guten Geister" des Hauses: „Das kann weh tun!"

MARONIKNÖDEL MIT SCHOKOLADESAUCE

ZUTATEN

400 g Maroni (oder 250 g fertiges Maronipüree) · 80 g Staubzucker · 1 TL Vanillezucker · 1–2 EL Rum · 100 g Mandeln, gerieben · 3 EL Butter · Salz · Schokoladesauce (s. Mohr im Hemd S. 363 f.)

FÜR DEN TEIG

250 g mehlige Erdäpfel · 100 g Mehl, griffig · 50 g Grieß (Goldgrieß oder Hartweizengrieß) · 1 Eidotter · 25 g weiche Butter · 1 EL Maisstärke (Maizena) · Prise Muskatnuss, gerieben · Prise Salz · Mehl für die Arbeitsfläche

ZUBEREITUNG

Für den Teig Erdäpfel schälen, waschen, vierteln und in Salzwasser weich kochen. Überkühlen lassen, durch eine Erdäpfelpresse drücken und mit den restlichen Zutaten zu einem festen Teig verkneten. Zu einer Rolle formen.

Maroni kreuzweise einschneiden, mit Wasser bedecken und weich kochen (zur Probe eine Maroni schälen). Maroni schälen und Maronimark durch ein Passiersieb streichen. Mit Staubzucker, Vanillezucker sowie Rum verrühren und kalt stellen (ist die Masse zu fest, noch etwas Staubzucker zugeben).

Den vorbereiteten Erdäpfelteig ca. 4 mm dick ausrollen und runde Scheiben von ca. 7 cm Durchmesser ausstechen. Aus der Maronimasse 16 Kugerln formen (restliche Masse als Garnitur aufheben), jeweils auf eine Teigscheibe setzen und zu einem Knödelchen formen. Reichlich Salzwasser aufkochen lassen. Knödel einlegen, bei kleiner Hitze zugedeckt 10 Minuten ziehen lassen. Währenddessen die geriebenen Mandeln in heißer Butter rösten. Restliche Maronimasse durch ein

Reibeisen drücken. Warme Schokoladesauce auf Tellern anrichten. Maroniknödel aus dem Wasser heben, abtropfen lassen und in den Mandelbröseln wälzen. Maroniknödel in die Schokoladesauce setzen und das restliche Maronipüree darüber streuen.

GARUNGSDAUER: ca. 10 Minuten

GERMKNÖDEL

ZUTATEN

120 ml Milch · 12 g Germ · 250 g Mehl, glatt · 3 EL Butter, geschmolzen · 1 Ei · 1 Eidotter Prise Salz · 1 EL Kristallzucker · 120 g Powidl · 100 g Staubzucker · 100 g Graumohn, gerieben · 200 g flüssige Butter zum Beträufeln · Mehl für die Arbeitsfläche

ZUBEREITUNG

Germ in der lauwarmen Milch auflösen, 4 EL Mehl, Kristallzucker und eine Prise Salz zugeben. Verrühren, mit etwas Mehl bestauben und zugedeckt an einem warmen Ort gehen lassen, bis sich das Volumen verdoppelt hat (am besten im Backrohr bei 40 °C und geöffneter Türe). Geschmolzene Butter, restliches Mehl, Ei und Eidotter einmengen und zu einem glatten Teig verarbeiten. Zugedeckt weitere 30–40 Minuten aufgehen lassen. Teig auf einer bemehlten Arbeitsfläche zusammenschlagen, 5 Minuten rasten lassen und 5 mm dick ausrollen. Mit dem Teigrad in etwa 5 x 5 cm große Quadrate schneiden. Ränder mit Wasser befeuchten. Jeweils etwas Powidl in der Mitte der Quadrate auftragen, Teig übereinander schlagen und zu Knödeln formen. Auf ein mit Mehl bestreutes Brett legen und zugedeckt nochmals 30 Minuten gehen lassen.

In einem großen, geräumigen Topf (die Knödel brauchen viel Platz zum Aufgehen) Salzwasser aufkochen und Knödel einlegen (wenn nötig, in 2 Tranchen). Einmal kräftig aufkochen lassen und dann bei fest geschlossenem Deckel 15 Minuten ziehen lassen. Dabei die Knödel nach etwa 10 Minuten umdrehen und weitere 4–5 Minuten zugedeckt fertig kochen. Herausheben und sofort mit einer dicken Nadel oder einem Zahnstocher einige Male anstechen, um das Zusammenfallen der Knödel zu verhindern. Für die Mohnmischung Mohn mit Staubzucker vermischen und über die Knödel streuen. Ausreichend mit flüssiger Butter beträufeln und rasch servieren.

GARUNGSDAUER: ca. 15 Minuten
GARNITUREMPFEHLUNG: warme Vanillesauce
TIPP: Achten Sie darauf, dass alle verwendeten Zutaten Zimmertemperatur haben, da sonst der Germteig nicht richtig aufgehen kann.

DIENSTPLAN NACH OPER

Bei der Erstellung des Sacher-Dienstplans gilt es für den Restaurantchef, eine besondere Sensibilität für den jeweiligen Personalbedarf zu entwickeln. Der richtet sich nach Banketten, gerade in Wien stattfindenden Staatsbesuchen, Kongressen oder Messen, aber, sobald es um die späteren Stunden des Tages geht, auch nach dem Opernprogramm. „Unterschiedliche Opern machen ganz einfach unterschiedlichen Appetit", weiß der langjährige Restaurantdirektor des Sacher, Robert Palfrader. „Rein statistisch betrachtet, machen Puccini, Verdi, Richard Strauss und Mozart den meisten Gusto, während den Menschen angesichts von Bergs ‚Lulu' und ‚Wozzeck' jeglicher Hunger zu vergehen scheint." Ein Sonderfall sind Opern von Richard Wagner: „Da haben wir meistens viele Vorbestellungen, aber die wenigsten kommen dann noch. Vermutlich haben sie keine Ahnung, wie lange diese Opern wirklich dauern."

WARME MEHLSPEISEN

BUCHTELN MIT VANILLESAUCE UND ERDBEER-MINZE-SORBET

ZUTATEN
100 ml Milch · 250 g Mehl, glatt · 35 g Kristallzucker · 10 g Germ · 40 g weiche Butter
2 Eidotter · Salz · Schale von 1/2 Zitrone, gerieben · Mehl für die Arbeitsfläche
ausreichend flüssige Butter · Staubzucker zum Bestreuen

FÜR DIE VANILLESAUCE
3 Eidotter · 150 ml Milch · 125 ml Schlagobers · 60 g Kristallzucker
1/2 Vanilleschote, aufgeschnitten · Erdbeer-Minze-Sorbet s. S. 326

ZUBEREITUNG
Aus lauwarmer Milch, Germ und 1/3 des Mehls ein Dampfl ansetzen. Mit wenig Mehl bestauben und mit einem Tuch zugedeckt an einem warmen Ort gehen lassen. Dann restliches Mehl, Zucker, Eidotter, Zitronenschale sowie eine Prise Salz zugeben und zu einem halbfesten Teig abschlagen. Zum Schluss die Butter einarbeiten. Mit einem Tuch bedeckt erneut aufgehen lassen, bis sich das Volumen kräftig vergrößert hat. Teig auf eine bemehlte Arbeitsfläche geben und etwa 2 cm dick auswalken. Aus dem Teig Scheiben mit ca. 6 cm Durchmesser ausstechen und die Teigenden nach oben zusammenschlagen. Nun jede Buchtel einzeln in flüssige Butter tauchen und mit der Teignaht nach unten dicht nebeneinander in eine gut eingefettete Form setzen. Im vorgeheizten Backrohr bei 180 °C etwa 20–30 Minuten goldgelb backen. Portionieren und vor dem Servieren mit Staubzucker bestreuen.

Für die Vanillesauce Milch mit Vanilleschote aufkochen und 5 Minuten ziehen lassen. Dotter mit Zucker verrühren, Milch (ohne Vanilleschote) nach und nach darunter rühren und bei mäßiger Hitze so lange rühren, bis die Sauce leicht bindet. Topf in ein Geschirr mit Eiswasser stellen und abkühlen lassen. Währenddessen ab und zu rühren. In die erkaltete Sauce das halbfest ausgeschlagene Obers unterrühren.

BACKZEIT: 20–30 Minuten
BACKROHRTEMPERATUR: 180 °C
TIPP: Die Buchteln können auch gefüllt werden, indem man auf die rohen Teigscheiben etwas Powidl oder Marillenmarmelade aufträgt und die Teigenden erst dann zusammenschlägt.

„WAS LACHT ER DENN HEUTE SO?"

Die Aristokratie liebte und liebt, so sie sich noch als solche fühlt oder zu erkennen gibt, das Sacher. „Wir haben vor allem auch viele verwitwete alte Gräfinnen unter unseren Gästen gehabt", erinnert sich Oberkellner Rudolf Reisinger. „Manche haben nur auf einen Kaffee und eine Torte vorbeigeschaut, andere kamen regelmäßig zu Mittag- oder Abendessen."

An eine von ihnen erinnert er sich heute noch. „Hätte man sie auf der Straße gesehen, man hätte sie für ein ganz normales altes Mütterchen gehalten. Doch sobald sie durch das Portal des Sacher trat, nahmen ihre Augen einen fast jugendlichen Glanz an. Dann ging sie in die Rote Bar und parlierte gerne mit unsereins. Einmal sah sie mich an und fragte mich: ‚Was lacht er denn heute so? Was ist er denn so gut aufgelegt?'"

Die Menschenkenntnis war der alten Dame nicht abzusprechen. Rudolf Reisinger war an diesem Tag gerade Vater geworden.

BÖHMISCHE POWIDL-LIWANZEN

ZUTATEN FÜR 6–8 LIWANZEN

20 g Butter, geschmolzen · 15 g Germ · 20 g Kristallzucker für das Dampfl
180 ml Milch, lauwarm · 130 g Mehl, glatt · 2 Eidotter · 2 Eiklar
100 g Butterschmalz · 100 g Powidl · 100 g Kristallzucker zum Karamellisieren
Mark von 1/2 Vanilleschote · abgeriebene Schale von 1/2 unbehandelten Zitrone
Staubzucker zum Bestreuen · Prise Salz

ZUBEREITUNG

Germ, Zucker und Salz in der lauwarmen Milch auflösen. Das gesiebte Mehl in der Milch glatt rühren und dann Eidotter, Vanillemark, Zitronenschale und geschmolzene Butter zugeben. Zugedeckt bei Raumtemperatur 1 Stunde gehen lassen. Eiklar steif schlagen und unterziehen.
In einer Liwanzenpfanne (gusseiserne Pfanne mit runden Vertiefungen) das Butterschmalz erhitzen und Masse in die Vertiefungen einfüllen. (Steht keine Liwanzenpfanne zur Verfügung, so behilft man sich mit Metallringen von etwa 6 cm Ø, die man in eine beschichtete Pfanne setzt.) Pfanne etwas rütteln, damit sich die Masse gut verteilt. Liwanzen etwa 5 Minuten ziehen lassen, wenden und ausbacken. Herausheben, je eine Liwanze mit Powidl bestreichen und mit einer unbestrichenen zusammensetzen. Zucker in einer Pfanne erhitzen, karamellisieren lassen und dünn über die Liwanzen träufeln. Mit Staubzucker bestreuen.

GARUNGSDAUER: 8–10 Minuten

TIPPS: Wenn Sie dazu Zwetschkenröster und Zwetschkensorbet servieren, gerät dieses Dessert noch raffinierter. Statt mit Powidl können die Liwanzen auch mit einer Creme aus Topfen, Eidotter, Crème fraîche, Zucker und einem Schuss Rum gefüllt werden.

GEBACKENE APFELSCHEIBEN

ZUTATEN FÜR 6 PORTIONEN
500 g Äpfel (am besten Jonagold oder Golden Delicious) · 25 g Staubzucker
2 cl Rum · Saft von 1 Zitrone · Erdnuss- oder Pflanzenöl zum Ausbacken
1 EL Vanillezucker · Prise Zimtpulver · 50 g Staubzucker

FÜR DEN MILCHBACKTEIG
150 ml Milch · 2 Eidotter · 2 Eiklar · 30 ml Öl · 1 KL Vanillezucker · Prise Salz
100 g Mehl, glatt · 25 g Kristallzucker

ZUBEREITUNG
Äpfel schälen, entkernen und in 1 cm dicke Scheiben schneiden. Staubzucker mit Rum sowie Zitronensaft mischen. Apfelscheiben sofort damit einstreichen und 10 Minuten ziehen lassen.
Währenddessen für den Backteig 2/3 der Milch mit Dottern, Öl, Vanillezucker und Salz vermengen. Mehl beigeben und glatt rühren. Restliche Milch zugießen. Eiklar mit Kristallzucker zu Schnee schlagen und behutsam unter den Teig mengen. Den Teig nicht zu lange rühren, da er sonst zäh werden kann.
In einer großen Pfanne ausreichend Öl erhitzen. Apfelscheiben durch den Teig ziehen, ins heiße Öl einlegen und beidseitig goldgelb backen. Herausheben und auf Küchenkrepp gut abtropfen lassen. Vanillezucker mit Zimt und Staubzucker vermengen und die Äpfel damit bestreuen.

TIPPS: Nach demselben Rezept lassen sich nahezu alle Früchte in Backteig hüllen und herausbacken. Besonders gut geeignet sind dafür Äpfel, Birnen, Erdbeeren, Kirschen, Marillen, Pfirsiche, Zwetschken, Holunderblüten, Bananen, Feigen und Ananas. Bei den Zwetschken kann man den Kern durch etwas Marzipan oder Nougat ersetzen.
Beträufeln Sie die frisch gebackenen Früchte mit etwas Honig und streuen Sie einige geröstete Mandelblättchen darüber – so werden die gebackenen Früchte noch knuspriger.

RAHMDALKEN

ZUTATEN
250 g Sauerrahm · 120 g Mehl, glatt · 4 Eidotter · 4 Eiklar · 2 EL Kristallzucker
2 EL Vanillezucker · etwas Zitronenschale · Prise Salz · Butter zum Ausstreichen
mit Zimt vermengter Zucker zum Bestreuen

ZUBEREITUNG
In einer Schüssel den Sauerrahm mit Mehl, Eidottern, Vanillezucker, etwas Zitronenschale und einer Prise Salz glatt rühren. Eiklar mit Zucker steif schlagen und beide Massen miteinander vermengen. Eine Dalkenform mit runden Vertiefungen gut mit Butter ausstreichen und Masse einfüllen. (Steht keine Dalkenpfanne zur Verfügung, so behilft man sich mit Metallringen von etwa 6 cm Ø, in die man die Masse einfüllt.) Bei guter Hitze ca. 2 Minuten anbacken, dann im auf 180 °C vorgeheizten Backrohr 5 Minuten backen, wenden und auch auf der anderen Seite goldbraun backen. Mit Zimtzucker bestreut servieren.

BACKZEIT: ca. 10 Minuten
BACKROHRTEMPERATUR: 180 °C

TIPP: Besonders fein schmecken die Dalken, wenn man sie mit Powidl oder einer Creme aus (am besten türkischem) Joghurt, Sauerrahm, Zitronensaft und Vanillezucker bestreicht. Dazu harmoniert ein Gläschen Alte Zwetschke ideal!

WARME MEHLSPEISEN

WARME MARILLENTARTE

ZUTATEN FÜR 1 SPRINGFORM MIT 28 CM Ø
1 Blätterteig · 500 g Marillen, vollreif · 100 g Rohmarzipan, gerieben
Mehl für die Arbeitsfläche · Bohnen zum Blindbacken

FÜR DEN EIERGUSS
180 ml Milch · 120 ml Schlagobers · 2 Eier · 2 Eidotter · 90 g Kristallzucker
2 EL Vanillepuddingpulver · Prise Salz · Mark von 1 ausgekratzten Vanilleschote
klares Tortengelee · 4 cl Marillenbrand

ZUBEREITUNG
Den Blätterteig auf einer bemehlten Arbeitsfläche ca. 2 mm dick so groß ausrollen, dass die Springform damit völlig ausgelegt werden kann. Vor dem Einlegen mit einer Gabel mehrmals stupfen (anstechen). In den Tortenring legen, den überstehenden Teigrand über die Ringkante biegen, andrücken und wegschneiden. Aus Backpapier einen Kreis mit ca. 25 cm Ø ausschneiden, auf den Teig legen und bis zum oberen Rand mit getrockneten Bohnen füllen. Im vorgeheizten Backrohr bei 180 °C ca. 20 Minuten backen. Währenddessen Marillen halbieren und entkernen. Bohnen und Backpapier entfernen, Rohmarzipan auf dem Blätterteigboden verteilen und die Marillenhälften aufgestellt einordnen. Nun bei 170 °C 10 Minuten backen.
Für den Eierguss die Milch mit Obers erhitzen. Die restlichen Zutaten miteinander vermischen und in die Milch-Obers-Mischung einrühren. Eierguss über die Marillen gießen und noch 30–35 Minuten fertig backen. Kurz auskühlen lassen und die Oberfläche mit dem nach Anleitung aufgelösten Gelee überziehen. Tortenring entfernen und noch warm servieren.

BACKZEIT: 60–65 Minuten
BACKROHRTEMPERATUR: 180 °C auf 170 °C fallend
TIPPS: Was das verwendete Obst betrifft, so können je nach Saison auch Kirschen, Zwetschken oder Äpfel verwendet werden. An heißen Sommertagen empfiehlt sich Vanille- oder Joghurteis als Beilage.

SCHLOSSERBUBEN

ZUTATEN

**16 entkernte Dörrzwetschken, möglichst saftig · 250 ml Apfelsaft
4 cl alter Zwetschkenbrand oder Rum · Milchbackteig s. gebackene Apfelscheiben
(S. 345) · 100 g Marzipanrohmasse · 3 cl Zwetschkenbrand für die Marzipanfülle
100 g Zartbitterkuvertüre, gerieben · 40 g Staubzucker · Butterschmalz oder
Erdnussöl zum Backen**

ZUBEREITUNG

Entkernte Zwetschken über Nacht in Apfelsaft und altem Zwetschkenbrand einweichen. Abseihen und auf Küchenkrepp gut abtropfen lassen. Für die Fülle Marzipanrohmasse mit Zwetschkenbrand vermischen und in einen Dressiersack mit Lochtülle (runde Öffnung) füllen. Masse statt der Kerne in die Zwetschken füllen. Geriebene Kuvertüre mit Staubzucker vermengen.
Wie auf S. 345 beschrieben, den Backteig herstellen. Ausreichend Schmalz oder Öl in einer tiefen Pfanne erhitzen. Zwetschken durch den Backteig ziehen und im heißen Fett rundum goldbraun backen. Herausheben, gut abtropfen lassen und mit dem Schokoladezucker bestreuen.

GARNITUREMPFEHLUNG: Vanillesauce (s. S.342) oder Vanilleeis

WARME MEHLSPEISEN

TOPFENPALATSCHINKEN

ZUTATEN
75 g Mehl, glatt · ca. 125 ml Milch · 1–2 Eier · 2 1/2 EL Öl
Schale von 1/2 unbehandelten Zitrone, abgerieben · 1/2 TL Vanillezucker
Salz · Öl oder Butterschmalz zum Herausbacken · Butter für die Form

FÜR DIE TOPFENFÜLLE
3 Eidotter · 3 Eiklar · Schale von 1/2 unbehandelten Zitrone, abgerieben
200 g Topfen (20 % Fettgehalt), passiert · 60 g Butter · 40 g Staubzucker
1 TL Vanillezucker · 2 TL Vanillepuddingpulver · Salz · 60 g Rosinen, in Rum eingelegt
50 g Kristallzucker

FÜR DEN ÜBERGUSS
125 ml Milch · 125 ml Sauerrahm · 2 Eier · 30 g Staubzucker · 1 TL Vanillezucker

ZUBEREITUNG
Für die Palatschinken Mehl mit etwas Milch, Eiern und Öl gut verrühren. Zitronenschale, Vanillezucker sowie eine Prise Salz zugeben und restliche Milch nach und nach unterrühren, sodass ein dünnflüssiger Teig entsteht. Durch ein Sieb streichen und 20 Minuten rasten lassen. Palatschinkenteig bei Bedarf noch mit etwas Milch verdünnen. Öl in einer Palatschinkenpfanne erhitzen, überschüssiges Fett abgießen (die Pfanne soll nur leicht befettet sein) und etwas Teig eingießen. Pfanne schwenken und den Teig gleichmäßig verteilen. Palatschinke auf beiden Seiten goldgelb backen. Herausheben, auf einen Teller legen und mit Alufolie abdecken. Die restlichen Palatschinken nacheinander ebenso backen.

Für die Fülle Butter, Staubzucker, Vanillezucker, Puddingpulver, eine Prise Salz und Zitronenschale schaumig rühren. Dotter sowie Topfen nach und nach in die Buttermasse einrühren. Eiklar mit Kristallzucker zu Schnee schlagen und gemeinsam mit den Rosinen unter die Topfenmasse ziehen. Palatschinken auf einer Arbeitsfläche überlappend in einer Reihe auflegen, sodass eine zusammenhängende Fläche entsteht. Topfenmasse aufstreichen und Palatschinken zu einer langen Rolle einrollen. Rolle in 10 Stücke schneiden. Eine feuerfeste Form mit Butter ausstreichen. Palatschinken in die Form schichten und im vorgeheizten Backrohr bei 160 °C 15 Minuten backen. Für den Überguss alle Zutaten glatt rühren, über die Palatschinken gießen und weitere 15 Minuten backen.

BACKZEIT: 30 Minuten
BACKROHRTEMPERATUR: 160 °C

SACHEROMELETT

ZUTATEN FÜR 6–8 PORTIONEN
60 g Bitterkuvertüre · 40 g kalte Butter · 50 g Mehl, glatt · 200 ml Milch
Mark von 1 Vanilleschote · 4 Eidotter · 3 cl Marillenbrand · abgeriebene Schale
von 1/2 unbehandelten Orange · 4 Eiklar · Prise Salz · 50 g Rohzucker
50 g Butterschmalz

FÜR DIE FÜLLE
frische Früchte, Fruchtragouts (etwa Marillenragout), Eis (etwa Vanilleeis)
oder Schokoladesauce

Sacheromelett

ZUBEREITUNG

Kuvertüre im heißen Wasserbad schmelzen und leicht abkühlen lassen. Währenddessen Milch mit der aufgeschnittenen, ausgekratzten Vanilleschote aufkochen, kurz ziehen lassen und Schote wieder entfernen. Butter mit Mehl verkneten und nach und nach in die kochende Milch einrühren (so wird verhindert, dass sich Klumpen bilden). Brandteig so lange rühren, bis sich der Teig vom Topf schön löst. Etwas abkühlen lassen. Dann jedes Eidotter einzeln unterrühren. Zum Schluss geschmolzene Kuvertüre, Marillenbrand und Orangenschale einarbeiten. Eiklar mit einer Prise Salz und einem Drittel des Zuckers cremig aufschlagen. Dann portionsweise den restlichen Zucker darunter schlagen. Backrohr auf 220 °C vorheizen. Erst ein Drittel des Eischnees unter den Brandteig heben, dann den Rest mit der Gummispachtel oder einem Holzlöffel unterziehen. Butterschmalz in einer kleinen Pfanne schmelzen. Etwa einen Schöpflöffel voll Omelettenteig eingießen und glatt streichen. Wenn das Omelett unten goldbraun ist, für 5–7 Minuten ins heiße Rohr stellen, um es von oben trocknen zu lassen. Nächstes Omelett backen und dabei immer darauf achten, dass genug Butterschmalz in der Pfanne ist, aber dieses nicht zu heiß wird. Restliche Omeletts ebenso fertig backen. Omeletts nach Belieben füllen und zusammengeschlagen servieren.

GARUNGSDAUER: 3–5 Minuten in der Pfanne, 5–7 Minuten im Rohr
BACKROHRTEMPERATUR: 220 °C

TOPFENOMELETT MIT RHABARBER

ZUTATEN
300 g Topfen (20 % Fettgehalt) · 3 EL Sauerrahm · 1 EL Mehl, glatt
1 EL Maisstärke (Maizena) · Saft und Schale von 1 Zitrone · 4 Eidotter
1 Ei · 5 Eiklar · 1 EL Staubzucker · 4 EL Kristallzucker · Prise Salz
2 EL Butterschmalz · Staubzucker zum Bestreuen

FÜR DEN RHABARBER
6 Stangen Rhabarber (rot und dünn) · 250 g Himbeeren · 4 EL Kristallzucker
250 ml frisch gepresster Orangensaft · 1 Vanilleschote · 2 Scheiben Ingwer
etwas Maisstärke

ZUBEREITUNG
Rhabarber schälen (Schalen aufbewahren) und schräg in 2 cm große Stücke schneiden. Orangensaft mit Zucker, Ingwer, Vanilleschote sowie Rhabarberschalen aufkochen und abseihen. Himbeeren und Rhabarber zugeben, nochmals kurz aufkochen. Maisstärke mit wenig Wasser anrühren und die Früchte damit binden. Kalt stellen.
Für die Omeletten Topfen mit Sauerrahm, Staubzucker, Zitronensaft und -schale sowie Eidottern, Ei und einer Prise Salz verrühren. Mehl und Stärkemehl unterrühren. Eiklar und Kristallzucker zu halbsteifem Schnee schlagen und unterheben. Etwas Butterschmalz in einer Pfanne (oder zwei Pfannen gleichzeitig) erhitzen, jeweils ein Viertel der Masse einlaufen lassen und im vorgeheizten Backrohr bei 160 °C etwa 10 Minuten backen. Danach sofort auf Teller stürzen, zusammenklappen und mit Zucker bestreut servieren. Restliche Omeletten ebenso backen. Den kalten Rhabarber in einem extra Schälchen dazu servieren.

BACKZEIT: jeweils 10 Minuten
BACKROHRTEMPERATUR: 160 °C

BISKUITOMELETT

ZUTATEN
4 Eidotter · 4 Eiklar · 2 EL Kristallzucker · 1 EL Vanillezucker
etwas abgeriebene Zitronenschale · Prise Salz · 80 g Kristallzucker für den Schnee
100 g Mehl · 4 EL Butter oder Butterschmalz zum Backen
100 g Marillenmarmelade zum Füllen · Staubzucker zum Bestreuen

ZUBEREITUNG
Eidotter mit 2 Esslöffeln Zucker, Vanillezucker, Zitronenschale und einer Prise Salz schaumig rühren. Für den Schnee Eiklar mit Kristallzucker steif schlagen und behutsam unter die Dottermasse mengen. Mehl einrühren. Etwas Butter oder Butterschmalz am besten in zwei Omelettenpfannen erhitzen, jeweils ein Viertel der Masse eingießen und im vorgeheizten Backrohr bei 190 °C ca. 6 Minuten backen. Omeletten stürzen, je zur Hälfte mit Marmelade bestreichen, zusammenklappen und leicht anzuckern. Die restlichen Omeletten ebenso backen.

BACKZEIT: ca. 6 Minuten
BACKROHRTEMPERATUR: 190 °C
VARIATIONEN: Für Stephanie-Omeletten werden die fertigen Omeletten mit Marillenmarmelade bestrichen und mit leicht erwärmten Kompottfrüchten gefüllt.
Schönbrunner Omeletten werden wie Biskuitomeletten zubereitet, dann allerdings noch mit heißer Schokoladesauce überzogen. Dazu reicht man leicht gesüßtes Obers.

CRÊPES SUZETTE

ZUTATEN FÜR 12 CRÊPES
125 ml Schlagobers · 1 Ei · 2 Eidotter · 125 g Mehl, glatt · ca. 250 ml Milch
Prise Salz · Butterschmalz zum Backen · Minze- oder Melissenblätter zum Garnieren

FÜR DIE ORANGENSAUCE
100 g Kristallzucker · 50 g Butter · 150 ml Orangensaft, frisch gepresst
Saft von 1 Zitrone · Schale von 1 unbehandelten Orange nach Belieben
4 cl Grand Marnier (ersatzweise anderer Orangenlikör) · 4 cl Cognac (oder Weinbrand)
3 EL geröstete Mandelblättchen

ZUBEREITUNG
Für die Crêpes zuerst das Obers mit Eiern, Dottern und Salz mischen. Mehl zugeben und glatt rühren. Milch langsam zugießen, bis der Teig eine dünnflüssige Konsistenz aufweist. In einer Palatschinkenpfanne etwas Butterschmalz erhitzen. Etwas Teig eingießen, gleichmäßig verteilen, Farbe nehmen lassen, wenden und fertig backen.
Crêpe auf einen vorgewärmten Teller legen, warm halten und die restlichen Crêpes ebenso backen. Für die Orangensauce den Zucker in einer erhitzten Pfanne schmelzen lassen und karamellisieren. Butter in kleinen Stückchen zugeben und mit Orangen- sowie Zitronensaft ablöschen. Nach Belieben geriebene Orangenschalen zugeben und alles kochen, bis sich der Karamell aufgelöst hat. Grand Marnier eingießen. Nun die Crêpes nacheinander einlegen, mehrmals wenden und jeweils zu einem Dreieck zusammenlegen. Mit vorgewärmtem Cognac flambieren (übergießen und anzünden), anrichten und mit dem restlichen Fond beträufeln. Mit gerösteten Mandelsplittern bestreuen und mit Minze- oder Melissenblättern garnieren.

TIPP: Dazu gereichtes Vanille- oder Sauerrahmeis setzt einen erfrischenden geschmacklichen Akzent.

WARME MEHLSPEISEN

MILLIRAHMSTRUDEL

ZUTATEN FÜR 4–6 PORTIONEN

FÜR DEN TEIG (oder fertigen Strudelteig verwenden)
250 g Mehl, glatt · Prise Salz · 1 EL Öl · 2 EL flüssige Butter zum Bestreichen
ca. 125 ml Wasser, lauwarm · 2 Eidotter zum Bestreichen · Staubzucker zum Bestreuen
Öl zum Rastenlassen · Mehl für die Arbeitsfläche · Butter zum Bestreichen

FÜR DIE FÜLLE
8 Scheiben Toastbrot, entrindet · ca. 125 ml Milch · Mark von 1 ausgekratzten Vanilleschote · 60 g Butter · 60 g Staubzucker · 1 KL Vanillezucker
Schale von 1/2 unbehandelten Zitrone, abgerieben · 3 Eidotter · 250 g Topfen
(20 % Fettgehalt), passiert · 150 g Sauerrahm · 3 Eiklar · 1 EL Kristallzucker
40 g Rosinen, in Rum eingelegt · 1 Hand voll Mandelblättchen, geröstet

FÜR DEN ÜBERGUSS
500 ml Milch · 2 EL Kristallzucker · 1 Ei

ZUBEREITUNG

Für den Strudelteig Mehl auf einer Arbeitsplatte aufhäufen und mit den angegebenen Zutaten zu einem geschmeidigen Teig verarbeiten. Zu einer Kugel formen, in einen mit Öl beträufelten Suppenteller setzen und abgedeckt, am besten über Nacht, im Kühlschrank rasten lassen.

Dann den Strudelteig auf einem leicht bemehlten großen Küchentuch zuerst mit einem Nudelwalker rechteckig ausrollen, dann hauchdünn ausziehen. Dazu mit dem bemehlten Handrücken der einen Hand unter den Teig greifen und mit der anderen Hand immer von der Teigmitte aus in Richtung Tischkante vorsichtig ziehen. Der Teig muss so dünn werden, dass man eine Zeitung darunter lesen könnte.

Für die Fülle Milch mit dem ausgekratzten Vanillemark aufkochen.

Entrindetes Toastbrot in kleine Würfel schneiden und mit der heißen Vanille-Milch übergießen. Butter mit Staubzucker, Vanillezucker, Zitronenschale und Eidottern cremig rühren. Topfen sowie Sauerrahm dazugeben. Eiklar steif schlagen und dabei nach und nach den Kristallzucker einrieseln lassen. Eingeweichtes Brot unter die Dottermasse rühren und zum Schluss den Schnee locker unterziehen.

Ausgezogenen Teig mit Butter bestreichen und Mandelblättchen darauf verteilen. Fülle auf zwei Drittel des Teiges streichen und Rosinen gleichmäßig darüber streuen. Von der bestrichenen Seite her zu einem Strudel einrollen. Mit der Teignaht nach unten in eine gefettete Form gleiten lassen und mit verschlagenem Dotter bestreichen.

Für den Überguss alle Zutaten gründlich verquirlen und ein Drittel davon über den Strudel gießen. Im auf 180 °C vorgeheizten Backrohr 40–50 Minuten backen. Währenddessen immer wieder mit der Milchmischung begießen und mit zerlassener Butter bestreichen. Mit Staubzucker bestreuen und portionieren.

BACKZEIT: 40-50 Minuten
BACKROHRTEMPERATUR: 180 °C
BEILAGENEMPFEHLUNG: Vanillesauce (s. Buchteln S. 342)

STRUDEL MIT HINDERNISSEN

Zu diesem angeblich in Breitenfurt bei Wien von einer Biedermeier-Köchin namens Milli erfundenen, in Wahrheit jedoch schon viel älteren Strudelrezept weiß Sacher-Küchenchef Hans Peter Fink eine Geschichte aus seiner steirischen Heimat zu erzählen. Dort ist es nämlich bis heute üblich, dass ein Mädchen erst heiraten darf, wenn es einen Strudelteig zustande bringt, der kein Loch aufweist. Moderne Steirerinnen pflegen zu dieser „Strudelprobe" allerdings, wie man hört, nicht selten einen fertigen Strudelteig aus dem nächsten Supermarkt mitzubringen …

APFELSTRUDEL

ZUTATEN
Strudelteig s. Millirahmstrudel (S. 352) oder Fertigteig verwenden
1,5 kg Äpfel (Elstar oder Kronprinz Rudolf) · Saft von 1 Zitrone
60 g Rosinen, in Rum eingelegt · 200 g Butter, flüssig · 100 g Kristallzucker
2 EL Vanillezucker · 100 g Biskuitbrösel · Prise Zimtpulver · Butter zum Bestreichen
Staubzucker zum Bestäuben · 1 Ei zum Bestreichen

ZUBEREITUNG
Strudelteig wie beschrieben vorbereiten und ausziehen. Äpfel schälen, entkernen und in hauchdünne Scheibchen schneiden. Mit Zitronensaft beträufeln. In einer Schüssel mit Rosinen und 2 EL (!) Zucker sowie 1 EL (!) Vanillezucker vermischen. Den ausgezogenen Strudelteig mit der Hälfte der zerlassenen Butter bestreichen, in der restlichen Butter die Brösel anrösten. Butterbrösel, restlichen Zucker sowie Vanillezucker und Zimt vermischen und Strudel damit bestreuen. Die Apfelmischung gleichmäßig darauf verteilen und den Strudel mit Hilfe des Tuches einrollen. Enden gut verschließen. Strudel mit der Teignaht nach unten auf ein gefettetes Backblech gleiten lassen. (Falls das Blech zu klein ist, Strudel hufeisenförmig auflegen.) Mit versprudeltem Ei bestreichen und im vorgeheizten Backrohr bei 180 °C etwa 30–40 Minuten backen, dabei gelegentlich mit zerlassener Butter bestreichen. Den Apfelstrudel leicht abkühlen lassen und mit Staubzucker bestreuen. Als warmes Hauptgericht oder kalt servieren.

BACKZEIT: 30–40 Minuten
BACKROHRTEMPERATUR: 180 °C
GARNITUREMPFEHLUNG: warme Vanillesauce oder Schlagobers
TIPP: Achten Sie darauf, dass die Äpfel nicht zu wässrig, sondern eher trocken sind, damit der Strudel schön knusprig bleibt.

TOPFENSTRUDEL

ZUTATEN FÜR 6 PORTIONEN

Strudelteig s. Millirahmstrudel (S. 352) oder Fertigteig verwenden
500 g Topfen (20 % Fettgehalt), passiert · 100 g Sauerrahm · 100 g Butter
60 g Staubzucker · Prise Salz · Schale von 1/2 unbehandelten Zitrone, abgerieben
Saft von 1 Zitrone · ausgekratztes Mark von 1 Vanilleschote · 6 Eidotter · 6 Eiklar
60 g Kristallzucker · 1 EL Vanillepuddingpulver · 60 g Rosinen, in Rum eingelegt
1 Ei zum Bestreichen · flüssige Butter zum Bestreichen

ZUBEREITUNG

Strudelteig wie für Millirahmstrudel S. 352 vorbereiten.
Für die Fülle zimmertemperierte Butter mit Staubzucker, Salz, Zitronenschale und Vanillemark cremig rühren. Nach und nach Dotter und Puddingpulver unterrühren. Sauerrahm, Topfen, Zitronensaft und Rosinen einmengen. Eiklar mit Kristallzucker steif schlagen und Schnee locker unter die Topfenmasse ziehen.
Strudelteig wie beschrieben ausziehen und die Topfenmasse auf zwei Drittel des Teiges streichen. Den frei bleibenden Teil mit flüssiger Butter bestreichen und den Strudel von der bestrichenen Seite her einrollen. Mit der Teignaht nach unten in ein mit Butter bepinseltes tiefes Backblech gleiten lassen und die Oberfläche mit verquirltem Ei bestreichen. Im vorgeheizten Backrohr zuerst 20 Minuten bei 170° C backen, Hitze auf 120 °C reduzieren und noch weitere 10 Minuten backen.

BACKZEIT: 30 Minuten
BACKROHRTEMPERATUR: 170 °C auf 120 °C fallend

TIPP: Wenn Sie die Möglichkeit haben, so bereiten Sie die Fülle am besten aus Bauerntopfen zu, der übrigens – wie auch der Sauerrahm – nicht zu kalt sein sollte, da der Butterabtrieb sonst zu fest gerät.

GRIESSSCHMARREN MIT VANILLEWEICHSELN

ZUTATEN
500 ml Milch · 250 g Weizengrieß (Goldgrieß) · 100 g Butter · 40 g Kristallzucker
etwas Vanillezucker · Zitronenschale · mit Rum marinierte Rosinen · Salz
Staubzucker zum Bestreuen

FÜR DIE VANILLEWEICHSELN
300 g Weichseln, entkernt (auch Tiefkühlware möglich) · 80 g Demerarazucker
(brauner Zucker) · 80 ml Multivitaminsaft · 80 ml voller Rotwein · 1/2 Vanilleschote
1 Scheibe frischer Ingwer · etwas Orangenschale, gerieben · 2 EL Maisstärke (Maizena)

ZUBEREITUNG
In einem Topf die Milch aufkochen lassen. Leicht salzen, Grieß einlaufen lassen und unter ständigem Rühren dickflüssig einkochen. Überkühlen lassen. In einer Pfanne Butter schmelzen, Grießmasse zugeben und rösten, bis die Masse trockener wird. Dabei den Schmarren wiederholt mit einer Gabel zerkleinern. Dann Zucker, eine Prise Vanillezucker, Rosinen und etwas geriebene Zitronenschale darunter mengen und den Schmarren so lange weiterrösten, bis er knusprig und braun ist. Mit Staubzucker bestreuen und mit den Vanilleweichseln servieren.

Für die Weichseln den Zucker in einem Topf schmelzen lassen. Mit Rotwein und Multivitaminsaft ablöschen, Vanilleschote, Orangenschale sowie Ingwer zugeben und Flüssigkeit auf die Hälfte einkochen lassen. Maisstärke mit wenig Wasser verrühren, zugießen und die Sauce damit binden. Weichseln einmengen, einmal aufkochen und sofort vom Herd nehmen. Vanilleschote entfernen und Weichseln auskühlen lassen.

WARME MEHLSPEISEN

TOPFENSCHMARREN

ZUTATEN FÜR 2 PORTIONEN
100 ml Schlagobers · 125 g Topfen, grobkörnig (20 % Fettgehalt) · 2 Eidotter · 3 Eiklar
1 KL Vanillezucker · 3 EL Mehl, glatt · 4 cl Milch · 2 EL Kristallzucker · Prise Salz
50 g Butterschmalz zum Backen · 20 g Rosinen, in Rum eingelegt · 2 EL Kristallzucker zum Karamellisieren · Staubzucker nach Belieben

ZUBEREITUNG
Schlagobers mit Topfen, Eidottern, Vanillezucker und Salz vermengen. Mehl beigeben, glatt rühren und Milch hinzufügen. Eiklar mit Kristallzucker zu halbsteifem Schnee schlagen und behutsam unterheben. In einer feuerfesten Pfanne das Butterschmalz erhitzen und den Schmarrenteig eingießen. Gleichmäßig verteilen, Rosinen darüber streuen und im vorgeheizten Backrohr bei 180 °C Umluft anbacken. Dann vierteln, wenden und fertig backen. Mit zwei Gabeln in Stücke zerreißen, mit Zucker bestreuen und auf dem Herd durch wiederholtes Schwenken karamellisieren lassen. Nach Belieben vor dem Servieren noch mit Staubzucker bestreuen.

BACKZEIT: 10–12 Minuten
BACKROHRTEMPERATUR: 200 °C Umluft
TIPP: Zu diesem duftigen Dessert bilden erfrischende Früchteragouts, etwa Rhabarberkompott, und/oder nicht zu süßes Eis wie Topfeneis die perfekte Ergänzung.

KAISERSCHMARREN

ZUTATEN
250 ml Milch · 6 Eiklar · 6 Eidotter · 130 g Mehl, glatt · 2 EL Kristallzucker
Schuss Rum · 1 EL Vanillezucker · etwas Zitronensaft · 2 EL Rosinen · Prise Salz
Kristall- und Staubzucker zum Bestreuen · Butter zum Backen

ZUBEREITUNG
In einer Schüssel Eiklar mit Kristallzucker zu Schnee schlagen. In einer anderen Schüssel Milch, Mehl, Eidotter, Zitronensaft, Rum, Vanillezucker und eine Prise Salz glatt rühren. Schnee unter den Teig heben. In einer großen feuerfesten Pfanne etwas Butter erhitzen und den Teig eingießen. Zuerst am Herd anbacken, wenden und dann beidseitig im vorgeheizten Backrohr bei 180 °C braun backen. Pfanne aus dem Rohr nehmen und Teig mit zwei Gabeln in kleine Stücke reißen. Rosinen einmengen, mit Kristallzucker bestreuen und nochmals kurz im Rohr karamellisieren. Mit Staubzucker bestreuen und auftragen.

GARUNGSDAUER: 8–10 Minuten
BACKROHRTEMPERATUR: 200 °C
BEILAGENEMPFEHLUNG: Zwetschken- oder Hollerröster, Kompotte und/oder Vanilleeis

HEIDELBEERSCHMARREN MIT RIBISELSAUCE

ZUTATEN
100 g Heidelbeeren (evt. auch tiefgekühlt) · 250 g Sauerrahm · 50 ml Milch
4 Eidotter · 1 KL Vanillezucker · 100 g Mehl, glatt · 4 Eiklar · 2 EL Kristallzucker
Prise Salz · Butterschmalz zum Backen · Staubzucker

FÜR DIE RIBISELSAUCE
300 g Ribiseln · 140 g Kristallzucker · 50 ml Wasser · 4 cl Cassis (Johannisbeerlikör)

Kaiserschmarren

Heidelbeerschmarren mit Ribiselsauce

ZUBEREITUNG

Zuerst die Ribiselsauce zubereiten. Dafür die Hälfte der Ribiseln mit Wasser und Zucker aufkochen. Mixen, passieren und noch einmal aufkochen lassen. Die restlichen Früchte zugeben und die Sauce auskühlen lassen. Dann den Likör einrühren.

Für den Schmarren den Sauerrahm mit Milch, Dottern, Vanillezucker und Salz vermischen. Mehl zugeben und glatt rühren. Eiklar mit Zucker zu einem nicht ganz festen Schnee schlagen und behutsam in den Teig einrühren. In einer großen Pfanne Butterschmalz erhitzen. Teig eingießen, gleichmäßig verteilen und die Heidelbeeren darüber streuen. Ins vorgeheizte Backrohr schieben und bei 180 °C Umluft in ca. 8 Minuten fertig backen. Mit Staubzucker bestreuen und in der Form servieren. Die Ribiselsauce als Garnitur dazureichen.

BACKZEIT: ca. 8 Minuten

BACKROHRTEMPERATUR: 180 °C Umluft

TIPP: Dieser Schmarren, der selbstverständlich auch mit anderen Beeren zubereitet werden kann, wird durch erfrischendes Vanille- oder Schokoladeeis optimal abgerundet.

ALT-WIENER KIPFERLSCHMARREN

ZUTATEN

200 g altbackene Kipferl (4 Kipferl) · 60 ml Schlagobers · 300 ml Milch · 2 Eier
2 Eidotter · 1 EL Staubzucker · 1 KL Vanillezucker · Schale von 1 Zitrone, abgerieben
Prise Salz · Butter für die Form · ca. 2 EL flüssige Butter zum Beträufeln
250 g Himbeeren mit ca. 40 g Staubzucker aufgemixt zum Garnieren

FÜR DIE APFELFÜLLE

3 Äpfel · ca. 2 EL Kristallzucker · 2 EL Rosinen, in Rum eingelegt

FÜR DIE SCHAUMMASSE

3 Eiklar · 120 g Kristallzucker · gehobelte Mandeln zum Bestreuen

ZUBEREITUNG

Kipferl blättrig schneiden und in eine Schüssel geben. Schlagobers mit Milch, Eiern, Eidottern, Staub- sowie Vanillezucker, Zitronenschale und einer Prise Salz verrühren und über die Kipferl gießen. Locker vermischen und die Masse gut durchziehen lassen.

Für die Apfelfülle zunächst die Äpfel schälen, entkernen und in Spalten schneiden. Äpfel mit Zucker und eingelegten Rosinen mischen. Etwa die halbe Kipferlmasse locker in die mit Butter ausgestrichene Form füllen, aber nicht hineinpressen. Die Apfelfülle darauf verteilen und mit der restlichen Kipferlmasse bedecken. Mit Backpapier oder Alufolie abdecken und im vorgeheizten Backrohr bei 180 °C 25–30 Minuten backen. 15 Minuten vor Ende der Backzeit die Folie entfernen, mit flüssiger Butter beträufeln und fertig backen.

Währenddessen für die Schaummasse Eiklar mit Kristallzucker zu Schnee schlagen. In einen Dressiersack füllen und auf den Kipferlschmarren in beliebiger Form, etwa Tupfen, auftragen. Gehobelte Mandeln locker darüber streuen und bei größter Oberhitze (250 °C) im Backrohr kurz überbacken oder mit einer Lötlampe abflämmen. Vor dem Servieren etwas überkühlen lassen. Portionieren und mit den mit Zucker aufgemixten Himbeeren auftragen.

BACKZEIT: 25–30 Minuten

BACKROHRTEMPERATUR: 180 °C backen, 250 °C überbacken

TIPP: Statt der Kipferl können auch Briochegebäck oder Semmeln verwendet werden.

Alt-Wiener Kipferlschmarren

SCHEITERHAUFEN MIT SCHNEEHAUBE UND HIMBEERSAUCE

ZUTATEN FÜR 8 PORTIONEN

350 g Milchbrot, Briochewecken oder Weißbrot · 3 Eidotter · 3 Eiklar
Schale von 1/2 unbehandelten Zitrone, abgerieben · 350 ml Milch · Salz
1 TL Vanillezucker · 60 g Kristallzucker · 50 g Butterschmalz
Butter und Semmelbrösel für die Form

FÜR DIE FÜLLE

400 g Äpfel · ca. 125 ml Weißwein · 3 EL Kristallzucker · 1/2 Zimtstange · 50 g Rosinen

FÜR DIE HIMBEERSAUCE

300 g Himbeeren · 2 EL Wasser · 100 g Kristallzucker · Himbeergeist nach Belieben
Staubzucker

FÜR DIE SCHNEEHAUBE

3 Eiklar · 80 g Kristallzucker · Staubzucker zum Bestreuen

ZUBEREITUNG

Für die Fülle Äpfel schälen, entkernen und blättrig schneiden. Weißwein, Zucker und Zimtstange aufkochen lassen und Äpfel dazugeben. Weich dünsten, aus dem Saft heben und abtropfen lassen. Rosinen unter heißem Wasser waschen und auf einem Küchentuch ebenfalls abtropfen lassen.
Brotrinde mit einem Reibeisen abreiben, Milchbrot in ca. 1/2 cm dicke Scheiben schneiden und in eine Schüssel geben. Dotter, Zitronenschale, Milch, eine Prise Salz und Vanillezucker verrühren, über die Milchbrotscheiben gießen und ca. 10 Minuten ziehen lassen.
Eiklar mit der Hälfte des Zuckers zu Schnee schlagen. Restlichen Zucker zugeben und zu festem Schnee ausschlagen. Schnee vorsichtig mit den Brotscheiben vermischen. Eine Auflaufform mit Butter ausstreichen und mit Semmelbröseln ausstreuen. Die Hälfte der Masse in die Form füllen, Apfelspalten darauf verteilen und mit Rosinen bestreuen. Restliche Masse auftragen und mit flüssigem Butterschmalz beträufeln. Im vorgeheizten Backrohr bei 170 °C ca. 40 Minuten backen. Auflauf aus dem Rohr nehmen.
Für die Schneehaube Eiklar mit der Hälfte des Zuckers zu Schnee schlagen. Restlichen Kristallzucker zugeben und Schnee fest ausschlagen. Etwa ein Drittel des Schnees auf den Scheiter-

haufen streichen. Restlichen Schnee in einen Spritzsack füllen und auf den Scheiterhaufen dekorativ aufspritzen. Mit Staubzucker bestreuen.

Im Rohr bei 250 °C Oberhitze überbacken, bis die Haube eine leichte Braunfärbung zeigt (dauert nur kurz). Scheiterhaufen portionsweise aus der Form stechen und mit Himbeersauce anrichten.

Für die Sauce Himbeeren putzen und mit Wasser sowie Kristallzucker aufkochen. Im Mixer pürieren, durch ein Passiersieb streichen und nach Belieben mit Himbeergeist und Staubzucker aromatisieren.

BACKZEIT: ca. 40 Minuten backen, 5–8 Minuten überbacken
BACKROHRTEMPERATUR: bei 170 °C backen, bei 250 °C überbacken

SCHNEENOCKERLN

ZUTATEN
7 Eiklar · 280 g sehr feiner Kristallzucker · Saft von 1/2 Zitrone · Prise Salz

FÜR DAS KOCHWASSER
1 l Milch · 1 l Wasser · 1/2 Vanilleschote · Prise Salz

ZUBEREITUNG
Eiklar in einer gekühlten, absolut fettfreien Schüssel mit der Hälfte des Zuckers und einer Prise Salz cremig schlagen. Zitronensaft und restlichen Zucker langsam nach und nach beigeben. Masse zu einem wirklich schnittfähigen Schnee schlagen.

In einem Topf mit möglichst großem Durchmesser Milch und Wasser mit Vanilleschote und einer Prise Salz aufkochen. Mit einem Suppenlöffel oder einer Teigkarte aus der Schneemasse 8 Nockerln formen und einlegen. Nach etwa 3 Minuten umdrehen und nochmals 3 Minuten ziehen lassen. Vorsichtig herausheben und auf vorgewärmten Tellern anrichten.

GARUNGSDAUER: ca. 6 Minuten
GARNITUREMPFEHLUNG: Vanille- oder Erdbeersauce
TIPPS: Eiklar nicht zu kräftig und schnell schlagen, da sonst der Schnee rasch flockig wird und nicht mehr richtig bindet.

Man kann dieses Gericht auch kalt servieren und mit verschiedenen Frucht-, Karamell- oder Schokosaucen überziehen.

SALZBURGER NOCKERLN, MIT ODER OHNE?

Dass Angehörige des saudi-arabischen Königshauses keinen Wein trinken durften, kompensierten sie, wie sich Jaroslav Müller, der langjährige Sacher-Küchenchef, erinnert, durch oft exzessiven Mehlspeis-Konsum. Neben der Original Sacher-Torte erfreuten sich vor allem die Salzburger Nockerln der hochwohlgeborenen Wertschätzung. „Speziell für ausländische Gäste haben wir die Salzburger Nockerln immer mit Preiselbeeren serviert, weil das erfahrungsgemäß noch besser ankam", erinnert sich Müller. Bei einem Saudi-Prinzen, der sich bereits daran gewöhnt hatte, wurden die Preiselbeeren jedoch irrtümlich einmal vergessen, was dieser mit der entgeisterten Frage quittierte: „Wo bleibt denn heute das Ketchup?"

WARME MEHLSPEISEN

SALZBURGER NOCKERLN

ZUTATEN
150 ml Milch · 1/2 Vanilleschote · Spritzer Zitronensaft · 7 Eiklar, gekühlt · Prise Salz
80 g Kristallzucker · 4 Eidotter · abgeriebene Schale von 1 unbehandelten Zitrone
10 g Vanillezucker · 2 EL Mehl · 1 EL Maisstärke (Maizena) · Staubzucker zum Bestreuen
Butter für die Form

ZUBEREITUNG
Milch mit der aufgeschnittenen Vanilleschote sowie etwas Zitronensaft aufkochen, vom Herd nehmen und ziehen lassen. Schote entfernen. Eine ovale, feuerfeste Form ausbuttern und so viel Vanillemilch eingießen, dass der Boden gerade bedeckt ist. Gekühltes Eiklar mit einer Prise Salz und einem Drittel des Zuckers mit dem Handmixer fast vollständig fest aufschlagen. Dann langsam den restlichen Zucker einlaufen lassen. Weiterschlagen, bis der Schnee schön cremig und fest ist. Backrohr auf 220 °C vorheizen. Eidotter, Zitronenschale, Vanillezucker, Mehl und Maisstärke auf den Eischnee geben und alles mit dem Schneebesen in 3–4 Bewegungen unterheben (die Masse soll nicht völlig homogen vermischt werden). Nun mit der Teigkarte 4 typische pyramidenförmige Nockerln formen, nebeneinander in die Form setzen und 10–12 Minuten goldgelb backen. Mit Staubzucker bestreuen und rasch servieren, damit die Nockerln nicht vor dem Auftragen zusammenfallen.

BACKZEIT: 10–12 Minuten
BACKROHRTEMPERATUR: 220 °C

TIPPS: Fruchtiger schmecken die Salzburger Nockerln, wenn man sie auf einem „Preiselbeer-Bett" bäckt.
Wenn Sie wirklich sichergehen wollen, dass alle Fettrückstände aus der Schüssel, in der Sie Schnee schlagen möchten, beseitigt sind, so reiben Sie die Schüssel einfach mit Zitronensaft aus!

KASTANIENPUDDING FÜR DEN KRONPRINZEN

Kronprinz Rudolf war im Sacher nicht nur Stammgast, sondern hatte dort sogar ein eigenes Servietten-Set zur Verfügung, das die charakteristische Initiale „R" und einen eingewebten Doppeladler trug. Auch von seinen Menükarten sind noch etliche erhalten. Jenes Festmahl, das Seine Kaiserliche Hoheit am 14. Dezember 1887 zu geben geruhte, hört sich ganz besonders opulent an und enthielt „Austern, Schildkrötensuppe, Hummerkotelett á l'Américaine, blaugesottene Forellen mit Venezianersauce, Hammelrücken mit Pfefferminzsauce, Wachtelragout, Krammetsvögelpastete, Punsch, französische Poularden, Salade Romaine, Kompott, frische Spargel, Kastanienpudding, Eis, Obst und Käse. Dazu Chablis, Mouton Rothschild, Röderer Crystall und Sherry Superieur."

MARONIAUFLAUF MIT BOURBON-VANILLE-SAUCE

ZUTATEN
200 g passierte Maroni · 60 g Kochschokolade, gerieben · 60 g Semmelbrösel
6 Eidotter · 2 EL Rum · 6 Eiklar · 200 g Kristallzucker · Butter und Zucker für die Formen

FÜR DIE BOURBON-VANILLE-SAUCE
500 ml Milch · 70 g Kristallzucker · 1 EL Vanillezucker · 1 Bourbon-Vanille-Schote (beste Vanille) · Prise Salz · 5 Eidotter · 2 EL Vanillecreme- oder Vanillepuddingpulver
2 cl Bacardi · 150 g Butter

ZUBEREITUNG
In einer Schüssel die Maroni mit geriebener Schokolade, Eidotter und Rum glatt rühren. Eiklar mit Zucker zu steifem Schnee schlagen und unterheben. Abschließend die Brösel einmengen. Kleine Auflaufformen mit Butter ausstreichen und mit Zucker ausstreuen. Masse etwa 3/4 hoch einfüllen und in einem Wasserbad im vorgeheizten Backrohr bei 180 °C 20–25 Minuten backen.
Für die Vanillesauce zunächst etwa 2/3 der Milchmenge mit Kristallzucker, Vanilleschote, Vanillezucker und Salz aufkochen. Die restliche Milch mit Eidottern und Vanillecremepulver glatt rühren, zugeben und gut durchkochen. Vanilleschote entfernen. Bacardi sowie die in Stückchen geschnittene Butter einmengen und mit dem Stabmixer zu einer homogenen Sauce aufmixen. Fertigen Maroniauflauf jeweils auf einen Teller stürzen und mit der Vanillesauce garnieren.

BACKZEIT: 20–25 Minuten
BACKROHRTEMPERATUR: 180 °C

MOHR IM HEMD

ZUTATEN FÜR 6 PORTIONEN
50 g Zartbitterkuvertüre (oder Kochschokolade) · 30 g Staubzucker · 3 Eidotter
3 Eiklar · 3 cl Rum · 2 EL Kristallzucker für den Schnee · 50 g Semmelbrösel
50 g Biskuit- oder Biskottenbrösel · 2 EL Milch · 50 g Haselnüsse oder Walnüsse, geröstet und gerieben · Prise Salz · ca. 100 g flüssige Butter für die Formen
3 EL Kristallzucker für die Formen

Sacher

Mohr im Hemd

FÜR DIE SCHOKOLADESAUCE

150 g dunkle Kuvertüre · 150 ml Milch · 20 g Kristallzucker · 100 ml Schlagobers, flüssig · 1/2 Vanilleschote, aufgeschnitten · 80 g weiche Butter · 1 cl Cognac 300 ml halbsteif geschlagenes Obers für die Garnitur

ZUBEREITUNG

Kleine Auflaufformen mit flüssiger Butter ausstreichen, mit Zucker ausstreuen und kalt stellen (damit die Masse aufgehen kann ohne überzulaufen). Kuvertüre im heißen Wasserbad schmelzen. Eidotter mit Rum und Staubzucker schaumig schlagen, die Kuvertüre einlaufen lassen. Eiklar mit Kristallzucker sowie einer Prise Salz halbsteif aufschlagen und etwa 1/3 des Eischnees vorsichtig unter die Schokolademasse ziehen. Semmelbrösel mit Biskuitbröseln und Milch vermengen und gemeinsam mit den Nüssen und dem restlichen Schnee unterheben. Masse 3/4 hoch in die Formen füllen. Eine Backform 2 cm hoch mit Wasser füllen und die Formen hineinstellen. Im vorgeheizten Backrohr bei 170 °C ca. 20 Minuten backen.

Für die Schokoladesauce Milch mit Schlagobers, Zucker und Vanilleschote zum Kochen bringen. Ohne Vanilleschote über die grob zerkleinerte Kuvertüre gießen und diese auflösen. Die weiche Butter aufschlagen und die Schokolademischung unter ständigem Rühren einlaufen lassen. Abschließend mit Cognac aromatisieren. Die warme Schokoladesauce über die gestürzten Mohren im Hemd gießen und mit dem nicht ganz fest geschlagenen Obers garnieren.

BACKZEIT: ca. 20 Minuten
BACKROHRTEMPERATUR: 170 °C
GARNITUREMPFEHLUNG: Vanille- oder Pistazieneis, Erdbeerragout und Hippen

REISAUFLAUF MIT SCHOKOLADESAUCE

ZUTATEN FÜR 6–8 PORTIONEN

150 g Rundkornreis · 500 ml Milch · 60 g Butter · 5 Eidotter · 5 Eiklar · 50 g Staubzucker für die Dottermasse · 50 g Kristallzucker · 100 g Brösel von entrindetem Weißbrot 1 Pkt. Vanillezucker · etwas Zitronensaft · Zimt · Butter für die Formen

FÜR DIE SCHOKOLADESAUCE

250 ml Schlagobers · 100 ml Milch · 100 g Milchkuvertüre · 100 g Zartbitterkuvertüre

ZUBEREITUNG

Milch mit Butter aufkochen lassen, Reis zugeben und ca. 20 Minuten weich kochen. Dotter mit Staubzucker schaumig rühren und Vanillezucker, eine Prise Zimt sowie etwas Zitronensaft zugeben. Eiklar mit Kristallzucker steif schlagen und gemeinsam mit der Dottermasse unter die Reismasse rühren. Abschließend die Brösel unterziehen. Kleinere Auflaufformen mit Butter ausstreichen, Masse 3/4 hoch einfüllen und Formen in ein Wasserbad stellen. Im vorgeheizten Backrohr bei 180 °C 20–25 Minuten backen.

Für die Schokoladesauce beide Kuvertüren in grobe Stücke brechen. Schlagobers und Milch aufkochen, Kuvertüre zugeben und darin schmelzen lassen. Mit dem Stabmixer mixen und warm halten. Fertig gebackenen Reisauflauf jeweils auf einen Teller stürzen und mit der heißen Schokoladesauce garnieren.

BACKZEIT: 20–25 Minuten
BACKROHRTEMPERATUR: 180 °C
GARNITUREMPFEHLUNG: Erdbeersauce

GLÜHWEINAUFLAUF

ZUTATEN FÜR 8 PORTIONEN
250 g Butter · 120 g Staubzucker · 5 Eidotter · 5 Eiklar · 100 g Kristallzucker
250 g Mehl, glatt · 100 g Kochschokolade, gerieben · 125 ml Glühwein, kalt
etwas Zimt · Nelkenpulver · 1/2 Pkt. Backpulver · Butter für die Auflaufformen

ZUBEREITUNG

Die Butter mit Staubzucker und Dottern schaumig rühren. Eiklar mit Kristallzucker steif schlagen und unter die Buttermasse mengen. Dann Mehl, geriebene Schokolade, kalten Glühwein, Zimt, Nelkenpulver und Backpulver vorsichtig einrühren. Kleine Auflaufformen mit Butter ausstreichen und die Masse 3/4 hoch einfüllen. Formen in ein Wasserbad stellen und im vorgeheizten Backrohr bei 180 °C 20–25 Minuten backen.

BACKZEIT: 20–25 Minuten
GARNITUREMPFEHLUNG: Bratapfelcreme (s. Nussnudeln S. 336) oder Apfelkompott

„AM SCHLUSS MUSS DER TELLER LEER SEIN!"

Jaroslav Müller, mit kleinen Unterbrechungen jahrzehntelanger Chefkoch im Sacher bis 2002, war stolz darauf, ein „Koch zum Anfassen" zu sein. Wann immer ein Stammgast kam – und derer gab und gibt es viele im Sacher –, war Müller bereits mit einer Empfehlung zur Stelle. „Ich habe sie alle gut gekannt", erzählt er, „und ich hab gewusst, dass ich jemandem, den die Gicht erwischt hat, keinen Spargel servieren werde."

Müller konnte mit vielen Gästen in ihrer Muttersprache sprechen. Wenn ihm beispielsweise sein jahrelanger Stammgast, der Wirtschafts-Tycoon Herbert Turnauer, etwas anvertrauen wollte, so sprach er mit Müller nur Tschechisch. Wenn Politiker oder Hollywood-Stars kamen, stellte er sich immer mit den Bodyguards gut, ja, es gab sogar Gäste, „die sich selbst kaum anschauen ließen. Da haben wir dann nur für die Bodyguards gekocht." Obwohl unter den Leibwächtern oft auch „recht finstere Gestalten" waren, vertraute Müller auch bei ihnen auf sein gastronomisches Credo: „Man muss die steife Gesellschaft durch Lachen aufbrechen." Und was für ihn stets noch wichtiger war: „Am Schluss muss der Teller leer sein. Sonst bin ich als Koch nicht mit mir zufrieden. Denn nur dann weiß ich: Entweder es hat dem Gast geschmeckt, oder er hat zumindest Hunger gehabt."

DEN HAUSGEBRAUCH
GÄSTE BEWIRTEN MIT STIL UND FLAIR

  TISCHKULTUR WIE IM SACHER

TISCHKULTUR WIE IM SACHER

DER RICHTIG GEDECKTE TISCH

Das erste Gebot jeglicher Tafelkultur lautet: Der gedeckte Tisch muss sauber, appetitlich sowie klar und übersichtlich gegliedert sein. Die Tischwäsche sollte entweder weiß oder, wenn man Tischtuch und Tischläufer kombiniert, in maximal zwei zueinander passenden Farben gehalten sein. Zuviel „Buntheit" trübt den eleganten Eindruck einer schön gedeckten Tafel, es sei denn, ein solcher ist, wie etwa bei Kinderpartys oder bestimmten Themenfesten (Beachparty, Krampusparty etc.), gar nicht erwünscht.

Zu einem geschlossenen Gedeck gehören zunächst Platzteller, auf denen die mehr oder minder kunstvoll gefalteten Servietten Platz finden können.

Außerdem sollte der Gast neben einer Grundausstattung an Besteck, einem Weißwein-, einem Rotwein- und einem Wasserglas auch einen kleinen Brotteller (eventuell mit Buttermesser) und – wenn das Essen abends stattfindet – eine Tischkerze vorfinden. Zum Thema Blumenschmuck siehe das folgende Kapitel „Feste feiern wie im Sacher".

Zu einem vorbildlichen Gedeck gehören Platzteller, gefaltete Servietten, Besteck, Weißwein-, Rotwein- und Wasserglas sowie ein kleiner Brotteller. Am Abend machen sich auch Tischkerzen sehr dekorativ.

DIE RICHTIG GEFALTETE SERVIETTE

Die Serviette besteht im Idealfall aus demselben Material wie die Tischwäsche und ist auch in derselben oder einer korrespondierenden Farbe gehalten. Sie sollte eine Länge bzw. Breite von etwa 50 bis 60 cm haben und ordentlich gebügelt sowie gestärkt sein. Komplizierte Faltmethoden wie Servietten in Seerosen-, Jakobinermützen- oder Dschunkenform sind heutzutage eher aus der Mode gekommen. Man bevorzugt vielmehr sachliche, praktikable Formen wie die auf der folgenden Seite vorgestellten.

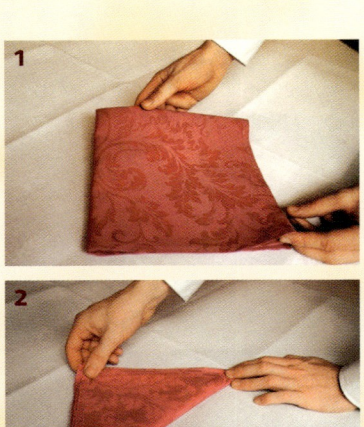

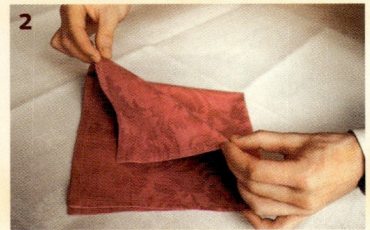

DREIECK: Serviette zu einem Quadrat zusammenlegen und diagonal falten.

ROLLE: Serviette in der Mitte dreieckig übereinanderschlagen („brechen") und von einer Seite her einrollen. Danach einen Serviettenring darüber streifen.

TASCHE: Serviette so zu einem Quadrat zusammenlegen, dass alle offenen Seiten nach links oben zeigen. Oberste Blätter diagonal nach innen falten und so einstecken, dass eine Tasche entsteht, in die man beispielsweise eine Menükarte oder aber auch eine Scheibe Toastbrot schieben kann.

SPITZ (auch Tafelspitz genannt): Serviette einmal in der Mitte zusammenfalten und so auflegen, dass die offene Seite nach unten zeigt. Linke und rechte Ecke diagonal so einschlagen, dass ein gleichschenkeliges Dreieck entsteht, dessen beide Schenkel man leicht nach innen faltet und danach wie einen Spitz aufstellt.

DAS RICHTIG AUFGELEGTE BESTECK

Als Grundregel gilt: Besteck wird immer von außen nach innen aufgelegt. Die jeweils äußersten Messer, Gabeln und Löffel verwendet man demnach stets für das nächstfolgende Gericht. Messer und Löffel werden rechts, Gabeln links und das Dessertbesteck wird am Kopfende des Tellers eingedeckt. Bei längeren Degustationsmenüs werden Besteck und Gläser üblicherweise nach jedem Gang ausgetauscht, um den Eindruck eines „Waffenarsenals" auf der Tafel zu vermeiden.

SPEZIALBESTECKE

Zusätzlich zur Grundausstattung werden, so vorhanden, bei folgenden Gerichten Spezialbestecke aufgelegt:

AUSTERN: Austern löst man am besten mit einer kleinen, dreizackigen Austerngabel aus der Schale. Serviert werden Austern grundsätzlich auf Eis, traditionell auch mit Zitronenscheibe, eventuell mit Tabasco sowie mit Butter bestrichenen Pumpernickelhäppchen oder Chesterschnitten.

BOUILLON: Ein runder Bouillonlöffel empfiehlt sich, wenn die Suppe in einer Bouillonschale (Suppentasse mit Henkeln) serviert wird.

KAVIAR: Kaviarlöffel und -messer aus Horn, Elfenbein, Schildpatt oder Perlmutt haben sich als ideal erwiesen, weil sie an die teure Delikatesse keinen metallischen Geschmack abgeben. Edelstahlbestecke werden heute jedoch immer häufiger toleriert. In jedem Fall verpönt ist wegen der Oxidationsgefahr jedoch Silberbesteck.

EDELKREBSE: Werden Flusskrebse im Ganzen und nicht ausgelöst serviert, so werden ein gelochtes Krebsmesser und eine zweizackige Krebsengabel aufgelegt. Mit dem Loch des Krebsmessers klemmt man die Scherenspitzen ab und erweitert mit dem Messer die Öffnung. Mit der Gabel zieht man das Fleisch heraus. Danach muss unbedingt eine, üblicherweise mit lauwarmem Wasser und Zitronenspalten gefüllte Fingerbowle zum Reinigen gereicht werden.

EIS: Ein viereckiger „Cuillère à glace" macht sich auf der Tafel sehr hübsch, ist aber keineswegs obligatorisch.

FISCH: Da man Fisch nicht schneidet, sondern zerteilt, bedarf es eines speziellen Fischbestecks, das aus einem bauchigen, aber etwas stumpfen Messer (oder einem „Gourmetlöffel", s. Saucen) und einer gezackten Gabel besteht. Das Fischbesteck sollte aber nur dort aufgelegt werden, wo es tatsächlich hilfreich ist. Das Fleisch von Tintenfischen, Scampi, Garnelen, Octopussen u. Ä. lassen sich mit einem traditionellen Essbesteck leichter bewältigen.

HUMMER UND LANGUSTE: Heute kommen Hummer und Languste in den meisten Fällen bereits mundgerecht vorbereitet und ausgelöst auf den Tisch. Ist dies nicht der Fall, muss ein Hummerbesteck (Hummerzange und Hummergabel oder -pike) aufgelegt werden. Damit lassen sich die größeren Stücke (Schwanz, Scheren) leicht aufbrechen, deren Fleisch dann mit normalem oder Fischbesteck gegessen werden kann. Danach geht man zum Auslösen der kleinteiligeren Stücke über. Während man das Fleisch mit der Hummerpike auslöst, kann man Schalen und Scheren getrost in die Hand nehmen. Die feingliedrigen Hummer- und Langustenbeinchen, die oft das beste Fleisch enthalten, darf man übrigens, so lange man dabei appetitlich zu Werke geht, auch aussaugen. Achtung: Bei Menüs, in denen ganze Schaltiere wie Hummer und Langusten, aber auch etwa Meerspinnen oder Taschenkrebse gereicht werden, sollte man für entsprechend

TISCHKULTUR WIE IM SACHER

große Spezialservietten sorgen, die sich die Gäste vor dem Essen umbinden können, um ihre Kleidung nicht unfreiwillig zu beschmutzen. Nach dem Essen wird eine Fingerbowle gereicht.

KÄSE: Wenn der Käse nicht bereits in der Küche vorportioniert wurde, sondern am Käsebrett oder unter der Käseglocke aufgetragen wird, sollte man verschiedene Arten von Käsemessern (Weichkäsemesser, Hartkäsemesser, Frischkäsemesser, Parmesanbrecher etc.) bereit halten.

OBST UND NÜSSE: Werden als Dessert ganze Früchte aus dem Obstkorb gereicht, sollten lange, spitze Obstmesser zur Verfügung stehen. Zum Öffnen ganzer Nüsse müssen Nussknacker bereitgestellt werden.

SAUCE: Gerade für die zeitgemäße Saucenküche hat sich ein flacher „Gourmetlöffel" bewährt, der auch anstelle eines Fischmessers benützt werden kann.

SCHNECKEN: Wenn Weinbergschnecken nicht als Ragout, sondern im Schneckenhaus serviert werden, sollten Schneckenzangen sowie zweizackige Schneckengabeln eingedeckt werden.

SPARGEL: Da Spargel in der modernen Küche meist als Bestandteil einer größeren Komposition oder Kreation begriffen wird, hat es sich eingebürgert, zu den meisten Spargelgerichten das übliche Essbesteck zu decken. Spargelgriff und -vorlegezange bzw. Spargelheber sind nur noch nötig, wenn Spargel so serviert wird, dass die ganze Stange in die Hand genommen und in Sauce (z. B. Hollandaise) getaucht werden muss.

STEAK: Für Steaks, aber etwa auch für im Ganzen servierte und rosa gebratene Entenbrüste können spitze, besonders scharfe Steakmesser aufgelegt werden. Das ist keineswegs obligatorisch, erweist sich aber als hilfreich, wenn das eine oder andere Stück einmal nicht ganz so zart wie vorgesehen geraten ist.

ZUCKER: Zuckerzange bzw. Zuckerstreulöffel sind selbstverständlicher Bestandteil moderner Kaffee- und Teekultur.

WICHTIGE ACCESSOIRES

PFEFFER- UND SALZMÜHLE: Beide müssen keineswegs von vornherein eingedeckt werden und sind auf der Tafel ebenso überflüssig wie Salz- und Pfefferstreuer. Man sollte jedoch auf allfällige Wünsche von Gästen vorbereitet sein, die nachwürzen wollen. Salz und Pfeffer frisch geschrotet aus der Mühle sind Streuprodukten dabei in jedem Fall vorzuziehen.

ESSIG- UND ÖLKÄNNCHEN: Beides vermittelt mediterranes Lebensgefühl, wenn es sich bereits am gedeckten Tisch befindet. Dabei ist dieses Detail nicht notwendig, außer man möchte seine Gäste dazu animieren, sich ihren Salat selber zu marinieren.

SAUCIERE: Diese ist in der modernen (reduzierten) Saucenküche stark aus der Mode gekommen. Wo aber klassische Saucen wie Hollandaise, Béarnaise, Mornay etc. gereicht werden (etwa zu Châteaubriand oder T-Bonesteak, aber auch zu Spargel oder Fisch), sollte man in jedem Fall entsprechende Saucieren bereitstellen.

FINGERBOWLE: Sie ist nach jeder Mahlzeit ein unbedingtes Muss, bei der die Finger unmittelbar in Berührung mit einer Speise gekommen sind, also etwa bei im Ganzen serviertem Geflügel (Huhn, Wachtel, Ente, Fasan etc.), Krusten- und Schaltieren, Spareribs, Spargel etc.

BROTKÖRBCHEN: Das Brotkörbchen sollte unmittelbar vor Beginn des Essens (nicht schon eine Stunde zuvor) eingedeckt werden, damit nur frisches Brot, möglichst in mehreren Variationen serviert wird. Zumindest eine Sorte Vollkornbrot sollte im Brotkörbchen heutzutage nicht fehlen.

TISCHBESEN: In Restaurants ist es üblich, den Tisch, vor allem bei mehrgängigen Menüs, zwischendurch von Bröseln und ähnlichen Resten zu reinigen. Das kann auch bei einer privaten Einladung durchaus hilfreich sein. Einschlägige Gerätschaften vom Besen bis hin zum Tischstaubsauger sind im Fachhandel erhältlich.

DAS RICHTIG ZUSAMMENGESTELLTE MENÜ

Die klassischen Menüregeln sind spätestens seit dem großen Auguste Escoffier (1846–1935) festgeschrieben und haben sich auch trotz der zwischenzeitlichen Neudefinition durch die Nouvelle Cuisine nur geringfügig geändert. Spielereien wie drei Fischgänge hintereinander oder ein ganzes Menü, das nur auf Nudel- oder Geflügelbasis komponiert ist sowie asiatische Menüs und mediterrane Tapasmenüfolgen – das alles kann zwar durchaus reizvoll sein, konnte aber die erprobte klassische große Menüfolge letztlich doch nicht verdrängen:

1. DAS AMUSE GUEULE oder „Amuse bouche", häufig auch „Kleiner Gruß aus der Küche" genannt, hat sich als Starter in guten Restaurants heute weitgehend eingebürgert, ist aber auf privaten Tafeln kein Muss.

2. Im Grunde ist das Amuse gueule nämlich nichts anderes als ein vorgezogenes **HORS D'ŒUVRE**, nämlich eine, mit kleinem Besteck eingenommene kalte und/oder warme Vorspeise. Sie sollte in keinem Fall zu groß dimensioniert sein. Ihre Funktion ist es, Appetit auf mehr zu machen und nicht zu sättigen.

TISCH- UND WEINKULTUR WIE IM SACHER

3. Nach dem Eingangsreigen der kalten und warmen Vorspeisen folgt als klassischer Bestandteil jedes Menüs die SUPPE, bei der es sich um eine einfache Consommé, aber auch – typisch wienerisch – um eine Suppe mit Einlage oder eine gebundene Suppe handeln kann. Spezialsuppen, denen – wie etwa der Bouillabaisse oder der Serbischen Bohnensuppe – der Stellenwert eines Hauptgerichtes zukommt, haben an dieser Stelle des Menüs allerdings nichts verloren.

4. Bei einem großen Menü folgt jetzt ein KLEINER FISCHGANG, an dessen Stelle auch, zumal in mediterran inspirierten Menüs, ein PASTA- ODER TRÜFFELGERICHT gereicht werden kann. Auch eine winzige Portion eines ALTÖSTERREICHISCHEN ZWISCHENGERICHTS (Beuschel, Gulasch, Grammelknöderl etc.) eignet sich gut für diese Position des Menüs.

5. Um Gaumen und Magen eine – mitunter höchst nötig gewordene – kleine Verschnaufpause zu gönnen, serviert man nunmehr ein kleines, erfrischendes SORBET ODER GRANITÉ (das allerdings keinesfalls zu süß sein darf). Es handelt sich dabei eher um eine französische als eine heimische Tradition.

6. Nunmehr ist man entsprechend eingestimmt auf das so genannte „RÔTI", den Fleischgang, der den Höhepunkt des Menüs bildet, wenn nicht ein großer Fischgang (z. B. ein im Ganzen gebratener Fisch) schon als Hauptspeise gereicht wurde.

7. Je nach Philosophie der Gastgeber wird dann KÄSE und/oder das DESSERT gereicht. Da man durchaus der (vor allem in Frankreich verbreiteten) Ansicht sein kann, dass Käse den Magen besser „schließt" als Süßes, lassen sich die beiden letzten Gänge auch tauschen.

8. Wenn sich der Abend dem Ende zuneigt, werden KAFFEE und DIGESTIV angeboten.

TIPPS FÜR DIE MENÜZUSAMMENSTELLUNG

• Achten Sie darauf, dass sich im Verlauf eines Menüs keine wesentlichen Grundprodukte wiederholen (z. B. bei Hirschrücken als Hauptgericht kein Hirschschinken als Vorspeise).

• Bauen Sie Ihre Menüs stets vom Leichteren (Fisch, Gemüse, Wachtel) zum Opulenteren und Schwereren (Wildgeflügel, Rindfleisch, Lamm) hin auf.

• Versuchen Sie, farbliche Grundtöne in einem Menü möglichst nicht zu wiederholen. (Petersilcreme bei einem und Zucchinischaum beim nächsten oder übernächsten Gang schließen einander so gut wie aus.)

• Sorgen Sie dafür, dass keine Vorspeise den Hauptgang geschmacklich dominiert. Wenn der Salat oder die Pasta nachhaltiger in Erinnerung bleiben als der Braten oder das Steak, schadet das dem Gesamteindruck des

Menüs. In jedem Fall sollten Sie beim Dessert für einen abschließenden Höhepunkt sorgen, da dieses am längsten und unmittelbarsten in Erinnerung bleibt.

• Berücksichtigen Sie bereits bei der Komposition des Menüs, dass Sie jeden Gang mit einem geeigneten Wein aus Ihrem Keller begleiten können.

• Nehmen Sie bei der Menüzusammenstellung auch auf Herkunft, Religion und Weltanschauung Ihrer Gäste Rücksicht. Wenn Moslems unter ihnen sind, sollte man beispielsweise auf Schweinefleisch, bei Hindus auf Rindfleisch verzichten. Auch überzeugten Vegetariern oder Veganern sollte man auf jeden Fall fleischlose Alternativen anbieten.

WEINKULTUR WIE IM SACHER

Als Glasgrundausstattung für Ihre Einladung reichen im Normalfall ein funktionelles Weißweinglas (z. B. Jungwein- oder Chardonnayglas) sowie ein möglichst vielseitig verwendbares Rotweinglas (z. B. Bordeauxglas). Außerdem sollten stets genügend Wassergläser zur Verfügung stehen. Wird Bier und Sekt getrunken, empfehlen sich zudem Bier- und Sekttulpen. Auch Cocktail- und Schnapsgläser sollten bei Bedarf vorhanden sein, werden aber nicht eingedeckt.

Werden bei der Einladung nicht nur leichte Tischweine gereicht, sondern auch große Weine verkostet, ist die Wahl des Glases und eine gewisse Auswahl an verschiedenen Gläsern von besonderer Bedeutung. Machen Sie ruhig einmal die Probe aufs Exempel und trinken Sie ein- und denselben Wein aus verschiedenen Gläsern. Sie werden sehen: Das Geschmackserlebnis ändert sich von einem Mal zum anderen. Das richtige Glas ist daher nicht nur eine Frage der Kultur, sondern auch eine des Geschmacks. Verschiedene Produzenten bieten heute eine große Bandbreite von Spezialgläsern von Sherry über Barolo bis Süßwein an. Im Gläserschrank eines Weinkenners sollten sich vor allem die folgenden Glastypen befinden:

JUNGER WEISSWEIN: Die Spritzigkeit und zarte Säure junger Weißweine, wie Grüner Veltliner, Riesling oder Weißburgunder, gelangen am besten in lippenfreundlichen schmalen, sich zum Rand hin verjüngenden Weinkelchen zur Geltung.

ÄLTERER WEISSWEIN: Ein größeres, gewölbtes Glas, das dem Wein auch Raum zum Atmen gibt, betont das Bukett am besten. Aus Gläsern für ältere Weißweine können jedoch auch jüngere, „massive" Weißweine getrunken werden (z. B. Barrique-Chardonnays).

BORDEAUX: Die klassisch-schlanke Kelchform harmoniert ideal mit der Cabernet-Sauvignon-Rebe, aber auch edlen Toskanern und Riojas. Als Faustregel gilt: Je „größer" (gehaltvoller) der Wein, desto größer sollte auch der Kelch sein. Im Normalfall eignen sich Bordeauxkelche auch sehr gut für große Weißweine.

BURGUNDER: Weine, die sich im Glas besonders weiterentwickeln (dazu zählt neben Pinot Noir etwa auch piemontesischer Nebbiolo), benötigen eine besonders bauchige Glasform, damit Luft und Duft zueinander finden können.

WEINKULTUR WIE IM SACHER

ROSÉ: Vom steirischen Schilcher bis zu provenzalischen Rosés entwickeln sich die meisten Roséweine in Gläsern für jungen Weißwein am besten. Nur für die (seltenen) Barrique-Rosés sollte man Chardonnaygläser oder Bordeauxkelche wählen.

PORTWEIN: Klein, aber gediegen – die Bukett- und Aromastoffe des Port entfalten ihre Duftstoffe am nachhaltigsten in einer verkleinerten Version des Bordeauxglases (häufig auch mit senkrechtem Glasrand).

SEKT: Für das prickelnde Sektmousseux empfiehlt sich die klassische Flötenform. Sie unterstreicht den erfrischenden Charakter.

CHAMPAGNER: Um neben dem Mousseux auch den Duft des Champagners zu betonen, bedarf es einer etwas bauchigeren Flötenform. Große „Cuvées Nobles" und Jahrgangscuvées entwickeln sich oft auch in Chardonnaygläsern sehr gut.

IN JEDEM FALL GILT: Weine sind individuelle Lebewesen, für deren optimalen Genuss es nicht die „reine Wahrheit" gibt. Probieren geht also über Studieren. Ein guter Gastgeber wird demnach, da er große Weine ohnedies mindestens eine Stunde vor dem Genuss „lüftet", seine Entscheidung, in welchem Glas er diesen speziellen Wein servieren wird, oft noch im letzten Moment überdenken.

WELCHER WEIN MUSS DEKANTIERT WERDEN?

Grundsätzlich gilt: Je größer ein Wein ist (und zwar gleichgültig ob Weiß oder Rot), desto mehr Sauerstoff benötigt er, um zu seiner vollen Form zu finden. Wie lange es dauert, bis ein Wein alle seine Duft- und Aromastoffe auf optimale und harmonische Weise im Glas offenbart, hängt sehr stark davon ab, wie der Wein vinifiziert wurde. Manche große Rotweine (z. B. Brunello di Montalcino oder Barolo) benötigen oft einen halben Tag und länger, um sich voll zu entfalten, andere (meist „kleinere" Weine) brauchen „nur" eine Stunde. Ältere Weine mit Depot sollte man unbedingt (idealerweise mit einer Dekantiermaschine) in eine Karaffe umgießen und dabei den Bodensatz zurückbehalten. Heute werden praktisch alle großen Rotweine (im Gegensatz zu früher auch Burgunder, sofern er modern vinifiziert ist) dekantiert. Und gerade in den letzten Jahren hat es sich eingebürgert, auch große Weißweine zu dekantieren und die Karaffe auf Eis zu stellen.

WELCHER WEIN ZU WELCHEM ESSEN?

Die alte Faustregel „Weißer Wein zu weißem und roter Wein zu dunklem Fleisch" ist zwar nach wie vor gültig, wurde aber in Einzelfällen des Öfteren widerlegt. Längst hat man beispielsweise erkannt, dass ein ausdrucksvoller Rotwein zu Kalbfleisch oder Wildhuhn ebenso perfekt munden kann wie etwa ein „Côtes du Rhône" zu einem gut gewürzten Fischgericht. Auch das zunehmende Einfließen asiatischer Aromen in die europäische Küche hat so manchen alten Grundsatz widerlegt. In jedem

Fall gilt: Stimmen Sie möglichst jeden Wein individuell auf das Gericht ab, das er begleiten soll. Die Entscheidung liegt letztlich beim Gastgeber. Und zumindest unter Weinfreunden ist dann auch für animierende Tischgespräche gesorgt, da der Wein bekanntlich ein unerschöpfliches Thema ist. Bei der Zusammenstellung einer längeren Weinfolge sollte man sich jedoch – wie auch bei der Menüfolge – stets vom Leichteren zum Kraftvolleren hin bewegen. Einzige Ausnahme: Wird als Vorspeise ein Gänselebergericht serviert, so darf ruhig „zwischendurch" ein kräftiger Gewürztraminer, eine Riesling-Spätlese, ein Ausbruch oder sogar eine Trockenbeerenauslese eingelegt werden. Und noch etwas: Die alte Weisheit, dass Champagner vom Hors d'œuvre bis zum Dessert im Grunde zu allem passt, ist bis heute noch nicht schlagend widerlegt worden.

Im Folgenden einige Tipps für Kombinationen von Speisen und Wein, die freilich jeder Gastgeber und jede Gastgeberin auf die individuellen Geschmacksvorlieben adaptieren kann.

HORS D'ŒUVRES: Fast immer passt ein leichter, trockener Weißwein (z. B. eine Steinfeder aus der Wachau, ein steirischer Welschriesling) oder ein Glas Sekt.

AUSTERN: Harmonieren am besten mit Champagner oder Weißem Burgunder (z. B. aus dem Chablis, aber auch aus Österreich).

KAVIAR: Wenn man dazu keinen Wodka trinken will, bevorzuge man Sauvignon Blanc, Riesling oder Champagner.

GÄNSELEBER: Harmoniert ideal mit Weinen von hoher Extraktsüße und pikanter Säure wie z. B. Sauternes, Gewürztraminer, Riesling-Spätlese, Prädikatsweinen aus der Neusiedlersee-Region oder Tokajer.

HUMMER UND SCHALTIERE: Vertragen sich gut mit Pinot Blanc und Chardonnay, aber auch mit Champagner.

RÄUCHERLACHS: Lässt sich perfekt durch ausdrucksvollere, aber trockene Weißweine (Riesling, Pinot Blanc, Morillon) unterstreichen.

PASTA: Dazu passen selbstverständlich junge italienische Weißweine (z. B. Ribolla, friulanischer Tocai, Malvasia) und Rotweine wie Sangiovese oder Cabernet Franc. Auch österreichische Weine wie steirischer Sauvignon Blanc oder Zweigelt können feine Harmonien erzielen.

SPARGEL: Ideale Begleiter sind junge, frisch-fruchtige Weißweine wie etwa Riesling-Federspiel, Sauvignon Blanc oder auch ein trocken ausgebauter Müller-Thurgau.

FISCH: Je nach Konsistenz und geschmacklicher Intensität kombiniere man leichte Weißweine (Grüner Veltliner, junger Riesling) mit Fischen wie Forelle, Saibling oder Zander und massivere Weißweine (Riesling-Spätlese, Weißburgunder, Chardonnay) mit Fischen wie Waller, Steinbutt, Barsch oder Seezunge. Je kräftiger der Fisch, desto leichter lässt er sich auch mit Rotweinen (z. B. Zweigelt, Beaujolais, Vernatsch) kombinieren.

HUHN: Trockene Weißweine mit stabilem Säurerückgrat (z. B. Riesling, Grüner Veltliner) erweisen sich als ideale Begleiter. Ein „G'mischter Satz" vom Wiener Nußberg ist noch immer der klassische Brathendl-Begleiter, zu einem steirischen Backhenderl passt aber auch ein trocken ausgebauter Klöcher Traminer ausgezeichnet. Und je nach Zubereitung lassen sich Geflügelgerichte (z. B. ein Coq-au-vin) auch durch Rotweine, etwa einen Zweigelt oder einen Blaufränkisch sehr gut begleiten.

ENTE: Sie ist ein sehr anpassungsfähiges Gericht, das sich mit jedem guten Rotwein von Blaufränkisch bis Cabernet Sauvignon gut versteht, dem aber auch ein feiner, trockener Gewürztraminer (vor allem bei der Zubereitung „à l'orange") feine Geschmacksnuancen abgewinnen kann.

GANS: Das massive und geschmacksintensive Fleisch der Gans verlangt nach kräftigen Rotweinen, deren Bandbreite von Pommard (Napoleons Lieblingswein zu diesem Gericht) bis hin zu mittel- und südburgenländischen Blaufränkisch-Weinen von möglichst „barocker" Statur reicht.

STEAK: Je nach individueller Vorliebe passt praktisch jeder Rotwein. Als klassisch gilt mit Recht Cabernet Sauvignon.

KALBFLEISCH: Harmoniert perfekt mit kräftigen Grünen Veltlinern, aber auch Weißburgundern, Chardonnays, Rieslingen und Neuburgern. Auch ein guter trockener Zierfandler aus der Wiener Südbahnregion kann viel Freude bereiten. Ebenso passend: elegante Rotweine wie etwa Blauburgunder oder St. Laurent.

WILD: Je kräftiger der Rotwein dazu, desto besser. Verträgt sich besonders gut mit Nebbiolo, Syrah (Wildgeflügel, Hase) und Cabernet Sauvignon oder Blaufränkisch (Rotwild).

SCHWEINEFLEISCH: Wenn's nicht Bier oder Most sein soll, so passt ein junger „heuriger" Weißwein oder – beim Filet – auch ein guter Rotwein, von Zweigelt über St. Laurent bis Blauburgunder.

TAUBE: Als ideale „Mariage" gilt mit Recht ein großer, schon etwas gereifter Bourgogne, vorzüglich passen aber auch St. Laurent und Syrah.

KÄSE: Je nach Fettgehalt und Intensität wähle man leichte bis schwere Rotweine. Zu Blauschimmel und Ziege passen auch ausdrucksvolle Weißweine bis hin zur Beerenauslese perfekt. Aber Vorsicht: Je geschmackvoller der Käse, desto mehr verändert er den Geschmack des Weins.

DESSERTS: Von Auslesen, Ausbrüchen, Eisweinen und Trockenbeerenauslesen über Tokajer und Sauternes bis hin zu Portweinen bietet sich – entgegen dem Vorurteil, dass Wein nicht zum Dessert passe – ein weites Feld an Kombinationsmöglichkeiten an. Eine der schönsten Kombinationen ist beispielsweise jene von südfranzösischem Banyuls mit allen Schokoladedesserts (die sich ansonsten fast allen, auch süßen Weinen verschließen). Was so gut wie immer passt: Sekt und Champagner.

ZEHN GRUNDREGELN FÜR GUTE GASTGEBER

1. Planen Sie Ihre Einladung rechtzeitig. Je besser alles vorbereitet ist, desto mehr Erfolg werden Sie bei Ihren Gästen haben.

2. Achten Sie darauf, dass die Gäste, die Sie einladen, zueinander passen. So sollte man keine unmittelbaren geschäftlichen oder politischen Konkurrenten gemeinsam zu Tisch bitten und darauf achten, dass die Gäste nicht aus völlig unterschiedlichen Lebens- und Geschäftsbereichen stammen. Gewisse Gemeinsamkeiten sind die Voraussetzung dafür, dass sich ein für alle animierendes und lohnendes Tischgespräch entwickelt. Vor allem sollte man bei der Erstellung der Einladungsliste auch eine gewisse Geschlechterparität berücksichtigen. Idealerweise sollte an einer Tafel nämlich stets eine Dame zwischen zwei Herren und umgekehrt sitzen.

3. Bei kleineren Gesellschaften kann man auf die Erstellung einer Tischordnung meist problemlos verzichten. Ist die Runde jedoch größer, so lohnt es sich, genügend Zeit in die Erstellung einer Sitzordnung mit Tischkärtchen zu investieren. Versuchen Sie dabei, die Gäste entsprechend ihren Interessen und Vorlieben zu platzieren. Die klassische Etikette gebietet zwar, dass Ehepaare nie nebeneinander sitzen sollten. Wenn ein Paar dennoch darauf Wert legt, sollte man

ZEHN GRUNDREGELN FÜR GUTE GASTGEBER

es nicht trennen und dadurch womöglich die Stimmung trüben. Gäste, die niemanden außer die Gastgeber persönlich kennen, sollten unbedingt auch in unmittelbarer Nähe zu diesen platziert werden. Der Gastgeber und die Gastgeberin sollten nie nebeneinander, sondern möglichst an den gegenüberliegenden Enden der Tafel sitzen.

4. Laden Sie nicht mehr Gäste ein, als es die räumlichen Verhältnisse und die Kapazität Ihrer Küche zulassen.

5. Geben Sie den Gästen schon auf der Einladung zu verstehen, in welchem gesellschaftlichen Rahmen Sie Ihr Essen planen. Handelt es sich um eine legere Zusammenkunft unter Freunden oder um ein elegantes Festessen? Niemand will over- oder underdressed erscheinen. Es ist also im Bedarfsfall sinnvoll, einen bestimmten Dress-Code festzulegen – von „Jeans erwünscht, Krawatte überflüssig" bis hin zu „Abendgarderobe" oder „Trachtenlook".

6. Überschätzen Sie vor allem bei größeren Einladungen Ihre eigene Leistungsfähigkeit nicht. Sie können nicht gleichzeitig charmante/r Gastgeber/in sein, in der Küche stehen und auch noch servieren. Sichern Sie sich also Unterstützung von Familienangehörigen oder Freunden bzw. vertrauen Sie die Abwicklung des Menüs und/oder des Service einem Caterer an.

7. Vergewissern Sie sich, dass genügend gleichartiges Geschirr und Besteck sowie passende Gläser zur Verfügung stehen. „Kuckuckseier" aus anderen Servicen oder Kollektionen machen stets einen etwas uneleganten Eindruck. Sollten sie sich dennoch nicht vermeiden lassen, sollten die Gastgeber zu Beginn mit einer kleinen, selbstironischen Bemerkung auf das „kleine Manko" hinweisen, bevor die Gäste es selbst entdecken.

8. Bitten Sie Ihre Gäste nicht gleich nach dem Eintreffen zu Tisch, sondern sorgen Sie bei einem improvisierten kleinen Aperitif, dass sie einander in lockerer Cocktail-Stimmung „beschnuppern" oder kennen lernen können, bevor das Essen beginnt.

9. Stellen Sie allfälliges Rauchverbot oder die Bitte, die Handys abzuschalten, höflich, aber von vornherein klar. Dann gibt es im Verlauf des Abends keine unliebsamen Diskussionen darüber.

10. Stellen Sie nach jeder Einladung eine Liste zusammen, welche Gäste was gegessen und eventuell auch, welchen Wein sie getrunken haben. Das erleichtert die Menüzusammenstellung für Folgeeinladungen und hilft, peinliche „Doubletten" zu vermeiden.

Der Salzburger Blumenhändler und Blumenkünstler Jörg Doll arbeitet mit der Familie Gürtler schon seit Jahren bei der Sacher- wie auch bei der Opernballdekoration eng zusammen.

FESTE FEIERN WIE IM SACHER

Genauso wie die sprichwörtliche Liebe durch den Magen geht, kann man die Wertschätzung, die man für jemand anderen empfindet, auch mit Blumen oder mitunter durch die Blume sagen. Wer Gäste einlädt, sollte sich daher nicht nur die Menüfolge gründlich überlegen, sondern sich – wie das auch im Sacher üblich ist – ein Konzept für Dekor und Blumenschmuck zurecht legen. Der Salzburger Blumenhändler und Blumenkünstler Jörg Doll arbeitet mit der Familie Gürtler schon seit Jahren zusammen. Diese bis auf den heutigen Tag erfolgreiche Kooperation begann, als Elisabeth Gürtler, noch vor ihrer Zeit als Opernball-Gastgeberin, einmal in Salzburg zu einer großen internationalen Hochzeit mit rund 450 Gästen geladen war. Das Haus Doll gestaltete damals für die Braut ein Rosenmeer der Sorte „Anna" – so lautete auch der Name der Braut. Alle Anwesenden waren verzaubert von dieser Blütenpracht, alles verführerisch duftend – wie es italienische Freilandrosen eben so an sich haben.

„Wir entwarfen damals einen weit über einen Meter hohen, acht-flammigen und äußerst romantischen Kerzenleuchter aus Schmiedeeisen", erinnert sich Jörg Doll. „Rund um diesen Leuchter wickelten wir lange Rosenranken, und der Tisch selbst wurde wie eine Rosenwiese ausgestaltet,

Sacher

FESTE FEIERN WIE IM SACHER

aus deren Mitte eine füllige Rosenkugel von über einem halben Meter Durchmesser herauswuchs. Das elektrische Licht wurde durch einen Dimmer beinahe gänzlich zurückgenommen, dafür haben wir den ganzen Saal jedoch mit 1000 Glaskerzen erleuchtet."

Elisabeth Gürtler zeigte sich von so viel Licht- und Blumenpracht schlicht begeistert – und erteilte den Auftrag zur Ausgestaltung des alljährlichen Opernballdiners, jenes gesellschaftlichen Höhepunkts im Hotel Sacher, das dem eigentlichen Opernball vorangeht.

„Der Winter", erzählt Jörg Doll vom Beginn seiner Zusammenarbeit mit dem Haus Sacher, „bringt immer eine Sehnsucht nach Wärme und kräftigen Farben mit sich. Deshalb entschlossen wir uns damals, das Entree komplett mit drei Meter hohen, blühenden Mimosenbuschen auszugestalten. Da Mimosen einen ausgeprägt südlichen Duft haben, roch es damals im ganzen Sacher wie an der Riviera. Mit dieser geballten Aromaoffensive scheinen wir Wien dann wie im Sturm erobert zu haben. Denn schon kurz darauf rief uns die mittlerweile zur Opernball-Lady ‚geadelte' Elisabeth Gürtler an und beauftragte unser Haus mit der Gestaltung der Blumendekoration in der Staatsoper."

Gewiss bedarf es für häusliche Feste und Partys nicht unbedingt Tausender Glaskerzen und Hunderter Mimosen. Doch letztlich gilt im Kleinen, was auch im Großen gilt: Wichtig ist vor allem die Liebe zum Detail.

Blumenschmuck und Dekorationen sollten minutiös aufeinander abgestimmt sein und dürfen das Aufnahmevermögen des Gastes nicht überfordern. Der Aufwand sollte stets dem Anlass der Einladung entsprechen. Vor allem aber gilt: Alles sollte möglichst persönlich und nichts gekünstelt wirken.

KLEINE DEKOR- UND FARBENLEHRE

Große wie auch kleine Feste gelingen vor allem dann, wenn Farben, Blumen und Dekoration nicht aufdringlich oder übertrieben wirken. Man vertraue also am besten auf seinen eigenen Stil, seinen eigenen natürlichen Geschmack und vor allem auf die eigene Kreativität. Auf die folgenden **10 GEBOTE DER DEKORATION** sollte man dabei jedoch, wie Blumen-Designer Jörg Doll aus Erfahrung weiß, besonderen Wert legen:

1. Blumenschmuck und Dekorationen müssen für jeden Gast nachvollziehbar sein und dürfen weder die Räumlichkeit noch den Anlass der Einladung überstrapazieren. Richten Sie sich also ruhig nach Ihren Gefühlen und setzen Sie das um, was Ihnen „liegt", sonst besteht die Gefahr „gekünstelt" zu wirken.

2. Jede Wohnung besitzt ihren eigenen Charakter, der auch jenen der Besitzer widerspiegelt. Diesen Charakter sollte man keineswegs konterkarieren, sondern im Gegenteil mit korrespondierender Tischwäsche und Service oder durch das Dekor wie Blumen oder Früchte unterstreichen. Also: Keine barocken Blumenkörbe in eine Designerwohnung! Und keine avantgardistischen Gestecke zu altdeutschen Stilmöbeln! Kurzum: Verwandeln Sie eine Almhütte nicht in ein Schloss und umgekehrt!

3. Verlassen Sie sich auf Ihre Kreativität – es geht um die Idee! Die einfachen Dinge sind meist die besten.

4. Im Vordergrund Ihrer Einladung sollten stets die Gäste stehen. Die Dekoration ist lediglich der Tupfen auf dem i. Dieses i-Tüpferl sorgt freilich auch für Unverwechselbarkeit, für individuellen Charme und dafür, dass Ihre Gäste sich liebevoll betreut fühlen.

5. Gehen Sie mit Liebe und Ehrlichkeit zu Werk, gestalten Sie alles wohl überlegt, dann hat Ihre Veranstaltung mit Sicherheit Erfolg.

6. Achten Sie darauf, dass der Erfolg eines gelungenen Abends stets die Summe ungezählter Kleinigkeiten ist. Das beginnt beim Placement der Namenskärtchen und reicht über die Auswahl der Blumen bis hin zur Beleuchtung. Wenn Sie auf ein wesentliches Detail vergessen, so fällt dies zwar nicht jedem auf, aber es bleibt eben doch „etwas", das Ihren Gästen „gefühlsmäßig" fehlen wird.

FESTE FEIERN WIE IM SACHER

7. Bedenken Sie, dass eine Dekoration nicht zwangsläufig teuer sein muss. Oft kann eine originelle Idee eine viel größere Wirkung erzielen als sündteurer Schmuck. Verwenden Sie als Dekor für ein Frühlingsessen beispielsweise grüne Granny-Smith-Äpfel in Hülle und Fülle und breiten Sie diese auf einem Teppich aus großen, dunklen Blättern über die ganze Tafel. Dann braucht es nur noch einen Schnitt in manchen Apfel, ein Kärtchen mit dem Namen hinein und eine Blüte für jeden Gast dazu.

8. Sprechen Sie alle Sinne an und lassen Sie Ihrer Phantasie freien Lauf. Warum nicht einmal einen ganzen Tisch mit Reis, Herbstlaub aus dem Garten, Mehl oder Blütenblättern dekorieren? Die bunten Kerzen in den passenden Farben werden dazwischen nur umso eindringlicher wirken.

Gute Dekoration muss nicht zwangsläufig teuer sein. Oft reichen ein paar Äpfel, ein Körbchen voller Blumen oder eine Handvoll herbstlicher Blätter auf dem Tischtuch, um dem Gast gleich von Anfang an das Gefühl zu vermitteln, dass man sich hier aufrichtig um sein Wohlbefinden bemüht.

9. Achten Sie auf die Farbensymbolik:
- Rote Blumen bedeuten Liebe, Lebensfreude, Romantik und Energie.
- Rosa Blumen signalisieren Zärtlichkeit und sind ein Synonym für: „Ich will Dich näher kennen lernen …".
- Orange und gelbe Blumen stehen für Kraft, Ausdauer und Wärme.
- Grüne Pflanzen sind der Inbegriff von Natürlichkeit und Heiterkeit.
- Weiß steht für Reinheit.
- Violett wirkt, etwa in gespannten Situationen, ausgleichend und regenerierend.
- Kombinieren Sie die Farben Ihrer Blumen getrost nach Lust und Laune, achten Sie dabei jedoch auf Nuancen. Besonders bewährt hat sich etwa die klassische Kombination der Yves-Saint-Laurent-Farben Pink-Orange-Rot, eine Mischung, die ebenso kräftig wie elegant wirkt.

10. Haben Sie Mut zur Reduktion und konzentrieren Sie sich – wie auch bei jedem guten Menü – auf das Wesentliche. Je reduzierter das Design von Geschirr und Gläsern ist, desto ausdrucksstärker müssen jedoch die Blüten sein: Verwenden Sie Calla, Orchideen oder andere „besondere" Blüten ohne üppiges Grün. Auch Früchte und Ingredienzien des kredenzten Menüs eignen sich oft perfekt als Dekoration.

**ZEHN DEKORFEHLER,
DIE SIE UNBEDINGT VERMEIDEN SOLLTEN:**

1. Meiden Sie jegliche übertriebene, allzu üppige und protzige Dekoration ohne individuellen Charakter.

2. Verwenden Sie auf keinen Fall zu stark duftende Blumen am Tisch. Viele Menschen, vor allem Feinschmecker, reagieren darauf häufig allergisch und fühlen sich in ihrem Essgenuss gestört.

3. Hände weg von Blumen, die negative Assoziationen hervorrufen könnten. So schön Lilien und Chrysanthemen auch sein können, so gelten sie doch in weiten Kreisen als Trauerblumen und Grabschmuck.

4. Vergewissern Sie sich, dass die Blumen so gesteckt sind, dass kein Gast etwas Störendes vor der Nase hat.

5. Achten Sie darauf, dass der Blumenschmuck nicht zu sehr in die Höhe strebt. Die Gäste müssen über den Tischschmuck hinweg problemlos kommunizieren und ihrem jeweiligen Vis-a-vis ins Auge sehen können. (Dieses Gebot gilt vor allem auf dem europäischen Kontinent. In England ist es beispielsweise durchaus üblich, dass man sein Gegenüber hinter der Dekoration nicht sieht. Jörg Doll erinnert sich etwa an eine Brautsoiree im Schloss eines britischen Prinzen: „Auf den ovalen Tischen standen je zwei Meter hohe Blumensäulen, ein Kandelaber mit 50 Kerzen sowie unzählige kleine Sträußchen in Blättervasen. Auf unseren Einwand hin, dass diese dekorative Mauer ein Gespräch mit der gegenüberliegenden Tischhälfte unmöglich machte, schüttelte der Prinz gelassen den Kopf und erklärte: ‚Genau das bezwecke ich damit. Beim ersten Gang unterhalte ich mich mit meinem Nachbarn zur Linken, beim zweiten mit jenem zur Rechten und so weiter. Und außerdem lehrte mich meine Mutter nicht über den Tisch zu brüllen …")

6. Achten Sie darauf, dass die Ausläufer der Blumenarrangements nie in die Gedecke Ihrer Gäste hineinreichen. Es sei denn, es handelt sich um eine besonders raffinierte Dekoration, bei der Blüten und Blätter – wie etwa bei Dschungel- oder Tropenarrangements – eine übergeordnete Rolle spielen.

7. Verwenden Sie beim Dekorieren keine Topfpflanzen und kein Moos, das auf der Tischwäsche komplizierte Flecken hinterlässt. Fast immer befinden sich im Erdreich auch Kleintiere, die heikle Gäste als degoutant empfinden. Auch wenn Insekten zwischen den Ingredienzien fast auf keinem Renaissance-Stillleben fehlen, wird es heutzutage doch meist als unappetitlich empfunden, wenn ein Käferlein über die Tafel läuft – bei rustikalen Grillfesten oder Gartenpartys kann man jedoch etwas toleranter sein.

8. Speziell wenn Kinder anwesend sind, ist die Verwendung von giftigen Pflanzen wie Wolfsmilchgewächsen (z. B. Weihnachtssternen) unbedingt zu vermeiden.

FESTE FEIERN WIE IM SACHER

9. Vor allem, wenn das Menü essbare Blüten wie bei frittierten Hollerblüten, Gänseblümchen-Kräutersuppe, kandierten Veilchen, Kapuzinerkresse, Zucchiniblüten etc. enthält, sollten keinesfalls „gespritzte" Blumen für die Dekoration verwendet werden, damit es, vor allem zu vorgerückter Stunde, keine unliebsamen Verwechslungen gibt.

10. Verzichten Sie bei Festen, die vor Einbruch der Dunkelheit enden, auf Kerzen. Diese sollten erst in der Dämmerung oder ab 18 Uhr angezündet werden, da sie sonst keine Funktion haben.

DIE SPRACHE DER BLUMEN

Die „Sprache der Blumen" gelangte im Zuge der großen „Orientwelle" zu Beginn des 18. Jahrhunderts nach Europa. Man entdeckte damals den geheimnisvollen Charme des Serails (über den Mozart sogar eine ganze Oper komponierte), die Schönheiten orientalischer Lyrik (auf der Goethe seinen „West-Östlichen Diwan" aufbaute), das Aroma orientalischer Gewürze (dem wir unter anderem unseren Safrangugelhupf verdanken) – und vor allem auch die türkischen Bäder und Gärten. In Letzteren entstand auch die Selam genannte Blumensprache, die nichts anderes als eine Form der Kommunikation via Blüten darstellte.

Selam bedeutete aber nicht nur ein Alphabet der Blumenarten und -farben, sondern auch die Kunst, Pflanzen in einer bestimmten Art zu arrangieren. Vorwürfe, Streitigkeiten, Leidenschaften, Liebe, Freundschaft, Verabredungen, kleine Geheimnisse – all das ließ sich mit Hilfe von Blumen schildern, ohne dass der Absender oder die Absenderin deswegen auch nur eine einzige, womöglich verräterische Zeile zu Papier bringen musste.

Das Ganze ähnelte frappant einer Geheimsprache. Wurden nämlich verschiedene Blüten miteinander kombiniert, so änderte sich auch sofort deren Bedeutung.

Ein Standardwörterbuch dieser Blumensprache, die gleichwohl von vielen Menschen in aller Welt verstanden wird, gibt es leider bis heute nicht. Für den alltäglichen Gebrauch hilft jedoch die folgende kleine Auswahl:

Farben haben ihre eigene Sprache: Rot bedeutet Liebe, Lebensfreude, Romantik und Energie. Rosa signalisiert Zärtlichkeit. Orange und Gelb vermitteln Kraft, Ausdauer und Wärme. Grün ist der Inbegriff von Natürlichkeit und Heiterkeit. Violett wirkt stets ausgleichend und regenerierend. Und Weiß ist die Farbe der Reinheit.

DAHLIEN	Ich bin dir dankbar.
WEISSER FLIEDER	Sanfte Gefühle, Zuneigung
DUNKLER FLIEDER	Mein Herz gehört dir.
HYAZINTHE	Ich bin dir auf ewig treu.
AZALEE	Wie herrlich ist es zu lieben.
BLAUE KORNBLUME	Verlass dich auf meine Verschwiegenheit.
KAMELIE	Ich bin beständig.
KROKUS	Ich sterbe vor Unruhe.
MAIGLÖCKCHEN	Das Glück kehrt zurück.
MARGERITE	Liebst du mich?
ROTE NELKE	Ich begehre dich, kann aber nicht treu sein!
ORCHIDEE	Raffinesse (Liebe festlich zelebriert)
PFINGSTROSE	Ich muss dir ein Geständnis machen.
ROTE TULPE	Du bist unwiderstehlich.
VEILCHEN	Ich bin zu schüchtern, um dir meine Gefühle zu gestehen.
WEISSE ROSE	Ich liebe dich heimlich.
GELBE ROSE	Ich verzeihe dir. Oder: Zeichen für Eifersucht
ROSA ROSE	Ich liebe dich zärtlich.
ROTE ROSE	Ich bin verrückt nach dir.
WELKENDE ROSE	Müssen uns treffen, Brief folgt.
VERGISSMEINNICHT	Vergiss mich nicht!

Eine Sprache wie Selam funktioniert freilich nur dann, wenn sowohl Absender als Empfänger ihre Zeichen auch deuten können. Daher ein Tipp: Es könnte sehr reizvoll sein, die Bedeutung der auf ihrer Tafel verwendeten Blüten in die Menükarte zu schreiben …

WELCHER BLUMENSCHMUCK FÜR WELCHEN ANLASS?

Da Blumen in hohem Maße auch Emotionen widerspiegeln, sollte man mit ihrer Auswahl, je nach Anlass, sehr sorgsam umgehen. Denn nicht jede Blüte und nicht jedes Arrangement sind gleichermaßen für jedes Fest geeignet.

Im Folgenden verrät Sacher-Blumenkonsulent Jörg Doll daher einige seiner besterprobten „Blumenrezepte" für die wichtigsten Anlässe und Feste.

Ein Fest für die ganze Familie: **DIE TAUFE**

Eine Taufe zählt für gewöhnlich zu den kleineren, intimeren Festen, sie wird meist nur im engeren familiären Kreis mit dem Paten und guten Freunden gefeiert. Besonders wichtig sind in diesem Falle Persönlichkeit, Charme, ein Hauch von Romantik und vor allem Herzlichkeit in allen Variationen. Schließlich gilt es ja auch das lebendige Ergebnis einer Liebe zu feiern.

DEKORATIONSREZEPTE

Das Blumendekor sollte nicht zu üppig und auch nicht allzu feierlich sein: Wir empfehlen zarte kleinblütige Blumen wie Bauernröschen, kleinblütige Narzissen in Weiß, knospige Hyazinthen, Tulpen in zarten Farben, Ranunkel und, wenn es die Saison zulässt, Pfirsich- oder Kirschblüten, Maiglöckchen, hellblauen Völkerfrieden, Rittersporn, duftige „Füller" wie Spireensträucher, sämtliche Wiesenblumen in hellen Farben, ein helles Geschirr und Kerzen, die dem Tisch eine feierliche Stimmung verleihen.

FESTE FEIERN WIE IM SACHER

Namenskärtchen können zum Beispiel mit Hilfe von Kirschen – auch sie sind ein Symbol für Liebe und Fruchtbarkeit – gestaltet werden. Man nimmt einfach ein Kärtchen und hängt es an einen Stiel. Es müssen Kirschen sein, die paarweise zusammenhängen – eine Kirsche mit nur einem Stiel wäre reizlos.

Eine hübsche Idee ist es auch, vor allem wenn die Taufe in der warmen Jahreszeit stattfindet, Wasserkrüge mit Mineralwasser für die Gäste bereitzustellen und diese mit Eiswürfeln zu kühlen, in denen Ribiseln mit eingefroren wurden.

UND NOCH EIN TIPP FÜR DRINKS: Verwenden Sie für Ihre Longdrinkgläser anstelle eines Stirrers je eine ungespritzte, entdornte und entblätterte Rose, die sich die Herren, nachdem der Drink geleert wurde, auch anstecken können. Diese nette Geste ist übrigens auch für Hochzeitsfeste geeignet. Doch davon gleich mehr.

Der schönste Tag im Leben: **DIE HOCHZEIT**

Eine Hochzeit ist, wie der Name schon sagt, ein klassisches Hochfest. Es wird meist in feierlichem Weiß oder, wenn ein etwas „weltlicherer" Charakter erwünscht ist, in leichten, duftigen Apricot-Tönen dekoriert. In jedem Fall ist Efeu wichtig, symbolisiert dieser doch Treue und Ewigkeit.

Dem Anlass entsprechend wird viel mit Stoffen, Schleifen und Motiven gearbeitet, die zu Persönlichkeit und Beziehung der künftigen Eheleute passen. Gleichgültig, ob im kleinen oder im großen Kreis gefeiert wird, dem festlichen Hochzeitsessen gilt das Hauptaugenmerk. Schließlich soll dieses Fest eines der schönsten im Leben zweier Menschen werden, und es bietet obendrein den beteiligten Familien die Chance, einander kennen und schätzen zu lernen. Man wählt also das beste Geschirr, das feinste Silber, die eindrucksvollsten Kandelaber oder die blitzendsten Kristallleuchter und schwelgt in einer angemessenen Opulenz.

Da der Gastgeber einer Hochzeit – ob Brautvater oder Brautpaar selbst – in den „Gang der Handlung" üblicherweise selbst stark integriert ist, sollte jedes Detail so gut und zeitig wie möglich im Voraus geplant werden. Schließlich sollen ja gerade die „Hauptdarsteller" ihr Fest am meisten und nicht am wenigsten von allen genießen.

Feste-Profi Jörg Doll empfiehlt bei Hochzeiten nach Möglichkeit eine lange Tafel. Immerhin soll die gesamte Familie an einem Tisch sitzen können, ohne dass sich dabei jemand benachteiligt fühlt. Schon aus gruppendynamischen Gründen sollte man auf das richtige „Placement" der Gäste besonders viel Einfühlungsvermögen verwenden, da ein solches erfahrungsgemäß für ein gelungenes Fest essentiell ist.

Das Brautpaar sollte unbedingt in der Mitte der Tafel sitzen und für jeden Gast sichtbar sein sowie – zumindest bei kleineren Tafeln – auch von jedem angesprochen werden können. Der Vater des Bräutigams sitzt rechts von der Braut, die Mutter nimmt links vom Bräutigam Platz.

Besonders originelle Namenskärtchen lassen sich mit Hilfe von Kirschen – einem alten Symbol für Liebe und Fruchtbarkeit – gestalten. Man nimmt einfach ein Kärtchen und hängt es um einen Kirschenstiel. Aus optischen Gründen sollten aber nur Kirschpärchen verwendet werden, selbst dann, wenn gerade nicht Hochzeit gefeiert wird.

DEKORATIONSREZEPTE

Kaum etwas wirkt auf einer solchen langen Tafel besser als geräumige Platzteller. Stehen keine solchen zur Verfügung, so gilt es zu überlegen, ob man sie nicht gleich selbst herstellt. Besonders gut eignen sich dazu so genannte „Blätterplatzteller", die mit etwas Geschick schnell gebastelt sind: Man nehme einfach den günstigsten erhältlichen Stoff und schneide daraus Teller von jeweils etwa 35 cm Durchmesser. Diese verklebe man schließlich mit Doppelklebeband und drapiere darauf entweder sternförmig Galax- oder große Efeublätter. Aufgeklebt wird dabei von außen nach innen. Anschließend werden die Teller gepresst, diese eignen sich perfekt als ebenso beeindruckende wie natürliche Platzteller.

Ebenfalls nicht schwer herzustellen ist ein persönlicher Serviettenring für jeden Gast. Dafür schneidet man lediglich aus einer gebrauchten Papprolle (idealerweise von der Küchenkrepprolle) 10 cm breite Ringe und dekoriert diese, wiederum mittels Doppelklebeband, mit Rosenblüten.

Der Technik des „Umwickelns" mit Doppelklebeband sind kaum Phantasiegrenzen gesetzt. Bezaubernde Effekte lassen sich beispielsweise auch mit Stumpenkerzen erzielen, die auf die beschriebene Weise umwickelt und dann mit Zimt, Zapfen, Rosenblättern, Zucker, Kaffeebohnen oder was auch immer Ihnen gerade einfällt, dekoriert werden.

Eine delikate Angelegenheit: **DER CHEF KOMMT ZUM ESSEN**

Was Hochzeit oder Taufe für das Lebensglück sind, das ist die Einladung der Chefin oder des Chefs für die Karriere. Es gibt zweifellos angenehmere Dinge. Doch gleichgültig, ob man eine solche Einladung als „Pflicht" oder als „Ehre" empfindet: In keinem Fall sollte dabei allzu viel schief gehen. Denn Gefahren lauern allenthalben, und der aus Nervosität angebrannte Braten ist nur eine davon.

Wichtig ist zunächst, auf Formalitäten wie die richtige Sitzordnung zu achten: Der ranghöchste

Die wichtigste „Faustregel" für gute Gastgeber lautet: „Vertrauen Sie auf Ihren Geschmack und Ihr Gefühl. – Der beste Stil ist immer der eigene."

FESTE FEIERN WIE IM SACHER

Herr einer Tafel sitzt links von der Dame des Hauses, die ranghöchste Dame sitzt rechts neben dem Hausherrn. Rechts von der Dame des Hauses nimmt der dem gesellschaftlichen Rang nach zweithöchste Herr Platz, links neben dem Hausherrn die rangmäßig zweithöchste Dame.

DEKORATIONSREZEPTE

Ist der Vorgesetzte männlich, so ist es durchaus angebracht, maskuline Gefäße wie etwa dunkle Vasen zu verwenden. Als Blumen empfiehlt Jörg Doll Orchideen, Calla oder, je nach saisonaler Verfügbarkeit, Pfingstrosen oder französische Tulpen.

Ist der Boss eine Dame, so erweist es sich mitunter als schwierig, deren Geschmack zu treffen, ohne dabei den eigenen Charakter zu verlieren. Das Geheimnis besteht darin, sich in die Vorlieben der Chefin hineinzudenken, ohne sich zu verkaufen. Sonst merkt die Dame womöglich die Absicht und ist verstimmt. – In jedem Fall empfehlen sich neutrale, dem Veranstaltungsort angemessene Farben und subtile Eleganz. Keinesfalls sollte man zu viele Kerzen aufstellen: Sonst wird es für letztlich doch „dienstliche Verhältnisse" allzu romantisch.

Und noch ein Tipp von Jörg Doll, der ausnahmsweise einmal nichts mit Blumen zu tun hat: Verlieren Sie nie den Sinn der Einladung aus den Augen! Und der besteht schließlich vor allem darin, dass der Chef oder die Chefin mit einem guten Eindruck nach Hause geht.

Ein unerschöpflicher Quell der Phantasie: **THEMENFESTE**

Partys und Feste gelingen erfahrungsgemäß gleich noch einmal so gut, wenn sie unter ein Thema gestellt werden. Legen Sie daher weder Ihrem Tatendrang noch Ihrer Phantasie Zügel an und organisieren Sie Ihre Einladung so, dass Essen und Dekoration aus einem Guss sind, sprich: ein gemeinsames Thema haben. Ob Frühlingserwachen, Grillparty, Blue Party oder Silvesterparty, um nur einige der wichtigsten Klassiker zu nennen: Wichtig dabei ist, dass jedes Detail stimmig und für jeden Gast nachvollziehbar wirkt. Nur so können Sie die erwünschte Atmosphäre schaffen.

THEMENVORSCHLÄGE UND DEKORREZEPTE

Veranstalten Sie ein **TROPICAL DINNER** mit Speisen aus äquatorialen Ländern und dekorieren Sie die Tafel mit Bambus- und Bananenblättern, die übrigens – wie mancherorts durchaus üblich – auch als Teller dienen können. Als ideale Deko-Elemente dienen Hibiskusblüten, Heliconien und Strelizien in Kombination mit verschiedenen, vorzugsweise exotischen Früchten.

Planen Sie eine so genannte **RETRO-PARTY,** je nach Gusto aus den Fifties, Sixties oder Seventies. Zu typischen Retro-Gerichten wie Toast „Hawaii", Hirtenspieß, Schinkenrolle, Blätterteigschiffchen, Fondue oder Berner Würstchen machen sich Gerbera in schrägen Vasen besonders gut. Für weiteres Dekorationsmaterial lassen Sie sich am besten am nächsten Flohmarkt inspirieren.

Organisieren Sie ein **BAROCKFEST**. Wenn Sie Freunde haben, die Hausmusik betreiben, stellen Sie dafür am besten ein kleines Orchester zusammen und kleiden Sie die Musiker mit Hilfe des nächsten Kostümverleihs passend ein. Sollte kein Orchester zur Hand sein, machen sich auch Harnoncourt & Co. aus Hochleistungsboxen recht gut, die man freilich hinter üppigen, bunten Rosenarrangements verstecken sollte. Verzichten Sie auf nichts, was opulent ist: Kerzenleuchter, Silberplatten, Tafelaufsätze, Tischskulpturen, Amphoren – je üppiger, desto besser. Der wahre Clou sind freilich Unmengen von Kerzen. Je schwerer es ist, sie alle abzuzählen, desto „ausschweifender" wirkt das Fest.

Laden Sie Freunde und „Feinde" zu einem **FUSSBALL-CHAMPIONS-LEAGUE-DINNER** und richten Sie Speisekarte wie Dekoration nach typischen Attributen der beiden gegnerischen Mannschaften aus. Spielt etwa Deutschland gegen Frankreich, so lassen auch Sie am besten Brezen, Münchner Weißwürste und Bier gegen Reblochon, Baguette und Bordeaux antreten. Beim dazugehörigen Blumendekor können Sie sich ganz einfach an die jeweiligen Landesfarben halten.

Neuerdings wieder in Mode gekommen sind Einladungen zur **KLASSISCHEN COCKTAIL-PARTY** am Nachmittag oder dem feinen **FIVE O'CLOCK TEA**. Die „Hauptdarsteller" können recht variabel sein. Viele kleine Häppchen eignen sich als „Grundlage" für alkoholische Drinks, hübsch drapierte Süßigkeiten von Scones bis zu Petits Fours für den Afternoon Tea. Soll die Party bis in den späteren Abend hineinreichen, so lohnt es sich, ein Buffet mit kleinen, köstlichen „Schweinereien" aufzubauen. In jedem Fall sollte die Dekoration, dem Motto entsprechend, „very british" sein – man sollte mit Etagèren, Silbertöpfchen und Wiesenblumensträußen nicht sparen. Großer Beliebtheit erfreut sich auch das schon in der viktorianischen Zeit beliebte Party-Splitting in **LADIES LUNCH** und **GENTLEMEN'S DINNER**. In beiden Fällen darf ruhigen Gewissens ein wenig „versumpft" werden.

Eine ziemlich neue und entsprechend zeitgemäße Form der Einladung ist das so genannte **LOUNGING.** Dabei wird so ziemlich alles auf den Kopf gestellt, was klassische Benimmregeln einfordern: Ihre Gäste sitzen nicht nach einem strengen Protokoll, sondern können sich frei in der Wohnung oder, moderner formuliert, im „Appartement" bewegen. Die einzige Regel, die gilt, ist dass man ständig in Bewegung bleiben und nach den zahllosen Köstlichkeiten greifen sollte, die entweder en passant serviert oder auf Tabletts ständig nachgefüllt werden und durchwegs auch im Stehen genossen werden können. Im Mittelpunkt steht freilich nicht das Essen, sondern die Kommunikation. Wichtig ist, dass animierende Appetizer nie ausgehen und die Dekoration nicht unnötig übertrieben wird. Alles soll sympathisch, wohnlich, nett und gemütlich wirken, aber weder zu „cool" noch zu „dekoriert". Dann fühlt sich schnell jeder wie zu Hause.

Zum Abschluss noch Zeremonienmeister Jörg Dolls wichtigste Faustregel, die sich, im Sacher und anderswo, schon tausendfach bewährt hat: „Vertrauen Sie auf Ihren Geschmack und Ihr Gefühl. *Der beste Stil ist immer der eigene.* Dann klappt so ziemlich alles, was Sie auch immer vorhaben."

GLOSSAR

Typisch österreichische und allgemeine Küchenausdrücke, die man kennen sollte

Abliegen oder -hängen – durch längeres Lagern Fleisch mürb werden lassen
Abschmalzen – mit erhitztem Schmalz übergießen
Abschrecken – mit kaltem Wasser abkühlen
Abtrieb – eine schaumig gerührte Masse (meist aus Butter und/oder Dottern)
Al dente – bissfest
Anschwitzen – in heißem Fett kurz anrösten
Auslassen – Speck anrösten, bis das Fett ausgebraten ist
Backhende(r)l – in Mehl, Ei, Bröseln panierte und in heißem Fett herausgebackene Hühnerteile
Banyuls – südfranzösischer Likörwein
Beiried – ausgelöstes, im Ganzen belassenes oder in Scheiben geschnittenes Rindsrippenstück
Beluga-Linsen – kleine, schwarze, im Aussehen dem Kaviar ähnliche Linsen, die wegen ihrer Knackigkeit in der modernen Küche hochgeschätzt sind (vor dem Kochen 4–6 Stunden einweichen)
Beuschel – Ragout aus Lunge und Herz (meist vom Kalb, aber auch Kitz)
Biskotte – Löffelbiskuit
Blanchieren – kurz mit kochendem Wasser überbrühen
Blunze – Blutwurst
Bräter – große Bratenform, fallweise mit Gitter, zum Braten von größeren Bratenstücken im Backrohr
Brathendel – im Backrohr knusprig gebratenes Huhn
Breinwurst – steir. Wurstspezialität (mit Getreide vermengtes Brät)
Bries – Kalbsmilch
Brösel – s. Semmelbrösel

Bröseltopfen – magere Quarksorte (meist für Kärntner Kasnudeln verwendet), durch Hüttenkäse ersetzbar
Buchteln – (meist kleines und süß) gefülltes Hefegebäck
Bügerl (auch Beugerl oder Biegerl) – Hühnerkeule
Bummerlsalat – knackiger Blattsalat, auch Eisbergsalat
Busserl – kleine, runde Plätzchen
Cuttern – mit dem Blitzcutter (Küchenmaschine) zerkleinern bzw. mixen
Dalken – kleine, kaum handtellergroße, gebackene Hefeteiglaibchen
Dampfl – Vorteig zur Hefeteigbereitung
Debreziner – intensiv gewürztes Würstchen, meist gekocht
Demerarazucker – mit Melasse versetzter Rohr-Rohzucker
Eidotter – Eigelb
Eierschwammerl – Pfifferlinge
Eierspeis(e) – Rührei
Eiklar – Eiweiß
Einbrenn – braune Mehlschwitze
Einmach – helle Mehlschwitze
Erdäpfel – Kartoffeln
Essiggurkerln – kleine, in Essig eingelegte Gewürzgurken
Farce – Füllmasse
Faschiertes – Hackfleisch
Filoteig – hauchdünner asiat. Fertigteig, der am besten immer doppelt gelegt wird, damit er nicht reißt (im Asiashop meist tiefgekühlt erhältlich)
Fisolen – grüne Bohnen
Fleckerl – kleine Quadrate aus Nudelteig
Fleur de sel – besonders hochwertiges, nur unter bestimmten Wetterbedingungen entstehendes Meersalz, das ungemahlen verwendet wird
Flotte Lotte – Passiersieb
Fogasch (Fogosch) – Zander, auch Schill genannt
Fondant – weiße, dick gerührte Zuckerglasur (im Fachhandel erhältlich)
Frankfurter – Wiener Würstchen

Frittaten – Suppeneinlage aus in Streifen geschnittenen Pfannkuchen (ital. frittata)
Gelbe Rübe – Möhre
Germ – Hefe
Geselchtes – geräuchertes Fleisch
Glucosesirup – zähflüssiger Zuckersirup aus Wasser, Traubenzucker und Dextrinen, der in der gehobenen Pâtisserie zum Einsatz kommt (beim Konditor oder im Gastronomiefachhandel erhältlich)
Golatsche – Plunderteigtäschchen (süß gefüllt)
Grammeln – Grieben
Gugelhupf – Napfkuchen
Häuptelsalat – Kopfsalat
Hax'n (Hachse oder Stelze) – unteres Bein vom Schwein etc.
Heidelbeeren – Blaubeeren
Heidenmehl – Buchweizenmehl
Hendljunges – Hals, Flügelspitzen, Magen etc. vom Huhn (gilt auch für Enten, Gänse oder Truthahn)
Heurige – Frühkartoffeln
Holler – Holunder
Jus – konzentrierter, entfetteter Bratensaft
Kaiserfleisch – fettes, geräuchertes Rippen- oder Bauchfleisch
Kaisersemmel – besonders feines, handgemachtes Brötchen, das sternförmig fünfmal eingeschnitten wird
Kalbsbries – Kalbsmilch
Kalbsstelze – Kalbshaxe
Kalbsvögerl – ausgelöstes Fleisch von der Hesse
Kalt schlagen – eine Masse im eiskalten Wasserbad schlagen, bis diese kalt ist
Karfiol – Blumenkohl
Karkassen – Knochengerüst von Geflügel oder Gräten ohne Fischfleisch
Karotte – Mohrrübe
Karree – Rippenstück
Kipferl – Hörnchen
Kipfler – kleine, längliche, speckige Kartoffeln
Kitz (auch Zicklein) – junge Ziege, auch junges Reh
Kletzen – Dörrbirnen
Knödel – Kloß
Kohl – Wirsing

Kohlsprossen – Rosenkohlröschen
Kotelett – Rippchen
Krapfen (Krapferl) – luftiges, in Fett herausgebackenes Gebäck
Kraut – Weißkohl
Kren – Meerrettich
Kruspelspitz – Fleisch von der Rindsschulter
Kukuruz – Mais
Kürbiskernöl (auch Kernöl) – Speiseöl aus gerösteten Kürbiskernen
Kutteln – Kaldaunen
Kuvertüre – hochwertige Schokolade für die Pâtisserie
Läuterzucker – Wasser und Zucker im Verhältnis 1:1 aufgekocht
Legieren – binden (meist mit kalter Butter oder Eidotter)
Lungenbraten – Filet- oder Lendenstück
Marille – Aprikose
Marmelade – Konfitüre
Maroni – Edelkastanie
Mehlspeise – Desserts und Süßspeisen im Allgemeinen
Melanzani – Aubergine
Montieren – Sauce binden (meist mit kalter Butter)
Most – noch nicht ganz durchgegorener Obst- oder Traubensaft
Neugewürz – Piment
Nockerln – kleine Klößchen, Spätzle oder Sammelbegriff für oval geformte Speisen
Ochsenschlepp – Ochsenschwanz
Omelett – Eierkuchen
Palatschinken –Eier- oder Pfannkuchen
Panieren – etwas in Mehl, verquirltem Ei und Bröseln wenden
Parieren – Fleisch vor dem Braten sauber zuputzen (Häutchen, Sehnen etc. entfernen)
Parisienneausstecher – Speziallöffel für das kugelförmige Zuschneiden von Gemüse und Obst (Karotten, Kohlrabi, Melonen etc.)
Pastinake – möhrenähnliche weiße Wurzel, im Geschmack der Petersilienwurzel nicht unähnlich
Pesto – kalte Würzpaste
Pimpernell – Gewürzkraut
Pochieren – knapp unter dem Siedepunkt garen

Pofesen – gefüllte, zusammengelegte und in Fett herausgebackene Weißbrotschnitten
Polenta – Maisgrieß
Porree – Lauch
Powidl – Pflaumenmus
Reduzieren – bis zur gewünschten Konsistenz einkochen lassen
Ribisel – Johannisbeere
Rollgerste – Graupen
Rostbraten – hohes Roastbeef, hohe Rippe
Röster – gedünstetes Obst (z. B. Hollerröster)
Rote Rübe – Rote Bete
Rotkraut – Rotkohl
Sabayon – über Dampf aufgeschlagene Eiercreme
Sacherwürstel – den Frankfurtern ähnliche Wurstspezialität aus dem Hause Sacher (s. auch Fiakergulasch S. 34)
Saubohnen – auch Puffbohnen; dicke, große Bohnen
Sauerkraut – Sauerkohl
Sauerrahm – saure Sahne
Savarin – mit Alkohol getränkter, ringförmiger Hefekuchen
Schilcher – Blauer Wildbacher; weststeirische Weinspezialität, die dem Rosé ähnlich sieht, aber stark säuerlich schmeckt
Schlagobers – süße Sahne
Schmalz – ausgelassenes Fett (z. B. Schweineschmalz, Gänseschmalz etc.) oder geklärte Butter (Butterschmalz)
Schöberl – Suppeneinlage aus Biskuitteig
Schopfbraten – Schweinekamm
Schulterscherzl – kurzfaseriges, saftiges Stück aus der Rinderschulter mit gallertigem, quer verlaufenden Kern
Schwammerl – Pilze im Allgemeinen
Schwarze Nüsse – in Läuterzucker eingelegte grüne Nüsse (unreife Walnüsse), die sich dadurch schwarz verfärben; mit leicht bitterem Aroma
Schweinshax'ln (-hachse oder -stelze) – unteres Bein vom Schwein
Selchspeck – geräucherter Speck

Semmel – Brötchen
Semmelbrösel – Paniermehl
Soufflé – Auflauf
Spanferkel – junges Milchschwein
Staubzucker – Puderzucker
Stelze – unteres Bein von Kalb, Lamm, Schwein etc.
Sterz – nahrhafter, dicker Brei aus Buchweizenmehl, Maisgrieß oder Kartoffeln
Sulz – Sülze
Tabascosauce – sehr scharfe Würzsauce
Tafelkren – in Gläser abgefüllter Meerrettich
Tafelspitz – Ende vom Rindschwanzstück
Temperieren – langsam erwärmen
Topfen – Quark
Tournieren – formschön zuputzen und in Form bringen (vor allem Gemüse)
Turmschinken – steir. Rohschinkenspezialität der Familie Fink in Riegersburg; durch anderen hochwertigen Rohschinken zu ersetzen
Uhudler – Weinspezialität aus dem Südburgenland, Direktträgersorte aus amerik. Unterlagsreben; sieht dem Rosé ähnlich, hat aber meist einen charakteristischen Erdbeergeschmack
Umstechen – etwas von einer Pfanne o. Ä. in ein anderes Gefäß geben
Versprudeln – mit einer Schneerute verschlagen
Vogerlsalat – Feldsalat
Wadschinken – durchzogenes Rindfleisch, das speziell für Gulasch verwendet wird
Waller – Wels
Warm schlagen – eine Masse über Dampf schaumig aufschlagen
Wasabipaste – scharfe japan. Würzpaste; mitunter durch Tafelkren zu ersetzen
Weichsel – Sauerkirsche
Weißkraut – Weißkohl
Wurzelwerk – Wurzel- oder Suppengemüse
Zicklein – s. Kitz
Zwetschke – Pflaume

REGISTER

Alpenlachsfilet mit Majoranschalotten 186
Angler in Blauburgerbutter mit Speck-Grießdukaten 202 f.
Äpfel, gefüllte, mit Sauerrahmmousse 330
Apfelkren 120
Apfel-Mohn-Türmchen 303 f.
Apfel-Most-Kraut 117
Apfelscheiben, gebackene 345
Apfelstrudel 353
Artischockengröstl mit Oliven-Erdäpfel-Püree und Fisolen 168
Artischockenpilz s. Milchkalbsfilet in der Kalbskopfkruste
Austern s. Sacher-Austernvariationen
Austern, gratinierte 211
Bachforelle „Müllerin" 189
Bachsaibling in Pergament mit jungem Gartengemüse 191
Bäckererdäpfel 102
Backhenderl „Anna Sacher" 214
Bailey's-Mocca-Törtchen mit Kahlua-Bananen 316 f.
Bandnudeln 112
Basilikum-Linguine s. Rotbarbenfilet
Basilikum-Pesto 123
Bauernente mit Grießknöderln und Quitten-Rotkraut 222 f.
Beef Tatar, nach Art von Hans Peter Fink 30
Beinfleisch mit Kohlwickeln 252 f.
Bierrettich, warmer 118
Biskuitomelett 351
Biskuitroulade 296
Bismarckheringssalat 29
Bitterschokolademousse mit Mandel-Orangen-Hippen 314
Blini 114
Bockbier-Sabayon s. Grießflammeri
Bohnen-Paprika-Salat 97
Braterdäpfel 99
Braune Butter s. Erdäpfelschnee mit Kärntner Saiblingskaviar

Brennnessel-Ziegenkäse-Tascherln 114
Breznsuppe 72
Brösel-Grießknöderl 109
Bröselknöderl 67
Buchteln mit Vanillesauce und Erdbeer-Minze-Sorbet 342
Butterbrioche 24 f.
Butterhäuptel-Brot-Salat mit Trüffelscheiben 55
Buttersauce, klassische s. Sauce hollandaise
Christstollen 302
Consommé s. Rindsuppe
Couscous s. Perlhuhn, getrüffeltes
Creme-Polenta 113
Cremeschnitten 300
Cremespinat 120
Crêpes Suzette 351
Crostini s. Sachercrostini
Des Kaisers Krusten-Pastete mit Hagebuttensauce 46 ff.
Dillfisolen 119
Dobostorte 292 f.
Donauwaller mit Kipfler und Saubohnen 194 f.
Eggs Benedict 21
Ei, gebackenes, mit Kaviar im Erbsennest 23
Eier, pochierte 20
Eiernockerln 173
Eierschwammerlterrine 48
Endiviensalat mit Grammelnuss'n 60 f.
Ente s. Bauernente
Entenbrust mit Orangen-Thymian-Vinaigrette auf Vogerlsalat 60
Erdäpfeldressing 123
Erdäpfelgulasch 137
Erdäpfel-Kernöl-Püree 100
Erdäpfelknödel, böhmische 106
Erdäpfelkrapferl 100
Erdäpfelpuffer s. Spiegelei mit Trüffeln
Erdäpfelpüree 100
Erdäpfelpüree s. auch Milchkalbsfilet in der Kalbskopfkruste
Erdäpfelroulade mit Sauerkraut 102
Erdäpfelsalat 94
Erdäpfelschmarren 101
Erdäpfelschnee mit Kärntner Saiblingskaviar 151
Erdäpfel-Sesam-Blatt, gebackenes 115
Erdäpfelsuppe mit Pilzstrudel 74 f.
Erdäpfelsuppe, kalte, mit Saiblingstatar 71
Erdäpfelsuppe, Wiener 73

Erdäpfeltascherl mit Trüffeln 179
Erdäpfel-Vogerlsalat 95
Erdbeeren, marinierte s. Sacherparfait
Erdbeer-Minze-Sorbet 326
Esterházy-Rostbraten 257 f.
Esterházytorte 287
Fasan im Speckmantel mit Maroni-Erdäpfel-Nockerln 227
Fasanenbrust-Wirsingroulade mit Gänseleber und Schlehen 230 f.
Fenchelsalat mit Orangen 98
Fiakergulasch mit Sacherwürsteln 34 f.
Fischbeuschelsuppe 83
Fisch-Butter-Sauce 127
Fischfond 88
Fischsuppe mit Safran-Rouille, nach Hans Peter Fink 81 f.
Fisolen mit Bröseln 118
Fisolensalat 97
Fledermaus-Gratin 253
Forelle „Müllerin" s. Bachforelle
„Forellenquartett" mit Bachforelle, Nudelblatt, Blattspinat und Forellenkaviar 155
French Dressing 124
Frittaten 64
Früchte in Backteig s. Apfelscheiben, gebackene
Gänseleberterrine 45
Gänseleber-Torte s. Sacher-Gänseleber-Torte
Ganserl-Apfel-Suppe 77
Gansl s. Martinigansl
Geflügelfond 88
Gemüseerdäpfel, gratinierte 171
Gemüsefond 87
Germknödel 341
Gerstlrisotto mit Rispentomaten-Kraut 162 f.
Gesulzter Karpfen auf jiddische Art mit Bier-Senf-Dressing 41 f.
Girardi-Rostbraten s. Esterházy-Rostbraten
Glühmostschaum s. Savarin
Glühweinauflauf 365
Glühweingugelhupf 283
Gnocchi 103 f.
Gnocchi s. auch Maroni-Erdäpfel-Nockerln
Grammelknödel 144
Grammelnockerln s. Szegediner Kraut
Grammelpogatscherl s. Szegediner Kraut
Grammelstrudel s. Lungenstrudel

Granatapfelsirup mit Amaretto und Spumante 331
Grießflammeri mit Bockbier-Sabayon 319
Grießknöderl 107
Grießnockerln 66, auch 67
Grießnudeln, handgewutzelte 336
Grießschmarren mit Vanilleweichseln 355
Grüner Salat mit Sacher-Hausdressing 94
Gugelhupf mit Schwarzen Nüssen 283
Gulaschsuppe 32
Gurken-Rahm-Salat 96
Gurkensuppe, geeiste, mit Dille 70
Gurkerlsenf 122
Hagebuttensauce s. Des Kaisers Krusten-Pastete
Hasenpfeffer in Bockbiersauce 278
Hechtfond 90
Hechtnockerln in Dillsauce 152
Hechtnockerln neu mit Bachkrebserln 152 f.
Hechtnockerln s. Hechtsuppe
Hechtsuppe mit Hechtnockerln 85
Heidelbeerschmarren mit Ribiselsauce 356 f.
Heidenknöderl 109
Heidensterz 111
Henderl, eingemachtes, mit Steinpilzen 218
Himbeersauce s. Bitterschokolademousse
Hippen s. Bitterschokolademousse
Hippen s. Sacherparfait
Hirschkalbsrücken mit Vogelbeeren und Maronibirne 276 f.
Hollerblüten-Grieß-Torte mit Herzkirschen 294 f.
Holler-Zwetschken-Koch 330
Huchenfilet mit Soja-Pilzen und Sprossen 188 f.
Hühnerfrikassee 219
Hummer, kanadischer, mit Lauchspätzle und Räss-Käs 208 f.
Hummerbisque s. Krebsfond
Hummercremesuppe 83
Hummerfond s. Krebsfond
Jakobsmuscheln mit Turmschinken und weißer Polenta 207
Jakobsmuscheln-Melonen-Baguette 57 f.
Kahlua-Bananen s. Bailey's-Mocca-Törtchen
Kaiserschmarren 356
Kaiserschnitzel 241
Kakaosorbet s. Kukurzsorbet
Kalbsbrust, gefüllte, auf Wiener Art 245
Kalbsbrust, gefüllte, mit Saiblingskaviar 246
Kalbsbutterschnitzel, faschiertes, nach Jaroslav Müller 247

REGISTER

Kalbsfond, heller 90
Kalbsherz s. Rahmherz in Sardellen-Kapernsauce
Kalbsjus 91
Kalbskopf, lauwarmer, mit marinierten Eierschwammerln 147
Kalbsleber, geröstete, nach Wiener Art 248
Kalbsleberknöderl 66
Kalbslungenbraten, überbackener, à la Alexandra Gürtler 241
Kalbsmedaillons und Kalbsniere 244 f.
Kalbsnierenbraten, gefüllter 244
Kalbsrahmgulasch, Wiener 134
Kalbsschnitzel nach Eduard Sacher 240
Kardinalschnitten 299
Kärntner Kasnudeln 176
Karotten-Bergkäse-Aufstrich s. Sacherstangerl
Karottensalat 96
Käse-Kräuter-Schöberl 68
Kasnocken 179
Kaspressknödel 180
Kipferlschmarren, Alt-Wiener 359
Kirchtagssuppe 75
Klachelsuppe 80
Kletzen-Rehrücken, steirischer 301
Knödel-Kuddelmuddel, steirisches 146
Kohlgemüse auf Alt-Wiener Art 119
Kohlrabi, gefüllte, mit Kräuter-Knoblauch-Pesto 164 f.
Kohlrabi, gratinierte, mit Trüffeln 166
Kokosbusserl 310
Kräuter- oder Spinatpofesen 69
Kräuter-Knoblauch-Pesto s. gefüllte Kohlrabi
Kräutersauce s. Spargelauflauf
Krautfleckerl mit Speck 140
Krautfleckerl, klassische 175 f.
Krautsalat (kalt) 98
Krautsalat (warm) 116
Krautsuppe, ungarische, mit Hortobágyi-Palatschinken 78
Krebserlgratin 157
Krebsfond 89
Krensuppe, steirische, mit Schinkenkrusteln und Brotblattln 72
Krusten-Pastete s. Des Kaisers Krusten-Pastete
Kukuruz- und Kakaosorbet mit Schokoladecreme 327 f.
Kukuruzkrusteln 110
Kümmel-Schopfbraten mit mitgebratenen Erdäpfeln 264
Kumquatsragout s. Zitronentörtchen

Kürbis-Chutney 122
Kürbisgemüse 118
Kürbis-Gerstl s. Schweinshaxerlsulz
Kürbiskern-Knöderl 109 f.
Kürbiskernparfait, steirisches 326
Kürbiskern-Pesto 122
Kürbiskernschmalz 29
Kürbiskerntorte, nach Hans Peter Fink 289 f.
Kürbisnockerln 174
Kürbisschaumsuppe mit Zucchinitatar 76
Kuttelflecksuppe, steirische, nach Vater Fink 80 f.
Kutteln in Parmesan-Kräuterrahm 249 f.
Kuttelschnecke mit Cidre-Senf-Sauce 133
Lachs, hausgebeizter, mit Senfsauce 53 f.
Lachscarpaccio, warmes, auf Laucherdäpfeln 149
Lachsforellenröllchen mit Blutorangensauce 187
Lamm im Röstimantel 272
Lammjus 91
Lammrücken in der Brösel-Gemüse-Kruste 271 f.
Lammrücken s. auch Wiesenlammrücken
Languste mit Gewürzapfel und Rucolapesto 58 f.
Lauchfleckerl 112
Leberknödel s. Kalbsleberknöderl
Letschogemüse „light" mit Creme-Polenta 139
Linsensuppe mit Sacherwürsteln 32
Linzer Bäckerei 311
Linzer Torte 288
Liwanzen s. Powidl-Liwanzen
Lungen- oder Grammelstrudel 68
Maishenderlbrust mit Eisweinrisotto 220 f.
Majoranschalotten s. Alpenlachsfilet
Malakoff-Schokolade-Torte 295 f.
Mandel-Karotten-Torte 290 f.
Mandel-Kirschen-Petits-fours 312
Mandel-Polenta-Krokant s. Kukuruzsorbet
Marchfelder Ofen-Spargel 171
Marillenknödel, Wachauer 338
Marillenröster 331
Marillentarte, warme 346
Marmorgugelhupf 282
Marmorkuchen à la „Elfradl Schneck" 297
Maroniauflauf mit Bourbon-Vanille-Sauce 363
Maroni-Erdäpfel-Nockerln 104
Maroniknödel mit Schokoladesauce 340 f.
Martinigansl mit Apfel-Most-Kraut 224 f.
Mayonnaise 123
Mayonnaisesalat 95

Mehlknöderl, böhmische 107
Melanzanignocchi 181
Milchkalbsfilet in der Kalbskopfkruste mit
 Artischockenpilz und Trüffelsauce 242 f.
Milchreis, kalter, mit gefüllten Himbeeren 321
Millirahmstrudel 352
Mohnnudeln 334
Mohr im Hemd 363 f.
Mojito-Huhn, kreolisches, mit schwarzem Reis 217 f.
Morchel-Spargel-Ragout s. Spinat-Graukäse-Krapferl
Mostbraten, Lavanttaler 267
Muskattraubenragout s. Savarin
Naturschnitzel mit Creme-Polenta 240
Nockerln 105
Nudelteig 112
Nuss- und Mohnbeugerl 307
Nussnudeln mit Bratapfelcreme 336
Oberskren 121
Ochsenschlepp im Römertopf mit zerdrückten
 Schnapserdäpfeln 254 f.
Ofenerdäpfel, mit Fontina gefüllte 103
Palatschinken 23, 348
Panna Cotta mit Passionsfruchtsorbet 315
Paprika, gefüllte, neu 142 f.
Paprika, gefüllte, klassisch 142
Paprikahenderl 214 ff.
Paprikamousse 124 f.
Parmesan-Chips 116
Parmesannockerln mit Spinat und Schafkäse 182
Passionsfruchtsorbet s. Panna Cotta
Perlhuhn, getrüffeltes, mit Fenchel-Couscous gefüllt 232
Pfeffer-Marillen s. Rehfilet mit Kürbiskernkruste
Pilz-Tafelspitz-Aufstrich s. Sacherstangerl
Pinzgauer Bladln 178
Polenta s. Creme-Polenta
Polenta s. Naturschnitzel
Polenta, weiße s. Jakobsmuscheln mit Turmschinken
Polentaröllchen, knusprige 113
Polentaschnitten 113
Polsterzipfe 307
Pongauer Fleischnockerln 138
Powidl-Liwanzen, böhmische 344
Powidltascherl 334 f.
Punschkrapferl 304 f.
Putenbrust mit Schinken und Gemüse gefüllt 224
Quitten-Rotkraut 116 f.
Rahmdalken 345

Rahmherz in Sardellen-Kapernsauce 249
Räucherfischmousse im Glas 53
Räucherfischtatar s. Erdäpfelsuppe, kalte
Räucherlachs-Palatschinken mit Blattspinat 147
Räuchertofu-Thunfisch-Aufstrich s. Sacherstangerl
Regenbogenforelle, gefüllte, mit Kren-Erdäpfel-Püree
 und Waldpilzen 189 f.
Rehfilet mit Kürbiskernkruste und Pfeffer-Marillen
 278 f.
Rehpastete, getrüffelte, in der Teigkruste 44 f.
Rehrücken s. Kletzen-Rehrücken
Reisauflauf mit Schokoladesauce 364 f.
Reisfleisch „Sacher neu" 136
Rhabarber s. Topfenomelett
Ribiselsauce s. Heidelbeerschmarren
Rinderfilet mit Solospargel nach Anna Sacher 261
Rindslungenbraten, im Ganzen gebraten,
 mit Schwarzen Nüssen 262
Rindsrouladen vom Almochsen 259
Rindsuppe, Wiener 64
Risotto 112
Risotto s. Maishenderlbrust
Roastbeef mit dreierlei Saucen 50 f.
Rösterdäpfel 99
Rotbarbenfilet mit Hummer und Muscheln
 auf Basilikum-Linguine 200
Rote-Rüben-Salat 97
Rote-Rüben-Salat mit getrüffeltem Ziegenkäse 162
Rotkraut s. Quitten-Rotkraut
Rouille (Pfefferoni-Aïoli) 124
Rouille s. auch Fischsuppe
Sacher-Austernvariationen 210 f.
Sacherburger 33
Sachercrostini mit Oliven-Mozzarella-Belag 28
Sachercrostini mit Tomaten-Parmesan-Belag 29
Sacher-Faschingskrapfen 309
Sacher-Gänseleber-Torte, Original 43
Sacher-Hausdressing 94
Sachermelange, geeiste, mit Marillen und Mandelschaum
 325
Sacheromelett 348 f.
Sacherparfait, Original, mit marinierten Erdbeeren
 und Haselnusshippen 322 f.
Sacherstangerl 26 ff.
Sacher-Tafelspitzsulz mit Vogerlsalat 38 f.
Sachertorte 284 ff.
Sacherwürfel 303

REGISTER

Saftgulasch, Wiener 33
Saiblingstatar mit Avocado 30
Saiblingstatar s. Erdäpfelsuppe, kalte
Salonbeuschel, Alt-Wiener 130
Salonbeuschel, etwas anders 131 f.
Salzburger Braten 268
Salzburger Nockerln 362
Sardellen-Kapernsauce s. Rahmherz
Sauce hollandaise 127
Sauce vin blanc 127
Sauerkraut mit Rollgerstl 119
Sauerkrautkrapfen 103
Sauerrahmmousse s. Äpfel, gefüllte
Savarin mit Glühmostschaum und Muskattraubenragout 305 f.
Scheiterhaufen mit Schneehaube und Himbeersauce 360 f.
Schinkenfleckerl, überbackene 141
Schinkenschöberl 69
Schinken-Trüffel-Röllchen mit Grünspargel 49
Schlosserbuben 347
Schlutzkrapfen, Tiroler 181
Schneenockerln 361
Schnittlauchsauce I 121
Schnittlauchsauce II 121
„Schokolade-Bieramisu" 320
Schokoladecreme s. Kukuruz- und Kakaosorbet
Schokolademousse 313
Schokolademousse, weiße 314
Schokoladesauce (warm) s. Mohr im Hemd
Schokoladesauce (warm) s. Reisauflauf
Schönbrunner Omeletten s. Biskuitomelett
Schopfbraten s. Kümmel-Schopfbraten
Schulterscherzl in Blauburgunder 252
Schupfnudeln 104
Schwammerlgulasch, böhmisches 163 f.
Schwammerlsauce, klassische 126
Schwarzbierkarpfen, böhmischer 192
Schwarzer Reis s. Mojito-Huhn
Schweinshaxlsulz mit Kürbis-Gerstl 39 f.
Schweinskotelett mit Sauerkraut gefüllt 265
Seezunge mit Topfenhaluschka und Paprikaspeck 203 f.
Seezunge, gefüllte, mit Hummer und Trüffeln 204 f.
Selleriesalat mit jungem Spinat 98
Semmelknödel 107
Semmelkren mit Safran 126
Senfsauce s. Lachs, hausgebeizter

Serbische Bohnensuppe 31
Spanferkelrücken mit süß-sauren Mohnnudeln 266 f.
Spargel s. Rinderfilet mit Solospargel
Spargel s. Marchfelder Ofen-Spargel
Spargel, marinierter, mit Brimsennockerln 55 f.
Spargelauflauf mit Kräutersauce 170
Spargelcreme, grüne, mit Kaninchenfilet 150
Spätzle s. auch Hummer, kanadischer
Speck-Grießdukaten 110
Spiegelei mit Trüffeln auf Erdäpfelpuffer 20
Spinat-Graukäse-Krapferl mit Morchel-Spargel-Ragout 182 f.
Spinatpalatschinken mit Räucherlachs 23
Steinbutt mit Apfelragout und Lauchfleckerln 201 f.
Steingarnelen mit Kürbiscreme 156
Steinpilzpuffer mit Vogerlsalat 174
Steirisches Wurzelfleisch, nach Hans Peter Fink 270
Stephanie-Omeletten s. Biskuitomelett
Stosuppe mit Erdäpfeln 77
Strauben nach Rosegger-Art 308 f.
Strudelteig 352
Stubenküken im Kohlmantel mit Gänselebersauce 221 f.
Stürzerdäpfel 99
Suppenhuhn, Alt-Wiener 79
Süße Schweinsohren 311
Süß-saures Rübengemüse mit Kürbiskern-Pesto 56
Szegediner Gulasch 136
Szegediner Kraut mit Grammelnockerln 134 f.
Tafelspitz mit klassischen Beilagen 250
Tafelspitz, warmer, mit Schnittlauch-Vinaigrette und Butterhäuptelsalat 59
Taube Royale mit Moschuskürbis und Brennnessel-Ziegenkäse-Tascherln 234 f.
Tellersulz von der Bachforelle mit Spargel 40 f.
Tiroler Gröstl 138
Tiroler Knödel 144
Tomaten, gefüllte, in Backteig 168 f.
Tomaten, überbackene 167
Tomatensalat 96
Tomatensauce auf Alt-Wiener Art 126
Tomatensauce s. Gefüllte Paprika
Tomatensugo, vegetarisches 125
Topfenknödel I (traditionell und rasch) 337
Topfenknödel II (extra flaumig) 337
Topfenomelett mit Rhabarber 350
Topfenpalatschinken 348

Topfenreinkalan 178
Topfenschmarren 356
Topfen-Serviettenknödel 106
Topfenstrudel 354
Topfentorte, gebackene 287 f.
Trüffel-Grießnockerln 67
Trüffel-Orangen-Kugeln, nach Alexandra Gürtler 312
Trüffelsauce s. Milchkalbsfilet in der Kalbskopfkruste
Turmschinkenchipspulver 125
Uhudler-Rostbraten mit Polentaschnitten 260
Uhudlerschäumchen mit Honigkrokant 86 f.
Vanillekipferl 310
Vanillesauce (kalt) s. Buchteln
Vanillesauce (warm) s. Maroniauflauf
Vanilleweichseln s. Grießschmarren
Wachteln mit Breinwurstfülle 228 f.
Waller mit Kipfler und Saubohnen s. Donauwaller
Waller, pikanter, auf Wurzelgemüse 196
Waller-Hálázslé mit Topfennudeln 84
Wassermelone, gebratene, mit Räucherschafkäse 160 f.
Weinbergpfirsich in Sacher-Cuvée-Gelee 328
Weintraubenstrudel 298
Weißer Spargel im Schinken-Morgenmantel 31
Wiener Schnitzel 238
Wiesenlammrücken mit Oliven und
    Schafkäsekrusteln 271
Wildentenbrust mit „Zottoladensauce" 225 ff.
Wildfond, brauner 90
Wildschweinschlegel in Hagebuttensauce 275
Williams-Nougat-Birne mit Maronimousse 317 f.
Wurzelkarpfen, steirischer,
    mit Kümmelerdäpfeln 193
Zander in der Kürbiskernkruste 196 f.
Zander serbisch auf neue Art mit
    Bohnen-Paprika-Salat 198
Zanderfilet mit Kraut und Rüben 197
Zarenlachsfilet mit Essig-Wurzelgemüse
    und Kaviar 52
Zicklein, geschmortes, mit Malzbiersauce und
    Schmorgemüse 274
Ziegenfrischkäse, gratinierter, auf glacierten
    Apfelscheiben 173
Zitronentörtchen mit Kumquatsragout 319
Zitronen-Wodka-Sorbetto 328
Zucchiniblüte, gefüllte 167
Zupfnockerln 105 f.
Zweierlei Spinat mit Knusperei 172
Zwetschkenfleck mit Haselnussstreusel 299 f.
Zwetschkenröster 331
Zwiebelkuchen „Sacher Eck" 148
Zwiebelrostbraten mit Braterdäpfeln
    und Gurkerlsenf 256